U0864320

全国高职高专"十一五"规划教材

教师职业技能实训教程

主　编　胡玉东　胡　林
副主编　蔡锦峰　曹建华　戴晓敏
胡　亮　威泽勇　胡　恒

江西科学技术出版社

图书在版编目(CIP)数据

教师职业技能实训教程/胡玉东,胡林主编.—南昌:江西科学技术出版社,2010.7

ISBN 978-7-5390-3840-7

Ⅰ.①教… Ⅱ.①胡…②胡… Ⅲ.①师范大学—毕业生—职业选择—教材 Ⅳ.①G657.38

中国版本图书馆 CIP 数据核字(2010)第 121605 号

国际互联网(Internet)地址:
http://www.jxkjcbs.com
选题序号:**KX**2010052
图书代码:**X**10035-101

教师职业技能实训教程 胡玉东 胡林 主编

出版发行	江西科学技术出版社
社址	南昌市蓼洲街 2 号附 1 号 邮编:330009 电话:(0791)6623491 6639342(传真)
印刷	南昌市光华印刷有限责任公司
经销	各地新华书店
开本	787mm×1092mm 1/16
字数	490 千字
印张	21.25
印数	4000 册
版次	2010 年 8 月第 1 版 2010 年 8 月第 1 次印刷
书号	ISBN 978-7-5390-3840-7
定价	33.00 元

赣版权登字-03-2010-149

前言

教师职业技能的教学与实训是师范院校实施专业教育、进行实践教学的重要组成部分,也是教师教育专业学生区别于其他学科专业学生的一个重要特征。但由于教师职业技能实训具有多学科和分散性的特点，一直以来都没有规范适用的教材。由此,我们根据新课改背景下基础教育的实际需要,组织编写了这本教材,供高师学生学习、实训和考核使用。该书也可作为小学教师培训教材。

本书把小学教师必备职业技能概括为语言文字规范、教学及班级管理、现代教育技术、音乐美术、体育五个方面。学生进入大学后,从大一起分阶段逐步掌握从事基础教育教学和班级管理工作所必需的基础知识和相应的专业技能。师范生主体性的生成作为目标指向,结合教学实际,以学生的全员参与为主体,采用集中与分散相结合的方式灵活进行。从新生入学起即行实施,全方位跟踪服务于实践技能的培养。大一、大二、大三有不同的实践教学目标和技能要求。第一,通过学习,使学生了解作为一名小学教师必备的专业知识和基本技能,培养学生热爱儿童、热爱小学教育事业的专业思想,提高自我修养的自觉性;第二,通过训练和考核,使学生按照要求达到基本技能的相应标准,并在毕业后能顺利适应新课改背景下基础教育的要求。从而培养出重品行、宽知识、强技能的一专多能型的合格人民教师。

在职业技能教学中,要做到:

1.强化“训”字。“训”是知识和原理,即在进行技能训练的过程中,让学生理解和掌握技能训练所涉及的基础知识和基本原理,明确训练的目的,这是有效地获得技能的前提。

2.落实“练”字。“练”是实践操作,即通过常规训练要求和训练技巧指导,让学生明确训练的技能要求,保证训练时间,并通过训练交流、考核、比赛等形式,促进和达到由知识转化为技能的目的。

3.抓好“考”字。采用多种形式。由师范院校(学院)成立教师职业技能考评委员会,下设专家考评组,一般三人为一组。学生根据各自专业方向安排在不同时段考核。标准为五个等级:优秀、良好、合格、基本合格、不合格。毕业前允许一次积欠补考。

本书由九江职业大学师范学院具有丰富教师教育教学经验的多学科教师编写而成。由胡玉东教授和胡林副教授担任主编,负责全书的策划、结构设计和统稿。编写分工为:蔡锦峰、胡恒编写第一篇语言文字规范知识与技能,胡林、胡玉东编写第二篇教学及班级管理知识与技能,曹建华编写第三篇现代教育技术基本知识与技能,戴晓敏、胡亮编写第四篇音乐美术基本知识与技能,戚泽勇编写第五篇体育基本知识与技能。

本书在编写过程中,参考借鉴了不少教育专家和同仁的专著、研究成果和实践经验,由于篇幅所限,未能一一注明,在此一并表示感谢!本书能得以成稿和出版,要感谢学校领导、同事和部分毕业校友的大力支持,同时也要感谢江西科技出版社领导和编辑的支持与指导。

由于时间仓促,水平有限,书中错漏之处在所难免,恳请业内同仁及读者批评指正。

编　者

2010年6月16日

目录

目录

目录

第一篇

语言文字规范知识与技能

第一章 普通话

第一节 普通话概述

普通话是以北京语音为标准音,以北方话为基础方言,以典范的现代白话文著作为语法规范的现代汉民族共同语。2000 年,全国人大审议通过《国家通用语言文字法》,其第十九条明确规定:“以普通话作为工作语言的播音员、节目主持人和影视话剧演员、教师、国家机关工作人员的普通话水平,应当分别达到国家规定的等级标准;对尚未达到国家规定的普通话等级标准的,分别情况进行培训。”普通话水平测试(PSC:PUTONGHUA SHUIPING CESHI)是我国为加快普通话普及进程、提高全社会普通话水平而设置的一种语言口语测试,全部测试内容均以口头方式进行。《普通话水平测试实施办法》第十二条要求:教师和师范院校毕业生应达到二级或一级水平,语文科教师应略高于其他学科教师的水平;专门从事普通话语音教学的教师和从事播音、电影、电视剧、话剧表演、配音的专业人员,以及与此相关专业的毕业生应达到一级甲等或一级乙等水平。

学校是推广普通话的重要阵地,普通话是教师的职业语言,教师一直是推广普通话的具体实施者和带头人。会讲普通话是合格教师的必备条件,使用普通话进行教育教学是从事教师工作的基本要求。

一、基本知识

(一)单音节

音节,是语音的基本单位,是从听觉上可以分辨出的语音片断。在汉语中,一般来说,一个汉字就是一个音节。根据汉语音节的结构特点,可相应地分析为声调、声母和韵母三部分。声母,是汉语音节开头的辅音;音节开头如果没有辅音,就是零声母音节。韵母,是汉语音节中声母后面的部分,最多由三部分构成,即韵头、韵腹和韵尾。声调,是汉语音节的音高变化。

1. 声母

声母,是指汉语音节中开头的辅音。

普通话有 21 个声母,也就是 b、p、m、f、d、t、n、l、g、k、h、j、q、x、z、c、s、zh、ch、sh、r,此外还有零声母。声母的性质是由发音部位和发音方法来决定的,掌握发音部位和发音方法,再加上认真和有效的练习,就可以掌握声母的发音。

发音部位是指气流受到阻碍的位置。普通话的声母按照发音部位分为以下七组:

双唇音——由上唇和下唇构成阻碍而形成的音,有3个:b、p、m。

唇齿音——由下唇和上齿构成阻碍而形成的音,只有1个:f。

舌尖前音——由舌尖和上齿背构成阻碍而形成的音,有3个:z、c、s。

舌尖中音——由舌尖和上齿龈构成阻碍而形成的音,有4个:d、t、n、l。

舌尖后音——由舌尖翘起和硬腭构成阻碍而形成的音,有4个:zh、ch、sh、r。

舌面音——由舌面和硬腭构成阻碍而形成的音,有3个:j、q、x。

舌根音——由舌根和软腭构成阻碍而形成的音,有3个:g、k、h。

发音方法是阻碍气流和解除阻碍的方式。

按照发音时气流克服阻碍的方式,普通话的声母分为五类:

塞音——构成阻碍的两个部位完全闭塞。软腭上升,堵塞通向鼻腔的通路。气流经过口腔时冲破阻碍迸裂而出,爆发成声。塞音有6个:b、p、d、t、g、k。

擦音——构成阻碍的两个部位非常接近,留下窄缝。软腭上升,堵塞通向鼻腔的通路。气流经过口腔时从窄缝挤出,摩擦成声。擦音有6个:f、h、x、sh、r、s。

塞擦音——构成阻碍的两个部位完全闭塞。软腭上升,堵塞通向鼻腔的通路。气流经过口腔先把阻塞部位冲开一条窄缝,从窄缝中挤出,摩擦成声。先破裂,后摩擦,结合成一个音。塞擦音有6个:j、q、zh、ch、z、c。

鼻音——口腔里构成阻碍的两个部位完全闭塞。软腭下垂,打开通向鼻腔的通路。气流颤动声带,从鼻腔通过。鼻音有两个:m和n。

边音——舌尖与齿龈相接构成阻碍,舌头两边留有空隙。软腭上升,堵塞通向鼻腔的通路。气流经过口腔,颤动声带,从舌头的两边通过。边音只有1个:l。

按照发音时呼出的气流的强弱,普通话声母中的塞音和塞擦音分为两类,就是不送气音和送气音。

不送气音——发音时,呼出的气流较弱。不送气香有6个:b、d、g、j、zh、z。

送气音——发音时,呼出的气流较强。送气音有6个:p、t、k、q、ch、c。

按照发音时声带是否颤动,普通话的声母分为两类:清音和浊音。

清音——气流呼出时,声门打开,声带不颤动,发出的音不响亮。清音有17个:b、p、f、d、t、g、k、h、j、q、x、zh、ch、sh、z、c、s。

浊音——气流呼出时,颤动声带,发出的音比较响亮。浊音有4个:m、n、l、r。

除了以上21个辅音声母外,普通话还有一些音节不用辅音声母开头,例如ān(安)、ēn(恩)、āo(熬)、ōu(欧)、āng(昂)等。这样的音节没有声母,可是语言学家从语音的系统性考虑认为它们有声母,不过不是辅音声母,而是特殊的声母,叫做零声母。有了零声母这个概念,我们就可以说普通话里所有的音节都有声母,都可以分为声母和韵母两部分。汉语拼音的y和w只出现在零声母音节的开头,它们的作用主要是使音节界限清楚。例如,yī(衣)、yū(迂)、yān(烟)、yuān(冤)、yāng(央)、wāng(汪)、wēng(翁)、yōng(雍)等。

2. 韵母

韵母是指音节中声母后面的部分。韵母分为韵头、韵腹和韵尾三部分。一个韵母,可以没有韵头和韵尾,但不能没有韵腹。普通话韵母共有39个,按结构特点可分为单韵母、复韵母和鼻韵母。

(1)单韵母

舌面元音:

a 发音时,口腔大开,舌头前伸,舌位低,舌头居中,嘴唇呈自然状态。如“沙发”、“打靶”的韵母。

o 发音时,口腔半合,舌位半高,舌头后缩,嘴唇拢圆。如“波”、“泼”的韵母。

e 发音状况大体像 o,只是双唇自然展开成扁形。如“歌”、“苛”、“喝”的韵母。

ê 发音时,口腔半开,舌位半低,舌头前伸,舌尖抵住下齿背,嘴角向两边自然展开,唇形不圆。在普通话里,ê 很少单独使用,经常出现在 i、ü 的后面,在 i、ü 后面时,书写要省去符号“∧”。

i 发音时,口腔开度很小,舌头前伸,前舌面上升接近硬腭,气流通路狭窄,但不发生摩擦,嘴角向两边展开,呈扁平状。如“低”、“体”的韵母。

u 发音时,口腔开度很小,舌头后缩,后舌面上升接近硬腭,气流通路狭窄,但不发生摩擦,嘴唇拢圆成一小孔。如“图书”、“互助”的韵母。

ü 发音时,口腔开度很小,舌头前伸,前舌面上升接近硬腭,但气流通过时不发生摩擦,嘴唇拢圆成一小孔。发音情况和 i 基本相同,区别是 ü 嘴唇是圆的,i 嘴唇是扁的。如“语句”、“盱眙”的韵母。

舌尖元音:

-i(前)发音时,舌尖前伸,对着上齿背形成狭窄的通道,气流通过不发生摩擦,嘴唇向两边展开。用普通话念“私”并延长,字音后面的部分便是 -i(前)。这个韵母只跟 z、c、s 配合,不和任何其他声母相拼,也不能自成音节。如“资”、“此”、“思”的韵母。

-i(后)发音时,舌尖上翘,对着硬腭形成狭窄的通道,气流通过不发生磨摩,嘴角向两边展开。用普通话念“师”并延长,字音后面的部分便是 -i(后)。这个韵母只跟 zh、ch、sh、r 配合,不与其他声母相拼,也不能自成音节。如“知”、“吃”、“诗”的韵母。

卷舌元音:

er 发音时,口腔半开,开口度比 ê 略小,舌位居中,稍后缩,唇形不圆。在发 e 的同时,舌尖向硬腭轻轻卷起,不是先发 e,然后卷舌,而是在发 e 的同时舌尖卷起。“er”中的 r 不代表音素,只是表示卷舌动作的符号。er 只能自成音节,不和任何声母相拼。如“儿”、“耳”、“二”字的韵母。

(2)复韵母

由两个或三个元音结合而成的韵母叫复韵母。普通话共有 13 个复韵母: ai、ei、ao、ou、ia、ie、ua、uo、üe、iao、iou、uai、uei。根据主要元音所处的位置,复韵母可分为前响复韵母、中响复韵母和后响复韵母。复韵母的发音有两个特点:第一,发音时从一个元音到另一个元音是逐渐过渡的,而不是跳跃的;第二,各元音的响度不等。

(3)鼻韵母

由一个或两个元音后面带上鼻辅音构成的韵母叫鼻韵母。鼻韵母共有 16 个:an、ian、uan、üan、en、in、uen、ün、ang、iang、uang、eng、ing、ueng、ong、iong。鼻韵母发音分两步走:第一步,先挺软腭,堵住鼻腔通路,发好元音音素。第二步,再由元音发音状态向鼻音转化,舌的前部和后部逐渐抬起,堵住口腔通路,放松软腭,最后使气从鼻腔流出,发出有鼻音韵尾的韵母。鼻韵母发音时,由开头的元音逐渐向韵尾的元音过渡,鼻音色彩逐渐增强,发音过程中,舌头的活动是连续不断的,声带不停地振动,中间无连续的痕迹。

3. 声调

声调,是汉语音节的高低升降变化,是音节的音高变化。在汉语里,一个汉字就是一个音节,所以声调也叫字调。普通话声调是音节结构中不可缺少的组成部分,它同声母、韵母一样,有区别意义的作用。

调类就是声调的种类,是根据声调的实际读法归纳出来的类别。普通话有四种调值,就可以归纳出四个调类,分别是阴平、阳平、上声和去声。调类名称也可以用序数表示,称为第一声、第二声、第三声、第四声,简称"四声"。调形是音节的音高随时间而变化的形式,也就是声调的高低、升降、平曲的形状。

普通话四个声调的调形分别为平调、升调、曲折调和降调。具体地说,阴平声音高而平,是高平调;阳平由中音升到高音,是中升调;上声由半低音先降到低音,再升到半高音,是降升调;去声由高音降到低音,是高降调,也叫全降调。平常,普通话的这些调形可以简单地用"－ ／ V \"四种调号来标记。"－"表示高平调,"/"表示中升调,"V"表示降升调,"\"表示高降调。

调值是音高升降变化的范围,也就是声调升降,平曲的起迄点和转折点上的实际音高值。

为了把调形和调值描写得具体、形象,一般用"五度标调法"来表示声调调值。具体方法是:先画一条竖线作为比较交线、分成四格五点,从下到上分别用1、2、3、4、5表示低音、半低音、中音、半高音、高音。再在比较线的左边用横线、斜线、折线表示声调的音高变化的形式和范围。然后,根据这些横线、斜线或曲折线两端或转折点达到的音高等级,标出各个声调的调值(见图1－1)。

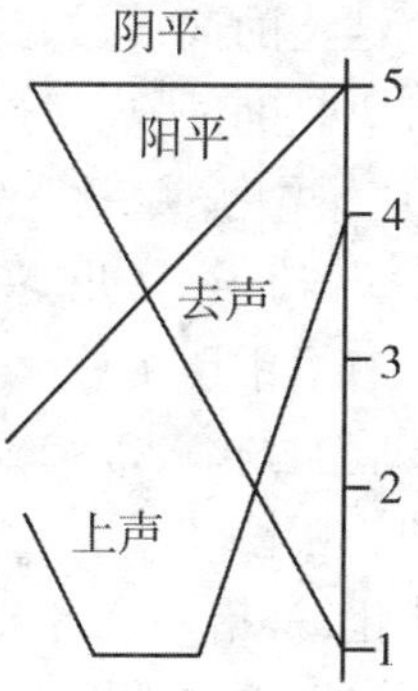

图1－1 五度标调法示意图

《汉语拼音方案》规定声调符号标在主要元音上。例如:

xué xiào	学校	yōu děng	优等
xiōng zhǎng	兄长	jī féi	积肥
chuí liǔ	垂柳	chūn guāng	春光

汉语六个主要元音中,发音最响亮的是 ɑ,依次下去是 o,e,i,u,ü。一个音节有 ɑ,调号就标在 ɑ 上,如,dāo,kuài,jiáo;没有 ɑ,就标在 o 或 e 上,如 chōu,méi;碰到含有 iu,ui 的音节,就标在最后一个元音上,如 niú,tuī。调号如标在 i 上,i 上的一点就可以省去。下面的口诀可以帮助我们记住标调的方法:

ɑ 母出现别放过,没有 ɑ 母找 o、e,

iu 并列标在后,i 上标调把点消,

单个韵母头上画,这样标调不会错。

普通话里还有一个轻声。轻声音节都不标号,如 dōng xi(表示物件的"东西")的 xi,(hǎo mɑ 好吗)的 mɑ,pú tao(葡萄)的 tao 等。

(二)多音节

多音节词语朗读,除了要求单音节的声母、韵母和声调的发音准确,还要注意轻声、儿化和变调音变现象以及词语的轻重格式要求。

1. 读多音节词语

要重点区分并列在一起的难点音,这里只列举几组,可针对方言实际对比练习。

赞助 zàn zhù 宗旨 zōng zhǐ 珠子 zhū zi 尊重 zūn zhòng 储藏 chǔ cáng

长处 cháng chu 插座 chā zuò 声色 shēng sè 素食 sù shí 私事 sī shì

2. 音变训练

说话或朗读时,要把音节组成词、句连续发出。在连续的语流中,音节之间、声调之间相互影响,就会产生语音变化,这就是音变。普通话语音中常见的音变现象有:轻声,儿化,变调,语气词“啊”的变化等。

(1)轻声

轻声是一种特殊的变调现象。由于它长期处于口语轻读的地位,失去了原有声调的调值,又重新构成自身特有的音高形式,听感上显得轻短模糊。

轻声作为一种变调的语音现象,一定体现在词语和句子中,因此轻声音节的读音不能独立存在。固定读轻声的单音节助词、语气词也不例外,它们的实际轻声调值也要依靠前一个音节的声调来确定。

轻声的规律大致有以下几种:

1)表示方位:北边 上面 里头 地下

2)叠音名词及动词:妈妈 姥姥 跳跳 尝尝 练练

3)结构助词、时态助词:的 地 得 着 了 过

4)语气助词:啊 呀 吗 呢 啦 吧 哇

5)“子、儿、头、么”作词缀及表示多数的“们”:

儿子 椅子 鸟儿 花儿 木头 看头 什么 他们

6)口语中历史悠久的双音节词语:

玻璃 时候 告诉 行李 凉快 规矩 窗户 朋友 阔气 粮食 头发 先生

(2)儿化

儿化,是指一个音节带上卷舌动作,韵母发生音变,成为卷舌韵母(儿化韵)。

顾名思义,“儿”即指卷舌动作,“化”是说卷舌动作应自然地融化在前一个音节上,听觉上还是一个音节。

儿化发音的基本规则,取决于韵母的末尾音素是否便于卷舌。

1)便于卷舌,是指韵母的末尾音素是舌位较低或较后的元音(ɑ、o、e、u)。儿化时原韵母不变,直接卷舌。如:

小花儿、豆芽儿、酒窝儿、大伙儿、高个儿、打嗝儿、皮球儿、裤兜儿、白兔儿

2)不便于卷舌,是指韵母的末尾音素是前高元音(i、ü)、舌尖元音(-i)或鼻韵尾(n、ng)末尾音素的舌位与卷舌动作发生冲突。不便于卷舌韵母儿化时发音要领分别是:

①丢掉韵尾 i、n、ng,主要元音卷舌。后鼻韵母丢掉韵尾 ng 后,主要元音同时鼻化。如:

ɑi:小孩儿、鞋带儿、一块儿、盖儿

ei:京味儿、椅子背儿、倍儿(棒)

ɑn:门槛儿、腰板儿、心眼儿、差点儿

en:嗓门儿、大婶儿、一阵儿、没准儿

ɑng:帮忙儿、鼻梁儿、好样儿

eng:麻绳儿、板凳儿、门缝儿

②主要元音是 i、ü,加 er(in、ün、ing 先去韵尾再加 er)。如:

i、ü:玩意儿、米粒儿、差不离儿、金鱼儿、小曲儿、闺女儿

in、ün:皮筋儿、脚印儿、今儿、毛驴儿、小曲儿

ing：电影儿、打鸣儿、火星儿

③舌尖元音-i（前、后）换成 er，如：

瓜子儿、棋子儿、小字儿、没词儿、有事儿

（3）变调

变调是指在语流中所产生的声调变化现象。普通话中常见的变调有四种：

1）上声变调。普通话上声音节在单念或处于句尾以及处于句子中语音停顿位置时，没有后续音节的影响，即可读原调。在其他情况下一般要作变调处理，如：

好马 理解 美好 洗脸 讲演 乳品 打水 保险 想买 水果

2）去声变调。两个去声音节相连，前面的去声变调为“半去”调值，不降到底，并且有时会影响到后面的去声起点比第一个去声略低。若三个去声音节相连时，前面两个去声都变调为“半去”，最后的去声音节读原调。如：

上课 大会 变化 细致 快去 木料 运算 烙印 害怕 电话

3）“一、不”的变调。“一”的单字是阴平，“不”的单字调是去声。它们在单念或处于词尾、句尾时读原调，如“二〇〇一”、“统一”、“你不”、“不”等。“一”作序数表示“第一”的意义，不变调，而在其他情况下就要做变调处理。

“一、不”具有独特的变调方式，其中“一、不”的变调规律如下：

“一、不”+去声（51）⟶阳平（35）+去声（51）

一定 一向 一对 一个 一去 一样

不去 不唱 不会 不对 不孝 不敬

“一、不”+非去声⟶去声（51）+非去声

一听 一说 一人 一行 一举 一想

不说 不吃 不行 不成 不准 不许

4）形容词重叠的变调。单音形容词重叠，无论是何声调，后一音节读阴平，这时多伴有儿化。如：

轻轻 长长 好好 慢慢

“ABB”式的形容词，后边的叠音后缀都读成阴平。如：

黑漆漆 亮堂堂 明晃晃

“AABB”式重叠后的形容词，第二音节读轻声，后两个音节读阴平。如：

认认真真 清清楚楚 高高兴兴 舒舒服服

（4）语气词“啊”的变化

“啊”用在语句末尾时，由于受前面音节末尾音素的影响，常发生不同的音变现象，主要有以下几种情况：

1）前面的音素是 a o e ê i ü 时，读 ya，可写成“呀”，如：

桂林的山真奇呀！

会不会下雨呀！

2）前面的音素是 u（包括 ao iao）时，读 wa，可写成“哇”，如：

花篮做得多精巧哇！

3）前面的音素是 n 时，读 na，可写作“哪”，如：

投的真准哪！

你是哪里人哪！

4）前面的音素是 ng 时，读 nga，如：

河水真清啊！

大家唱歌啊！

5）前面的音素是 -i（后），r（er 或儿化韵）时，读 ra，如：

她真是一位好老师啊！

歌声多么悦耳啊！

6）前面的音素是 -I（前）时，读[z]a，如：

要好好练字！

你可要三思啊！

（三）朗读训练

朗读短文是普通话水平测试中很重要的测试项，主要考查应试人在有文字凭借时语音、语调的规范程度。

1. 语音准确、声音清晰

字音正确是朗读的基本要求。朗读测试评分标准中的语音错误，主要是指读错字音。为避免语音失误，应注意以下几方面：

（1）忠于原作，避免加字、漏字、改字

朗读测试时，一旦出现和文字材料不一致的情况，如漏读、加字、改字等，不论是否影响语义的表达，均被视为语音错误。

（2）努力克服方音影响，念准声母、韵母和声调

朗读时如果不注意克服方音影响，声、韵、调出现混淆，势必影响语义的表达，从测试的角度讲，也就是出现了语音失误。

（3）异读词应根据审定的读音念

朗读时碰到异读词，应根据普通话审音委员会 1985 年公布的《普通话异读词审音表》审定的读音念。如：

信封上是陌生的字迹（jì 不读 jī，作品 17 号）

比起在马路上翘首仰视要从容自在得多（qiáo、cóng 不读 qiào、còng，作品 47 号）

（4）多音字要据义定音

多音字虽然有几个读音，分别表示不同的意义，但在具体的语言环境中，它的意义是确定的，读音因此也是确定的。我们应根据意义来确定读音。如：

我们姐弟几个都很高兴，买种（zhǒng）、翻地、播种（zhòng）、浇水……（作品 8 号）

种，指种子，读上声；指种植，念去声。

（5）各种音变应按照相关规则读准确

普通话音变的种类很多，有上声、“一”和“不”的变调，轻声、儿化、语气词“啊”的变化等等。这些音变有规律可循，我们必须按照规则，反复练习。

朗读时，还应避免因字音清晰度不够而引起的语音失误。有些人在快速语流中发音动作不到位，发音过程不完整，造成字音飘忽不定或音素严重缺损；也有些人在朗读时，发音器官处于懈怠状态，字音缺少力度和响度，声音模糊不清。这些都影响字音的准确程度，情况严重时，也将被视为语音错误。因此，我们在朗读时，应调整好精神状态，让发音器官处于积极状态，增加

吐字的力度，注意归韵的完整，使每一个字都能准确、清晰地发出，即做到所谓“字正腔圆，掷地有声”。

2. 语意清楚明白、语调准确

朗读是代替作者说话。在把书面语言转换成口头语言的过程中，应努力做到语意清楚明白，语调（语气）基本正确，准确地再现作者的意图和情感。在练习和测试时，应把握好以下几点：

（1）向说话靠拢，努力做到流畅自然

朗读时的语言应该是流畅自然的。常见的一字一顿、见词就顿的读法，显然谈不上流畅自然，甚至还有方言语调之嫌。在朗读时随意忽快忽慢、忽高忽低，造成语流时松时紧、跌跌撞撞，这也谈不上流畅自然，也应该注意纠正。

（2）谨慎处理停顿、断句

正确的停顿、断句有助于准确地表情达意。如：

山朗润起来了，水涨起来了，太阳的脸红起来了。（作品 5 号）

三个短句中本可以不加停顿。但若在“山”、“水”、“太阳的脸”的后面略略一顿，就能把主谓之间陈述与被陈述关系显示得更清楚。

短句如此，结构复杂的长句更是如此。如：

正是这些老人们的流血牺牲换来了包括他们信仰自由在内的许许多多。（作品 15 号）

这个句子很长，必须增加停顿来帮助区别语意。“流血牺牲”后设一停顿，显示了主语。“换来了”后设一停顿，领起后面的宾语。“流血牺牲”和“许许多多”是重音，在这两个词语的前面再稍稍一顿，语意也就明白准确了。

能否正确地停顿、断句，也是普通话应用能力高低的反映。因此，朗读中应避免出现为满足生理需要而随意停顿、断句的情况。

（3）适当运用轻重音

首先要有重音。重音是朗读时根据需要对某些词语从声音上加以强调修饰的结果。重音有语法重音和逻辑重音之分，从传情达意的目的看，后者更为重要。显示重音，实际就是显示作者的思想情感。如：

“谁能把花生的好处说出来？”（作品 8 号）

如果没有具体语境，这句话的重音应该落实在疑问词“谁”上。但在文章规定的语境中，父亲问话的意图是由议论花生的“好处”引导孩子懂得做人的道理，而不是判断哪一个孩子已经知道花生的好处了。因此，这句话必须强调“好处”。重音的确定受言语的目的、意图和情感语气的制约，我们在朗读中，应该以文章的内容为依据，根据具体的语言环境及句子同上下文之间的联系与呼应，作出准确的判断。

另一方面，朗读时也应加强轻读的运用。常用轻声词应该融进平时的言语之中。朗读时有了重读和轻读，轻重音互为依托，互相陪衬，不仅能加强语流的节奏感、韵律感，也能使文章的情感和思想传达得更为清晰。

（4）语气语调要做到基本正确

每句话都有特定的语气，不同的语气借不同的语调来表达。语气是句子所蕴涵的特定的感情色彩和态度分寸，语调是指句子高低升降的变化。语气语调又和声音的轻重强弱、语流的停连快慢、节奏的缓急起伏是紧密联系的，呈现出千变万化的姿态，具有极强的表现力。如：

你以为这是什么车？旅游车？（作品 13 号）责问

什么是永远不会回来呢?(作品14号)询问

怎么妈妈的妈妈也喜欢吃鱼头?(作品16号)疑问

难道我还不如这只虫子?!(作品27号)反问

从形式上看,四句都用了问号,似乎是相同的。但是,四句话的语气显然不同,语调也就有差别。如果不细加辨别,见到问号就扬,显然是不能把语意传达清楚的。朗读中,我们应该根据语意和说话人的年龄、身份和说话时的环境、情绪等诸多因素综合起来加以考虑,努力把作品中每句话的语气语调都传达准确。

3. 精心准备、充分练习

朗读是一种技能,不经过刻苦练习是难以提高水平的。而且,朗读材料有50篇之多,它们的文体和风格又不尽相同,这就要求应试者在测试前认真练习,做好充分的准备。

(1)重视正音

正音时,一要注意文后的语音提示,这些字词是朗读中比较容易念错的。二要勤查词典。三要有针对性。几乎每个人都有自己的语音薄弱环节,要做到心中有数,着重纠正。

(2)加强对文章的分析理解

要读好一篇文章,只有理解了内容,朗读才有了内在的心理依托,才能做到情绪自然,语脉流畅,表意准确也就不难了。因此,在练习的初期,应该对文章做些分析,要了解文章的体裁、风格,把握文章的中心思想,理清文章的结构关系,还要感受文章的情感变化,为读好文章打下基础。

(3)针对难点,强化练习

50篇短文中,每一篇都有一些朗读难点。如有些结构复杂的长句,即使事先安排好顿歇处,没朗读经验的人还是易读破句。又如有的短文中儿化较为集中,有的短文中外国人名多,有的短文中还有些拗口的句子,对这类难点,必须进行强化训练,方法只有一个:反复朗读,读到准确、流畅、和谐为止。

(4)克服不良的语言习惯

有些应试者有一些不良的语言习惯,如通篇用一种语调,或全扬,或全抑。又如每句话的末尾读得特别重或特别轻,再如常回头重复读等等。在测试中,这些现象就会被判为方言语调,或被视为严重失误。练习时,要注意发现自己的不良语言习惯,尽力加以克服。

(四)说话训练

1. 测试中命题说话的特点

普通话水平测试第四部分的说话,是为了考查应试人在没有文字凭借的情况下,说普通话时,语音、词汇、语法所能达到的规范程度。

说话与前几项测试内容的主要区别在于无文字凭借。“无文字凭借”的说话,具有普通话口语表达的一般特点:第一,自然。无论是语音、语调、语气、语态等都应该保持自然、流畅的日常说话状态。第二,多用普通话口语词汇,少用书面语词汇。第三,多用短语、单句。少用或不用长修饰语句,多重复句、欧化句式在口语表达中尽可能避免。第四,避免口头禅。有些人在说话中间会夹带一些“这个”、“就是说”、“嗯”、“啊”等口头禅,这是一种毫无作用和意义的冗余成分,会使说话断断续续,使人感到语句不流畅,听起来很累。

普通话水平测试中的说话,除了具有普通话口语表达的一般特点外,还具有不同于日常口语表达的特点。

特点之一是命题说话。《测试大纲》规定了50个说话题目，这就给测试者有个说话的范围，可以在测试前根据大纲要求做好充分准备。

特点之二是单向说话。这里的“单向说话”，是要求应试人在不少于3分钟的单位时间里独自说的话达到一定的量，以便主试人在这个统一的前题下，测出应试人语音、词汇、语法失误量的多少，打出定性和定量相结合的各档成绩。所以，对应试者来说，说话内容要准备得很充分，有很多材料可供发挥，以充分展示自己普通话的语音面貌，使测试员可以借此打出公正、合理的分数。

2. 怎样准备命题说话

普通话测试中说话的前期准备应该从以下几个方面进行：

(1)审题分类

审清题旨、确定中心是准备命题说话的第一步。对50个说话题，我们可以根据题意来确定语体。大体上可以分出三类：记叙描述类、议论评说类、说明介绍类。

属于记叙描述类的题目有：我的学习生活、我的业余生活、我的业余爱好等。

属于议论评说类的题目有：我和电视、学习普通话的体会、我谈色彩、怎样跟同学（或同事）相处等。

属于说明介绍类的题目有：我最喜爱的文体活动、我的职业（或专业）等。

应试人在准备这些题目时，应该根据自己在口语表达上的长处来考虑、确定语体。

(2)构思选材

审清了题旨，分清了语体类别，就要考虑构思框架、选择典型材料。只有想得清，才能说得清，才能收到语调自然流畅的效果。

在为每一个话题准备好大致框架、列出提纲以后，就要准备具体材料。选材可用典型涵盖法。同类题的有些例子是可以通用的。比如“我的童年”和“童年趣事”，“最难忘的一件事”可以是“一次难忘的旅行”等等。为同类型题目准备生动事例，测试的时候从不同角度去讲述，可以收到事半功倍的效果。

(3)重点注意普通话语音准确和词汇、语法的规范

命题说话是对应试人的普通话语音标准程度的考查，是定量与定性相结合的考查。我们应该把审题、构思和选材的准备，都看做是为准确流畅地表现普通话语音面貌而做的前期准备。只有把说话内容准备到烂熟于心的程度，才有可能把注意力的大部分都集中到语音准确和用词、语法的规范上来。

(4)要注意的其他几个问题

1)说话时神态自然、镇静自若、充满自信。

2)掌握好说话时间，正确把握语速和节奏，说话材料要准备充分，避免临时没话找话，东拉西扯，看看还没说满3分钟，又拖泥带水地嘟囔几句，这样既影响应试情绪，又影响成绩。

命题说话成功的关键，在于平时是否坚持使用标准的普通话，有没有养成普通话的思维习惯和说话习惯。如果我们平时经常借助新闻传媒等学习普通话，并针对自己的主要语音毛病，有的放矢地、有重点地进行训练，那么经过一段时间的努力，我们的普通话语音面貌就会得到改善，普通话水平也能够逐步提高，测试时就胸有成竹，应付自如了。

二、达标时间

大一上学期测试。

三、考评方式

根据专业要求,参加普通话水平测试(即国测)。

四、考评标准

以《江西省普通话水平测试评分细则》为考核标准。

附:

《江西省普通话水平测试评分细则》

一、单音节字词(100个音节,不含轻声、儿化音节),限时3.5分钟,共10分。

(一)语音错误一个字扣0.1分。

语音错误类型:

1. 把甲声母读成乙声母;
2. 把甲韵母读成乙韵母;
3. 把甲调值读成乙调值;
4. 读错别字。

(二)语音缺陷一个字扣0.05分。

语音缺陷类型:

1. zh、ch、sh、r发音部位明显靠前或靠后;z、c、s发音部位明显靠前或读成齿间音。
2. j、q、x的发音部位明显靠前,近似z、c、s。
3. 把合口呼u、uo的零声母读成唇齿浊擦音[v]。
4. er韵母有卷舌色彩但生硬或舌位明显有误差。
5. 无鼻音的音节明显带有鼻化色彩。
6. in、ing的韵腹i与韵尾间明显地嵌了一个[ə]或in有点后鼻音色彩,但与ing能区别。
7. ü韵母归音不到位,近似于i。
8. ai,an中的前[a]明显偏后;ang,uang中的后[ɑ]明显偏前。
9. 调值音高明显不够,或时值过短而不到位。

(三)如有口误,以读第二遍为准。

(四)多音字读准其中一个音即可。

(五)超时扣分。

1. 超时1分钟以内,扣0.5分。
2. 超时1分钟以上(含1分钟),扣1分。

二、多音节词语(100个音节),限时2.5分钟,共20分。

(一)语音错误,一个字扣0.2分。

语音错误类型:

1. 声母、韵母、四声与单音节字词的判断相同。
2. 轻声:必读轻声而未读作轻声;未注为轻声却读作轻声。
3. 儿化韵:把儿化韵词读成平舌韵词或把"儿尾"读成独立的音节;把没有标明"儿尾"的词语读作儿化韵词。

4. 变调:上声音节未变调或变调错误;“一、不”未变调或变调错误。

(二)语音缺陷,一个字扣0.1分。

语音缺陷类型:

1. 声母、韵母、四声的缺陷与单音节字词的判断相同。

2. 轻声音强音长明显不对。

3. 儿化词的卷舌色彩不明显或生硬。

4. “一、不”按规律变调但发音不到位。

(三)同一个词或相邻的词读音相对音高偏高或偏低,按缺陷扣分,每个扣0.1分。

(四)词语轻重格式明显不对或一字一顿的,按缺陷扣分,每个扣0.1分。

(五)如有口误,以读第二遍为准。

(六)格式可轻可不轻的,两者均可。

(七)超时扣分。

1. 超时1分钟以内,扣0.5分。

2. 超时1分钟以上(含1分钟),扣1分。

三、朗读短文(1篇,400个音节),限时4分钟,共30分。

(一)语音错误,一个字扣0.1分。

语音错误类型:

1. 声母、韵母、四声的错误与单音节字词的判断相同。

2. 错读、漏读、改读,每个字扣0.1分。

(二)声母或韵母的系统性语音缺陷,1－2个系统声、韵缺陷出现3次以上扣0.5分,3个以上(含3个)系统声、韵缺陷扣1分。

(三)语调偏误。(调值、轻重格、音变、句调、固定腔调、方言色彩等。其中出现1－2项偏误扣0.5分;3－4项偏误扣1分;5项以上偏误扣2分)

(四)停连不当。

1. 造成歧义1－2次,扣0.5分。

2. 造成歧义3－4次,扣1分。

3. 造成歧义5次以上,扣2分。

(五)朗读不流畅(包括回读)扣分。

1. 不够流畅(回读两次以内,每次不超过3个字),扣0.5分。

2. 不流畅(字化、词化、三字一停、五字一顿),扣1分。

3. 很不流畅,扣2分。

(六)超时扣1分。

四、命题说话,限时3分钟,共40分。

(一)语音标准程度(25分)

1. 一档:(25－23分)语音标准。无语音错误,不扣分;不成系统语音错误5个以内(含5个)扣1分;不成系统语音错误6－8个扣2分。

2. 二档:(22－21分)有方音但不明显。语音错误6个以内(含6个)扣3分。7－10个之间(含10个)扣4分。

3. 三档:(20－19分)方音比较明显。语音错误6个以内(含6个)扣5分,7－10个之间

(含10个)扣6分;有方音但不明显,语音错误11-13个(含13个)扣5分,14-16个(含16个)扣6分。

4. 四档:(18-17分)方音比较明显。语音错误多,语音错误多,视程度扣7-8分。

5. 五档:(16-14分)方音明显。视程度扣9-11分。

6. 六档:(13-11分)方音浓重。语音错误多,视程度扣12-14分。

(二)词汇语法规范程度(10分)

1. 一档:(10分)词汇、语法规范不扣分。

2. 二档:(9-8分)词汇、语法偶有不规范1-2次扣1分,3次扣2分。

3. 三档:(7-6分)词汇、语法屡有不规范4-5次扣3分,6次(含6次)扣4分。

(三)自然流畅程度(5分)

1. 一档:(5分)语言自然流畅不扣分。

2. 二档:(4.5-4分)语言基本流畅,口语化较差,有背稿子的表现,视程度扣0.5-1分。

3. 三档:(3-2分)语言不连贯,语调生硬。视程度扣2-3分。

(四)说话不足3分钟,酌情扣分:

1. 每20秒扣1分。

2. 说话不足30秒(含30秒),本测试项成绩计为0分。

如发现应试人有明显背稿、离题、说话难以继续等表现时,主试人应及时提示或引导。

第二节　普通话训练与指导

一、单音节训练

(一)声母练习

1. 基础练习

b	北边	包办	报表	不必	辨别	p	批评	匹配	偏僻	枇杷	瓢泼
m	妈妈	秘密	美满	默默	埋没	f	仿佛	吩咐	非法	丰富	犯法
d	达到	等待	地点	电动	奠定	t	团体	探讨	淘汰	贪图	体态
n	能耐	扭捏	牛腩	泥泞	袅袅						
l	力量	联络	历来	来临	流利	g	公共	规格	巩固	公告	国歌
k	可靠	慷慨	苛刻	旷课	亏空	h	合乎	荷花	呼唤	豪华	回话
j	经济	解决	见解	紧急	即将	q	亲切	牵强	确切	前期	窃取
x	学习	详细	谢谢	现行	形象	zh	政治	主张	住宅	专职	注重
ch	出差	橱窗	拆除	超车	惩处	sh	事实	少数	省事	设施	上税
r	仍然	柔弱	荏苒	攘攘	容忍	z	自尊	罪责	做作	在座	栽赃
c	参差	层次	粗糙	仓促	从此	s	三思	松散	色素	搜索	琐碎

2. 难点练习

zh、ch、sh——z、c、s

zh、ch、sh组声母字与z、c、s组声母字单独练习:

政治　指正　专职　出差　车窗　赤忱　做作　遭罪　造作

zh、ch、sh 组声母字与 z、c、s 组声母字综合练习：

制作 沼泽 指责 贞操 政策 仲裁 诊所 竹笋 周岁

z、c、s 组声母字与 zh、ch、sh 组声母字组合练习：

自主 组织 总之 组成 资产 赞成 资深 姿势 杂税

词语对比练习：

资源——支援 阻力——主力 自理——治理 宝藏——保障 自愿——志愿

造就——照旧 综合——中和 自序——秩序 赞歌——战歌 散光——闪光

n——l

单字练习：

那——辣 耐——赖 内——累 脑——老 男——兰 能——棱

囊——狼 你——里 聂——列 尿——料 牛——流 年——连

利用前一个音节韵尾的 -n，发好后一个音节的鼻音声母 n：

新年 今年 困难 电脑 观念 喧闹 烦恼 忍耐 信念

练习在不受鼻音干扰的情况下发好边音声母 l：

大量 波浪 活力 治疗 绝路 劳累 迷恋 法律 系列

练习在有鼻音干扰的情况下发好边音声母 l：

分类 森林 锻炼 公路 建立 村落 谈论 贪婪 眼泪

n 组声母字与 l 组声母字单独练习：

联络 拦路 流浪 浏览 伦理 料理 劳力 笼络 轮流

男女 能耐 泥泞 农奴 袅娜 南宁 牛奶 奶娘 奶奶

n 组声母字与 l 组声母字综合练习：

留念 辽宁 尼龙 来年 老农 落难 流脑 岭南 冷暖

两难 遛鸟 那里 耐力 农历 暖流 嫩绿 奶酪 内陆

f——h 单字练习：

发——花 翻——欢 方——荒 非——挥 分——昏 风——轰 夫——乎

f 声母字音与 h(u) 声母字音综合练习：

返回 分化 符合 防护 繁华 挥发 豪放 芬芒 回复

风华正茂 风云变幻 返老还童 翻天覆地 呼风唤雨 狐假虎威

词语对比练习：

公费——工会 船夫——传呼 俯视——虎视 放荡——晃荡 反冲——缓冲

翻阅——欢悦 风干——烘干 发凡——花环 富丽——互利 西服——西湖

j、q、x——g、k、h

j、q、x 声母字音综合练习：

给予 街道 阶级 地窖 首届 眼角 敲打 惊吓 衔接

小巷 项链 银杏 鞋油 咸菜 镶嵌 睡觉 解开 项目

3. 绕口令

b-p：补破皮褥子不如不补破皮褥子。(《补皮褥子》)

b-p：吃葡萄不吐葡萄皮儿，不吃葡萄倒吐葡萄皮儿。(《葡萄皮儿》)

d：会炖我的炖冻豆腐，来炖我的炖冻豆腐，不会炖我的炖冻豆腐，就别炖我的炖冻豆腐。要

是混充会炖我的炖冻豆腐,炖坏了我的炖冻豆腐,那就吃不成我的炖冻豆腐。(《炖冻豆腐》)

l:六十六岁刘老六,修了六十六座走马楼,楼上摆了六十六瓶苏合油,门前栽了六十六棵垂杨柳,柳上拴了六十六个大马猴。忽然一阵狂风起,吹倒了六十六座走马楼,打翻了六十六瓶苏合油,压倒了六十六棵垂杨柳,吓跑了六十六个大马猴,气死了六十六岁刘老六。(《六十六岁刘老六》)

d－t:大兔子,大肚子,大肚子的大兔子,要咬大兔子的大肚子。(《大兔子和大肚子》)

调到敌岛打特盗,特盗太刁投短刀,挡推顶打短刀掉,踏盗得刀盗打倒。断头台倒吊短刀,歹徒登台偷短刀,断头台塌盗跌倒,对对短刀叮当掉。

n－l:门口有四辆四轮大马车,你爱拉哪两辆来拉哪两辆。(《四辆四轮大马车》)

牛郎年年恋刘娘,刘娘连连念牛郎;牛郎恋刘娘,刘娘念牛郎,郎恋娘来娘念郎。河边有棵柳,柳下一头牛。牛要去顶柳,柳条缠住了老牛头。

h:华华有两朵黄花,红红有两朵红花。华华要红花,红红要黄花。华华送给红红一朵黄花,红红送给华华一朵红花。(《华华和红红》)

j、q、x:七巷一个漆匠,西巷一个锡匠,七巷漆匠偷了西巷锡匠的锡,西巷锡匠偷了七巷漆匠的漆。(《漆匠和锡匠》)

稀奇稀奇真稀奇,麻雀踩死老田鸡,蚂蚁身长三尺六,八十岁的老头儿躺在摇篮里。

七加一,七减一,加完减完等于几:七加一,七减一,加完减完还是七。

氢汽球,汽球轻,轻轻汽球轻擎起,擎起汽球心欢喜。

g－k:哥挎瓜筐过宽沟,赶快过沟看怪狗。光看怪狗瓜筐扣,瓜滚筐空哥怪狗(《哥挎瓜筐过宽沟》)

老爷堂上一面鼓,鼓上一只皮老虎。皮老虎抓破了鼓,就拿块破布往上补。只见过破布补破裤,哪见过破布补破鼓。

h－f:一堆粪,一堆灰,灰混粪,粪混灰。(《一堆粪》)

粉红墙上画凤凰,凤凰画在粉红墙。红凤凰、粉凤凰、红粉凤凰,花凤凰。

成都商场卖混纺,红混纺,黄混纺,粉混纺,粉红混纺,黄粉混纺,黄红混纺,红粉混纺最畅销。

会糊我的粉红活佛龛,就糊我的粉红活佛龛;不会糊我的粉红活佛龛,就不要胡糊乱糊糊坏了我的粉红活佛龛。

z－zh:隔着窗户撕字纸,一次撕下横字纸,一次撕下竖字纸,是字纸撕字纸,不是字纸不要胡乱撕一地纸。(《撕字纸》)

s－sh:三山撑四水,四水绕三山,三山四水春常在,四水三山四时春。(《三山撑四水》)

z、c、s－j、x:司机买雌鸡,仔细看雌鸡,四只小雌鸡,叽叽好欢喜,司机笑嘻嘻。(《司机买雌鸡》)

zh、ch、sh:大车拉小车,小车拉小石头,石头掉下来,砸了小脚指头。(《大车拉小车》)

r:夏日无日日亦热,冬日有日日亦寒,春日日出天渐暖,晒衣晒被晒褥单,秋日天高复云淡,遥看红日迫西山。(《说日》)

sh、四声:石室诗士施史,嗜狮,誓食十狮,氏时时适市,氏视十狮,恃矢势,使是十狮逝世,氏拾是十狮尸,适石室,石室湿,氏使侍拭石室,石室拭,氏始试食十狮尸,食时,始识十狮尸实是十石狮尸,试释是事实。(《施氏食狮史》)

b、p、m:

八百标兵奔北坡,炮兵并排北边跑。炮兵怕把标兵碰,标兵怕碰炮兵炮。

一平盆面，烙一平盆饼，饼碰盆，盆碰饼。

白庙外蹲一只白猫，白庙里有一顶白帽。白庙外的白猫看见了白帽，叼着白庙里的白帽跑出了白庙。

zh、ch、sh、r：

知道就是知道，不知道就不知道。不要知道说不知道，也不要不知道装知道，要老老实实，实事求是，不折不扣的真知道。

史老师，讲时事，常学时事长知识。时事学习看报纸，报纸登的是时事，常看报纸要多思，心里装着天下事。

日头热，晒人肉，晒得心里好难受。晒人肉，好难受，晒得头上直冒油。

z、c、s：

报纸是报纸，抱子是抱子，报纸、抱子两件事。抱子不是报纸，看报纸不是看抱子，只能抱子看报纸。

大柴和小柴，帮助爷爷晒白菜，大柴晒的是大白菜，小柴晒的是小白菜，一共晒了四十三斤三两大大小小的白菜。

找到不念早到，遭到不念招到，乱草不念乱吵，制造不念自造，收不念搜，流不念牛，无耐别念无赖，恼羞别读成老朽。

（二）韵母练习

1. 基础练习

a	大厦	喇叭	发达	答茬	o	渊博	观摩	琢磨	广播
e	合格	客车	色泽	特色	i	地理	礼仪	体系	毅力
u	初步	读书	舒服	嘱咐	ü	区域	语序	聚居	絮语
-i	（前）	司机	私自	此次	-i	（后）	知识	迟滞	指示
er	耳朵	偶尔	儿童	女儿	ai	海带	彩排	买卖	灾害
ei	蓓蕾	北美	霏霏	配备	ao	报告	牢靠	草稿	逃跑
ou	手头	抖擞	收购	兜售	ia	假芽	接洽	驾驶	压价
ie	结业	斜街	爷爷	谢谢	iao	逍遥	苗条	叫嚣	教条
iou	牛油	优秀	金秋	求救	ua	夸奖	中华	转化	狠抓
uo	过错	罗嗦	懦弱	脱落	uai	摔坏	坦率	揣度	奇怪
uei	回归	水位	摧毁	水位	üe	绝学	雪月	喜悦	超越
an	反感	感叹	勘探	漫谈	en	本分	车门	根本	认真
ang	帮忙	当场	商场	厂房	eng	丰盛	更正	冷风	整风
ian	电线	简便	连绵	鲜艳	iang	两厢	响亮	想象	将相
in	濒临	拼音	辛勤	近亲	ing	精兵	经营	命令	宁静
uan	传唤	婉转	转弯	贯穿	uen	困顿	论文	温顺	沉稳
uang	狂妄	矿床	状况	双簧	ong	从容	共同	空洞	隆重
ueng	老翁	老翁	水瓮	蓊郁	üan	涓涓	全权	轩辕	源泉
ün	军训	均匀	群众	竣工	iong	汹涌	运用	兄弟	贫穷

2. 容易出错的韵母

（1）in——ing

in 组音节练习：

拼音　濒临　辛勤　薪金　音信　信心　近邻　殷勤　金银

ing 组音节练习：

清醒　评定　情形　平行　聆听　精明　精兵　命令　倾听

in 组音节和 ing 组音节字对比练习：

宾——兵　贫——平　民——名　您——凝　林——灵　近——竟　亲——轻

in 组音节和 ing 组音节词语对比练习：

民心——明星　金银——经营　禁止——静止　亲近——清净　寝室——请示

in 组音节和 ing 组音节字综合练习：

拼命　尽兴　心情　进兵　品行　进行　民警　引擎　尽情

巾帼英雄　临危授命　前程似锦　心心相印　心惊胆战

(2) en——eng：

en 组音节练习：

门诊　人参　身份　粉尘　愤恨　本分　沉闷　认真　深沉

eng 组音节练习：

整风　风筝　逞能　更正　丰盛　更正　升腾　成风　吭声

en 组音节和 eng 组音节字对比练习：

笨——蹦　盆——棚　门——盟　分——风　嫩——能　跟——耕

en 组音节和 eng 组音节词语对比练习：

陈旧——成就　身世——声势　市镇——市政　瓜分——刮风　人参——人生

诊治——整治　阵势——正式　珍异——争议　审视——省事

en 组音节和 eng 组音节词语综合练习：

人生　真诚　本能　认生　奔腾　证人　烹饪　成分　省份

(3) e——uo

e 组音节练习：

客车　割舍　折射　苛刻　隔阂　折合　特色　苛责　褐色

uo 组音节练习：

蹉跎　阔绰　脱落　活捉　火锅　过错　啰唆　懦弱　骆驼

e 组音节和 uo 组音节字对比练习：

德——夺　特——唾　讷——诺　乐——落　哥——锅　课——扩

e 组音节和 uo 组音节词语对比练习：

褐色——货色　开课——开阔　恭贺——供货　河水——活水　客气——阔气

e 组音节和 uo 组音节词语综合练习：

客座　课桌　恶魔　惹祸　胳膊　恶果　撮合　作恶　或者

各得其所　各个击破　过河拆桥　祸国殃民　和盘托出　作恶多端　咄咄逼人

3. 绕口令

ɑ：门前有八匹大伊犁马，你爱拉哪匹马拉哪匹马。（《伊犁马》）

e：坡上立着一只鹅，坡下就是一条河。宽宽的河，肥肥的鹅，鹅要过河，河要渡鹅。不知是鹅过河，还是河渡鹅。（《鹅》）

i:一二三,三二一,一二三四五六七。七个阿姨来摘果,七个花篮儿手中提。七棵树上结七样儿,苹果、桃儿、石榴、柿子,李子、栗子、梨。(《七棵树上结七样儿》)

u:鼓上画只虎,破了拿布补。不知布补鼓,还是布补虎(《鼓上画只虎》)。

有个小孩叫小杜,上街打醋又买布。买了布,打了醋,回头看见鹰抓兔。放下布,搁下醋,上前去追鹰和兔,飞了鹰,跑了兔。洒了醋,湿了布。

i-ü:这天天下雨,体育局穿绿雨衣的女小吕,去找穿绿运动衣的女老李。穿绿雨衣的女小吕,没找到穿绿运动衣的女老李,穿绿运动衣的女老李,也没见着穿绿雨衣的女小吕。(《女小吕和女老李》)

er:要说"尔"专说"尔"/马尔代夫,喀布尔/阿尔巴尼亚,扎伊尔/卡塔尔,尼伯尔/贝尔格莱德,安道尔/萨尔瓦多,伯尔尼/利伯维尔,班珠尔/厄瓜多尔,塞舌尔/哈密尔顿,尼日尔/圣彼埃尔,巴斯特尔/塞内加尔的达喀尔,阿尔及利亚的阿尔及尔。

-i(前):一个大嫂子,一个大小子。大嫂子跟大小子比包饺子,看是大嫂子包的饺子好,还是大小子包的饺子好,再看大嫂子包的饺子少,还是大小子包的饺子少。大嫂子包的饺子又小又好又不少,大小子包的饺子又小又少又不好。(《大嫂子和大小子》)

-i(后):知之为知之,不知为不知,不以不知为知之,不以知之为不知,唯此才能求真知。(《知之为知之》)

ai:买白菜,搭海带,不买海带就别买大白菜。买卖改,不搭卖,不买海带也能买到大白菜。(《白菜和海带》)

ei:贝贝飞纸飞机,菲菲要贝贝的纸飞机,贝贝不给菲菲自己的纸飞机,贝贝教菲菲自己做能飞的纸飞机。(《贝贝和菲菲》)

ai-ei:大妹和小妹,一起去收麦。大妹割大麦,小妹割小麦。大妹帮小妹挑小麦,小妹帮大妹挑大麦。大妹小妹收完麦,噼噼啪啪齐打麦。(《大妹和小妹》)

ao:隔着墙头扔草帽,也不知草帽套老头儿,也不知老头儿套草帽。(《扔草帽》)

ou:忽听门外人咬狗,拿起门来开开手;拾起狗来打砖头,又被砖头咬了手;从来不说颠倒话,口袋驮着骡子走。(《忽听门外人咬狗》)

an:出前门,往正南,有个面铺面冲南,门口挂着蓝布棉门帘。摘了它的蓝布棉门帘,面铺面冲南,给他挂上蓝布棉门帘,面铺还是面冲南。(《蓝布棉门帘》)

en:小陈去卖针,小沈去卖盆。俩人挑着担,一起出了门。小陈喊卖针,小沈喊卖盆。也不知是谁卖针,也不知是谁卖盆。(《小陈和小沈》)

ang:海水长,长长长,长长长消。(《海水长》)

eng:郑政捧着盏台灯,彭澎扛着架屏风,彭澎让郑政扛屏风,郑政让彭澎捧台灯。(《台灯和屏风》)

ang—an:张康当董事长,詹丹当厂长,张康帮助詹丹,詹丹帮助张康。(《张康和詹丹》)

eng—en:陈庄程庄都有城,陈庄城通程庄城。陈庄城和程庄城,两庄城墙都有门。陈庄城进程庄人,陈庄人进程庄城。请问陈程两庄城,两庄城门都进人,哪个城进陈庄人,程庄人进哪个城?(《陈庄城和程庄城》)

ang—eng:长城长,城墙长,长长长城长城墙,城墙长长城长长(《长城长》)

ia:天上飘着一片霞,水上飘着一群鸭。霞是五彩霞,鸭是麻花鸭。麻花鸭游进五彩霞,五彩霞挽住麻花鸭。乐坏了鸭,拍碎了霞,分不清是鸭还是霞。(《鸭和霞》)。

ie:姐姐借刀切茄子,去把儿去叶儿斜切丝,切好茄子烧茄子,炒茄子、蒸茄子,还有一碗焖茄子。(《茄子》)

iao:水上漂着一只表,表上落着一只鸟。鸟看表,表瞪鸟,鸟不认识表,表也不认识鸟。(《鸟看表》)

iou:一葫芦酒,九两六。一葫芦油,六两九。六两九的油,要换九两六的酒,九两六的酒,不换六两九的油。(《酒换油》)

ian:半边莲,莲半边,半边莲长在山涧边。半边天路过山涧边,发现这片半边莲。半边天拿来一把镰,割了半筐半边莲。半筐半边莲,送给边防连。(《半边莲》)

in:你也勤来我也勤,生产同心土变金。工人农民亲兄弟,心心相印团结紧。(《土变金》)

iang:杨家养了一只羊,蒋家修了一道墙。杨家的羊撞倒了蒋家的墙,蒋家的墙压死了杨家的羊。杨家要蒋家赔杨家的羊,蒋家要杨家赔蒋家的墙。(《杨家养了一只羊》)

ing:天上七颗星,树上七只鹰,梁上七个钉,台上七盏灯。拿扇扇了灯,用手拔了钉,举枪打了鹰,乌云盖了星。(《天上七颗星》)

ua:一个胖娃娃,画了三个大花活蛤蟆;三个胖娃娃,画不出一个大花活蛤蟆。画不出一个大花活蛤蟆的三个胖娃娃,真不如画了三个大花活蛤蟆的一个胖娃娃。(《画大花活蛤蟆》)

uo(o):狼打柴,狗烧火,猫儿上炕捏窝窝,雀儿飞来蒸饽饽。(《狼打柴狗烧火》)

uai:槐树槐,槐树槐,槐树底下搭戏台,人家的姑娘都来了,我家的姑娘还不来。说着说着就来了,骑着驴,打着伞,歪着脑袋上戏台。(《槐树槐》)

uei:威威、伟伟和卫卫,拿着水杯去接水。威威让伟伟,伟伟让卫卫,卫卫让威威,没人先接水。一二三,排好队,一个一个来接水。(《接水》

uang:王庄卖筐,匡庄卖网,王庄卖筐不卖网,匡庄卖网不卖筐,你要买筐别去匡庄去王庄,你要买网别去王庄去匡庄。(《王庄和匡庄》)

ueng:老翁卖酒老翁买,老翁买酒老翁卖。(《老翁和老翁》)

ong:冲冲栽了十畦葱,松松栽了十棵松。冲冲说栽松不如栽葱,松松说栽葱不如栽松。是栽松不如栽葱,还是栽葱不如栽松?(《栽葱和栽松》)

uan—uang:那边划来一艘船,这边漂去一张床,船床河中互相撞,不知船撞床,还是床撞船。(《船和床》)

uan—an:大帆船,小帆船,竖起桅杆撑起船。风吹帆,帆引船,帆船顺风转海湾。(《帆船》)

uen—en:孙伦打靶真叫准,半蹲射击特别神,本是半路出家人,摸爬滚打练成神。(《孙伦打靶》)

üe:真绝,真绝,真叫绝,皓月当空下大雪,麻雀游泳不飞跃,鹊巢鸠占鹊喜悦。(《真绝》)

ün:军车运来一堆裙,一色军用绿色裙。军训女生一大群,换下花裙换绿裙。(《换裙子》)

üan:圆圈圆,圈圆圈,圆圆娟娟画圆圈。娟娟画的圈连圈,圆圆画的圈套圈。娟娟圆圆比圆圈,看看谁的圆圈圆。(《画圆圈》)

iong:小涌勇敢学游泳,勇敢游泳是英雄。(《学游泳》)

(三)声调练习

1. 基础练习

妈 麻 马 骂　　一 移 已 易　　屋 无 五 误　　迂 鱼 语 遇　　歌 阁 舸 个

展览　领取　勇敢　打扫　伪造　总算　掌握　体验

积极肯干　千锤百炼　光明磊落　胸怀广阔

2. 综合练习

绝句

两个黄鹂鸣翠柳，一行白鹭上青天。窗含西岭千秋雪，门泊东吴万里船。

武侯庙

遗庙丹青古，空山草木长。犹闻辞后主，不复卧南阳。

春夜喜雨

好雨知时节，当春乃发生。随风潜入夜，润物细无声。

野径云俱黑，江船火独明。晓看红湿处，花重锦官城。

二、多音节词语训练

（一）轻声训练

《普通话测试轻声词表》（节选）

（1）本表根据《普通话水平测试用普通话词语表》编制。

（2）本表供普通话水平测试第二项——读多音节词语（100个音节）测试使用。

（3）按汉语拼音字母顺序排列。

（4）条目中的非轻声音节只标本调，不标变调；条目中的轻声音节，注音不标调号，如：“明白　míngbai”。

1 爱人 àiren　2 案子 ànzi　3 巴掌 bāzhang　4 把子 bàzi　5 帮手 bāngshou　6 包袱 bāofu　7 杯子 bēizi　8 本事 běnshi　9 鼻子 bízi　10 裁缝 cáifeng　11 柴火 cháihuo　12 肠子 chángzi　13 车子 chēzi　14 称呼 chēnghu　15 池子 chízi　16 虫子 chóngzi　17 绸子 chóuzi　18 除了 chúle　19 窗户 chuānghu　20 答应 dāying　21 耽搁 dānge　22 刀子 dāozi　23 提防 dīfang　24 调子 diàozi　25 钉子 dīngzi　26 东家 dōngjia　27 缎子 duànzi　28 对付 duìfu　29 蛾子 ézi　30 贩子 fànzi　31 份子 fènzi　32 福气 fúqi　33 盖子 gàizi　34 高粱 gāoliang　35 疙瘩 gēda　36 跟头 gēntou　37 功夫 gōngfu　38 褂子 guàzi　39 果子 guǒzi　40 蛤蟆 háma　41 孩子 háizi　42 合同 hétong　43 糊涂 hútu　44 幌子 huǎngzi　45 机灵 jīling　46 交情 jiāoqing　47 戒指 jièzhi　48 口袋 kǒudai　49 困难 kùnnan　50 篮子 lánzi　51 老实 lǎoshi　52 篱笆 líba　53 凉快 liángkuai　54 林子 línzi　55 炉子 lúzi　56 路子 lùzi　57 轮子 lúnzi　58 萝卜 luóbo　59 骡子 luózi　60 妈妈 māma　61 媒人 méiren　62 名字 míngzi　63 脑袋 nǎodài　64 奴才 núcai　65 片子 piānzi　66 欺负 qīfu　67 人们 rénmen　68 扫帚 sàozhou　69 沙子 shāzi　70 身子 shēnzi　71 石榴 shíliu　72 收成 shōucheng　73 孙子 sūnzi　74 挑子 tiāozi　75 亭子 tíngzi　76 挖苦 wāku　77 为了 wèile　78 我们 wǒmen　79 匣子 xiázi　80 消息 xiāoxi　81 兄弟 xiōngdi　82 学生 xuésheng　83 哑巴 yǎba　84 样子 yàngzi　85 吆喝 yāohe　86 一辈子 yībèizi　87 应酬 yìngchou　88 院子 yuànzi　89 运气 yùnqi　90 扎实 zhāshi　91 丈夫 zhàngfu　92 招呼 zhāohu　93 镇子 zhènzi　94 侄子 zhízi　95 珠子 zhūzi　96 爪子 zhuǎzi　97 转悠 zhuànyou　98 庄稼 zhuāngjia　99 祖宗 zǔzong　100 嘴巴 zuǐba

（二）儿化训练

常用儿化词表

【A】

挨个儿　挨门儿　矮凳儿　暗处儿　暗号儿　暗花儿　熬头儿

【B】

八成儿　八字儿　疤瘌眼儿　拔火罐儿　拔尖儿　白案儿　白班儿　白干儿　白卷儿　白面儿　百叶儿　摆谱儿　摆设儿　败家子儿　班底儿　板擦儿　半边儿　半道儿　半点儿　半截儿　半路儿　帮忙儿　绑票儿　傍晚儿　包干儿　宝贝儿　饱嗝儿　北边儿

【C】

擦黑儿　猜谜儿　彩号儿　菜单儿　菜花儿　菜子儿　蚕子儿　藏猫儿　草底儿　草帽儿　茶馆儿　茶花儿　茶几儿　茶盘儿　茶座儿　差不离儿　差点儿　岔道儿　长短儿　长袍儿　敞口儿　唱本儿　唱高调儿　唱片儿　抄道儿　趁早儿　成个儿　秤杆儿　吃喝儿　吃儿

【D】

搭伴儿　答茬儿　搭脚儿　打蹦儿　打盹儿　打嗝儿　打滚儿　打晃儿　打价儿　打愣儿　打鸣儿　打谱儿　打挺儿　打眼儿　打杂儿　打转儿　大褂儿　大伙儿　大婶儿　带劲儿　带儿　单调儿单个儿　单间儿　蛋黄儿　当面儿　当票儿　刀把儿　刀背儿

【E】

摁钉儿　摁扣儿　耳垂儿　耳朵眼儿　耳根儿

【F】

发火儿　翻白眼儿　翻本儿　反面儿　饭馆儿　饭盒儿　饭碗儿　房檐儿　肥肠儿　费劲儿　坟头儿　粉末儿　粉皮儿　粉条儿　封口儿　风车儿　风儿　缝儿

【G】

旮旯儿　盖戳儿　盖儿　赶早儿　干劲儿　干活儿　高调儿　高招儿　稿儿　个儿　个头儿　各行儿　各样儿　跟班儿　跟前儿　工夫儿　工头儿　勾芡儿　钩针儿　够本儿　够劲儿　够数儿　够味儿　瓜子儿　挂名儿　乖乖儿　拐棍儿　拐角儿　拐弯儿

【H】

哈哈儿　行当儿　好好儿　好天儿　好玩儿　好性儿　好样儿　号码儿　号儿　河沿儿　合股儿　合伙儿　合身儿　盒儿　黑道儿　红人儿　猴儿　后边儿　后跟儿　后门儿　胡同儿　花边儿　花卷儿　花瓶儿　花儿　花纹儿　花样儿　花园儿　花招儿

【J】

鸡杂儿　急性儿　记事儿　家底儿　夹缝儿　夹心儿　加油儿　价码儿　假条儿　肩膀儿　箭头儿　讲稿儿　讲价儿　讲究儿　胶卷儿　胶水儿　脚尖儿　较真儿　叫好儿　叫座儿　接班儿　接头儿　揭底儿　揭短儿　解闷儿　解手儿　借条儿　紧身儿　劲头儿　镜儿

【K】

开春儿　开花儿　开火儿　开窍儿　开头儿　坎肩儿　开小差儿　靠边儿　磕碰儿　科班儿　科教片儿　壳儿　可口儿　吭气儿　吭声儿　空手儿　空地儿　空格儿　空心儿　裤衩儿　裤兜儿　裤脚儿　裤腿儿　挎包儿　块儿　快板儿　快手儿　筐儿　葵花子儿

【L】

拉呱儿　拉链儿　拉锁儿　腊八诳　腊肠儿　来回儿　来劲儿　来头儿　篮儿　滥调儿　捞本儿　老伴儿　老本儿　老底儿　老根儿　老话儿　老脸儿　老人儿　老样儿　泪花

儿 泪人儿 泪珠儿 累活儿 冷门儿 冷盘儿 愣神儿 离谱儿 里边儿 理儿 力气儿

【M】

麻花儿 麻绳儿 麻线儿 马竿儿 马褂儿 买好儿 卖劲儿 满分儿 满座儿 慢性儿 忙活儿 毛驴儿 毛衫儿 冒火儿 冒尖儿 冒牌儿 帽儿 帽檐儿 没词儿 没地儿 没法儿 没劲儿 没门儿 没谱儿 没趣儿 没事儿 没头儿 没样儿 没影儿

【N】

哪会儿 哪儿 哪样儿 纳闷儿 奶名儿 奶皮儿 奶嘴儿 南边儿 南面儿 脑瓜儿 脑门儿 闹病儿 闹气儿 泥人儿 拟稿儿 年根儿 年头儿 念珠儿 鸟儿 牛劲儿 纽扣儿 农活儿 努嘴儿 挪窝儿

【O】

藕节儿 呕气儿

【P】

拍儿 牌号儿 牌儿 派头儿 盘儿 旁边儿 胖墩儿 刨根儿 跑堂儿 跑腿儿 配对儿 配件儿 配角儿 喷嘴儿 盆景儿 皮猴儿 皮夹儿 皮儿 偏方儿 偏旁儿 偏心眼儿 片儿 票友儿 拼盘儿 瓶塞儿 平手儿 评分儿 坡儿 破烂儿

【Q】

漆皮儿 旗袍儿 棋子儿 起劲儿 起名儿 起头儿 起眼儿 气球儿 汽水儿 签儿 千层底儿 前边儿 前脚儿 前面儿 前儿 前身儿 钱串儿 钱票儿 枪杆儿 枪眼儿 枪子儿 腔儿 墙根儿 墙头儿 抢先儿 桥洞儿 瞧头儿 悄没声儿 巧劲儿

【R】

瓤儿 让座儿 绕道儿 绕口令儿 绕圈儿 绕弯儿 绕远儿 热门儿 热闹儿 热天儿 热心肠儿 人家儿 人头儿 人味儿 人样儿 人影儿 人缘儿 日记本儿 日月儿 绒花儿 戎球儿 肉包儿 肉片儿 肉脯儿 肉丝儿 褥单儿 入门儿 入味儿

【S】

撒欢儿 撒娇儿 撒酒风儿 撒手儿 塞儿 三弦儿 嗓门儿 沙果儿 沙瓤儿 砂轮儿 傻劲儿 色儿 山根儿 闪身儿 扇面儿 上班儿 上辈儿 上边儿 上火儿 上劲儿 上款儿 上联儿 上面儿 上身儿 上座儿 捎脚儿 哨儿 伸腿儿 身板儿 身量儿 身子骨儿 神儿 婶儿实心儿 石子儿 使劲儿 市面儿 事儿 是味儿 收口儿

【T】

台阶儿 抬价儿 摊儿 痰盂儿 谈天儿 糖葫芦儿 趟儿 挑儿 桃仁儿 讨好儿 套间儿 套儿 蹄筋儿 提成儿 提花儿 替班儿 替身儿 天边儿 天窗儿 天儿 天天儿 甜头儿 挑刺儿 条儿 跳高儿 跳绳儿 跳远儿 贴身儿 帖儿 听信儿 同伴儿 铜子儿 筒儿 偷空儿 偷偷儿 头儿 头头儿 图钉儿 土豆儿

【W】

娃儿 袜套儿 袜筒儿 外边儿 外号儿 外间儿 外面儿 外甥女儿 外套儿 弯儿 玩儿 玩意儿 腕儿 围脖儿 围嘴儿 卫生球儿 味儿 纹路儿 窝儿 物件儿

【X】

西边儿 稀罕儿 媳妇儿 戏班儿 戏本儿 戏词儿 戏法儿 细活儿 虾仁儿 下巴颏儿 下半天儿 下边儿 下联儿 下手儿 弦儿 闲话儿 闲空儿 闲篇儿 闲气儿

小抄儿 小车儿 小丑儿 小葱儿 小调儿 小工儿 小褂儿 小孩儿 小脚儿 小锣儿

【Y】

鸭子儿 牙口儿 牙签儿 牙刷儿 芽儿 雅座儿 压根儿 烟卷儿 烟头儿 烟嘴儿 言声儿 沿儿 眼角儿 眼镜儿 眼皮儿 眼圈儿 眼儿 眼神儿 眼窝儿 羊倌儿 腰板儿 腰花儿 咬舌儿 咬字儿 药方儿 药面儿 药片儿 药水儿 药丸儿 药水儿 一溜烟儿 一溜儿 一气儿 一身儿 一手儿 一顺儿 一下儿 一些儿 一早儿

【Z】

咂嘴儿 杂牌儿 杂耍儿 杂院儿 脏字儿 枣儿 早儿 渣儿 栅栏儿 宅门儿 沾边儿 这会儿 这儿 这样儿 针鼻儿 针箍儿 针眼儿 枕席儿 阵儿 整个儿 正座儿 汁儿 支着儿 枝儿 直溜儿 直心眼儿 侄儿 侄女儿 纸钱儿 指名儿 指望儿 指印儿 中间儿 盅儿 钟点儿 种花儿 重活儿 轴儿 皱纹儿 珠儿 猪倌儿 竹竿儿 主角儿

（三）变调训练

上声相连变调双音节词语表

【A】

矮小

【B】

把柄 靶场 把守 百感 板斧 板眼 版本 绑腿 宝塔 保管 保举 保姆 保守 保险 保养 堡垒 饱满 北纬 本领 本色儿 本土 绷脸 彼此 笔法 笔挺 笔筒 笔洗 笔者 匕首 比拟

【C】

采访 采暖 采取 采种 踩水 彩礼 草本 草草 草稿 草莽 草拟 草体 草写 草纸 产品 场景 场所 厂长 炒米 吵嚷 吵嘴 扯谎 耻骨 耻辱 尺码 楚楚 处理 处女 处暑 处死 蠢蠢

【D】

打靶 打倒 打赌 打盹儿 打鼓 打滚 打扰 打扫 打铁 打响 打眼 胆敢 胆管 党委 党羽 倒把 倒手 捣鬼 捣毁 导管 导体 导演 岛屿 底稿 诋毁 抵挡 点火 典礼 典雅 碘酒

【E】

耳语

【F】

法宝 法网 法语 砝码 反比 反悔 反感 反响 反省 仿古 匪首 粉笔 辅导 府邸 俯角 腐乳 腐朽 抚养 辅佐

【G】

改悔 改口 改写 改选 改组 赶紧 赶巧 赶走 感慨 感染 感想 港口 搞鬼 稿纸 给以 耿耿 梗死 梗阻 拱手 苟且 枸杞 鼓手 鼓舞 鼓掌 古板 古典 古董 古老 古朴 骨髓 谷雨

【H】

海产 海岛 海底 海港 海里 海马 海米 海藻 好比 好感 好久 好手 好转 虎口 缓缓 悔改 火把 火海 火警 火腿 火种

【J】

济济 脊髓 给养 给予 甲板 假使 假死 检举 检讨 简短 简谱 剪彩 剪影 剪纸 减产 减法 减免 减少 检点 俭朴 俭省 奖品 奖赏 讲稿 讲解 讲理 讲演 搅扰 脚本 脚掌 解渴

【K】

卡尺 咯血 楷体 坎坷 考场 考古 考取 拷打 可鄙 可耻 可好 可口 可巧 可取 可体 可喜 可以 恳请 口齿 口角 口紧 口水 口吻 口语 苦楚 苦胆 苦海 苦恼 苦水 傀儡 捆绑

【L】

懒散 朗朗 老板 老虎 老茧 老手 老鼠 老小 冷场 冷暖 冷水 冷眼 冷饮 理睬 理解 理想 礼品 脸谱 两可 两手 了解 凛凛 领导 领海 领口 领取 领土 笼统 鲁莽 旅馆

【M】

马脚 玛瑙 蚂蚁 美感 美好 美满 米酒 勉强 腼腆 渺小 敏感 母语 拇指

【N】

奶粉 奶水 奶嘴 脑海 脑髓 恼火 拟稿 扭转 女子 努嘴

【O】

偶尔 藕粉

【P】

跑表 跑马 跑腿儿 捧场 漂染 撇嘴 品种 谱表 谱曲 谱写 普选

【Q】

启齿 乞讨 起笔 起草 起点 起稿 起火 起码 起跑 起早 浅显 遣返 抢险 抢嘴 襁褓 请柬 请帖 取保 取景 取暖 取巧 取舍 龋齿 曲谱 犬齿 犬马

【R】

染指 乳母 软骨

【S】

洒扫 扫尾 傻眼 闪闪 赏脸 少礼 少许 审处 审理 审美 婶母 省俭 省长 使馆 使者 矢口 始祖 守寡 手笔 手表 手法 手感 手稿 手鼓 手脚 手紧 手巧 手软 手写 手癣 手语 手掌 手纸 手指 首府 首脑 首尾 守法 数九 甩手 爽口 爽朗 水果 水碱 水饺 水手 水桶 水土 水藻 水肿 水准 死板 死党 死水 榫眼 索取 索引 所属 所以 所有 锁骨

【T】

倘使 躺椅 讨好 讨巧 体检 体统 体癣 铁板 铁笔 铁饼 铁甲 铁水 铁索 铁塔 挺举 统属 统统 土产 土法 土匪 土改 土壤 吐口 腿脚

【W】

瓦解 婉转 晚场 晚点 晚景 枉法 往返 委靡 委婉 猥琐 尾骨 稳妥 武打 五彩 舞场 舞蹈 舞女 舞曲 五谷 侮辱 五指

【X】

洗澡 喜酒 喜雨 洗礼 洗手 洗雪 显眼 显影 险阻 想法 享有 小产 小丑 小鬼 小脚 小姐 小楷 小米 小脑 小跑 小品 小巧 小曲儿 小写 小雨 小组 写法 醒酒 许久 许可 选本 选举 选取 选手 选种 雪耻

【Y】

哑场 演讲 掩体 眼底 眼睑 眼角 养老 仰角 仰泳 窈窕 野火 野史 也许 以免 以往 以远 饮水 引导 引起 隐语 影响 永久 永远 勇敢 勇猛 有底 有点儿 有理 有请 有喜 友好 予以 雨点 雨伞 雨水 语法 远古 远景 远祖 允许

【Z】

早点 早晚 早早 眨眼 斩首 展览 辗转 掌嘴 长老 诊所 整体 整整 趾甲 咫尺 纸捻 指导 指点 只管 只好 种种 主笔 主导 主管 主旨 转角 转脸 转手 转载 准许 准予 子女 总得 总揽 总长 走狗 走嘴 组稿 组曲 组长 祖母 嘴角 嘴紧 嘴脸 左手

(四)"一、不"的变调训练

(1)"一"、"不"在去声音节前面都要变调,都要变成阳平调值。

下面的"一"全读为"yí":

一致 一再 一定 一律 一瞬 一共 一带 一向 一色
一道 一并 一路 一趟 一样 一面 一类 一阵 一贯

下面的"不"全读作"bú":

不是 不错 不赖 不测 不干 不妙 不看 不累 不怕
不跳 不要 不叫 不骂 不被 不去 不便 不必 不定

(2)"一"、"不"在非去声音节(阴平、阳去、上声)前,"一"变读去声,"不"不变调,仍念去声。

下面的"一"全读作"yì":

一早 一晚 一朝 一夕 一心 一生 一齐 一同 一直
一瞥 一览 一连 一些 一般 一举 一晃 一起 一时
一群 一条 一行 一天 一批 一家 一体 一经 一瓶

(3)"一"夹在动词中间,读作轻声;"不"夹在动词中间、形容词中间或动词补语中间,读作轻声。如:

走一走 遛一遛 看一看 写一写 想一想 读一读
吃不吃 想不想 去不去 气不气 卖不卖 好不好

认读以下短语和短文中"一"、"不"的变调:

不露声色 不可一世 不明不白 不偏不倚 不大不小
不秀不朗 不毛之地 不上不下 不共戴天 不伦不类
一丝不苟 一五一十 一窍不通 一尘不染 一蹶不振
一文不值 一手一足 一起一落 一去不返 一字不漏
不见得 不晓得 不值钱 不像话 不自量 不等式
不要紧 不锈钢 不过意 不动产 不成器 不成文

三个人一齐出大力

一二三,三二一,一二三四五六七,七六五四三二一。一个姑娘来摘李,一个小孩来摘栗,一个小伙儿来摘梨。三个人一齐出大力,收完李子、栗子、梨,一起提到市上去赶集。

一心一意

干什么工作都要一心一意,表里如一,言行一致,埋头苦干;情绪不能一高一低,一好一坏,一落千丈,一蹶不振。

第三节　普通话测试模拟训练

一、分项训练

(一)正音训练

本训练是为了提高学生的普通话水平,帮助学生进行方音辨正。该项训练需长期进行,分声母发音训练、韵母发音训练、声调训练、音变训练和综合训练几步进行。此处仅给出综合训练若干。

方案一:

1. 读单音节字100个(10分)(限时3分钟)

标	正	免	翁	据	改	捎	铁	尿	碗
辰	绣	俩	昏	骑	肥	叛	铭	穷	杭
德	揩	要	胚	迷	戳	宾	广	硬	特
封	须	荡	柴	片	君	黑	甩	丢	挫
扁	坑	列	爬	墨	爽	布	抵	临	恐
廷	卷	瓜	确	繁	懂	遵	拟	根	浅
祠	捶	酿	咬	进	老	快	围	胸	僧
恰	谎	波	痰	硫	文	否	囊	绝	盯
装	揍	选	刃	熬	阳	撰	餐	随	隐
船	汝	咂	舟	日	恶	寻	涉	臊	诛

2. 读读多音节词语48个(20分)(限时3分钟)

苍白	难道	而且	灵敏	公司	高血压	和平
于是	豆腐	处女	爆发	管弦乐	弱点	干脆
方针	没准儿	规划	心旷神怡	自己	全球	天下
别扭	猛然	热闹	年头儿	种类	创办	尺度
究竟	愿望	贫困	采用	戒指	群落	增长
撒娇	小麦	嗓门儿	锻炼	粉笔	差价	相声
胡同儿	客体	水手	破坏	车辆	火灾	

方案二:

1. 读单音节字100个(10分)(限时3分钟)

沸	女	钧	清	宣	瓮	抢	掘	咏	岳
变	醋	拘	躬	您	凭	簧	醇	钻	耸
妆	润	脸	丢	团	控	林	片	爽	损
久	掉	脆	揣	驼	嘴	乖	锥	灭	修
螺	花	秒	铁	扩	要	桥	牧	鼎	些
奴	卜	卡	第	凌	娘	蹦	盆	帽	贼
下	匹	豆	扫	缝	奶	惹	帮	行	盘
坑	蓝	更	忙	齿	操	根	站	拔	导
责	肉	尘	凑	稿	晒	哈	分	寨	歪

唯 尤 津 喜 陪 看 挡 私 遮 日

2. 读多音节词语 48 个(20 分)(限时 3 分钟)

蜷缩 取暖 佛寺 面条儿 脊梁 框架 班子
普法 驯服 一点儿 审核 诊断 琢磨 饲料
沟通 牲口 包干儿 彼此 产值 曾经 容纳
茶馆儿 闪光 扰乱 起码 千克 破坏 完备
往来 使唤 拨弄 火候 需求 造型 动能
对方 都会 拍摄 吞并 昆虫 掠夺 穷人
节奏 夸张 印象 老天爷 蒸馏水 语重心长

方案三:

1. 读单音节字 100 个(10 分)(限时 3 分钟)

薛 哑 酿 根 远 荀 妞 句 涌 瘸
绛 翁 凝 穷 舔 絮 掐 磷 返 幢
刷 群 卷 蛆 近 隋 藕 踹 雌 总
窜 篇 染 留 跨 楔 毗 索 褪 乖
迷 缓 黑 而 稳 醋 租 佟 瞟 润
疮 蒙 眨 炕 拆 肥 座 秒 蛙 纫
疯 核 债 敌 否 港 晒 碑 刨 讹
抡 幕 碘 防 烤 逗 剜 摄 停 栓
很 握 掖 拽 层 旷 尺 邹 帅 岛
肉 条 哪 憋 喊 啪 除 嚷 嘶

2. 读多音节词语 48 个(20 分)(限时 3 分钟)

黄油 亏损 盲从 杂志 抓药 运动 才能
塑造 虐政 按照 年头儿 辅音 热爱 交往
怀表 价钱 相得益彰 大伙儿 态度 羽毛球 切实
扰乱 研究生 胳膊 分配 外面 泉水 敏感
日内 法语 训练 铁路 旦角儿 养神 笑话儿
本性 宣传 棒槌 僧侣 夏季 口袋 美观
军队 确实 品种 普查 存款 自卫

方案四:

1. 读单音节字 100 个(10 分)(限时 3 分 30 秒)

亏 日 汝 食 漆 翁 米 割 丝 饵
揍 砍 村 抓 从 嵌 摆 憎 降 吨
铡 巨 佛 忌 评 短 玄 且 秒 跨
能 撤 拆 穷 纳 羞 蓬 追 魄 熏
炉 黑 够 丙 疼 状 拓 粉 您 苑
挑 狭 帅 闪 航 踹 明 临 麦 呈
约 扫 泪 陵 芽 躯 写 豆 沉 雇
容 脸 袋 纲 水 番 晌 堆 嗓 窘
魂 讨 学 阻 孕 照 冬 版 船 真

资　遍　皇　烧　法　撬　何　戳　痒

2. 读多音节词语 48 个(20 分)(限时 2 分 30 秒)

恰好	设备	怀念	毁灭	小说儿	锦标赛
窗户	假定	掠夺	广场	劳模	蓄电池
磁性	潮流	双亲	醉心	把门儿	排忧解难
战国	享受	台风	答应	专用	主导
全身	正规	勉强	空军	旦角儿	长官
春秋	快艇	波浪	童话	牲口	疲倦
散文	质子	人群	寡妇	玩意儿	绿肥
采访	特别	体味	热量	胸脯	宠儿

方案五:

1. 读单音节字 100 个(10 分)(限时 3 分钟)

琼	皆	霜	丢	佐	您	轧	跟	否	瞧
砌	慢	兑	善	锣	高	辰	德	瓮	拿
俩	针	逊	伏	逆	远	囤	槽	匪	池
裹	让	槐	坪	浆	胜	钵	寒	勉	推
柔	拐	驻	跃	桑	类	滨	口	蒜	云
喘	雄	晃	要	日	铀	准	祛	啃	填
究	佛	酿	黑	阙	民	蹭	偏	锤	相
旷	雪	困	苗	宰	团	鳖	擦	拧	痹
牌	寡	鸣	爬	虑	租	虹	僧	抓	烫
终	条	迭	祠	惹	梢	贼	咳	赛	绢

2. 读多音节词语 48 个(20 分)(限时 3 分钟)

旋转	感到	知觉	会计	测绘	小说儿
铁轨	状态	漂白粉	良性	召开	点火
下列	岁数	乳牛	走访	风格	冗长
培养	遵守	人影儿	背后	探讨	女儿
农产品	裙子	调查	勇猛	羞愧	全局
润滑	色彩	年头儿	模糊	存款	广袤
表情	掠夺	增强	假使	大婶儿	创办
迷信	迫切	夸张	衰变	司令	千钧一发

二、朗读训练

掌握普通话朗读的要求与技巧,朗读能够基本符合要求。以江西省普通话水平测试用朗读篇目作为主要文字材料并适当选择其他材料让学生进行训练。

三、说话训练

结合《教师口语》课程的学习,辅以班级活动,做到循序渐进。说话训练仅靠有限的课堂是远远不够的,必须向课外延伸,才能更好、更有效地使全体学生的口语表达能力得到提高,养成良好的说话习惯。

第二章

文字规范及书写

第一节 书法艺术概述

书法是我国传统文化中一颗璀璨的明珠。书法训练是培养学生个性、陶冶学生情操、提高学生素质的有效途径之一。通过字形结构、笔法练习,能使学生从汉字造型优美和笔法练习规则中接受美的教育。通过定期、定时、定量的训练,可达到质的飞跃,让他们体验成功的喜悦。结合学习著名书法家的书法作品,还可让学生在欣赏中领悟到中华民族传统文化的博大精深,激发热爱祖国文化的思想情感和民族自豪感。书写能力是教师施教能力的重要组成部分,教师能否规范流畅地书写汉字,直接关系到教育教学效果和教师的威信。

一、什么是书法

书法是以正确书写汉字作为表现形式的既形象又抽象的特殊的艺术。

第一,以正确书写汉字作为表现形式。

这就使它得以与绘画等艺术分开。书法是汉字实用书写的艺术升华。

第二,既形象又抽象。

形象,是就字形而言的,有各种体态和神情,写同一个字,不同的人、工具、载体等就会造就不同的姿态。

抽象,是指书法所营造的某种意境。从欣赏的角度去看,书法相当抽象,这从前人论述中的种种形容就看得出来。如,卫夫人的字被形容为"如插花美女",这是抽象的,因为这同字形对应不上,说的是字的神态。

第三,特殊的艺术。

作为一种文字符号,居然能成为一门艺术,这在世界范围内是独一无二的,极为特殊,只有汉字能做得到。

二、汉字实用书写的要求

汉字的实用书写,是指日常用字的正确书写。由于汉字构形复杂且字字独立,同拼音文字相比,其书写难度较大。因此,标准的汉字实用书写,应该达到以下三个方面的基本要求:

一是构形必须正确。所谓构形,是指按照一定的组合模式将不同的笔形组合成字。汉字有篆、隶、草、行、楷等几大类字体,字体不同,其构形往往有异。书写哪一种字体就一定要符合哪一种字体构形的特定准则,也就是说不要把字写错。

二是要体现出不同字体的特征。不同的字体,由于笔形的不同和结构的差异,因而其字符体貌具有明显不同的特征。实用书写时需要把所写字体的体貌特征体现出来。不能诸体杂糅,造成辨识的不便。

三是要尽可能将汉字构形本身所固有的艺术因素表现出来。中华民族是一个爱美的民族,人们喜欢按照自己的审美情趣把一切实用的东西赋予一定的艺术因素,作为记录语言工具的汉字字符当然不会例外,比如字符形体的端正和笔画分布的均衡、对称、和谐等,都属于实用书写所要体现的美感。

三、临摹

临和摹是两种不同的方式,具体的做法也各有不同。下面分别介绍。

(一)摹

摹是使笔毫在范本字样点画的轨道上运行,“依样画葫芦”。传统的做法有三种,即描红、双勾填墨和映格。

描红是先请先生用红笔把字样写在纸上,自己再按双勾填墨的方法来摹写。

双勾填墨是把透明纸蒙在范本上,先用细笔沿着点画的边缘把范字的轮廓勾勒出来(俗称空心字),再用墨笔逐画填实。

映格是用透明但不透墨的纸蒙在范本上,直接用笔在上面沿着范本字的点画轨迹去写。

以上是摹的三种方法。无论采用哪一种方法,都应极力摹仿范字用笔的起承转合以及抑扬顿挫、轻重缓急的变化,力争与范字笔笔合辙,毫厘不爽。练习多了,就会养成良好的书写习惯,下笔自有法度可观。

(二)临

临是把范本放在眼前对照着写,是通过观察和理解来摹拟范字。可以写得和范字一般大,也可以扩大或缩小。开始时,往往是看一笔写一笔,看一字写一字,等临得熟了,也可看几个字甚至一句话然后再写,这叫对临。对临的时间长了,范本中每一个字的形象都深深印在了脑海里,这时不须看范本,光凭印象就能临写出来,这叫背临。无论是对临还是背临,临完一遍之后,都应该及时与范本进行对照检查,尽快改进不足之处。不要临完一遍就不管了,回过头来的检查、研究,才是重要的一环。

除了上面所介绍的传统临摹方法之外,现在还流行一种新的方法:先用铅笔或钢笔按照映格的办法把范本上的字单线条摹写下来,再用毛笔沿着铅笔所摹写的点画轨迹按照对临的办法来再现范字的形神。采用这种方法要注意两点:第一,当用铅笔或钢笔作映格摹写时,笔尖一定要走在范字点画的正中央,以保证所摹出之字“骨架”结构的准确无误,同时也要摹仿范字的用笔方法。其实这正是练习所谓硬笔字的摹写方法,摹下来的正是漂亮的硬笔字。第二,当用毛笔在“骨架”上“加肉”时,要努力表现出范字的点画形态。古人说:“初学之际,宜先立筋骨,筋骨不立,肉何所附?”这种方法正所谓“先立筋骨”然后“附肉”,不仅练了毛笔字,同时也练了硬笔字,是简便易行又一举两得的好方法。

第二节　三笔字训练与指导

一、毛笔字训练

（一）书写姿势——自然舒适

1. 座位

座位适当，姿势自然，大致是以身体各部安置舒适，且易于书写为准。其要点如下：

（1）座椅需正对桌面，不宜偏斜。

（2）座椅高度，约与膝同，出写时能两脚及地踏稳，不至于悬脚虚浮。桌面高度，随人而定，太高太低都不好。

（3）桌椅的距离，以能挺直体干为度，所谓桌椅零距离即桌椅的距离为零，是最理想者。

2. 姿势

座位稳妥适当，身体各部位易得要领，运笔便能得心应手。具体要求如下：

（1）臀部平坐椅面。

（2）两脚张开与肩同宽，着地踏稳，上半身略前倾。

（3）腰背伸直，稍向前俯，不可弯曲。

（4）胸部挺起，距桌缘约5厘米，若倚靠桌缘，便无活动的余地。

（5）腹部微缩。

（6）左手按纸，稳定躯体。

（7）右手执笔，或枕腕、提腕、悬腕，各依执笔要领而行。

（8）头部正而略前俯，两眼正视，不宜偏斜。

此外，还需放轻松、自然，全神贯注，然后完全发挥书写最大功能。

3. 立姿

部分较大的书法字需站立书写。姿势与坐姿相近，要领如下：

（1）站立书写不用座椅，桌的高度以使上半身微俯为标准，约在腰上下，过高过低均不宜。

（2）桌与身体的距离与坐姿近似，不可倚靠桌缘，以至无活动的余地。

（3）两脚张开，与肩同宽，不可平立，右脚需踏前一步站稳。

（4）右手执笔，左手按纸并稳定躯体。

（5）上半身略前俯，不可弯曲，借右脚左手使其平稳。

（6）头部亦随上半身自然微俯，两眼正视，不可偏斜。

（7）心情轻松自然，精神尤须贯注。

（二）执笔方式——指实掌虚

执笔时手需注意四个要点：

（1）手指实：意思是手指皆需确实地压在笔管上，稳固的持着。

（2）手心虚：意思是手掌心不须绷得太紧，以适度并足以灵活运笔即可。

（3）手背圆：是形容执笔时，手掌背圆弧且上竖的样子（不须硬将手臂托圆，适度足以让手指灵活运作即可）。

（4）手掌竖：意思是将手掌竖起直立，能使手把笔拿直。

（三）运笔方式

运笔是书法的根基，若不得其要领，则再怎么写也没用。所以书法以此为重。运笔的方法有三种：一是指运法，二是腕运法，三是肘运法。书法家张廷相曾说："运笔之法有三：曰指，曰肘，曰腕；小字宜指，中字宜腕，大字宜肘。"

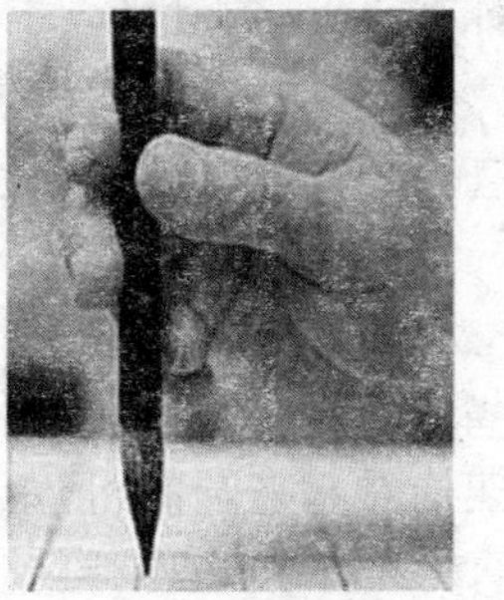

图 2－1　指运法

1. 指运法（图 2－1）

指运法是运笔中的一个持法，做法是将左手垫于右手之下。通称枕腕式。亦可放一重厚物于右手腕之下代替，而这样做，腕部就固定了，只剩下手掌手指部分可动，因此只能书写细短的笔画，适合用于小字。但若书写草书的小字时，也不适合使用枕腕式。因为此法较不灵活，写时会缺乏一股流动之气，无法表现其气概。总之，指运法书写时最稳且牢固，可作为练习运笔的第一步骤，由此而进步至提腕或悬腕，就容易了许多。因此，初学者应当多加练习。

图 2－2　腕运法

2. 腕运法（图 2－2）

腕运法就是固定肘部，将腕部提起，一般通称提腕式。而此法将腕部提起，活动范围就较枕腕式大，可以书写较大的中号字。但也不适合书写大字，因为肘部仍着地，活动范围仍受限制。

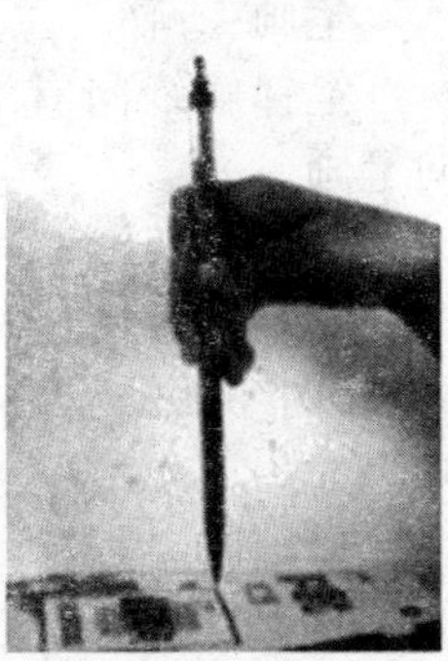

图 2－3　肘运法

3. 肘运法（图 2－3）

肘运法是连肘部一起悬空，以肘部来运笔，一般通称悬腕式。此法以肩膀为中心，腕肘均不放于案上，所以最为灵活，活动范围最大，挥洒自如，易于表现笔力，适用于大楷、行草等书体。总之，悬腕式是运笔的极致用法，如欲尽善尽美，此法非熟练不可，不然大字无法逞其雄势，行草不得其纵逸，各均不得要领。

（四）运笔要领

1. 起笔与收笔

关于起笔，求其方圆分明，完美洁净，包世臣称："起笔处：顺入者无缺峰，逆入者无涨墨。"无缺峰则形状完美，无涨墨则笔画洁净，起笔时顺入成方，逆入成圆。收笔时则需顿或折笔锋而成方，回锋而成圆。上述诸点，乃起步的大道理，应多加练习。

2. 提笔与顿笔

当你在写作时，一个字完成的过程是由提笔与顿笔交互而形成的，"顿"是将笔下压，屈笔锋而将力道使于纸上。"提"，则是将笔提起或半提起以继续行笔。大体上，顿笔后需提笔才能行笔，而提笔后又需顿笔，使笔画成形，或接连着下一笔的笔画，终使字成形，所以才说书法写作是提与顿的交替过程。其中又包括更细的变化，例如提有全提、半提之分，顿也有轻重之巧。这就需要自己去体会了。

3. 转笔与折笔

除了上述的提与顿外，转笔与顿笔也需要重视。"转"是圆润笔画的方法，"折"则是画方的方法。张廷相曾说："真书以点画成形，以转折见性。"其中，细分古书所见，折亦可称为翻转，表现的方法有"曳而加于上"的说法，意思是行笔中停笔不动，变换笔锋的方向略成飞状转向。使外角成方,得其笔意。至于转法亦称绞转,行笔中“动而转于下”,意近同于上,只是转锋时不停,顺势回转向下,形亦同于乁,但画外角成圆,转动幅度较大。蒋梦麟曾以图形说明,并附诗云:“翻转突折成直角,绞转毫滚心如旋。”此例足可明见。

4. 方笔与圆笔

这部分较为复杂,讲求整体的效果。依前面所提过的起、收,提、顿、转、折,在书写时,放慢些许速度,使运笔较更稳定,以合宜的技巧,在起止及转弯处,笔画中等,将之突显曲度,使整体架构看起来圆润,且萧散超逸。而方笔则是在上述各要点中突显笔画的骨气,让整体架构明瞭,直方而不失轻巧,凝整沈着,苍劲挺拔。张隆延道:“方笔平直而精严,圆笔委曲而奇诡。”

5. 藏锋与露锋

谈到笔锋,可延伸出偏锋、正锋、搭锋、折锋、回锋诸法,对于笔锋的用法重要由此可知。若书法笔中锋无变化,那就是死法。又以藏锋与露锋最重要。藏锋就是将笔锋藏于笔画中,不露痕迹;露锋就是笔锋自然露外。徐浩云说:“用笔之势,特需藏锋,锋若不藏,字则有病。”此话意思甚是明白。笔锋不藏,则缺乏含蓄之深韵,也不可偏重一方,以免不得中道而为病。两者得相配合,藏锋包其气概,露锋纵其精神,使字气势挺拔,气韵天成,即得其道。

(五)笔画训练——永字八法(图2-4)

永字八法其实就是“永”这个字的八个笔画。它代表中国书法中笔画的大体,分别是“侧、勒、努、趯、策、掠、啄、磔”八画。

笔画一:侧

笔锋着纸后向右,慢慢加重力道下压再慢慢上收转向,回笔藏锋视情形改变其角度。

图2-4 永字八法

笔画二:勒

笔锋触纸向右下压再横画而慢慢收起,作一横向笔画。

笔画三:努

为一直向笔画,以直笔之法作开头,竖笔慢慢向下写,向左微偏作一曲度后返回,其笔画不宜直,否则无力。

笔画四:趯

当竖直笔画完后,趁其势顿笔再向左上偏,一出即收笔向上。

笔画五:策

笔锋触纸向右压再转右上斜画而慢慢收起,要点是需轻抬而进。

笔画六:掠

向左下的笔画,必须快而准,取之中的险劲为要节,出锋需干净利落,利而不坠。

笔画七:啄

又称短撇,为一向左下的笔画,如同鸟啄树般的力道和气势。

笔画八:磔

向左下的笔画,徐徐而有劲,收尾时下压再向右横画而慢慢收起。

以上为永字八法,是中国书法笔画的根基,练熟此八画后,即可延伸多样笔画,并各得其精神气度。

附:基本笔画写法要点示意图表

长 横:作主笔用于天覆、地载和腰横

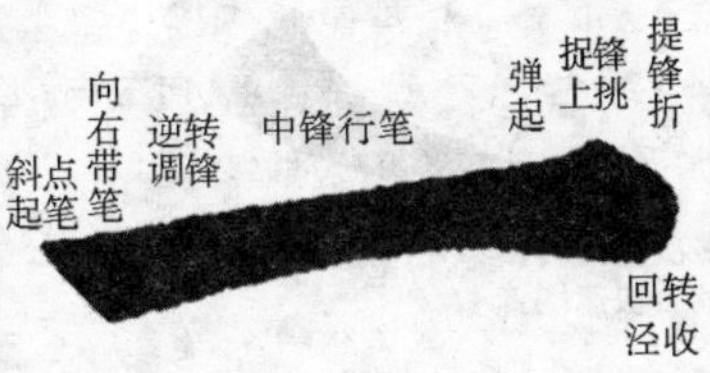

悬针竖：常用作主笔在字中或右部

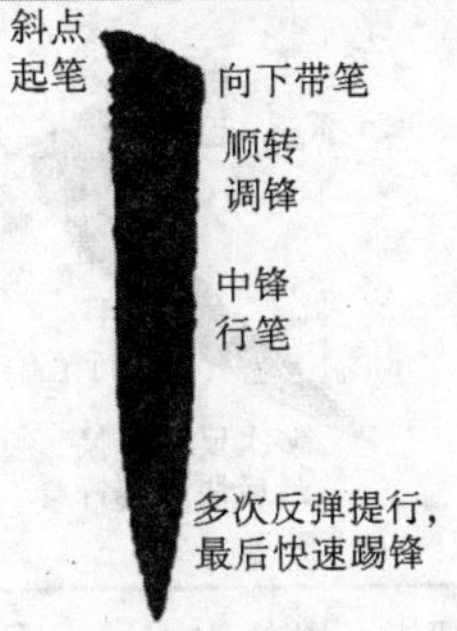

左尖横：常用在长横之上

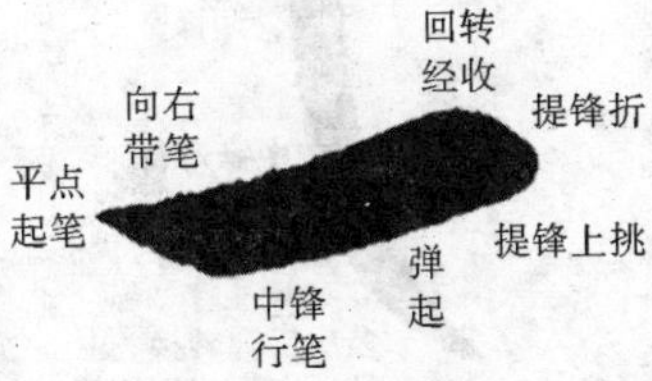

垂露竖：通常用在字的左边，有时用于中间、右边

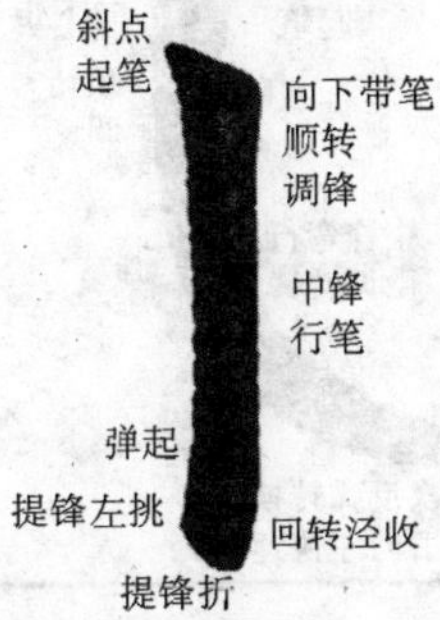

短 横：常用在长横之上

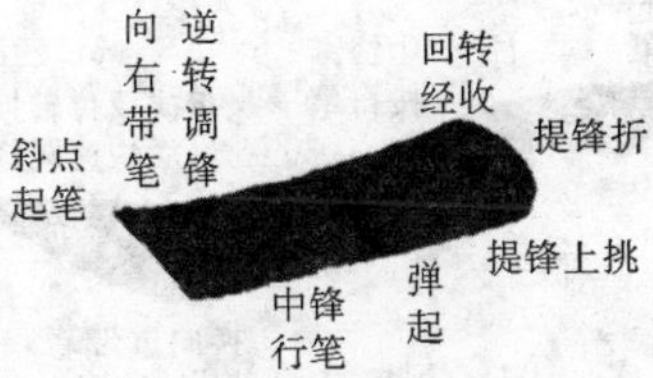

左短竖：用在字左

右短竖：用在字中、横上方

长斜撇：用在字中，贯穿字的对角

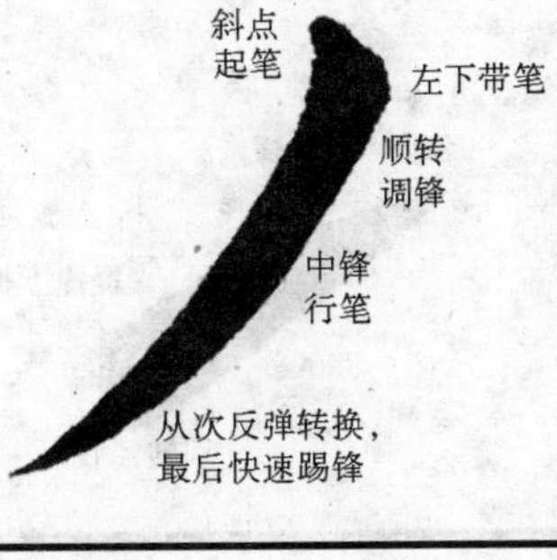

短斜撇：用法适用范围较广，但不能用在横上方

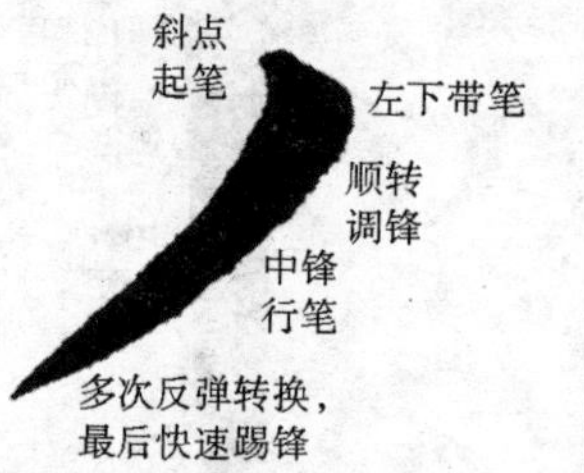

短平撇：用在横上方

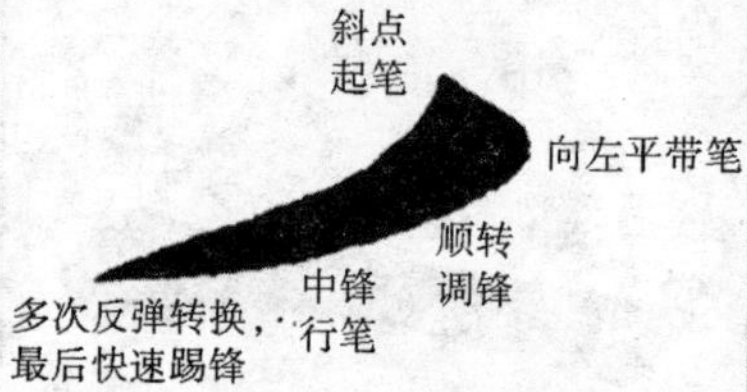

竖弯撇：用在字中

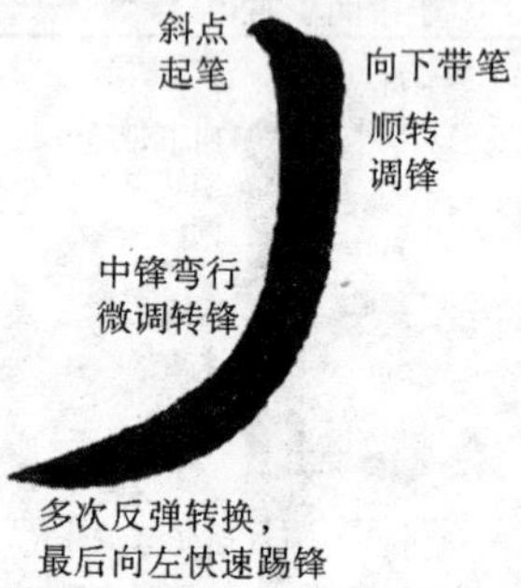

竖撇：用在字左

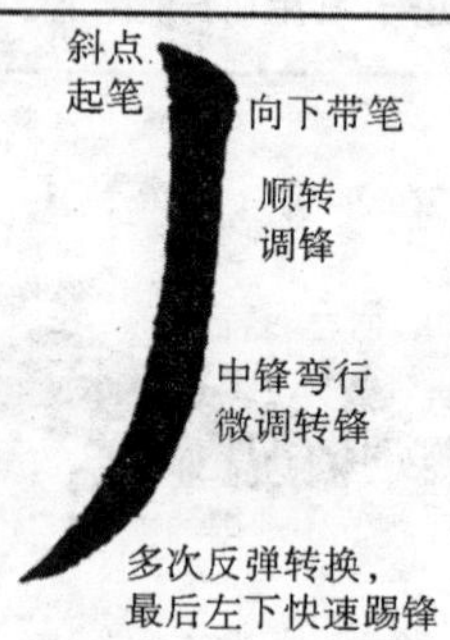

斜 捺：作主笔用

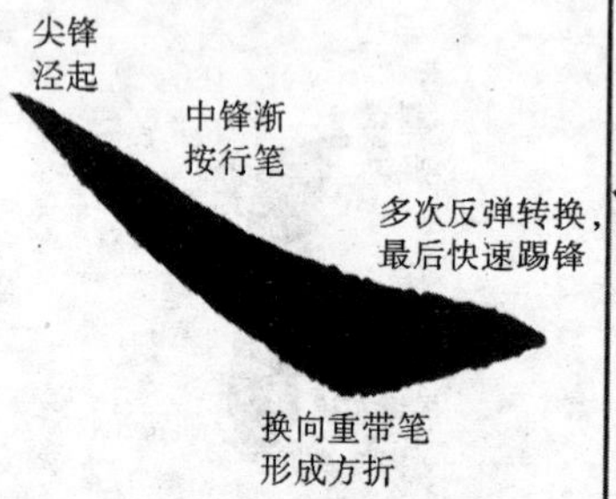

平 捺：多用于走之底

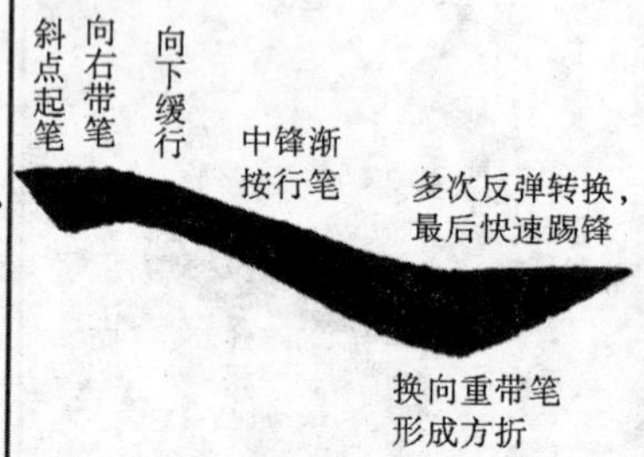

反 捺：替代斜捺

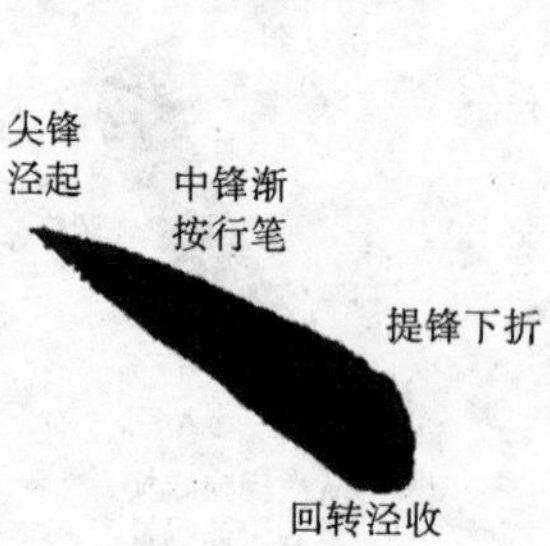

提：用在字的左下角

(六)结构原则与规律

1. 方正

中国汉字造型虽各不相同,但有点像建筑物似的,一座座都要坚如磐石、稳如泰山地屹立起来,要求端正平稳。如颜体“國”(国)字、柳体“闌”(阑)字,方方正正。它们的左右两边都有直立的竖画支撑。如果将两边的竖画写歪了,就像房子的柱子已歪,重心偏移,房屋就非倒塌不可。所以起支撑作用的竖画(重心)要直立。

2. 平稳

平稳,是指字中起到支撑作用的笔画与该字的重力线相吻合,符合力学平衡的原理。上面谈到的字两边的竖画固然重要,但竖画也并不是非直不可。如颜体“中”字,两边的短竖都是斜的,但很平稳。因为“中”字起支撑作用的是中竖而不是两边的短竖,如果将短竖也写正了,而反显得呆板。但中竖不能歪,若写歪了必倒无疑。

3. 变化

方正平稳固然是楷书结构的重要原则之一,但是在追求平稳的同时,还要注意笔势的变化,因为一味地平稳就会显得刻板。如“土”字写得横平竖直就死了。

4. 突出主笔

一出戏有主角有配角,一幅画有近景有远景,一个字有主笔有次笔。主笔突出了,字的整体内部就有主次、有管领、有节奏。楷书“三”字下横最长就是由隶书的波磔演变冲直撞而来的。一般情况下,主笔在一个字里往往起到举足轻重的作用。

附:汉字结构字帖

一、天覆者,凡画皆冒于其下。 指宝盖头的字要写大点,能盖住下面的笔画。	二、地载者,有画皆托于其上。 即字下部的一横要长,能托住上面的笔画。	三、让左者,左昂右低。 右部避让左部的字,左部高而右部低。	四、让右者,右伸左缩。 左部避让右部的字,右部伸展而左部收缩。
定	呈	即	城
字	至	都	吐

十三、画长直短。 横长,竖必须短。	十四、画短直长。 横短,竖必须长。	十五、上下有画，须上短而下长。 上下有横的字，应上横短而下横长。	十六、左右有直，宜左收而右展。 左右有竖的字，须左竖收缩而右竖伸展（即左竖细短，右竖粗长）。
十	干	二	固
上	年	正	国

十七、左撇右直，须左缩而右垂。 左边是撇右边是竖的字,必须左撇收缩而右竖下垂。	十八、左直右撇，宜左敛而右放。 右边是竖,左边是撇的字,必须左竖收敛而右撇伸展。	十九、点复者，宜偃仰向背以求变。 点重复的字，点应该或下俯或上仰、或相对或相背，以求变化。	二十、画重者，宜鳞羽参差以化板。 横画重叠的字，横画应像鱼的鳞片、鸟的羽毛那样交错排列、长短不一，避免呆板。
开	伊	心	善
弗	侈	照	替

二十一、两者平，左右宜均。左右两部分平等的字，两部分宜均匀相称。	二十二、三合者，中间务正。左中右三部分组成的字，中间部分应正直。	二十三、二段者，上下平分中微加饶减。上下两部分组成的字，在保持上下均衡的前提下稍微有点变化。	二十四、三联者，头尾伸缩间仍要停匀。上中下三部分组成的字，上下两部分可有伸有缩，以求得稳当、均衡。
颇	湖	皇	亭
顷	暇	盖	意

二十五、左旁小者齐其上。左偏旁小的字,左右两部分的上部要平齐。	二十六、右边小者齐其下。右边小的字，左右两部分的下部要平齐。	二十七、外四叠者，体格必整方。外部笔画四叠的字，体态必须整齐方正。	二十八、内四叠者，布置宜匀密。内部笔画四叠的字，笔画安排须均匀密集。
岐	如	器	爽
瞩	初	噐	噩

二十九、马齿法，其拿钩之锋，宜注射四点之半。 马齿法,其弯勾的出锋应指向四点的一半。	三十、上平之字宜齐眉。 上部应平的字，左右两边应齐头。	三十一、下平之字宜齐足。 下部应平的字，下部各脚应齐平。	三十二、重捺者，须有缩有伸。 捺重复的字，必须有收有伸，收的可写作长点、短点。
焉 焉	嗟	夏	食
馬 马	墉	教	遂

三十三、趯（tì）者，当或挑或驻。 竖勾并列的字，须有的出锋，有的驻锋（写作垂露）。	三十四、上下勾趯（tì）者，下钩明而上钩暗。 竖钩上下重复的字，下钩要出锋，上钩要隐含。	三十五、俯仰钩挑着，俯钩编而仰钩伸。 上下钩挑相对的字，俯钩要收紧，仰钩须伸展。	三十六、上占地步着，听其上宽。 上宽下窄的字，任其上部宽阔。
林	歌	冠	香
焚	哥	究	贤

三十七、下占地步者，任其下阔。 上窄下宽的字,任其下部宽阔。	三十八、右占者，右不妨独丰。 右大左小的字，右边不妨独自丰满。	三十九、左占者，左无嫌偏大。 左大右小的字，左边偏大点也无妨。	四十、左右占者，中宜逊。 左中右结构的字，左右宽大的，中间要狭小。
采	何	制	倾
是	酒	敞	辨

四十一、中间占者，中独雄。 左中右结构的字，左右狭窄的，中间要宽大。	四十二、上下占者，中宜小。 上中下结构的字，上下宽大的，中间须狭小。	四十三、纵腕宜曲劲。 纵勾之法，折弯勾要弯曲而刚劲（中部略细一点）。	四十四、横腕贵圆隽。 横钩之法，竖弯钩要圆润而俊俏。
街	衷	风	元
澎	高	氛	先

四十五、横戈不厌曲。 横戈的字,其戈身不借横向弯曲。	四十六、伸钩贵抱持。 伸钩的字，贵在竖弯钩要能托抱住上方。	四十七、承上之乂，正中为贵。 撇捺交叉托起上部的字，贵在交叉处应对准上部的正中。	四十八、屈钩之势，退缩斯宜。 左边的屈钩要收缩，以避让右边的部分（竖弯钩写作竖挑）。
必	包	文	辉
忘	也	天	濒

五十三、卜字直毋偏，与上截中缝相对。 卜字应正直不偏斜,与上部中缝相对应。	五十四、土字真毋偏，与下截左竖正对。 土字应正直不偏斜,与下部的左竖对应。	五十五、错综者贵迎让穿插而恶纷纭。 笔画错综复杂的字，贵在迎让穿插，最忌杂乱无章。	五十六、缜密者，宜布置安排而嫌挤杂。 笔画缜密繁琐的字，应布置均匀，最忌拥挤庞杂。
是	者	繁	暮
走	老	馨	慧

五十七、纵撇恶鼠尾。 纵撇要力贯撇尾而回锋，最忌像鼠尾般瘦弱无力。	五十八、联撇恶排牙。 并列的撇在长短、弯曲度等方面要有变化，最忌像牙齿般排列，死板茼同。	五十九、三撇法，以下撇首顶上撇之腹。 三撇的方法，下一撇的起笔要对准上撇的中部（上两撇要短，第三撇要长）。	六十、三点法，以下点提锋与上点驻管相应。 最后一点要向上提，其提锋与上点的驻笔处相呼应，造成形断意连的效果。
度	俊	影	江
局	波	须	洞

六十五、堆叠者消纳之。 相同部分堆叠而成的字，各部之间要有伸有缩，有避有趋势，融洽相处。	六十六、积累者清晰之。 众多笔画积累起来的字，每一笔画都要写得清晰、稳。	六十七、下画宜微长以承右竖之末。 下横应稍微长点，以便承接右竖的末端。	六十八、末勾宜微拖，似有带下之势。 末尾竖勾的勾锋，要向下拖一点，好像有萦带下一个字的态势。
品	稾	田	乎
飇 飙	暨	目	亭

六十九、当悬针而垂露则无韵。 当用悬针笔法的，如果用了垂露笔法，就缺少神韵（一般指独体字的中竖）。	七十、当垂露而悬针则无力。 当用垂露笔法的，如果用了悬针笔法，就显得无力（一般指短一点的竖）	七十一、体虽宜斜而字心必正。 体势虽然应该倾斜的字，其字的重心却一定要垂直。	七十二、形本自正而骨力必坚。 字体本身平正的字，它的骨力定要坚劲。
申	卓	乃	正
中	常	少	王

七十三、字本瘦者，其形勿短。 结构本来就瘦长的字，不要写得低矮。	七十四、身本矮者，用笔宜肥。 结构本身矮短的字，笔画应该肥壮。	七十五、盖下之法，撇捺宜均。 撇捺覆盖下的字，撇捺伸展要均匀。	七十六、趁下之势，左右相称。 撇捺在中间起承上启下作用的字，左撇右捺要对称。
日	工	令	客
身	四	余	举

七十七、之逸中字、宜于上略大而下略小。 走之中的字，上部可略大，下部可略小。	七十八、画长撇短者，右不宜扔捺。 横长撇短的字，右部不适宜用捺，应改为长点。	七十九、左竖不嫌短，右竖不嫌长。 左竖可短的，右竖须长些。	八十、左竖不嫌长，右竖不嫌短。 左竖可长的，右竖尽可能短些。
逮	莫	休	柱
造	吴	神	相

八十一、宝盖之钩如鸟之视胸乃妙。 宝盖的右钩要向里收，像鸟低头看胸才妙。	八十二、排纂之画如工之镂物乃佳。 笔画排列紧密的字，要像工匠镂刻工艺品那样玲珑剔透才显得精美。	八十三、从卩之字准此。 卩部的横竖弯钩应写得宽而短，竖用垂露法，整个卩部应低于或平于左。	八十四、从邑之字准此。 右阝部可阔长一点，与左边相称，其竖多用悬针。
宫	囊	叩	郎
家	寰	却	部

八十五、从阜之字准此。	八十六、从癶之字准此。	八十七、从⺼又之字准此。	八十八、从乑之字准此。
左阝部应写得狭窄些，以避让右边，其竖必用垂露法。	癶要写得舒服、戏称，下部的所有捺部要化为点。	⺼又的上部要写得紧凑，下部舒展、对称。	中竖以垂露法收笔，切忌出锋，左右上一撇短，下撇捺要长、出锋，以支撑字的平衡。
降	癸	祭	衆
隐	登	察	聚

八十九、从豕之字准此。	九十、单人旁字准此。	九十一、双人旁字准此。	九十二、从乚之字准此。
弯钩的上部要弯曲，下部要直，且在字的中心。	右边笔画少的，撇尾稍长，右边笔画多，撇尾稍短。	下撇的起笔对准上撇的腹部。	竖长横弯钩短，竖短横穹钩长，其弯处可圆转或内折外圆转。
象	仁	得	乳
家	俊	徐	色

二、钢笔字训练

（一）笔画训练

1. 横

横画要写平稳，因为横在一个字中起平衡作用，横不平，则字不稳。如下图所示：

笔画	起笔	行笔	收笔	字例			
一	丶	一	一	上	下	五	土

横有长横、短横，还有左尖横、右尖横、腰粗横等形态，其形态变化之多成就了横形态的丰富、生动性。由于人的视觉的错觉，横画不能写成水平，而应写成左低右高，收笔时稍按一下笔，这样，看起来才显得平稳。人们常说的“横平竖直”，不是指横水平书写，而是要求看上去平稳的意思。

2. 竖

竖画要写垂直，因为竖画在一个字中往往起着关键的支撑作用，竖有垂露、悬针和短竖之分。如下图所示：

笔画	起笔	行笔	收笔	字例			
丨	丶	丨	丨	个	川	书	开

笔画	起笔	行笔	收笔	字例			
丨	丶	丨	丨	口	旧	土	士

笔画	起笔	行笔	收笔	字例			
丨	丶	丨	丨	十	平	丰	半

3. 撇

撇有斜撇、竖撇、短撇之分。如下图所示：

笔画	起笔	行笔	收笔	字例			
丿	丶	丿	丿	人	八	入	友

笔画	起笔	行笔	收笔	字例			
丿				月	用	舟	风

笔画	起笔	行笔	收笔	字例			
丿				生	禾	失	朱

4. 捺

捺画粗细分明，书写难度较大。捺有斜捺和平捺之分。如下图所示：

笔画	起笔	行笔	收笔	字例			
㇏				大	夫	火	木

笔画	起笔	行笔	收笔	字例			
㇏				之	边	这	近

5. 点

点画有左点、右点、挑点、竖点和长点之分。如下图所示：

笔画	起笔	行笔	收笔	字例			
丶				小	怕	安	农

笔画	起笔	行笔	收笔	字例			
丶				主	义	六	文

笔画	起笔	行笔	收笔	字例			
丶				京	定	空	室

笔画	起笔	行笔	收笔	字例			
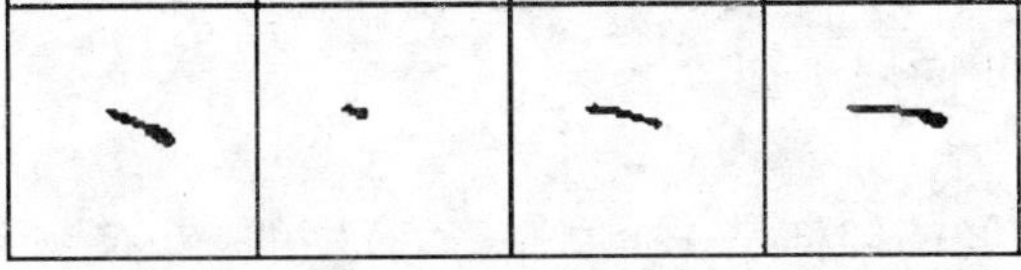				以	头	不	食

6. 提

提画写法是，下笔较重，由重到轻向右上行笔，收笔要出尖。提画在不同的字中角度和长短略有不同。如下图所示：

笔画	起笔	行笔	收笔	字例			
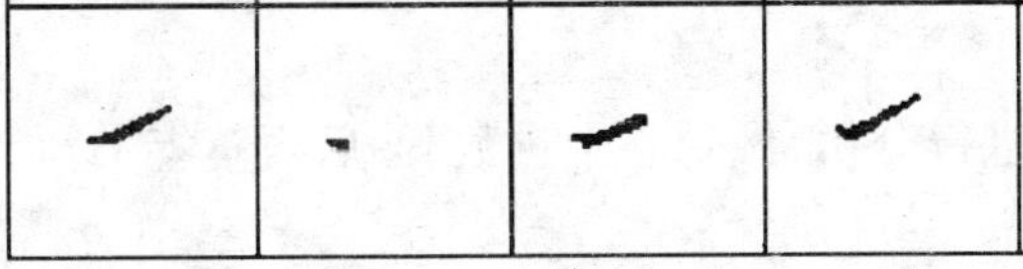				江	地	级	虫

7. 钩

钩分竖钩、竖弯钩、戈钩、卧钩。如下图所示：

笔画	起笔	行笔	收笔	字例			
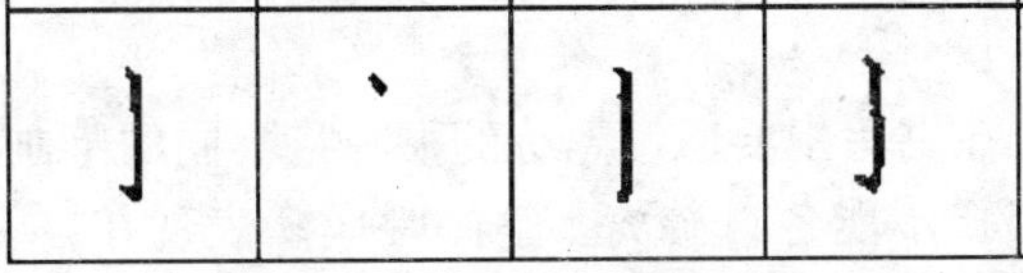				小	水	寸	示

笔画	起笔	行笔	收笔	字例			
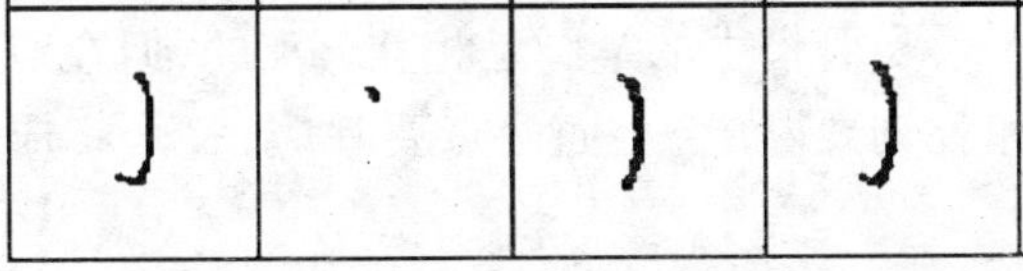				了	子	手	象

笔画	起笔	行笔	收笔	字例			
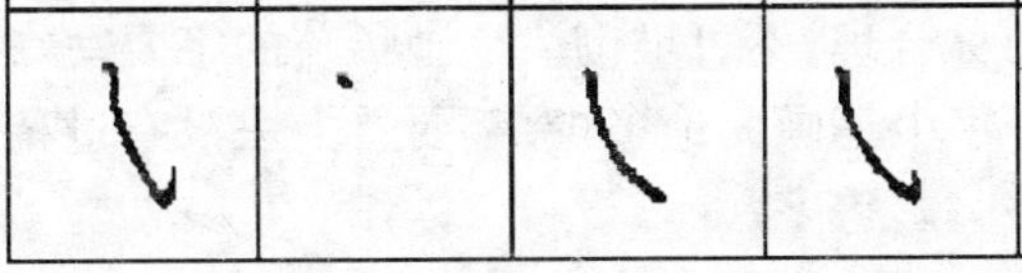				民	氏	成	我

笔画	起笔	行笔	收笔	字例			
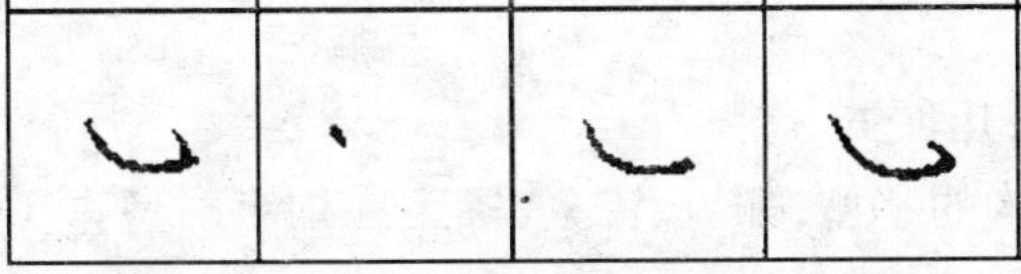				心	必	志	思

从上面介绍的基本笔画书写方法可以看出，汉字笔画书写的运笔规律一般是：横、竖、撇的起笔较重，点的起笔较轻；转折处要略顿笔，稍重、稍慢；提和钩，开始要略顿笔、稍重，然后逐渐转为轻快，收笔出尖；撇、挑都要出尖。所有笔画都是一笔写成，不能重描。这些笔画在组成汉字时，有的形状会略有变化，因此，在书写时，要注意多观察，把笔画形状写准确。

(二)结构训练

各种笔画的结合造就了汉字,要使每个人的字写得正确、美观、规范,就必须掌握一定的法则组织笔画,这一法则就是结构。又称"结字"和"间架"。

1. 横平竖直

横平竖直也叫横竖有序,疏密匀称。笔画之间的匀称是一个字整齐、有序的"外衣"。凡在一个字中出现两个或两个以上的横画或竖画时,都应保持笔画之间方向上的基本平行和距离上的基本相等。所谓"横平"并不是要求把横写成水平一样的横,是指横画书写要左微低、右微仰、背微拱、腰微细。不要出现明显的抖动和斜翘的败笔,不要出现没有变化的直线条。竖画书写要求自然顺直,平稳行笔,以不歪不斜为标准。若竖画在字中心就要写端正;若在字的两侧,则要求对称书写,向背分明,如真、中、正等字。

2. 重心要稳

重心平稳是要求书写时对每个字的重心要进行分析,做到心中有数,然后再落笔书写,将字的各个笔画围绕重心安排与组合,使之安稳平正。

做到重心平稳,对于结构平正、整齐、均衡对称的字来说,其重心容易找准,也容易书写。然而对于不规则的字,其重心就不大好掌握了。这就要求找出它的主笔。即字中起主要作用的一笔,这样把主笔写端正了,写平稳了,其重心也就端正了。如"足"字的平捺,"夕"字的斜撇,"也"字的竖弯钩,"飞"字的横折弯钩都是主笔。这四笔写正了,字的重心就平稳了。

3. 笔画呼应

汉字是由各种不同形态不一的笔画构成的,在书写中要通过熟练的书写将不同的笔画构成各个汉字。因此,就要求各笔画之间要呼应、顾盼,不能各自游离。笔画呼应多表现在:横与竖的交叉、撇与捺的连接、钩与点的映带等多方面,要求书写具有连贯性,左与右、上与下都是相互联系、照应,使每一个字都能成为一个整体。以点画为例,点是汉字笔画中形体小巧、分布在字的四周的意态灵活之笔,书写时要求点画要有生气,尽管楷书的笔画是相互分离的,但在点画的书写时要能够做到笔断意连。如"心"字,左点和卧钩要断笔,上面两点要呼应,整个字应该是一气呵成。

4. 疏密有序

汉字中有笔画繁密的和稀疏的两种情况。在书写时要做到笔画繁密的写得紧凑一些,而且无论是多横的或多竖的字都要做到疏密有序、匀称合理,不可堆砌。笔画稀疏的字要写得宽松一些,但不能失度,失度则结构松散。总之,一个字中笔画无论多少,都要看上去没有过稀或拥挤的感觉,这样写的字就整齐美观了。如"天、藏、嬴"等字。

5. 比例和谐

汉字的结构是有明显的比例关系的,只有恰当地安排好各个笔画应占的比例位置,才能使人看后有主次分明、清晰明快的感觉。

从一般的字形结构来讲,其比例关系分以下几种:

(1)1/2 的结构,应该是左右结构和上下结构的字型,如显、皆、放等字在构字时各占 1/2 的比例。

(2)1/3 的结构,应该是左中右和上中下结构的字型,如柳、脚、意等字在构字时应各占 1/3 的比例。

(3)1/3 比 2/3 的结构,应该是上下或左右结构的字型,这些字在构字时一部分大,应占

2/3;另一部分小,应占1/3。如雾、涧等字在构字时,雾字“雨”占1/3,“务”占2/3;涧字“氵”占1/3,“间”占2/3。

6. 向背分明

合体字中各部分的组合有相向相背之分。相向是指左右结构的字,就像两人面对面而坐,伸出手脚,呈相抱之势,不但不能相互妨碍,还要适当收缩,合理伸展,有空则伸,没空则让。相背有如两人背靠背地站着或坐着。这类字左右两部分的笔画都各自伸展向一侧。但在书写时应相互照顾,气势连贯,力避呆板、结构松散。如勤、好等字两部分组合相向;北、兆、狼等字组合呈相背。

7. 让就合理

汉字的偏旁部首与字的主要部分之间,要有相互让就的问题。首先要明确偏旁部首的书写位置,一般来说是偏旁部首的要写得小一些,另外还要根据字的大小、宽窄、长短、笔画的多少等不同的情况来分别相让,但要写得结构合理,位置适中。如讲、吟、菜等字。

8. 伸展得当

主要是在写撇和捺时应注意。“撇和捺”是字的手和脚,只有手脚伸展得当,字的重心才能平稳。撇画和捺画是基本笔画中表现最充分最优美的笔画,如运用得当,写出来的字就会有一种萧洒、飘逸的感觉,同时要注意左右对称。如容、农、今等字。

以上八点结构原则,是在书写钢笔楷书结构方面的一些基本要领,书写时能够将其相互融合、贯穿统一,再加上用笔时笔法的有机结合,钢笔楷书结构就能很快地掌握了。

(三)章法布局

所谓章法,是指篇章布局的方法,也就是使一幅书法作品整体美的技能和方法。它着重字与字、行与行之间的协调、呼应、连贯、疏密与辉映,利用黑白的分布、字形的大小、字距的远近、字态的正奇等于段,使千姿百态的单字在合理而巧妙的布局下,形成一篇既和谐美观又辉映成趣的艺术作品。它能引发人们的美感。

因此在书写作品时,不能看一个字写一个字,应当看准一句,接连不停地写下去。这样的写法,能使字序整齐,气韵丰满。如果看一个写一个会产生字间、行间以致整个篇幅的不规则现象,这虽然是个小事,但对衡量作品的整个格调是很主要的。钢笔字要边写边向左方看齐,竖写时边写边向上部看齐。字的大小,一般在5毫米×8毫米的宽高度,字间的距离应占一个字的一半,行间距离应占一个字的宽度。

三、粉笔字训练

(一)粉笔与黑板

粉笔是用白垩土加工制成的圆柱体书写工具。特点是短而粗,无弹性,易折断,磨损快,属于硬笔。粉笔字是磨损粉笔自身而留下的痕迹,大量的粉笔灰,污染环境,影响健康。目前虽有无尘粉笔问世,但硬度过大,不易书写,有待改进。

白色粉笔写在黑板上,黑白分明,对比度强,字迹非常醒目。彩色粉笔能增强表现效果,粉笔是进行课堂教学板书和社会宣传的好工具。

好用的粉笔应该软硬适度,纯净无沙粒。太硬,写出的笔画会过细,书写时还会出现刺耳的划动声。选购粉笔时,一要看笔体柱面光洁无渣滓,颜色纯正;二要听笔体横落桌面会发出清脆的声音;三要试笔画,书写时不折不滑、无沙粒,得心应手。

贮存时应防潮、防摔、防压。太硬的粉笔在使用前可用湿毛巾包捂片刻,做软化处理。太软的粉笔可在阳光下晒晾增加硬度。

目前学校使用的黑板有水泥黑板、木制黑板、磨砂玻璃黑板、纸质黑板、磁性黑板……黑板以表面光滑(易写易擦)但又不反光、不打滑、乌黑均匀、无杂色、有一定涩度的黑板为好。

(二)书写姿势

黑板是竖立固定在墙上的,因此,粉笔字就只能站在黑板前,采用"站立悬臂"的姿势书写。

书写时要注意做到:头平、身正、臂曲、足稳。

头平是为了保证视线的平正,使写出的字行列整齐。随着书写高度的变化,可略有仰俯,但要经常保持头部平正不歪斜。

身正是指身体端正不偏斜。要随着书写位置的左右变动而平移。正也不是僵硬呆板,应该以自然大方、书写方便为好。

臂曲是指执笔的右手臂曲成直角,举到眼的高度最便于书写。随着书写位置的上下、高低变动,手臂弯曲程度也要作相应的变化。左手或持书或按黑板或下垂,都要以轻松自然方便为准。

足稳是指两脚分开站立,以保持身体的平衡、稳定。随着书写高度的变化,可以踮脚或屈膝,随机应变。

课堂教学中书写粉笔字应注意以下几点:

1. 示范性

教师在课堂上写板书,也是做写粉笔字的表演。学生不但要模仿教师的字,也要模仿教师写字的姿势。所以,教师不但要能写一手好字,还应注意自己的姿势要优美大方,处处为人师表。绝不可以随随便便,胡写乱画。

2. 灵活性

为增强教学的直观性,教师有时让学生直接观看书写过程,这时,要求身不挡字。写字姿势要灵活调整,并保持身态的大方。

3. 变动性

黑板版面大,书写范围广,需要及时移动身体,变换姿势(示范区和练习区的变换)。

4. 间歇性

即边讲边写,而不是一气呵成(重点笔画的书写,就是要停下来让学生看清楚,有时候还要书写两遍以上)。

(三)执笔与运笔

粉笔形体短小,质地松,容易断。由于这个特点,加上黑板摆放的特殊性,粉笔字执笔法与毛笔字、钢笔字都不相同。正确的方法是:粉笔笔身既不垂直,也不斜靠在虎口里,而是握在手心中,全靠手指捏笔。用拇指和中指的第一节指肚对捏粉笔,食指指尖在上方压笔,力点在同一圆周上。无名指与小指自然卷曲与中指并列。手掌空虚,指节外凸,虎口呈椭圆形,屈伸灵活。捏近笔头,避免折断。笔身与板面以成30°夹角为宜。

写好粉笔字是教师职业的特殊要求。粉笔字写好了,能给学生以美的享受。相反,则会给学生不好的印象,直接影响教学效果和教师的威望。因此,教师应努力练好粉笔字。

写好粉笔字,结字是关键,笔画是基础。要写好笔画,首先要明确怎样的笔画是好的笔画。一般地说,好的笔画应遒劲有力,气血连贯,顾盼呼应。要写出如此丰富多彩、生动多变的笔画,就要靠运用多种正确的运笔方法，只是平拖硬拉画出僵直呆板的线条是不行的。

学好了毛笔字和钢笔字的运笔方法，也就为学好粉笔字运笔方法打下了基础。

(1)要写出有强有弱、有实有虚、有粗有细、遒劲凝重、飘逸轻松的不同的笔画，就要调整好用力的大小，控制好上下的起落运动，微妙地提按粉笔，不能平均用力。

(2)要写出流畅、稳健、有刚有柔的笔画，就要控制好运笔的缓急，行笔要有快慢之别，不能匀速运笔。

(3)黑板是竖立着的，粉笔比钢笔粗，只能写大字，运笔就不能只靠手腕和手掌，而主要靠臂肘腕的连动。要写出有俯有仰、有曲有直、有长有短的不同笔画，就要靠臂肘腕的灵活转动和紧密配合，巧妙地进行多方向的提按摆动。单靠上下或左右的死拉硬拖是远远不够的。

(4)粉笔酥软，容易磨损，书写触板圆头会立即磨平。如果不转动粉笔体，写出的字只能粗扁软弱。要写出刚健清新、有骨有肉、或方或圆、或粗或细的笔画，既要学会捻转粉笔体，调整笔头，还要善于使用粉笔头的斜面和棱角。

毛笔运笔贵用锋，粉笔头的棱角也是锋。要追求变化多姿的笔画，就要变换运笔用锋法。

1. 起笔可顺锋、可侧锋、可搭锋

顺锋。就是顺着笔画的走向直接由轻渐重地边落边行。

侧锋。就是横侧势起笔，先将笔头斜向右下方落笔，然后转换方向行笔。

搭锋。就是顺着笔画间的过渡而搭笔取势，以勾挑显示连贯。写行草多采用搭锋法。

2. 行笔中的按笔、提笔、转笔、折笔

按笔。行笔时，把笔往下按，用力渐大，使线条由细变粗。

提笔。行笔时，把笔逐渐往上提，用力渐小，使线条由粗变细。

转笔。书写时使粉笔体逐渐改变方向，像车拐弯一样，形成一定的弧度，力度、速度较均匀。

折笔。笔画间突然改变方向，形成棱角，折处略驻稍顿，但干净利索，不能扭挫、复杂化。

3. 收笔或用出锋，或用回锋，或用钩锋

出锋。行笔至笔画的尾端，沿着行进方向逐渐提笔离开黑板。

回锋。行笔至笔画的尾端按笔，然后向反方向退回提笔，不露痕迹。

钩锋。行笔至笔画的尾端，然后朝着下一笔画的首端提笔带出钩来。行草字常用此法。

粉笔弹性不强，因而要表现笔画线条的粗细轻重变化和鲜明的节奏比较困难，所以除用力变化以外，就要巧妙地使用粉笔所独有的运笔方法——转笔和翘笔。

转笔。粉笔在书写中极易磨损，为了使粉笔能写出较细的笔画，就要把粉笔转动一下，用磨出的棱角再来书写。转动粉笔的方法，一是用手指捻动粉笔，二是转腕变换粉笔的摩擦面。

翘笔。就是在行笔中变化笔与板面的角度，翘起触板面的一侧，使触板笔面由一个圆面变成部分圆面。像月亮由圆到缺，触板面由大到小，笔面线条便由粗变细。

行笔讲究提、按、顿、挫、转折、快慢等。

“提”。就是将粉笔从板面提起，使笔迹从粗到细(如果提笔最后离开板面，笔迹就由细到无)。

“按”。就是将粉笔在板面上重按，使笔画变粗，运笔的提按往往是在同一笔画中完成，如斜撇的写法就是先按后提，以达到右上粗、左下细的笔画效果。

“顿”。就是在“按”的基础上停顿一下，使点画的某一处圆浑而有力量。“顿”经常在点画的起笔、收笔或勾挑捺角处体现出来。

“挫”。是指转换笔尖方向的一种急促而有力的行笔方式，常和“顿”一起连用，称为“顿挫”，比如在勾画的出钩处就要用“挫”。以竖钩为例，勾画就是先顿后挫，粉笔尖扭转方向而形成的一种运笔线路。这样能收到蓄势跃出的效果（犹如踢足球，出脚时脚先向后收蓄势再踢出，使之强有力），如果没有“挫”笔扭转作准备，而径直出钩，其勾画则如断柴折芦，了无“精神”。

“转折”。也是改变粉笔尖书写方向的一种运动形式，但它不像“挫”那样急促而含“扭”的运笔动作，而是圆转地改变运笔方向。由于粉笔写到一定程度会磨损成扁平，会出现线条粗细不均，我们通过转折运笔也正好能弥补这一缺陷。

“快慢”。指的是点画行笔速度。“快”便于连带而易写出气势，“慢”便于沉着而不易轻滑。有时某一笔画的运笔过程就有快慢之分。运笔在某一笔画中有三个步骤，即“起、行、收”（被称为运笔的“三部曲”）。上文说的运笔的各种方法（提、按、顿挫、转折、快慢等）就应用在不同笔画的“起、行、收”中，如楷书的长横写法，可以概括为“起笔顿顿、收笔顿顿、中行速而劲”。相对而言，楷书运笔较慢且迟重，而行书多连带，运笔较快而轻盈。

（四）偏旁练习

偏旁是构成汉字的主要部件，是介于点画与结体之间的一种形态。练好偏旁写法，在某种程度上对学习粉笔书法与板书起着桥梁和纽带作用。习字时可将相同偏旁的字聚在一起写，举一反三以达到事半功倍的效果。

1. 木字旁、提手旁、禾苗旁

这三个偏旁中的竖画（或竖钩）都从横画的中间偏右穿过，木字旁与禾苗旁的撇画、点画要与中间的竖相接。提手旁的提画穿过竖钩的下中部。如下图所示：

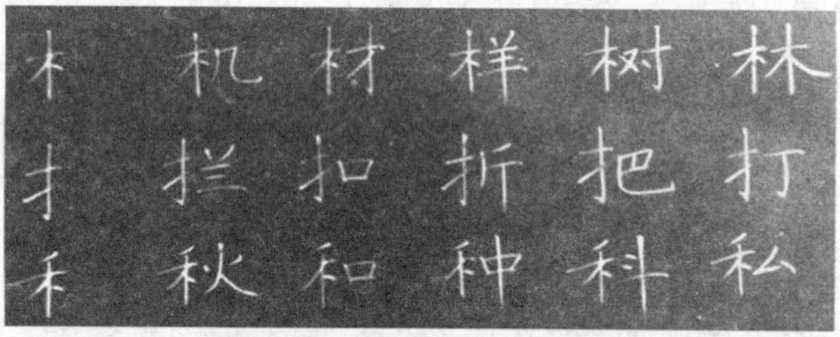

2. 提土旁、玉王旁、牛字旁、车字旁

这四个偏旁中的竖画也都从横画的中间偏右穿过，但注意横画与横画之间、横画与提画之间的间距要匀称。如下图所示：

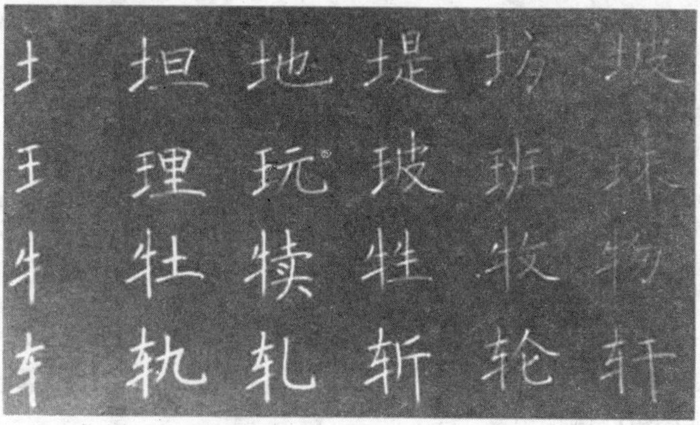

3. 示字旁、衣字旁

这两个偏旁很相似，其竖画与第一侧点要对正，最后一点或二点通常依附在竖画上，且衣旁的最后两点作“并二点”状，不作“上下点”状：如下图所示。

4. 单人旁、双人旁

这两个偏旁中撇画的斜度（与水平夹角约45°），竖画的起笔紧靠撇画的中部或略偏上，双人旁的两撇画的起笔处最好在同一垂线上。如下图所示：

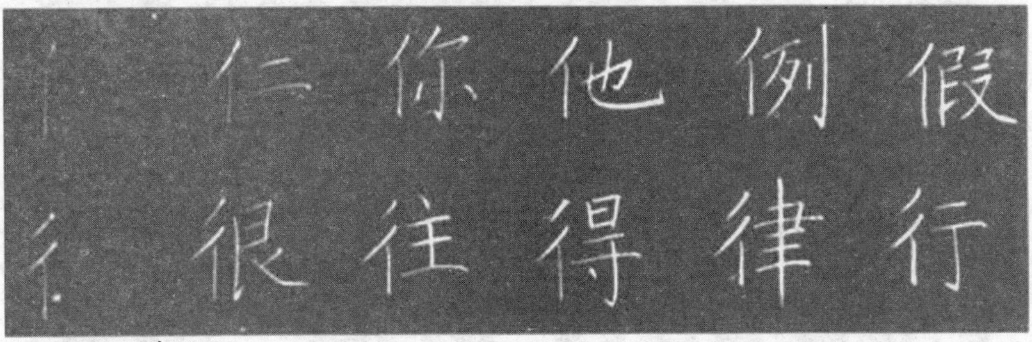

5. 双耳刀、单耳刀

双耳刀分两画书写，横撇弯钩部分开始起笔要轻，运笔画弧时，笔锋渐按再钩出。双耳刀写在字的左边时，称“左耳旁”，其形态较小，竖画用垂露；写在字的右边时，称“右耳旁”，其形态稍大，竖画用悬针。单耳刀都写在字的右边，横折钩要向左斜，竖画用悬针，与横折钩的起笔处相接。如下图所示：

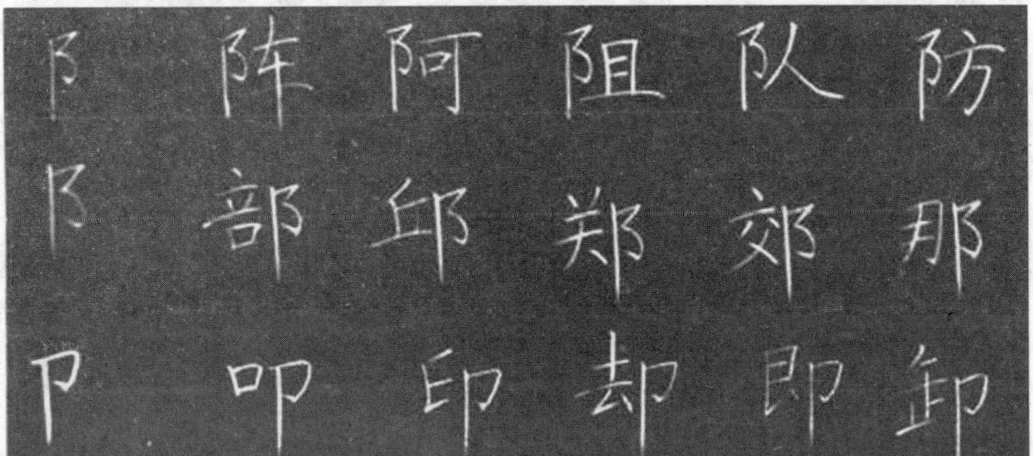

6. 言字旁、食字旁、金字旁

这三个偏旁都有竖提画，竖在言旁中要与点对正，在其他两个偏旁中可居中或略偏右。如下图所示：

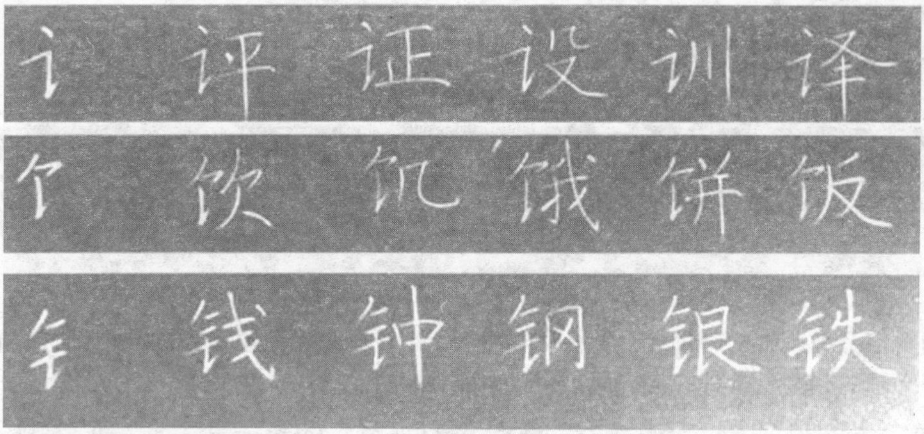

7. 山字旁、口字旁、又字旁

这三个偏旁如果出现在字的左边，其共同特点是：一般都写在字的左上方，而且形体较狭窄，如果右边部分有撇画，通常向左倾斜延伸，以衬托这些偏旁。如下图所示：

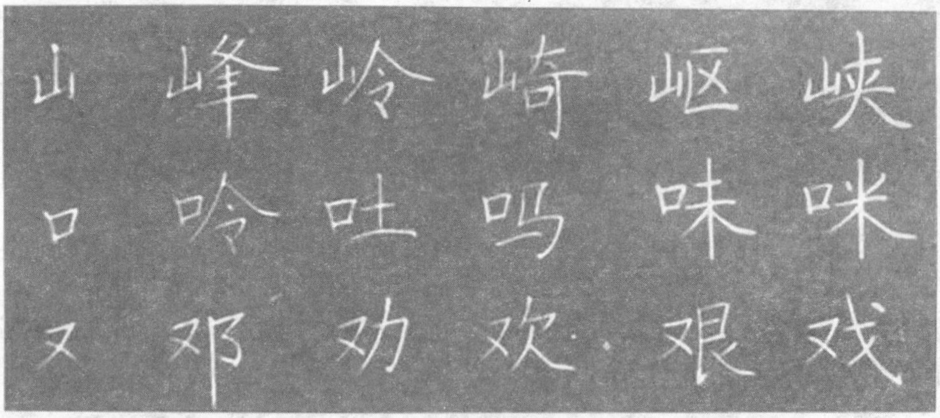

8. 马字旁、弓字旁

这两个偏旁都要写得狭长些，而且要留意笔画间距匀称。如下图所示：

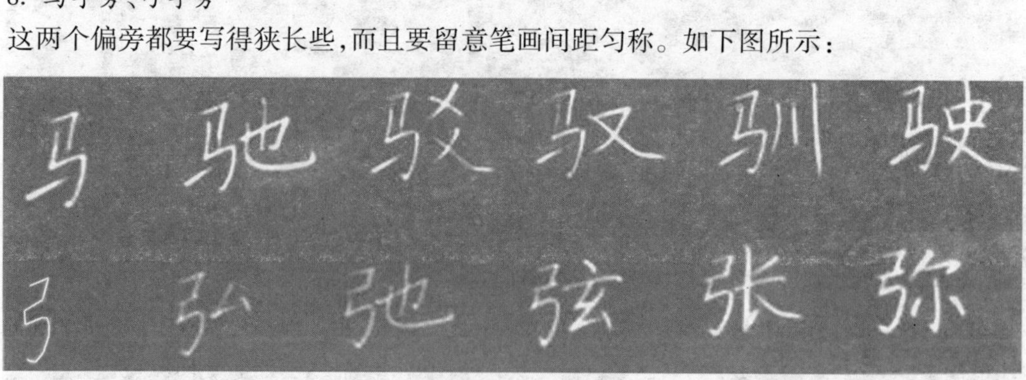

9. 立刀旁、反文旁

这两个偏旁都写在字的右半部，立刀旁的短竖与竖钩相比，位置应在水平中线偏上。反文旁的第二撇应在横的中部起笔，捺画要舒展。如下图所示：

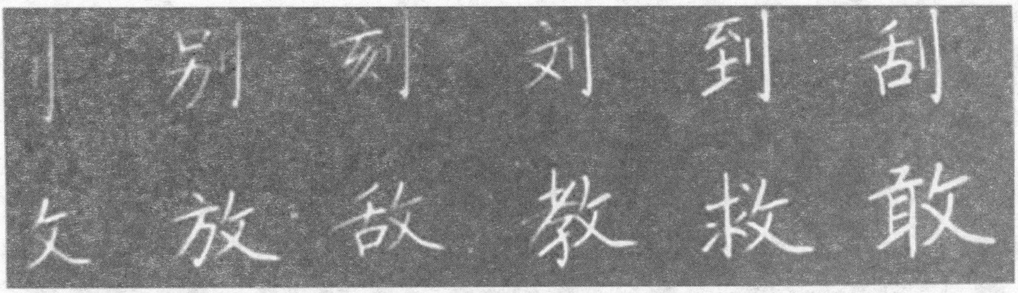

10. 竖心旁、火字旁

这两个偏旁，一般先写左右点，再写其他笔画，要注意点的上下位置略错开，火字旁的右下侧点最好与竖画相接。如下图所示：

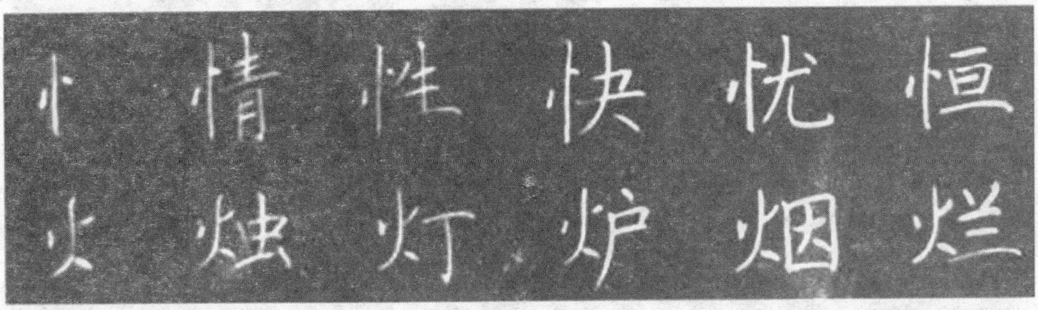

11. 女字旁

女字旁写在字的左边时，形态要狭窄些，先写撇点（向内略弯曲而且点要写得短），再写撇（撇要舒展，靠拢撇点），最后写提（伸左缩右），最好不要超出第二笔撇画。如下图所示：

12. 绞丝旁

先写两个撇折，第一笔向左突出些，第二笔向右略缩，第三笔提的起笔处与第一笔折处在同一条垂线上。如下图所示：

13. 反犬旁

先写短撇（与水平线的夹角约45°），穿过短撇的中间写弯钩（注意弧度）最后在弯钩的中上部起笔写撇。如下图所示：

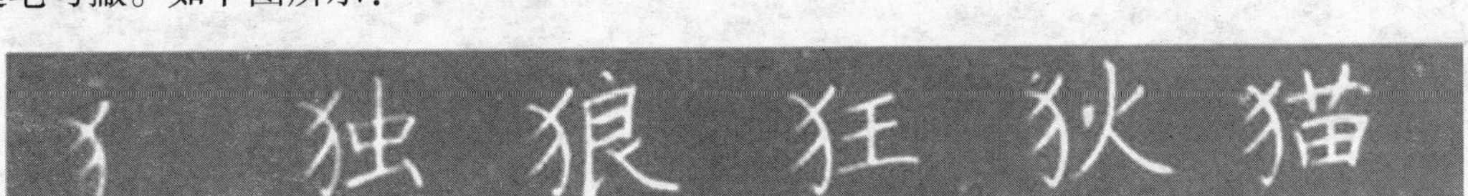

14. 人字头、大字头、父字头、春字头、卷字头、登字头

这六个字头都以撇捺二画左、右舒展覆盖下部。如下图所示：

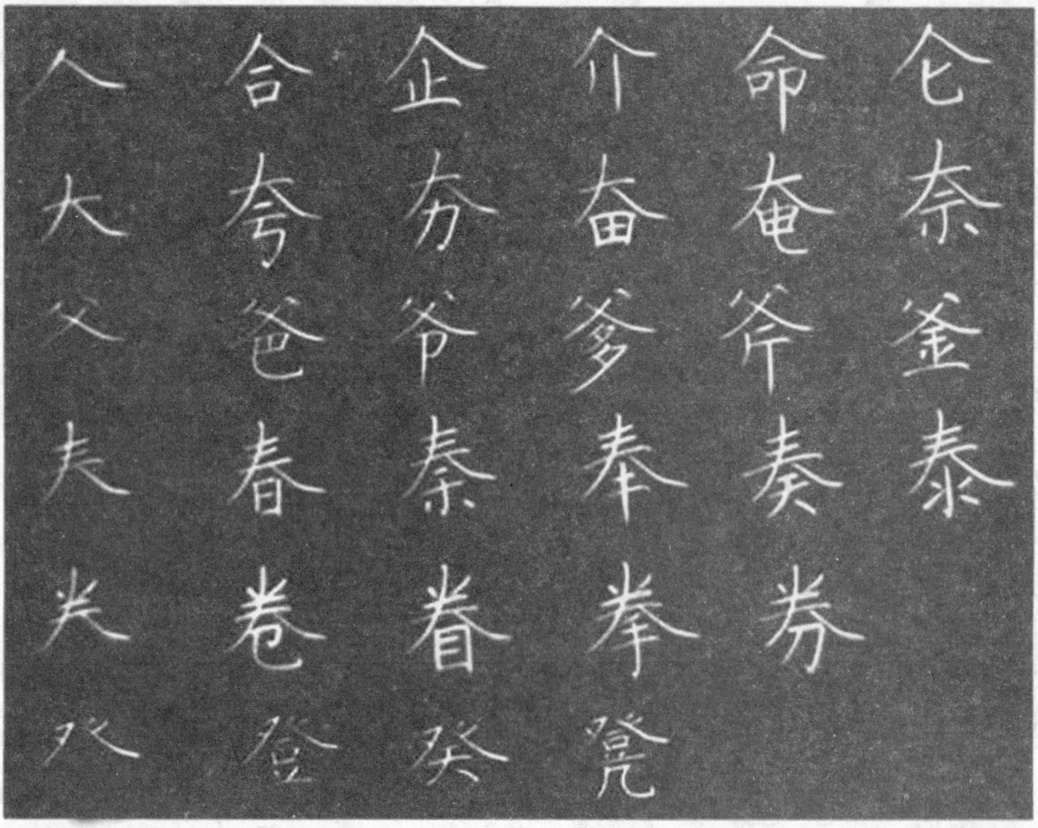

15. 常字头、学字头、雨字头

这三个偏旁都写在上下结构字的上部，以“一”左右撑开覆盖下部，但如果下部有长横、撇、捺、竖弯钩等笔画，就要冲出上部的覆盖。此外，这三个偏旁中钩画的写法要参照本章第二节。如下图所示：

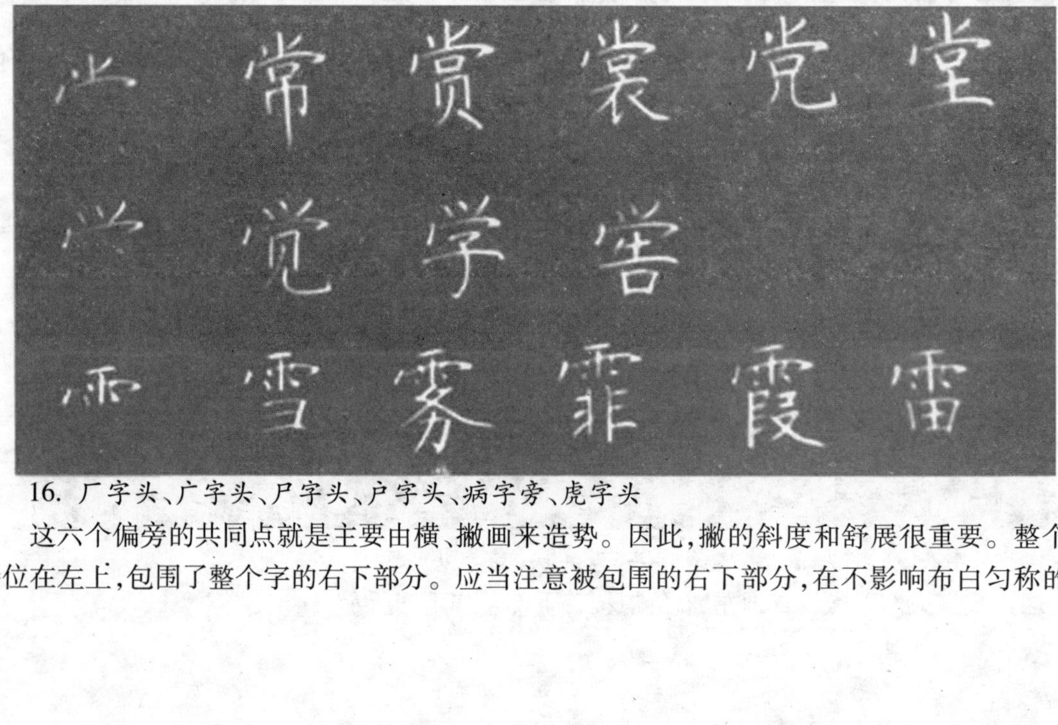

16. 厂字头、广字头、尸字头、户字头、病字旁、虎字头

这六个偏旁的共同点就是主要由横、撇画来造势。因此，撇的斜度和舒展很重要。整个偏旁位在左上，包围了整个字的右下部分。应当注意被包围的右下部分，在不影响布白匀称的前

提下，可向右挪动一些。如下图所示：

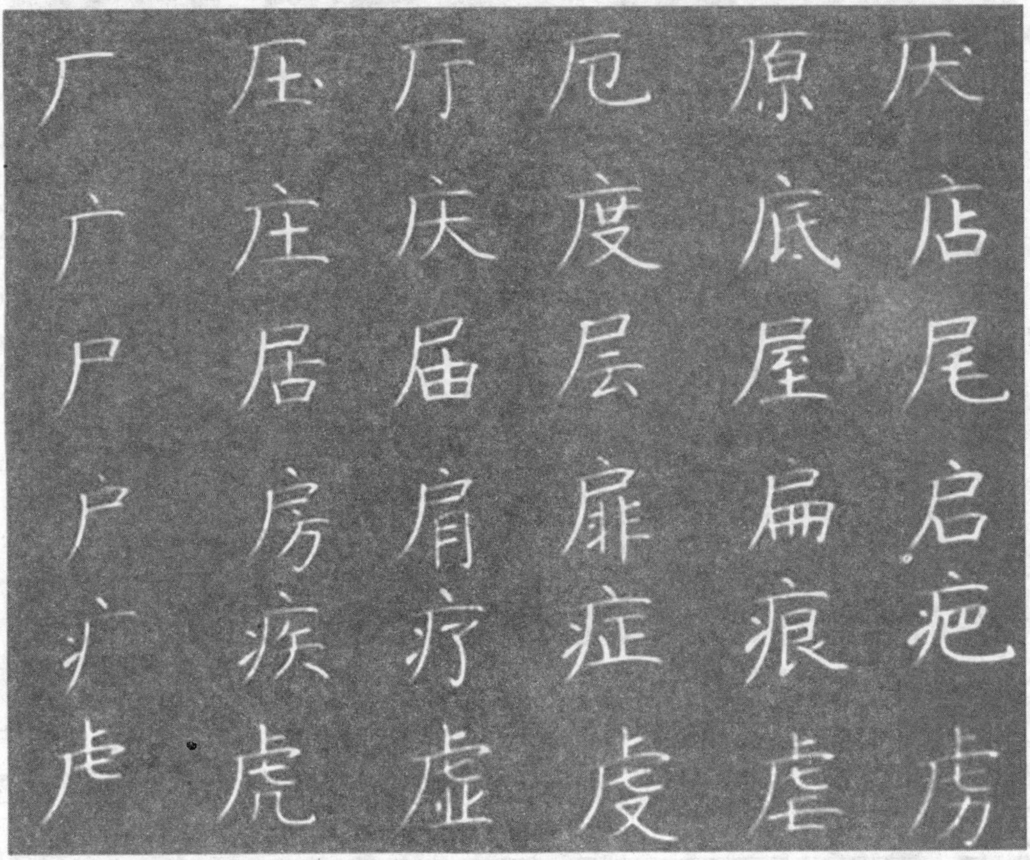

17. 草字头、竹字头

这两个偏旁在汉字中常用。草字头的写法，先写长横，再写有一定斜度的短竖和短撇，这两笔穿过横画的下部要略短；竹字头的写法，按撇横侧点的顺序，先写左边一组，再写右边一组，两组要联系紧凑，一般左小右大略有区别，以求生动。如下图所示：

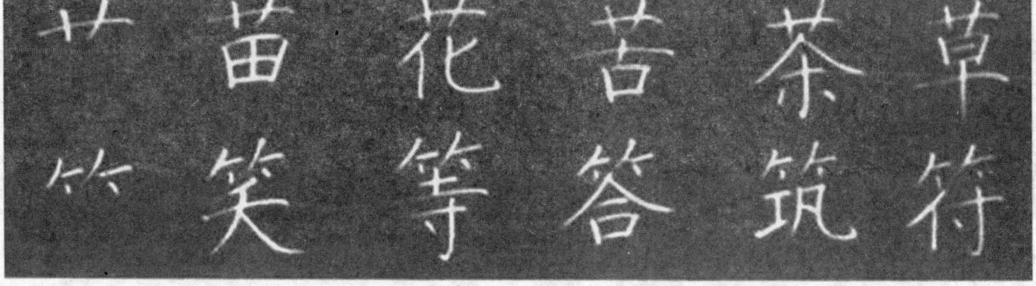

18. 田字框、国字框、同字框、门字框

书写这几个带“框”的偏旁时，左边的竖画要灵活，直中带曲势，框内字心笔画分布要匀称，田字框上宽下窄，其余均为修长形。另外，要留意折处的夹角。如下图所示：

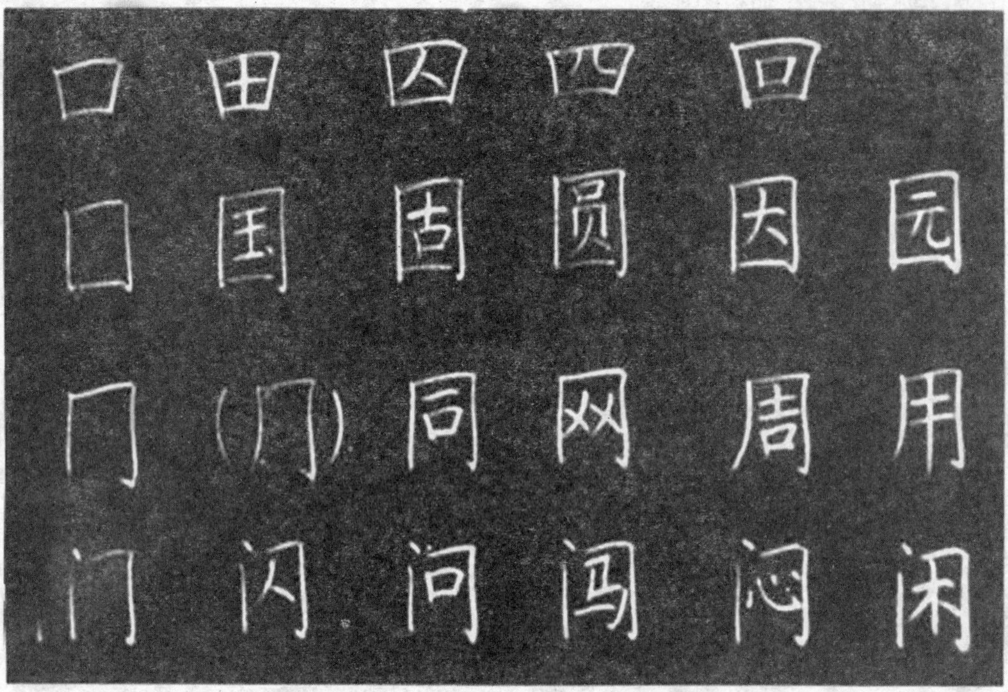

19. 心字底、四点底、皿字底

这三个偏旁都在字的底部，要写得宽绰一些，以托住字的上部，心字底的卧钩是主笔，右点的位置比左点稍高，四点底的点之间距离要基本匀称，最后一点稍重，皿字底的四个短竖画间距也要基本匀称，最后一横要长而有力，可略带上拱之曲势。如下图所示：

（五）板书布局

教师进行粉笔字练习是为了提高板书质量的目的非常明确。粉笔字的板书布局练习应成为教师练习的又一个重点。板书布局练习的一般要求如下：

1. 进行版面设计

在板书前要进行版面设计，以确保板书时心中有数。版面设计主要包括板书内容的位置设计和版面的形式设计两部分。版面应遵循边距 > 篇距 > 行距 > 字距的原则进行设计。板书一般要求横排,少用竖排。

2. 强调整体美观

整篇字的组合是板书布局的重点和难点,其效果直接影响视觉感受。整篇板书组合的美包含字写得漂亮和字排列得得体两层意思。板书要达到整体美观、一气呵成的标准,需要进行坚持不懈的练习,直至具备“定格”的能力——出手便能写好每个字,并能在第一个字写好后顺势写好第二个、第三个……且确保其大小、疏密(黑白)等恰当,神态、节奏等有较好的体现。具备了“定格”能力,板书就到了“生发”的境界,板书就可成为作品——创作,一篇整体美的板书就会跃然于“纸”上。

第三节 三笔字训练与考核

一、训练及考核

(一)训练要求

(1)掌握常用汉字的笔画、笔顺和字形结构,做到不写错字,不写繁体字。

(2)分别掌握粉笔、钢笔和毛笔的书写姿势、执笔方法和用笔方法,能指导学生的习字课。

(3)熟练掌握“三笔字”的书写规则,做到重心平稳、比例恰当、大小匀称、疏密合理。

(4)教师的“三笔字”应达到示范要求:①规范、工整、匀称、整洁、美观;②熟悉楷书的几种结构类型及其规律,能纠正学生书写的毛病。

(二)书写(三笔字)技能达标标准及训练办法

1. 一年级达标标准

(1)毛笔字、钢笔字、粉笔字书写时要做到姿势正确,执笔得法,运笔自如。

(2)掌握规范楷体字各类笔画的写法和结字的初步知识,学一笔用一笔,学一字用一字,逐步自觉用于各科的学习中。

训练及检测办法:

课堂练习与课外训练相结合,检测成绩以随堂考核为准。60 分以上为达标;80 - 89 分为良好;90 分以上为优秀。

2. 二年级达标标准

(1)“三笔字”书写要做到笔顺正确,笔法规范,学习并逐步掌握楷体字的结字形式和结字原则。

(2)各科笔记、作业和试卷要做到书写规范,字体端正,行款格式合乎要求。

训练及检测办法:

课堂练习与课外训练相结合,检测成绩以随堂考核为准。60 分以上为达标;80 - 89 分为良好;90 分以上为优秀。

3. 三年级达标标准

(1)“三笔字”书写要做到结字美观,笔法规范,章法布局符合规律。

(2)达到“三笔字”的考核标准,在实习时的教案和板书要做到书写正确、设计合理、行款整齐、美观大方。

训练及检测办法:

课堂练习与课外训练相结合,检测成绩以三笔字基本功考核为准。60 分以上为达标;80－89 分为良好;90 分以上为优秀。

(三)考核标准及方法

<table>
<tr><th colspan="2" rowspan="2">考核项目与内容</th><th colspan="4">等级标准</th><th rowspan="2">考核办法</th></tr>
<tr><th>优秀</th><th>良好</th><th>及格</th><th>不及格</th></tr>
<tr><td rowspan="4">项目指标</td><td>笔顺 25 分</td><td>能正确、流利地书写汉字,用笔轻重得体自然,笔顺笔画无错误</td><td>能正确地书写汉字,用笔轻重得体,笔顺无一处以上错误</td><td>能正确书写汉字,用笔轻重还得体,笔顺无二处以上错误</td><td>笔画含糊,笔顺多处有错,并出现错别字达两处以上</td><td rowspan="4">考核内容由教师定,当场书写,考核时间:毛笔字 30 分钟,钢笔字、粉笔字各 20 分钟。
评分:85 分以上为优秀,75 分以上为良好,60 分以上为及格,60 分以下为不合格</td></tr>
<tr><td>结构 25 分</td><td>间架结构及章法合理美观、大方</td><td>间架结构合理、工整、大方</td><td>间架结构基本合理、比较工整</td><td>结构松散,不工整</td></tr>
<tr><td>布局 20 分</td><td>布局合理,用笔稳妥,整体性强</td><td>布局恰当用笔较稳妥,有整体性</td><td>布局较恰当,用笔基本稳妥,整体性一般</td><td>布局不恰当,整体性差</td></tr>
<tr><td>速度 25 分</td><td>规定时间内,毛笔字不少于 28 字,钢笔字不少于 28 字,粉笔字不少于 20 字</td><td>规定时间内,毛笔字不少于 25 字,钢笔字不少于 25 字,粉笔字不少于 16 字</td><td>规定时间内,毛笔字不少于 20 字,钢笔字不少于 20 字,粉笔字不少于 12 字</td><td>规定时间内达不到书写速度合格标准</td></tr>
</table>

二、考核题目

(一)毛笔字过关考核题目

1. 送孟浩然之广陵　李白

故人西辞黄鹤楼　烟花三月下扬州　孤帆远影碧空尽　唯见长江天际流

2. 出塞　王昌龄

秦时明月汉时关　万里长征人未还　但使龙城飞将在　不教胡马度阴山

3. 浪淘沙　刘禹锡

九曲黄河万里沙　浪淘风簸自天涯　如今直上银河去　同到牵牛织女家

4. 题金陵渡　张祜

金陵津渡小山楼　一宿行人自可愁　潮落夜江斜月里　两三星火是瓜州

5. 枫桥夜泊　张继

月落乌啼霜满天　江枫雨火对愁眠　姑苏城外寒山寺　夜半钟声到客船

6. 山行　杜牧

远上寒山石径斜　白云生处有人家　停车坐爱枫林晚　霜叶红于二月花

7. 清明　杜牧

清明时节雨纷纷　路上行人欲断魂　借问酒家何处有　牧童遥指杏花村

8. 小池　杨万里
泉眼无声惜细流　树阴照水爱晴柔　小荷才露尖尖角　早有蜻蜓立上头
9. 渭城曲　王维
渭城朝雨浥轻尘　客舍青青柳色新　劝君更尽一杯酒　西出阳关无故人
10. 寒食　韩翃
春城无处不飞花　寒食东风御柳斜　日暮汉宫传蜡烛　轻烟散入五侯家
11. 出塞　王之焕
黄河远上白云间　一片孤城万仞山　羌笛何须怨杨柳　春风不度玉门关
12. 夜雨寄北　李商隐
君问归期未有期　巴山夜雨涨秋池　何当共剪西窗烛　却话巴山夜雨时
13. 芙蓉楼送辛渐　王昌龄
寒雨连江夜入吴　平明送客楚山孤　洛阳亲友如相问　一片冰心在玉壶
14. 乌衣巷　刘禹锡
朱雀桥边野草花　乌衣巷口夕阳斜　旧时王谢堂前燕　飞入寻常百姓家
15. 山中留客　张旭
山光物态弄春晖　莫为轻阴便拟归　纵使晴明无雨色　入云深处亦沾衣
16. 下江陵　李白
朝辞白帝彩云间　千里江陵一日还　两岸猿声啼不住　轻舟已过万重山
17. 滁州西涧　韦应物
独怜幽草涧边生　上有黄鹂深树鸣　春潮带雨晚来急　野渡无人舟自横
18. 望天门山　李白
天门中断楚江开　碧水东流至此回　两岸青山相对出　孤帆一片日边来
19. 春日　朱熹
胜日寻芳泗水滨　无边光景一时新　等闲识得东风面　万紫千红总是春

（二）钢笔字过关考核题目

1. 清平调　李白
云想衣裳花想容　春风拂槛露华浓　若非群玉山头见　会向瑶台月下逢
2. 金缕衣　杜秋娘
劝君莫惜金缕衣　劝君惜取少年时　花开堪折直须折　莫待无花空折枝
3. 出塞　王昌龄
秦时明月汉时关　万里长征人未还　但使龙城飞将在　不教胡马度阴山
4. 出塞　王之焕
黄河远上白云间　一片孤城万仞山　羌笛何须怨杨柳　春风不度玉门关
5. 秋夜曲　王维
桂魄初生秋露微　轻罗已薄未更衣　银筝夜久殷勤弄　心怯空房不忍归
6. 长信怨　王昌龄
奉帚平明金殿开　暂将团扇共徘徊　玉颜不及寒鸦色　犹带昭阳日影来
7. 渭城曲　王维
渭城朝雨浥轻尘　客舍青青柳色新　劝君更尽一杯酒　西出阳关无故人

8. 陇西行　陈陶

誓扫匈奴不顾身　五千貂锦丧胡尘　可怜无定河边骨　犹是春闺梦里人

9. 寄人　张泌

别梦依稀到谢家　小廊回合曲阑斜　多情只有春庭月　犹为离人照落花

10. 杂诗　无名氏

近寒食雨草萋萋　著麦苗风柳映堤　等是有家归未得　杜鹃休向耳边啼

11. 马嵬坡　郑畋

玄宗回马杨妃死　云雨难忘日月新　终是圣明天子事　景阳宫井又何人

12. 已凉　韩偓

碧阑干外绣帘垂　猩色屏风画折枝　八尺龙须方锦褥　已凉天气未寒时

13. 金陵图　韦庄

江雨霏霏江草齐　六朝如梦鸟空啼　无情最是台城柳　依旧烟笼十里堤

14. 嫦娥　李商隐

云母屏风烛影深　长河渐落晓星沉　嫦娥应悔偷灵药　碧海青天夜夜心

15. 贾生　李商隐

宣室求贤访逐臣　贾生才调更无伦　可怜夜半虚前席　不问苍生问鬼神

16. 瑶瑟怨　温庭筠

冰簟银床梦不成　碧天如水夜云轻　雁声远过潇湘去　十二楼中月自明

17. 为有　李商隐

为有云屏无限娇　凤城寒尽怕春宵　无端嫁得金龟婿　辜负香衾事早朝

18. 隋宫　李商隐

乘兴南游不戒严　九重谁省谏书函　春风举国裁宫锦　半作障泥半作帆

19. 瑶池　李商隐

瑶池阿母绮窗开　黄竹歌声动地哀　八骏日行三万里　穆王何事不重来

20. 金谷园　杜牧

繁华事散逐香尘　流水无情草自春　日暮东风怨啼鸟　落花犹似堕楼人

(三)粉笔字过关考核题目

1. 伤农　郑遨

一粒红稻饭　几滴牛颔血　珊瑚枝下人　衔杯吐不歇

2. 乐游原　李商隐

向晚意不适　驱车登古原　夕阳无限好　只是近黄昏

3. 听鼓　李商隐

城头叠鼓声　城下暮江清　欲问渔阳掺　时无祢正平

4. 忆梅　李商隐

定定住天涯　依依向物华　寒梅最堪恨　常作去年花

5. 马诗　李贺

大漠沙如雪　燕山月似钩　何当金络脑　快走踏清秋

6. 长安秋望　杜牧

楼倚霜树外　镜天无一毫　南山与秋色　气势两相高

7. 寻隐者不遇 贾岛

松下问童子 言师采药去 只在此山中 云深不知处

8. 江雪 柳宗元

千山鸟飞绝 万径人踪灭 孤舟蓑笠翁 独钓寒江雪

9. 悯农 李绅

锄禾日当午 汗滴禾下土 谁知盘中餐 粒粒皆辛苦

10. 夜雪 白居易

已讶衾枕冷 复见窗户明 夜深知雪重 时闻折竹声

11. 八阵图 杜甫

功盖三分国 名成八阵图 江流石不转 遗恨失吞吴

12. 哥舒歌 无名氏

北斗七星高 哥舒夜带刀 至今窥牧马 不敢过临洮

13. 塞下曲 卢纶

林暗草惊风 将军夜引弓 平明寻白羽 没在石棱中

14. 悯农 李绅

春种一粒粟 秋收万颗籽 四海无闲田 农夫犹饿死

15. 绝句 杜甫

迟日江山丽 春风花草香 泥融飞燕子 沙暖睡鸳鸯

16. 江南曲 储光羲

日暮长江里 相邀归渡头 落花如有意 来去逐轻舟

17. 长干曲 崔颢

家临九江水 来去九江侧 同是长干人 生小不相识

18. 独坐敬亭山 李白

众鸟高飞尽 孤云独去闲 相看两不厌 只有敬亭山

19. 静夜思 李白

床前明月光 疑是地上霜 举头望明月 低头思故乡

20. 相思 王维

红豆生南国 春来发几枝 愿君多采撷 此物最相思

第三章 朗诵

第一节 朗诵概述

一、什么是朗诵

朗,即声音的清晰、响亮;诵,即背诵。朗诵,就是用清晰、响亮的声音,结合各种语言手段来完善地表达作品思想感情的一种语言艺术。朗诵是口语交际的一种重要形式。朗诵不仅可以提高阅读能力,增强艺术鉴赏水平,更为重要的是,通过朗诵,一方面可以有效地培养对语言词汇细致入微的体味能力以及确立口语表述最佳形式的自我鉴别能力;另一方面可以陶冶性情,开阔胸怀,文明言行,增强理解。因此,要想成为口语表述与交际的高手,就不能忽视朗诵。

二、朗诵的基本要素

1. 以真挚的情感为基础

真正优秀的朗诵者是以声音传达出内心真挚的情感来感动听众的。朗诵时的声音情感要出自内心的深处,准确地传达出朗诵者真正所体悟到的情意,而不是故意地夸张吼叫或娇柔造作,更不是声情太过泛滥,使听众被气氛浓厚的声音“表演”形式所感染,造成喧宾夺主的现象。因此,朗诵者在朗诵准备前,一定要先清楚了解朗诵的主要目的。

2. 以丰富的声情为方法

声音是有表情的。我们经常能通过别人的说话声调与语气,得知他的喜、怒、哀、乐。这也就是所谓的“声音的表情”。

朗诵就是善于用我们平日所忽略的说话技巧,再加以强化、练习后,用来表达情感的一种方式。因此,想要拥有丰富的声音表情,除了了解与善用天生的声音特质外,后天有计划地训练也是十分重要的。通过对基本语音表现的反复练习,相信每个人都能拥有丰富的“声音表情”。

3. 以适当的仪态为辅佐

任何需要在舞台上表演的艺术形式,如戏剧、舞蹈、相声等等,表演者整体的体态所传达出来的肢体语言是十分重要的。在戏剧的舞台上,表情和动作是主;而在朗诵的舞台上,表情和动作是宾,不能喧宾夺主,损害作品的朗诵,这中间的尺度就要恰当的掌握。呆板而毫无表情要不得,不当和不够也都要不得,而尤其可怕的是过火的夸张。至于表情方面,不论脸部或者身体、四肢,不必夸张,只要顺其自然,随着内在情绪受到作品情境的触发,自然会影响到整个身心,而手之舞之、足之蹈之地反射出来。

在整体的仪态中,以眼神最为重要。眼神生动,是所有肢体动作的最基础的要求。若眼神恍惚、不专注,就算表情再逼真、仪态再自然,也会让观众觉得缺乏真实感。可以有以下三种方式传达眼神生动的效果:

一是专注度,二是形象传达,三是增加意象。有了真挚的情感及丰富的声音心情,再透过适当的仪态来传达诗中的意境,就更能感动人心。

4. 以独特的创造力为风格

朗诵时,每个人可以就相同的题材做不同的展现,可以展现出属于自己的不同风貌,最忌讳一成不变的朗诵方式。作品的内容、题材、形式、风格等等非常多元,那么朗诵的形式自然也要相应地多元化才是。只用一种固定的腔调、固定的形式来呈现,难以呈现出诗情之美、声情之美。

朗诵是一项极具创造力的艺术活动。真正的创意是在作品的意境与内容上的展现,有些人运用声音、表情就能让作品活起来,或者利用一些简单却精致的配乐和设计,就能塑造出极佳的情境。而有些看似炫目豪华的设计,其实并不能引起听者对作品的共鸣,因此也不能算是好的创意。朗诵的主角是作品,表现方式是声音,要优先考虑主角,并将创意建立在诗情和声情的基础上。

第二节　朗诵训练与指导

朗诵训练与提高的过程,是一个循序渐进的过程,应当由易到难,由浅入深,万万不可急于求成。忽视基本功的训练,幻想一步到位,是办不到的。应先从分项训练开始,即从语音、语调、语气等分项训练做起,一项一项地练,才能有所作为。

(一)语音训练

普通话是科学语言体系,它严谨、丰富、优美、悦耳,又有很强的节奏感与自然和谐的音韵美。

普通话的标准包含语音、语汇、语法三大方面。成人学习普通话应把重点放在语音上,即在掌握北京音的练习上。

1. 发音训练

人类发音,没有单独的发音器官,是使用呼吸器官、消化器官来做发音器官的。发音器官包括呼吸器官、喉头和声带、口腔和鼻腔三个部分。其中,除了声带外,其他所有的发音器官都是"兼职"。说话时,横在呼出气流通道上的两条声带,迅速地一开一闭,把稳定的气流切成一串串的喷流,进而转换成听得见的峰音,随着舌、唇、腭等器官的运动,不断改变声道的声学性质,将峰音变成能区别的语音,通过胸腔、喉腔、咽腔、鼻腔、口腔组成的共鸣器放大而发出声音。这就是发音的全过程。从这个过程中可以看出,发音效果如何,与呼吸、声带、共鸣器等有着直接的关系。为此,在发音训练中,应着重进行下列训练:

(1)呼吸训练

气息是声音的动力来源。充足、稳定的气息是发音的基础。正常情况下,说话是在呼气时而不是在吸气时进行的,停顿则是在吸气时进行的。如果是持续时间较长的讲话或朗诵,必然要求有比平时更强的呼吸循环。

在讲话过程中,要处理好讲话和呼吸的关系,必须注意:

第一,尽可能轻松自如,吸气要迅速,呼气要缓慢、均匀,吸入的气量要适中。

第二,尽可能在讲话中的自然停顿处换气,不要等讲完一个长句才大呼大吸,显得讲话很吃力。还要根据自己的气量来决定是否用中途不便停顿的长句,不要为了渲染和增强表达效果而勉为其难地为之。那样,会适得其反。

第三,尽可能注意讲话时的姿势有利于呼吸。无论是站姿还是坐姿,都要抬头舒肩展背,胸部要稍向前倾,小腹自然内收,双脚并立平放。这样发音的关键部位胸、腹、喉、舌等才能处于良好的呼吸准备和行进状态之中。呼吸顺畅,方可语流顺畅。

(2)声带训练

在通常情况下,人们说话时,声带的振动频率大约在 60 - 350 赫之间。声带的振动频率决定了发音的音响、音高、音色。声带对发音起很大的作用。声带的好坏,既有先天因素,也有后天的训练和保护。注意恰当地训练与运用声带,改变声带条件,保护声带,都是提高语音素质的重要方面。

声带训练。最基本的方法是,清晨在空气清新处"吊嗓子":吸足一口气,身体放松,张开或闭合嘴,由自己的最低音向最高音发出"啊"或"咿"的连续声响,还可以做高低音连续变化起伏的练习。

(3)共鸣训练

声带所产生的音量是很小的,只占人们讲话时音量的 5% 左右,其他 95% 左右的音量,需要通过共鸣腔放大得来。共鸣腔是决定音色的重要发音器官,直接引起语音共鸣的是声带上方的喉、咽、口、鼻四腔,此外,胸腔和头腔也有共鸣作用。说话用声是以口腔共鸣为主,以胸腔共鸣为基础。共鸣器以咽腔为主又可分为高、中、低三区共鸣。高音共鸣区,即头腔,鼻腔共鸣,音流通过该区共鸣,可以获得高亢响亮的声音。中音共鸣区就是咽腔、口腔共鸣,这里是语音的制造场,是人体中最灵活的共鸣区,音流在这里通过,可以获得丰满圆润的声音。低音共鸣区,主要的胸腔共鸣,音流通过该区共鸣,可以获得浑厚低沉的声音。

要处理好"畅"与"阻"的关系,必须进行共鸣训练。以下介绍几种简单易行的训练方法:

①放松喉头,用"哼哼"音唱歌。

②学鸭叫声。挺软腭,口腔张开成一圆筒,边发 gaga 音,边仔细体会,共鸣运用得好的 gaga 音好听,共鸣运用得不好的 gaga 音枯燥、刺耳。

③学牛叫声。类似打电话的"嗯"(什么?)和"嗯"(明白了)。

④牙关大开合,同时发出"啊"音。

⑤模拟汽笛长鸣声。(di)既可平行发音,也可由大到小或由小到大地变化发音。

⑥做扩胸运动,同时尽量发高亢或尽量低沉的声音。

⑦"气泡音"练习。闭嘴,用轻匀的气流冲击声带,使之发出细小的抖动声。

⑧音阶层练习。选一句话,在本人音域范围内,先用低调说,一级一级地升高,然后又一级一级地下降,再一句高一句低,高低交替,一句话由高到低,再由低到高。

⑨夸张四声练习。选择韵母因素较多的词语或成语,运用共鸣技巧做夸张四声的训练。如:清——正——廉——洁——,英——勇——顽——强——。

⑩大声呼唤练习。假设某人在离自己100米处,大声呼唤:张——师——傅——,快——回——来——!喂——,那——里——危——险——,快——离——开——!

(4)吐字训练

吐字清晰,是朗诵的起码要求之一。因此,吐字归音是学习朗诵必须练习的一项重要基本功。

吐字归音是我国传统的说唱艺术理论中在咬字方法上运用的一个术语。它将一个音节的发音过程分为出字—立字—归音三个阶段。出字是指声母和韵头(介音)的发音过程,立字是指韵腹(主要元音)的发音过程,归音是指音节发音的收尾(韵尾)过程。其基本要领是:出字要准确有力,又叼住弹出之感;立字要拉开立起,明亮充实,圆润饱满;归音趋向要鲜明、迅速"到家",干净利索。总之,就是要求一个音节的发音过程有头有尾,构成一个"枣核型"形式:声母、韵头为一端,韵尾为一端,韵腹为核心。字的中间发音动程大、时间长,字的两头发音动程小、关合所占时间也短。当然,对"枣核型"不可做绝对化的理解。不过,无论如何,吐字时,不仅要有头有尾,不含混,而且要连接顺畅,浑然一体,不能有分解、断接的痕迹。

(5)读句训练

吐字归音训练与读句训练是紧密相连、相辅相成的。读句训练,就是选择一些有一定难度的语句、段落,进行快读训练。要求做到把音读准,不增减字、词,不重不断,停顿自然,有节奏,连贯流畅。其目的是训练朗诵时语句干净利索,出口成章,不拖泥带水,把习惯性的口头语逐渐减少,直至完全消除。

2. 音量、音高、音质训练

(1)音量训练

音量是指声音的强弱、大小。它主要决定于气息和共鸣器。不少人在朗诵中把握不好自己的音量,或大或小,前者对身体消耗太大,又不利于恰当的表情达意,后者或造成听众听不清,甚至听不见的现象。因此,音量的把握也需要必要的训练。在训练的过程中要注意几点:

①不论在何种场合,音量都要适中,不可太大或太小。

②要根据听众的多少和场所的空间大小来确定自己的音量,要使在场的所有听众都能毫不费力地听清你的朗诵。

③要根据朗诵的氛围和内容来确定音量的大小。比如:朗诵纪念性、追悼性的内容,音量不宜太大;朗诵祝贺、声讨、动员性内容,音量可以大一些。

④根据朗诵内容的长短来确定音量的大小。朗诵内容较短,一般来说,音量可以稍大;如果内容较长,一般来说,音量可以稍小,以免因为音量较大,持续时间较长,使嗓音嘶哑。

(2)音高训练

要弄清楚什么是音高,先要弄清楚什么是音域。音域,是指某一乐器或人声所能发出的最低音到最高音之间的范围。音高,则是指人讲话时所使用的音域。音高决定于发声体的振动频率,频率越高,声音越高。每个人的声带条件都不一样,发音的技巧也不相同,所使用的音域不同,音高也就不同。

通常情况下,人们讲话时使用的音域范围一般只有一个8度,多数情形下,却只有4－5度。不练习是可以的,没什么大问题。在文章内容情绪激昂的情形下,也不能把8度全用上(偶尔要用高8度音),因为把8度全用上,时间稍长,会感到非常吃力,高低起伏太大,便会高不成低不就。因此,在练习把握高音时,要依据自己的声带情况而定,并且要留有余地,不要将自己音域中的高音用尽，否则会给人“声嘶力竭”的感觉。

另外，还必须注意，同唱歌一样，起音的音高一定要把握好，要适中，起音太高或太低，会给后面的朗诵带来困难，或者高的朗诵不下去，或者低的听不清楚。一旦不小心出现了起音偏高或偏低，应及时进行调整。

(3)音质训练

音质，又叫音色，是由于波形和范音的不同造成的声音的属性。它主要决定于共鸣器，是声带音通过共鸣器发生音变和变调的产物。当人的某个或某些发音器官有缺陷或发生病变，音质就会发生变化，声音会变得不中听。还有，尽管没有发音器官方面的问题，但由于发音时存在这样那样的毛病，也会影响音质。比如，鼻音过重，翘舌音使用不当，呼吸音和杂音等，会使声音黯然失色。

过重的鼻音是因为鼻腔的共鸣声太响亮造成的。要克服这种毛病的主要方法是，发音吐字时嘴要张到位，舌头要用力一些，以减少鼻腔共鸣。

不当的翘舌音，常常是地方口音习惯或因为分不清楚平舌音和翘舌音，发音吐字不准所造成的。这样的毛病要根据前面已经谈过的正音练习中所介绍的方法来克服。

呼吸音，是由于发音时声带没有充分闭合，大量的非发声的空气跑出来，造成嗓音中夹杂着呼吸音，或者是由于朗诵时吸气过于频繁，讲话过快，用力过度，精神紧张，造成上气不接下气，呼吸音过大。克服的主要办法是，在讲话或朗诵时，按照前面介绍过的呼气与吸气的方法正确地呼吸，自然地呼吸。

杂音主要来自嗓子沙哑、嘶哑、喉鸣等。主要是平时保护好嗓子，讲话时正确地运气、发音，从而消除影响音质的杂音，使声音纯正。

(二)语气训练

语气是体现朗诵者立场、态度、个性、情感、心境等起伏变化的语音形式，它是思想感情、词句篇章、语音形式的统一体。有了恰当的语气，才能讲出一连串的声音符号，生动、正确地反映出朗诵者的本意。语气具有综合性，既包括声调、句调，还包括语势。在下面的声音技巧里面，我们会讲到，语气是多种多样的，朗诵时要根据表情达意的需要来选择语气。在这里，我们从实际运用的角度来练习不同情况下的不同语气。

1. 从语言的基本单位——语句的句型来说

有陈述句、疑问句、感叹句、祈使句四大类。因而在朗诵时，相应有陈述语气、疑问语气、感叹语气、祈使语气的区分。

我准备明天到北京出差。(这句话显然是个陈述句，读这句话，要用平铺直叙的陈述语气。)

你怎么还没有去上班呀?(这句话是个疑问句，读这句话，要用疑惑不解、由衷发问的疑问语气。)

香港终于回到了祖国的怀抱!(这句话是感叹句，读这句话，要用带有真实情感、有感而发的感叹语气。)

放下武器，把手举起来!(这句话是祈使句，读这句话，要用声色俱厉的命令祈使语气。)

2. 从语句表情达意的内容来说

从语句表情达意的内容来说，有表情语气、表意语气、表态语气的区分。

(1)表意语气。用这种语气讲话，句子中通常有相应的语气词，它或者独立成小句，或用于

小句末尾,或用于整个句子的末尾。如:

对此,你的意见如何呢?(反问)

你真的事先一点也不知道吗?(质问)

你不要一意孤行,执迷不悟啊。(提醒)

排长,敌人上来了,打吧。(催促)

您把那本书借给我看几天吧。(请求)

站住!否则我就开枪啦。(命令)

你上哪?(询问)

你昨天怎么旷课啊?(责备)

(2)表情语气。通过这种语气,向听众表达自己的某种情感。句子中通常也有相应的语气词。

哎呀,这下子可好了。(喜悦)

日本鬼子真是坏透了。(愤恨)

他这位才华横溢的作家死得太早了。(叹息)

这一仗打得真漂亮啊!(赞叹)

哦!我终于弄明白了。(醒悟)

呸!你这个无耻的叛徒!(鄙视)

(3)表态语气。通过这种语气,向听众表达自己的某种态度。句子中有时也用语气词。

他确实尽了最大的努力。(肯定)

这件事恐怕难以办到。(不肯定)

我不希望看到那样的结果。(委婉)

你认为这样做行吗?(商量)

这种意见是错误的。(否定)

(三)朗读训练

朗读训练可以使我们逐渐掌握汉语语法规律,培养敏感的语感,还可以使声带、发音、语气、语调、语势等得到全面锻炼,向声情并茂的境界攀登。

朗读训练应采用循序渐进、由低到高的"五步法"有条不紊地进行。

第一步是基础训练。选用百字左右的文章朗读。要求是:发音准确,声音洪亮,吐字清楚,不添字,不丢字,不读错字,按标点符号要求进行恰当的停顿。

第二是过渡训练。选用两、三百字的文章朗读。在第一步训练的基础上,过渡到通顺流畅,且能读出陈述、疑问、感叹、祈使等几种句子的不同语气、语调。

第三步是巩固训练。选用500字左右的文章朗读,重点练习朗读技巧,并结合听范读巩固前两步的训练成果。要求在前两步的基础上能进一步读出长句中的停顿和句中的轻重缓急,且依据文章的思想内容,恰当而自然地带着感情去朗读。

第四步是综合练习。选用800字左右的文章朗读。将分项训练中得到的各种技巧综合运用到朗读中去。要求语言流畅,语气连贯,具有较强的感染力。

第五步是发挥训练。选用1000字以上的文章朗读。着重在感情运用上下工夫,感情表达准确丰富,声情并茂,使作品的深刻思想内容与朗读者的感情融为一体。

下面是一张60分钟声音训练计划表,大家可以根据自己的情况有选择、有针对性地组合操练。

(1)气泡音:闭口和张口共30秒。

(2)轻度哼鸣:20秒。

(3)膈肌训练(狗喘气):闭口1分钟,改良的“嘿”、“哈”共30秒。

(4)慢吸快呼:2次,20秒。

(5)慢吸慢呼:2次,20秒。

(6)快吸慢呼:4次,2分钟。

(7)“丝”——音:20秒、30秒各2次,1分钟。

(8)“衣”——音:20秒、30秒各2次,1分钟。

(9)搓脸:10秒。

(10)转颈:10次,10秒。

(11)松下巴:10秒。

(12)提颧肌:10次,10秒,手辅和自行交替进行。

(13)咀嚼:闭、张口各20次,30秒。

(14)半打哈欠:5次,10秒。

(15)撮唇:10次,20秒。

(16)合口左右撅唇:10次(左、右为一次),30秒。

(17)转唇:8×8拍,30秒。

(18)双唇打响:30次,30秒。

(19)弹唇:1分钟。

(20)b本音:60次,1分钟。

(21)ba本音:60次,1分钟。

(22)ba……ba……ba……ba……,1分钟。

(23)顶腮:30次,30秒。

(24)刮舌:20次,20秒。

(25)伸卷舌:20次,20秒。

(26)立舌:10次,30秒。

(27)转舌:8×8拍,1分钟。

(28)弹舌:30秒。

(29)d本音:60次,1分钟。

(30)da音:60次,1分钟。

(31)da……da……da……da……;60次,1分钟。

(32)g本音:60次,1分钟。

(33)ga本音:60次,1分钟。

(34)ga……ga……ga……ga……;60次,1分钟。

(35)ge音:60次,1分钟。

(36)ge……ge……ge……ge……;60次,1分钟。

(37)数“数儿”:一口气由1数到30,3次,3分钟。

(38)数“数儿”:一口气数10个8拍,3次,3分钟。

(39)数“数儿”:“一二三,三二一,一二三四五六七;七六五五六七,七六五四三二一……”,

一口气数 3 到 4 个回合。2 次,2 分钟。

(40)数“数儿”:“一二三四五六七八,二二三四五六七八……八二三四五六七八,七二三四五六七八,……一二三四五六七八”。一口气数下来,2 次,2 分钟。

(41)数“枣儿”:要求尽可能一口气数 20 个以上“枣儿”,2 次,2 分钟。

(42)数“葫芦”:要求一口气数 20 个以上“葫芦”,2 次,2 分钟。

(43)喊操:变换节奏进行,2 分钟。

(44)绕口令:任选 10 段,10 分钟。

(45)有针对性的语段或诗词片段练习:10 分钟。

(四)不同文体的朗读训练要求

1. 诗歌朗诵

(1)诗歌的语体特点

①集括性。诗歌对社会生活的反映是高度集中和概括的。

②跳跃性。集中、概括性的内容与精炼化的语言,以及创作运思的快速转换,就构成了诗歌跳跃性的特征。

③音乐性。诗歌的节奏和韵律会形成一种律动的美感,具有很强的音乐性。

(2)格律诗的朗诵要求

①划好语节。格律诗音节匀称,节奏感强,要根据句式结构和语义来划分语节,通过恰当的停顿来显示格律诗的节奏感。

②押住韵脚。在诗句末尾使用了韵母相同或相近的字就是韵脚。押韵是诗歌语言音乐性的重要条件,朗诵时要将韵脚读得夸张一些,使其得到显现,避免“藏韵”、“跑韵”。

③音韵夸张。格律诗内容凝练、字字珠玑,朗诵时语速不能快,每个音节都应该饱满充盈,比一般朗读要适当夸张,尤其在诗眼和韵脚处。

④规中求变。格律诗有较稳固的格式,朗读时也需中规中距,但过于四平八稳、千篇一律,也会毫无生气,所以要在规整中求变化,以求诗中鲜活的个性。

(3)自由诗的朗诵要求

①深入心灵,激起诗情。

②思脉清晰,形象依托。

③运用技巧,表现诗情。

2. 散文朗诵

(1)散文的语体特点

①以小显大,以点见面。

②形式多样,表现自由。

③形散而神聚。

④非常富有文采。

(2)散文朗诵的要求

①理清线索,摸准神韵。每一篇散文都不同程度地围绕着某个具体的立意,都有一个神。因而我们在朗诵一篇散文之前,首先应当理清其线索,把握其神韵,注入表达之中,方可使听众从你的表达中不知不觉地受到启发和感染,领悟到一些有意义的东西与人生哲理,甚或只是与作品产生一种微妙的情感共鸣。

②表达细腻,点染得体。一是感觉上的具体、细腻;二是语言用声上的细腻。总体来看,散文表达以语缓气舒为主,语言舒展,声音轻柔,气息绵长,用声松弛,这种表达可使内心情感与描绘景物、叙述事情表现得从容、淋漓尽致。

③语言表达轻柔化。散文的写作角度、写作方法都决定其表达的特征不应是强烈多变,大起大伏的语言样式,而应似泉涌出、小溪流淌、好友交心、自感自悟。

④人物语言写意化。散文中出现的人物语言只能求神,写意,不应浓彩重抹,否则会破坏散文作品表达的整体和谐。

⑤讲究文辞美、音韵美。散文又被称作“美文”,散文美最主要的基础是文字表达功力,凭借文字本身的光泽充分表现出多彩的风格和诗情画意。散文的文辞优美,音韵和谐,作者在创作时是费了一番苦心的,既要表意、表情,又要文辞美、音韵美。因此,朗诵时要充分地将文辞美、音韵美体现出来。

⑥恰当运用抒、描、叙、议。抒情要真挚、内在,有感而发,不矫揉造作。描绘要具体、细致,注重形象的生动、栩栩如生。叙述要清楚、诱人,有感情。议论要依形象而发,带情而议,不宜声高语硬。

3. 寓言、童话的朗诵

(1)寓言、童话的语体特点

①篇幅短小,语言通俗,表现生动。

②运用拟人、夸张、比喻、影射和象征等手法。

(2)寓言、童话朗诵的要求

①寓意与立意的把握与表现。抓住寓意与立意,理解作品的创作目的,是朗诵好寓言与童话的基础。

②丰富、合理的想象。寓言、童话,大都是通过具体形象的行为来表现所要说明的问题,要善于将作品中的形象人格化、性格化。

③夸张、渲染的方法。由于寓言、童话的创作本身是有夸张、渲染的艺术特性,所以在朗诵时也应当运用夸张、渲染的手法来表达,使我们的朗诵有声有色、活灵活现,增强作品的艺术情趣与艺术魅力。

④化神为形,准确造型。朗诵寓言、童话前,应当对作品中出现的各种各样的形象进行一番设计造型,使其从内到外都有所区别,形象鲜明、生动,听众容易接受从而更好地揭示主题。首先,对形象的理解要准确。其次,用声音、气息、咬字以及各种语言技巧参加造型。

4. 古文朗诵

(1)古文的语体特点

①单音节词语为主,语言构成有特殊的规律。

②有固定的语义和行文章法,讲究“文以载道”,追求气韵生动而意境深远。

(2)古文朗诵的要求

①读准字音、读准节奏、读出语气和气势。

②读出作品的抑扬顿挫和跌宕起伏,读出作者寄寓在文章中的喜、怒、哀、乐。

第三节 朗诵考训素材

一、范读材料

将(qiāng)进酒

李 白

君不见,黄河之水天上来,奔流到海不复回!
君不见,高堂明镜悲白发,朝如青丝暮成雪!
人生得意须尽欢,莫使金樽(zūn)空对月。
天生我材必有用,千金散尽还(huán)复来。
烹羊宰牛且为乐,会须一饮三百杯。(会须:应当)
岑(cén)夫子,丹丘生,将(qiāng)进酒,杯莫停。
与君歌一曲,请君为我倾耳听。
钟鼓馔(zhuàn)玉不足贵,但愿长醉不复醒。
古来圣贤皆寂寞,惟有饮者留其名。
陈王昔时宴平乐(lè),斗酒十千恣(zì)欢谑(xuè)。
主人何为言少钱?径(jìng)须沽(gū)取对君酌(zhuó)。
五花马,千金裘(qiú),呼儿将(jiāng)出换美酒,与尔同销万古愁。

陈情表

李 密

臣密言:臣以险衅(xìn),夙(sù)遭闵(mǐn)凶。生孩六月,慈父见背;行(xíng)年四岁,舅夺母志。祖母刘悯(mǐn)臣孤弱,躬亲抚养。臣少(shào)多疾病,九岁不行(xíng),零丁孤苦,至于成立。既无伯叔,终鲜(xiǎn)兄弟。门衰祚(zuò)薄,晚有儿息。外无期(jī)功强(qiǎng)近之亲,内无应门五尺之僮(tóng)。茕茕(qióng)孑立,形影相吊。而刘夙婴疾病,常在床蓐(rù),臣侍汤药,未曾废离。

逮(dài)奉圣朝,沐浴清化。前太守臣逵(kuí),察臣孝廉;后刺史臣荣,举臣秀才。臣以供养无主,辞不赴命。诏书特下,拜臣郎中。寻蒙国恩,除臣洗(xiǎn)马。猥(wěi)以微贱,当侍东宫,非臣陨首所能上报。臣具以表闻,辞不就职。诏书切峻,责臣逋(bū)慢。郡县逼迫,催臣上道;州司临门,急于星火。臣欲奉诏奔驰,则刘病日笃(dǔ);欲苟顺私情,则告诉不许:臣之进退,实为狼狈。

伏惟圣朝以孝治天下,凡在故老,犹蒙矜(jīn)育,况臣孤苦,特为尤甚。且臣少仕伪朝,历职郎署,本图宦达,不矜名节。今臣亡国贱俘,至微至陋。过蒙拔擢(zhuó),宠命优渥(wò),岂敢盘桓,有所希冀(jì)。但以刘日薄西山,气息奄奄,人命危浅,朝不虑夕。臣无祖母,无以至今日;祖母无臣,无以终余年。母孙二人,更(gēng)相为命,是以区区不能废远。臣密今年四十有(yòu)四,祖母今年九十有(yòu)六,是臣尽节于陛下之日长,报养刘之日短也。乌鸟私情,愿乞终养。臣之辛苦,非独蜀之人士及二州牧伯所见明知,皇天后土,实所共鉴。愿陛下矜悯(mǐn)愚诚,听臣微志。庶刘侥幸,保卒余年。臣生当陨首,死当结草。臣不胜犬马怖惧之情,谨拜表以闻。

我爱这土地

艾　青

假如我是一只鸟，
我也应该用嘶哑的喉咙歌唱：
这被暴风雨所打击着的土地，
这永远汹涌着我们的悲愤的河流，
这无止息地吹刮着的激怒的风，
和那来自林间的无比温柔的黎明……
——然后我死了，连羽毛也腐烂在土地里面。
为什么我的眼里常含泪水？
因为我对这土地爱得深沉……

笑

冰　心

雨声渐渐的住了，窗帘后隐隐的透进清光来。推开窗户一看，呀！凉云散了，树叶上的残滴，映着月儿，好似萤光千点，闪闪烁烁的动着。——真没想到苦雨孤灯之后，会有这么一幅清美的图画！

凭窗站了一会儿，微微的觉得凉意侵人。转过身来，忽然眼花缭乱，屋子里的别的东西，都隐在光云里；一片幽辉，只浸着墙上画中的安琪儿。——这白衣的安琪儿，抱着花儿，扬着翅儿，向着我微微的笑。

“这笑容仿佛在哪儿看见过似的，什么时候，我曾……”我不知不觉的便坐在窗口下想，——默默的想。

严闭的心幕，慢慢的拉开了，涌出五年前的一个印象。——一条很长的古道。驴脚下的泥，兀自滑滑的。田沟里的水，潺潺的流着。近村的绿树，都笼在湿烟里。弓儿似的新月，挂在树梢。一边走着，似乎道旁有一个孩子，抱着一堆灿白的东西。驴儿过去了，无意中回头一看。——他抱着花儿，赤着脚儿，向着我微微的笑。

“这笑容又仿佛是哪儿看见过似的！”我仍是想——默默的想。

又现出一重心幕来，也慢慢的拉开了，涌出十年前的一个印象。——茅檐下的雨水，一滴一滴的落到衣上来。土阶边的水泡儿，泛来泛去的乱转。门前的麦垄和葡萄架子，都濯得新黄嫩绿的非常鲜丽。——一会儿好容易雨晴了，连忙走下坡儿去。迎头看见月儿从海面上来了，猛然记得有件东西忘下了，站住了，回过头来。这茅屋里的老妇人——她倚着门儿，抱着花儿，向着我微微的笑。

这同样微妙的神情，好似游丝一般，飘飘漾漾的合了拢来，绾在一起。

这时心下光明澄静，如登仙界，如归故乡。眼前浮现的三个笑容，一时融化在爱的调和里看不分明了。

丑石

贾平凹

我常常遗憾我家门前的那块丑石呢：它黑黝黝地卧在那里，牛似的模样；谁也不知道是什么时候留在这里的，谁也不去理会它。只是麦收时节，门前摊了麦子，奶奶总是要说：这块丑石，多碍地面哟，多时把它搬走吧。

于是，伯父家盖房，想以它垒山墙，但苦于它极不规则，没棱角儿，也没平面儿；用錾破开吧，又懒得花那么大气力，因为河滩并不甚远，随便去掮一块回来，哪一块也比它强。房盖起来，压铺台阶，伯父也没有看上它。有一年，来了一个石匠，为我家洗一台石磨，奶奶又说：用这块丑石吧，省得从远处搬动。石匠看了看，摇着头，嫌它石质太细，也不采用。

它不像汉白玉那样的细腻，可以凿下刻字雕花，也不像大青石那样的光滑，可以供来浣纱捶布；它静静地卧在那里，院边的槐荫没有庇覆它，花儿也不再在它身上生长。荒草便繁衍出来，枝蔓上下，慢慢地，竟锈上了绿苔、黑斑。我们这些做孩子的，也讨厌起它来，曾合伙要搬走它，但力气又不足；虽时时咒骂它，嫌弃它，也无可奈何，只好任它留在那里去了。

稍稍能安慰我们的，是在那石上有一个不大不小的坑凹儿，雨天就盛满了水。常常雨过三天了，地上已经干燥，那石凹里水儿还有，鸡儿便去那里喝饮。每每到了十五的夜晚，我们盼那满月出来，就爬到其上，翘望天边，奶奶总是要骂的，害怕我们摔下来。果然那一次就摔了下来，磕破了我的膝盖呢。

人都骂它是丑石，它真是丑得不能再丑的丑石了。

终有一日，村子里来了一个天文学家。他在我家门前路过，突然发现了这块石头，眼光立即就拉直了。他再没有走去，就住了下来；以后又来了好些人，说这是一块陨石，从天上落下来已经有二三百年了，是一件了不起的东西。不久便来了车，小心翼翼地将它运走了。

这使我们都很惊奇！这又怪又丑的石头，原来是天上的呢！它补过天，在天上发过热，闪过光，我们的先祖或许仰望过它，它给了他们光明，向往，憧憬；而它落下来了，在污土里，荒草里，一躺就是几百年了?!

奶奶说："真看不出！它那么不一般，却怎么连墙也垒不成，台阶也垒不成呢?"

"它是太丑了。"天文学家说。

"真的，是太丑了。"

"可这正是它的美!"天文学家说，"它是以丑为美的。"

"以丑为美?"

"是的，丑到极处，便是美到极处。正因为它不是一般的顽石，当然不能去做墙，做台阶，不能去雕刻，捶布。它不是做这些小玩意儿的，所以常常就遭到一般世俗的讥讽。"

奶奶脸红了，我也脸红了。

我感到自己的可耻，也感到了丑石的伟大；我甚至怨恨它这么多年竟会默默地忍受着这一切？而我又立即深深地感到它那种不屈于误解、寂寞的生存的伟大。

小马过河

马棚里住着一匹老马和一匹小马。

有一天，老马对小马说："你已经长大了，能帮妈妈做点事吗?"小马连蹦带跳地说："怎么不能？我很愿意帮您做事。"老马高兴地说："那好啊，你把这半口袋麦子驮到磨坊去吧。"

小马驮起口袋，飞快地往磨坊跑去。跑着跑着，一条小河挡住了去路，河水哗哗地流着。小马为难了，心想：我能不能过去呢？如果妈妈在身边，问问她该怎么办，那多好啊！可是离家很远了。小马向四周望望，看见一头老牛在河边吃草，小马"嗒嗒嗒"跑过去，问道："牛伯伯，请您告诉我,这条河,我能趟过去吗?"老牛说:"水很浅,刚没小腿,能趟过去。"

小马听了老牛的话,立刻跑到河边,准备过去。突然,从树上跳下一只松鼠,拦住他大叫:"小马!别过河,别过河,你会淹死的!"小马吃惊地问:"水很深吗?"松鼠认真地说:"深的很哩!昨天,我的一个伙伴就是掉在这条河里淹死的!"小马连忙收住脚步,不知道怎么办才好。他叹了口气说:"唉!还是回家问问妈妈吧!"

小马甩甩尾巴,跑回家去。妈妈问他:"怎么回来啦?"小马难为情地说:"一条河挡住了去路,我……我过不去。"妈妈说:"那条河不是很浅吗?"小马说:"是呀!牛伯伯也这么说。可是松鼠说河水很深,还淹死过他的伙伴呢!"妈妈说:"那么河水到底是深还是浅呢?你仔细想过他们的话吗?"小马低下了头,说:"没……没想过。"妈妈亲切地对小马说:"孩子,光听别人说,自己不动脑筋,不去试试,是不行的,河水是深是浅,你去试一试,就知道了。"

小马跑到河边,刚刚抬起前蹄,松鼠又大叫起来:"怎么?你不要命啦!?"小马说:"让我试试吧!"他下了河,小心地趟到了对岸。

原来河水既不像老牛说的那样浅,也不像松鼠说的那样深。

二、训练篇目

1. 诗歌朗诵素材

岑参《白雪歌送武判官归京》

李白《将进酒》

杜甫《茅屋为秋风所破歌》

苏轼词二首:《水调歌头·明月几时有》、《念奴娇·赤壁怀古》

李清照词二首:《一剪梅·红藕香残玉簟秋》、《醉花阴·薄雾浓云愁水昼》

毛泽东词二首:《卜算子·咏梅》,《沁园春·雪》

艾青《我爱这土地》

徐志摩《再别康桥》

王怀让《我骄傲,我是中国人》

舒婷《祖国啊,我亲爱的祖国》

食指《热爱生命》

余光中《《春天,遂想起》》

2. 散文朗诵素材

冰心《笑》

马莉《白色方糖》

金聚泰《夜临月观峰》

闻捷《橘园颂歌》

贾平凹《丑石》

余秋雨《西湖梦》(节选)

3. 寓言童话朗诵素材

《猴吃西瓜》

《一头学问渊博的猪》

《乌鸦和狐狸》

《烤天鹅的故事》

《小马过河》

《猫和老鼠做朋友》

4. 古文诵读素材

《出师表》

《陈情表》

《滕王阁序》

《陋室铭》

《爱莲说》

《鸿门宴》

《荆轲刺秦王》

附:训练及考核

训练阶段		训练目标	训练手段	考核方法
大一年级	第一学期	掌握普通话声、韵、调及语流音变的正确发音和朗诵的基本知识	1. 开设"口语"课程(语音部分); 2. 成立班级普通话推广与督导小组,开展普通话每日一练活动	1. 班级普通话推广与督导小组对其日常训练情况进行考查; 2."口语"课程期末考试口试
	第二学期	掌握3500常用汉字及其所组合词汇的正确发音,初步掌握诗歌朗诵的技巧	1. 班级普通话推广与督导小组组织开展3500常用汉字及其所组合词汇发音每日一练活动; 2."口语"课程教师继续进行朗读辅导	1. 班级普通话推广与督导小组对其日常训练情况进行考查; 2. 开展诗歌朗诵训练及比赛活动
大二年级	第一学期	使用普通话流畅朗读一般文章,掌握散文朗诵技巧	1. 班级普通话推广与督导小组组织开展普通话水平测试篇短文朗读每日一练活动; 2. 口语教师定期辅导	1. 班级普通话推广督导小组对其日常训练情况进行考查; 2. 结合迎新、迎国庆、迎新年开展散文朗诵比赛
	第二学期	掌握各类问题朗诵技巧,着重学习古文朗诵技巧	1. 班级普通话推广督导小组组织开展经典古文诵读每日一练活动; 2. 口语教师定期辅导	1. 班级普通话推广督导小组对其日常训练情况进行考查; 2. 开展古文诵读比赛
大三年级	第一学期	掌握义务教育阶段必备古诗文的朗诵,为教学做积累	班级普通话推广督导小组组织开展班级、小组、寝室间的必背古诗文竞赛活动	班级普通话推广督导小组对其日常背诵进程进行考查,评定成绩等次。学院抽查学生背诵情况
	第二学期	参加朗诵水平等级考试	分层训练,重点突破,教师辅导	参加国家测试(试行)

第四章

演 讲

第一节 演讲概述

一、基本知识

(一)演讲的本质

演讲是以宣传鼓动为目的,带艺术性的严肃的社会实践活动。要求演讲者面对听众,以有声语言为主要表达形式,以态势语言为辅助形式,系统、鲜明地阐明自己的观点和主张。

1. 演讲不同于朗诵

(1)演讲与朗诵的范畴不同,演讲属精神实用艺术,侧重于宣传鼓动。朗诵属表演艺术,侧重于欣赏。

(2)演讲的选题有很强的现实性、时代性。朗诵的材料有很大的超越性。

(3)演讲讲究激情,其语言有特殊性。有生活化了的舞台语言,有舞台化了的生活语言,演讲一定要有激情点(高潮)。朗诵则追求意境,其语言属舞台表演语言。

2. 演讲不同于一般的报告

内容上,报告注重政策性、权威性、指导性。演讲注重典型性、鲜明性;语言上,报告要求朴实,感情表达不要求大起大落,基调平稳。朗诵必须有起伏。演讲不是表演,是表现,要注重控制情绪,最好的演讲员是他的眼泪在眼眶里,而听众的眼泪在脸上。

(二)演讲的作用

1. 促进作用

促进历史转变、促进文明建设、促进人才成长。

2. 教育作用

既是教育别人,又是自我教育。

3. 美感作用

演讲的题材首先是真实的,必须歌颂真善美,要求形式是美的,语言是美的,态势是美的。要使人产生愉悦,听一次演讲不仅是一次心灵的净化,而且是一次审美观的升华。

（三）演讲的准备

1. 拟定讲题

要达到四个目的：使人知、使人信、使人行、使人悦；要符合四个基本要求：贴切、简洁、引人、悦耳。

2. 标题类型

①提要型—男子汉的风度；②象征型—扬起生命的风帆；③含蓄型—沉重的翅膀；④惊醒型—前进，东方的巨人；⑤设问型—人才在哪里？⑥抒情型—党啊，亲爱的妈妈。

3. 写好讲稿

不管写什么内容、对象，所有的演讲稿一定有事、理、情，即要将事实、道理、感情的有机结合。我们通常评价一篇稿子，说：这篇稿子太实了，就是缺“情”；这篇稿子太虚了，就是没有“事实”。没有事实的议论和抒情是苍白的，没有抒情和议论的事实是呆板的。

4. 自我讲练

上台要情绪饱满，充满自信，步伐稳健自然，目光环视全场。开场起调一定不要太高，要稍低。下台步伐平稳，要避免“得意洋洋”或“神情疲惫”。

演讲者的修养和能力。演讲者为了使演讲获得最好效果，要熟记讲稿，应该在思想、道德、品质、学识等方面达到一定的标准和水平，对此作的努力和培养就是演讲者的自我修养。那么，演讲者都应具备哪些修养呢？概括地说，就是先进科学的思想、高尚的道德品质和丰富渊博的知识。

（四）演讲的“三性合一”特点

演讲的主要任务是向对方讲述一个道理，可称之为“说理性”。这个说理是以充满感情的语言进行的，又可称之为“动情性”。而演讲的说理和动情，其意都在于鼓动对方，又可称之为“鼓动性”。这种“三性合一”的特点，实际上也就是各种类型的演讲所具有的最基本的特点。

演讲，即是向他人发表具有说理性、动情性和鼓动性的讲话。它要求表述语言的规范化、标准化，一般还有着时间限制方面的要求，并要求在表述中做到语言、动作、表情等诸方面的有机统一。

（五）态势语

1. 态势语定义与内涵

态势语言是通过人体器官的动作，或者某一个部分形态的变化来进行思想和情感交流的一种方式。

体态语是一种最古老、最原始的交际方式，也是历史最悠久的交际方式，源远流长，在演讲中必不可少；是对口头表达必要的补充和辅助（除哑语外）；所传递的信息受表达环境的制约。

2. 态势语功能

（1）从个人来说

一是反映人的性格和心理；二是反映人的真实感受和内心需求；三是可以弥补有声语言的不足。

（2）从日常交际来说

一是更形象地传递信息，表达思想；二是更有利地传达情感，反映情绪，如：拍案叫绝、暴跳如雷、扪心自问、趾高气扬等；三是更有效地昭示心灵，加深理解；四是更恰当地联络各种关系，使交际更得体。

3. 态势语类型及操作

(1)手势

①手指语言:“大拇指”动作一般表示夸奖、很好,但有时表示高傲的情绪;“十指交叉”一般表示自信、敌对情绪、感兴趣;“抓指式”一般表示控制全场之势;“背手”可给自己壮胆,镇静也表示自信,但对有的人是种狂妄表现;“手啄式”表示不礼貌的动作,本身就有一种挑衅、针对和强制性。以上都要看具体环境和当时面部表情。

②手掌语言:“向上”表示诚恳、谦虚;“向下”表示提醒、命令;“紧握伸食指”带有一种镇压性;“搓掌”表示期待,快搓表示增加可信度,慢搓表示有疑虑;“手掌向前”表示拒绝、回避;“手掌由内向外推”表示安慰、把所有的问题概况起来;“劈掌”表示果断、决心。

③手臂语言:“手臂交叉”表示防御;“交叉握拳”表示敌对;“交叉放掌”表示有点紧张并在努力控制情绪;“一手握另一只手上臂,另外一只手下垂”表示缺乏自信。

(2)眼睛语言

眼睛是心灵的窗户,嘴巴可以说话,眼睛不能说话,眼睛的奥妙,在于它是真实的。可以编出一千句、一万句谎言,却不能遮挡眼睛的真实性。眼睛注视用得多的有三种:

①凝视。集中目光看对方,如果是公事,目光限制于前额到双眼,使人感觉你很诚恳认真;如果是社交,就看双眼到嘴三角区;如果是关系非常亲密的朋友,就看双眼到胸。

②环视。眼睛向前然后有目的地扫一下,好处是使所有听你讲话的人都注意了你,不觉得你在和他(个人)交流,能较全面地了解听众的心理反映。而且可根据你的环视随时调整说话的节奏、内容、语调,把说话的主动权控制住。

③虚视。就是似视非视,演讲就需要这种虚与实的目光交替,“实”看某一部分人,“非”看大家,演讲要做到“目中无人,心中有人”。

(3)表情语言

每个人都有面部表情,脸上的每个细胞、每个皱纹、每个神经都表达某种意愿、某种感情、某种倾向。面部表情是最准确的、最微妙的人的“晴雨表”。人的面部表情贵在四个字:自然,真挚。面部是思想的“荧光屏”,演讲的面部表情一般要带微笑。

(六)登台演讲

1. 充满信心

当众演讲,对一般人来说都是比较困难的,特别是第一次登台,都免不了精神紧张。在演讲之前,就可想象着自己开始演讲之后的情形,想象你的观众对于你的欢迎,想象演讲过程中他们的感动,想象自己的每一个意气风发的动作,每一句铿锵有力的话语,想象演讲结束后你所获得的掌声和赞美……这一切,都有助于你增加上台演讲的信心。将自己完全投入你所要扮演的角色中,你就能感受到那一方演讲台给你带来的力量,这样可以帮助你出色地完成你的演讲。要记住:你的魅力,就在于人格的力量!

2. 注意给人的印象

演讲家要追求的形象美,主要是侧重在可以显示演讲家的内在精神风貌、性格气质、文化修养以及适应演讲内容和演讲环境需要的必要的外观修饰。

一般来说,演讲者的衣着要整洁大方,庄重朴素,轻便协调,色彩和谐。一个有修养的演讲者,在演讲之前总要根据演讲的思想内容、听众对象,对自己的仪表适当进行一下修饰。

3. 注意眼神

在演讲时，要时时注意现场的气氛，学会用眼睛与他们交流。用眼睛表达你的善意，你的智慧；用眼睛了解他们的情绪，他们的疑问。眼睛的运用，只是表情的一部分。你的眉毛、鼻子嘴唇一起动起来，那才是你丰富多彩的表情。当你把有限的自己投入到无限的演讲情绪中去，你就可以自然而然地随着你演讲的内容，或深沉，或激昂，或欢喜，或冷静。

4. 注意动作

就像表情一样，只要深刻地理解了你自己演讲的内容，放松，自然，投入，随着演讲进行，情绪的波动，你的手在你需要的时候就会不由自主地挥出，也会在该休息的时候回到你的身侧。

动作清楚有力。这个要求其实是和语言的清晰一样的。演讲者的站姿，要有利于表演，有利于走动，有利于发音。比较好的站法有两种：一是前进式站法，即一脚在前，一脚在后，两足稍有距离，成45°角，重心略侧重于前足，身躯微向前倾，这就给听众一种向上的、振奋的、欲动的感觉。一是自然式站法，即两足平行，相距与肩同宽。这种站姿给人一种注意力集中、精神抖擞的印象。演讲者站在讲台中间不是不要走动，而是可以根据演讲的内容和会场的气氛前后左右有所移动。

5. 注意态度

《有影响力的人类行为》一书中写道："喜欢产生喜欢。"如果你对自己的演讲都没有多大兴趣，一开始就很冷淡，表现得好像很不情愿演讲一样，听众也就会很不情愿地听你的演讲。一个无趣的演讲者对着一群无趣的听众，那演讲还有什么意思呢？相反，一个热情洋溢的演讲者和一群被调动起来的兴致勃勃的听众，毫无疑问，会使双方都得到享受和满足。这样一个双赢的结局，只需要注意一下你的态度，何乐而不为呢？

6. 注意语气

想一想吧，我们平时在和别人聊天的时候是怎么吸引他们的呢？我们面带微笑，我们说的每一句话都充满了对自己所谈事物的极大热情，不管是喜欢的、厌恶的、兴奋的、恐惧的……我们的面部表情都是非常生动，眼睛闪闪发光，手势丰富。我们的语速时快时慢，完全与我们的情绪与听者的情绪合拍。我们的声调时高时低，就像我们所讲述的故事一样跌宕起伏。当我们谈到什么重要的地方时，我们加重语气，放慢语速，选择长长的停顿……演讲也是一样，自然大方才是吸引人的关键。

7. 纠正你的不良表达习惯

由于受社会、家庭和个人某种不良语言习惯的影响，有些人会形成一些不良的表达方式，如：吐字模糊，干巴枯燥，故弄玄虚，怪声怪气，滥用词藻，华而不实，污辱谩骂，带口头禅，颠三倒四，形象欠佳等等。

总而言之，纠正不良表达方式，是一个长期自觉且有很强针对性的工作，有上述毛病的人，应根据自己的实际情况，采取相应的措施，逐步加以改正。

二、训练流程

1. 基本要求

①理解演讲的重要作用；

②把握演讲的基本内容；

③掌握演讲的基本技巧和方法；

④使用标准的普通话进行有理有据的演讲。

2. 训练途径和方法

①通过《教师口语》课系统学习演讲理论和技巧，提出目标要求，开展实践训练；

②通过课程实践加强学生演讲表达能力的基础训练；

③从新生入校开始组织安排各班学生课前十分钟演讲，为期两学年不间断；

④通过学生会、口才协会，定期组织演讲比赛或其他形式的演讲活动；

⑤鼓励学生参加校内外各级各类演讲论辩比赛。

三、考核标准

1. 优秀

演讲主题鲜明，内容健康；逻辑严密，论据充实，论证有力；运用纯正标准的普通话，思路清晰，表达流畅；感情饱满自然，态势语适当得体，气质端庄大方，反应机敏，从容幽默，台风好。

2. 良好

演讲主题鲜明，内容健康；逻辑较为严密，论据较为充实，论证较为有力；运用基本标准的普通话，思路比较清晰，表达比较流畅；感情比较饱满自然，态势语运用比较适当，气质端庄大方，反应比较机敏，较为从容幽默，台风良好。

3. 及格

演讲能够围绕主题，内容健康；逻辑上有一定的严密性，有一定的论据，有一定的说服力；有少量的方言语音，但表达有一定的条理，比较流畅自然，能够运用一定的态势语，容许一定的紧张和拘谨表现，台风一般。

4. 不及格

演讲不能围绕一定的主题或内容不健康，表达缺乏逻辑性和条理性，论据缺乏，论证不充分，方音较重，态势语运用不得当，慌张不自然，台风不好。

四、考核安排

演讲基本功考核采用平时训练考核与演讲比赛相结合的方式进行。大二下学期集中考核。各班组织平时训练并做好记录与成绩评定。在演讲比赛中获奖的学生，此项成绩考核确定为优秀。

第二节　演讲训练与指导

一、演讲准备

演讲不是一次随心所欲的交谈，而无论是命题演讲、即兴演讲、论辩演讲都是一种比较正式的社会沟通活动，它要求演讲的内容要言之有物、言之有序、言之有情。演讲的目的要能明是非，传信息，要能鼓舞人、教育人。因此，演讲前准备得越充分，那么你演讲获得成功的希望就越大。

演讲是一种比较复杂的社会劳动实践，也是一种强烈的精神劳动产物。因此，一次演讲不仅是对演讲者的思想、文化、知识、表达能力的考验，也是对演讲者心理素质的严峻考验。良好的心理素质可以帮助演讲者获得演讲的成功，而心理素质差的演讲者也许没登场就败下阵来，因此培养演讲者良好的心理素质，是取得演讲成功的先决条件。那么演讲者应具备哪些心理素质呢？

1. 求真的心理素质

无论何种演讲,也无论出于什么原因,对于一个演讲者来说,演讲的目的都应该是为了追求真理、探求真理、坚持真理和宣传真理。也只有追求真理、弘扬真理的演讲,才是具有生命力的演讲。

2. 创作上的心理素质

演讲创作中需要的心理素质,大体来说有两个方面:一是形象思维和逻辑思维;一是联想和想象。演讲创作一般围绕两条心理线索进行:一条是以认识论的方法,进行科学的探究,即提出问题、分析问题、解决问题;一条是以听众的接受能力、演讲的目的为线索,即演讲对象、演讲内容、演讲效果。这两条线索在我们进行演讲创作的时候都需要考虑,缺一不可。而且这两条线索是紧密结合,不可分割的。

3. 表达的心理素质

演讲者一般要做好下面几种表达的心理准备:一是要鼓起勇气克服怯场;二是要情绪饱满地登上讲台;三是要学会与听众沟通。

二、演讲稿的写作

演讲稿又称演讲词,它关系到"讲什么"和"怎么讲"的问题,其水平高低将直接影响到演讲的成败。

演讲稿的写作要注意把握好以下环节:

1. 演讲稿的主题与标题

(1)演讲稿的主题

确定主题应考虑以下几个方面:第一,选择符合时代精神的主题。第二,选择有真知灼见的主题。第三,因人施讲,选择受听众欢迎的主题。

(2)演讲稿的标题

标题是演讲稿的重要组成部分。演讲的内容决定了标题,而标题则鲜明地显露出内容的特点,是对演讲内容的高度概括。

确定标题的原则有这样几个方面:一是简短。即言简意赅,就是要用最少的文字表达出一个完整的意思。二是准确。是指标题要与内容和演讲主题紧密联系。三是生动。是指标题要有文采。四是含蓄。指演讲标题应有诗意和哲理,耐人寻味。五是顺口。

2. 演讲稿的选材与语言

(1)演讲材料的收集和选用

材料,就是演讲者为阐述自己的观点、主张,即为了说明演讲主题,所选取的论据及事实。收集材料主要有这样三个途径:一是从现实生活中得到直接材料;二是从书本或各种媒体中获得间接材料;三是分析、研究、选择材料。这是演讲者在获取大量直接材料和间接材料的基础上,经过归纳、分析、研究所得到的新材料,是一个演讲者智慧的成果。

一般来讲,选择材料有以下四条标准:一是选材要紧紧围绕主题;二是选材要有针对性;三是材料的内容要真实、准确;四是广收博取,以量显质。

(2)演讲稿的语言

演讲语言是一种高级、完善而富有审美价值的口语,在写作演讲稿时虽然是用书面语言写作,但一定要考虑到它是为了演讲者口语表达使用的,除了具有一般的书面语言和口语表达的特点外,还具有自己独特的规律。

①演讲语言要准确简洁。简洁表达的突出特点是:表达的内容简短明了,集中概括;表达的线条清晰,主干突出;表达的句式结构简约,短句多,节奏性强。简洁语言的表达要求是:一要去掉毫无意义的口头语和多余的感叹词之类,把信息价值不大的话减低到最低限度。二是要坚持以少胜多的原则,字斟句酌精心辨别用词,选择最能准确反映事物本质、表达思想感情的语汇,能用一个词说清楚,就决不用两个。三要坚持说短话。说话要抓住中心,紧扣话题,避免枝蔓太多,主干不清,不说空话,避免不必要的重复。四要养成缜密思索的习惯。表达简洁与思维精密是一致的。说话不精是思维不够缜密所致。语言精练是思维严密概括力强的表现。

②演讲语言要通俗平易。通俗平易包括两方面的意义:一是用语通俗,一听就懂;二是意义通俗,深入浅出。要想通俗地表达你的思想应多用规范性的词语,尽量少用对方不熟悉的文言、方言和生僻词语;多用群众性语言,如谚语、俗语、成语等群众口头常用的大众化语言。

③演讲语言要形象生动。一是要使用形象化的语言。二是要使用幽默恢谐的语言。三是要善用语言的修辞手段。如比喻、排比、设问和反问、反语、引用、感叹等等。四是要使用多变的句式。例如长句与短句、口语句与文言句、整句和散句等配合使用。

下面举两段例子:

例1:“一幢裂开的房子是站立不住的。我相信这个政府不能永远保持半奴隶半自由的状态。我不希望联邦解散,我不期望房子崩塌,但我的确希望它停止分裂。”这是林肯演讲中的一段话。用“房子”比喻国家政府,用房子的分裂状态比喻国家半自由半奴隶的状况,不仅恰当,而且新巧,很准确地说明了问题,又给人一种鲜明的画面感。既形象生动又通俗易懂。

例2:“外国人说,中国人懒惰丑陋;外国人说,中国人虚伪自私;外国人说,中国人喜欢做奴隶;外国人说……够了!已经说得够多了!要不要再加上依据外国人代总结性的‘最高指示’:中国人应该集体自杀!同胞们,能照办吗?说到这里,恐怕那些目不转睛看“外国月亮”的先生们又该转过身来教训我们:这是严重的讳疾忌医,阿Q!各位,这能说是讳疾忌医吗?不!我们没有必要这样做,我们非常迫切地需要外国朋友真诚的批评,公正的批评,但绝不是歪曲和羞辱!”(引自周光宇《请看看我们头顶的月亮》演讲词)这是一段慷慨激昂的演讲词,句句上口,很适合口语表达。这段演讲词既是说理,告诫人们需要自尊、自信、自重,不要崇洋媚外;也是抒情,在抒发爱国豪情的同时,也对崇洋媚外者给予极端的蔑视与嘲讽。理与情都是抽象的,但这里却表现得具体形象。比如,“外国人说”,“目不转睛”,“转过身来”,“讳疾忌医”等等,激昂的神情跃然纸上,富于艺术表现力。还有韵律感,这主要是有不同的句式组合而造成的。能造成韵律感的组合规律应该是长短交错,骈散结合。即长句与短句交错使用,整齐的句子(骈)与散句结合使用。整齐的句子包括对仗句、排比句两种句式。比如前面这段讲稿,短句居多,杂有长句,一般都是几个短句之后,用一个长句收足语意。而骈句,前面三个“外国人说”,就是一组骈句(即排比句),一般也是有短句构成,造成一种气势或态势,很便于表现情感,凡是在演讲稿中具有韵律的语言,都能在演讲实施中通过发声而形成节奏感。

总之,演讲稿的写作过程,就是调动一切有用的材料,利用一定的语言形式把主题思想表达出来的过程。演讲稿水平的高低,直接影响到演讲的成功与失败,所以一定要认真对待,精益求精,切不可敷衍了事,仓促应付。

三、演讲技巧

1. 演讲的开场白艺术

演讲的开场白是一门艺术。俗话说,“万事开头难”,“良好的开端是成功的一半”,它的作用是建立起演讲者与听众之间的思想感情基础。从心理学角度来看，一次活动开头的两三分钟是人的注意力集中的时候，当你站在听众的面前，第一句话也是听众最注意的，若你的第一句讲得不好时，接下来要想紧紧抓住听众的注意力，之后要费九牛二虎之力，才能挽回颓势。因此，演讲的开场白肩负着组织听众注意力的特殊使命。

下面介绍几种常见的演讲开场的方式：

(1)由演讲的题目谈起

这种开头不仅交代了题目及演讲的缘由，而且还便于引起下文，使听众觉得自然流畅。如《今天，当〈国歌〉响起时……》是这样开头的：朋友！你还记得那首震撼人心的《国歌》吗？“起来，不愿做奴隶的人们……”当这雄壮的歌声响起时，我每每被震撼，心潮澎湃、热血沸腾已形容不了我的心情。我怀疑起这是歌声，对！这不是歌声，不是歌声！这是咆哮，是黄河在咆哮：中华民族到了最危险的时候。这是呐喊，是四万万生命在呐喊：我们不愿做奴隶。这是爆炸，是团结力量在爆炸：我们万众一心，冒着敌人的炮火前进。

(2)由演讲的缘由讲起

这种开头一开始便三言两语向听众说明演讲的目的和原因，然后顺水推舟导入下文。如李燕杰的《国家、民族与正气》的演讲是这样开头的：每个青年都关心自己祖国和民族的命运，国家的正气，民族的正气，是团结鼓舞群众积极向上的巨大力量，是一个国家、一个民族兴旺发达的重要精神支柱。我今天就想从“国家、民族与正气”为题做一个发言。

(3)借助于物品讲起

展示的物品一定要与演讲内容有关，或者是能更有助于你表达主题。展示物品可以是一幅画、一张照片或一件其他实物；有的演讲者在一张纸上写几个字，也可以引出话题。

卡耐基在一次演讲中别出心裁，他拿出几根头发展示给听众，问听众这是什么？听众不知其意，皆答“头发”，卡耐尔话题一转，问听众：“你们都知道头发是长在头上的，这几根头发为什么掉下来了呢？”一句问话引起了听众的注意力，开始专心致志地等待卡耐尔演讲，卡耐尔接着说：“这就是烦恼的副作用。如此乌黑的头发长在头上多么漂亮。”

(4)由具体的事例讲起

闻一多的《最后一次演讲》就是用事例开的头：这几天，大家晓得，在昆明出现了历史上最卑劣、最无耻的事情！李先生究竟犯了什么罪？竟遭此毒手？这样的开场白能一下子就进入正题，抓住听众的心。

(5)幽默式开场白

幽默式开场白往往亦庄亦谐，妙趣横生，既语带双关，又不失犀利。它能一开始就营造一个轻松愉快的氛围，使听众乐于接受演讲的内容。例如：一位黑人先生面对他的白人听众时，第一句话是：“女士们，先生们，我来到这里，与其说是发表讲话，还不如说是给这一场合增添一点‘颜色’。”(听众大笑)幽默是智慧和信心的表现，运用得好，会使讲话具有无穷的魅力。

(6)用名言警句开头

使用名人的话语开头的好处是，名人都是大家耳熟能详的，并且具有某种权威。许多人对名人都有一种崇拜感，所以，引用他们的话就自然而然地产生了一种吸引力。这种开头没有废话，用得好会很精彩。如李燕杰教授常常用诗开头，有一次演讲时，他是这样开头的：“我今天发言的主题思想用一句话概括，叫：海到无边天作岸，山临绝顶我为峰。是什么意思呢？……”造成了一种学者演讲的气氛。

(7)设问式开场白

设问式开头可以起到集中听众注意力的作用。教育家陶行知 1925 年在南开中学做过《学做一个人》的演讲,他是这样开头的:我要讲的题目是:学做一个人。要做一个整个的人,别做一个不完全的人。中国虽然有四万万人,试问有几个是整个的人?诸君,试想一想:'我自己是不是一个整个的人?'演讲者提出,做人就要做"整个的人",那么"有几个是整个的人?""自己是不是一个整个的人?"这样的设问循序渐进,把听众的思路一步步引向深入。

(8)自报家门式开头

演讲一开场就来个自我介绍,或个人经历,或性格爱好,或表明立场观点。这样的开头显得诚挚坦率,能融洽气氛,吸引听众。如相声演员牛群登台介绍自己时,做过这样的开头:

"我大哥叫牛路,我爸希望他像牛一样扎扎实实地走路;三姐叫牛步,学牛走路一步一个脚印;我二哥叫牛铎,就是牛脖子上的铃铛。几个孩子一大群,该我出生了——'这孩子叫什么?''就叫牛群吧。'

(9)以设置悬念开头

设置悬念可以激发和强化听众的关注兴趣和期待心理,产生引人入胜的表达效果。例如:

"红土地之歌"演讲大赛的第一名是老山前线归来的一名主攻团团长。他走上台时双手抱着一个红布包,上面覆盖着一面党旗。他先给大家敬了一个军礼,然后说:"同志们,今天站在这个讲台上的不是我,而是他们。"说完,他把红布包一层一层打开,全场观众都以诧异的神情注视着这个红布包。打开一看,不是骨灰盒,而是两本书。他接着说:"这本书叫《风浪集》,记述老一辈革命者的丰功伟绩;这一本,我把它叫《无名集》,上面记满了这几年倒在我身边的战友的名字,他们是——"我心中的太阳",这就是我演讲的题目"。

演讲者手中的红布包,上面覆盖的党旗,以及红布包里的两本书,这一切都紧紧抓住了听众的注意力,使他们对此产生强烈的好奇与期待,大大地激发听众的关注心和探究欲。

(10)以抒发感受开头

抒发感受能营造一种特定的情感氛围,给听众以强烈的感染。1978 年 3 月 31 日抱病在床的郭沫若,满怀诗人兼科学家的炽热感情和清醒理智作了一场热情洋溢的演讲,他是这样开头的:我们民族历史上最灿烂的科学的春天到了。我是一个上世纪出生的人,参加这样的盛会,百感交集,思绪万千。这样的真诚感受为后面的演讲定下了感情的基调,容易使听众产生一种强烈的期待。

另外还有用向听众致意开头,用称赞的话开头,用故事、寓言开头,用传闻逸事、个人经历、偶然事件、新闻事件开头,以及用描述情景、表述细节、阐发哲理开头等。

演讲者不管用什么样的方式作开场白,都一定要注意以下四点:第一,形式上,要力求新颖别致、巧趣,一下就抓住听众,吸引他们;第二,内容上,要有新意,出奇制胜,使人耳目一新;第三,要有容量,意境深远,内涵丰富;第四、要有声势,先声夺人。

2. 演讲正文的处理技巧

(1)紧扣主题,语不离宗

从开头到结尾,展开论证也好,进行叙述也好,纵然千波百转,也要紧扣主题。一个问题可能是多侧面、多角度的,但无论多少个侧面和角度,都必定有其主要的一面;一篇演讲可能包含几个问题,但无论多少个问题,它们都应当相互联系,并有主次之分。演讲者必须抓住主干,理清脉枝,分清主次轻重,不可"开口千言,离题万里"。

(2)条理清楚,层次分明

要做到这一点,就必须在科学分析的基础上,把散乱的材料分门别类,分清主次和先后,把它们组织安排好,从而更充分、更有利地表现主题。比如,哪些应该先说,哪些应该后讲,哪些要详讲,哪些要略说;如何开头,如何结尾,如何照应,如何过渡,都要有周密的计划,做到胸有成竹。这样才不至于眉目不清、条理不明、乱七八糟、支离破碎,特别要处理好层次、段落、过渡与照应等。

(3)有张有弛、跌宕起伏

讲述的内容应当千波百折,有起有伏,使整个结构富于变化,多姿多彩,以其结构的艺术性吸引、打动并说服听众。心理学家认为,人听讲话的有意注意力每隔 5－7 分钟就会有所松弛,而跌宕起伏、张弛有致的结构,就能很好地适应听众的这一特点。演讲者应当时而是严峻的说服,时而又是轻松的谈笑,时而慷慨陈词,时而诙谐幽默,甚至还可以根据需要适当穿插一些奇闻逸事、小故事、诗文警句、谈资笑料等等。这样会使内容丰富多彩,也使形式摇曳生辉,使听众精神振奋,乐于倾听。

(4)创造几个高潮

高潮不仅渲染气氛、产生良好的现场效果,而且能加深听众的印象。高潮能产生现场效果,所以演讲者要尽可能地制造高潮,调动听众的情绪。如果一次演讲没有高潮,那么它必然是平淡无奇的。

要形成高潮,首先得靠真知灼见的思想。深刻的思想会闪耀出真理的光芒,说出来的是至理名言,听众自然会折服。其次,造成高潮要有技巧。比如铺垫蓄势、衬托对比、设网解扣、当头棒喝、层递阶升、强调突出等,都可以酝酿出高潮来。第三是靠语言。酿造高潮的语言通常是排比式语言、智慧的语言、闪光的语言、生动的语言等。一般应当具有意深、言奇、语简的特点。第四是靠幽默。如通过幽默的神态、幽默的动作、幽默的语言等,形成演讲的高潮。

3. 演讲的结束语技巧

演讲的结束语是演讲走向成功的最后一步。常言道:"编筐编篓,难在收口。"这是经验之谈。收尾不好的演讲是失败的演讲。好的结束语应该既是收口,又是高峰;既水到渠成,又戛然而止;既铿锵有力,又余音缭绕;既别开生面、不落俗套,又自然得体。

演讲的结束语方式很多,一般常见的有以下几种:

(1)呼吁、鼓动式结束语

呼吁、鼓动式结束语是演讲者利用一些感情激昂、动人心弦的语言对听众的理智和感情进行呼唤,并指明具体的行动方向,以此来结束演讲。例如:我们有的是满腔的热血,有的是年轻的生命,那就用我们的热血来复苏祖国蓬勃的生机吧!用我们的生命来焕发母亲青春的光彩吧!

(2)总结全文式结束语

演讲者在结束演讲前,可用简洁的语言扼要地对讲过的内容进行一下总结,以加深听众对演讲的印象。例如,张海迪的演讲《在困难面前要做胜利者》的结束语:我今天在这里讲的,都是过去了的事,不久我就要离开北京回到我的故乡去了。我去了以后,一定把大家的关怀和鼓励变作前进的动力。我要更加努力地学习,更加努力地工作,把自己的一切献给党,把自己的一切献给人民。

(3)借用名言式结束语

借用名人名言作结束语，能产生“权威效应”和“名人效应”。如1993年国际大专辩论会冠军队复旦大学队，在辩论“温饱是谈道德的必要条件”问题时，四辩手蒋昌建的总结陈词的结尾是这样的：谈到这里，我不由得想起一百多年前生活在哥尼斯堡的一位叫康德的老人说过的一句话：“这个世界惟有两样东西能让我们的心灵感到深深的震撼，一是我们头顶上灿烂的星空，一是我们内心崇高的道德法则！”谢谢各位！这样的结尾言犹尽而意未绝，令人回味，发人深思。

（4）哲理升华式结束语

充满智慧而富于哲理的语言，可以使你的演讲得到升华，超脱平淡。如郭沫若的演讲《科学的春天》的结束语：春分刚刚过去，清明即将到来。“日出江花红胜火，春来江水绿如蓝。”这是革命的春天，这是人民的春天，这是科学的春天！让我们张开双臂，热烈地拥抱这个春天吧！

（5）用诗歌作结束语

诗歌或诗一样的语言是极富美感的，也极具感染力，同时也可以使演讲形式产生变化，形成最后的高潮。例如，一位岳飞纪念馆的讲解员在讲述了岳飞的生平事迹之后，把岳飞所作的诗词《满江红》朗诵给大家听，作为他讲解的结束语，取得了很好的效果。

（6）余味无穷式结尾

这种结尾方式语尽而意不尽，让人品味再三，余味无穷。如《谁来保卫2000年的中国》是这样结尾的：各位朋友，当我结束自己的演讲，走下这小小的讲台时，如果能听到您热烈的掌声，这无疑是对我莫大的鼓励，无疑将成为我前进路上的动力。但是，如果您走出会场，回到家里，仍然用“好儿不当兵，好铁不打钉”的陈旧观念，去责怪您要参军的儿子，责怪您要找军人做丈夫的女儿，那么，我宁愿不要这掌声，宁愿悄悄地、悄悄地走下这讲台……

无论用哪种方式作演讲的结束语，都应当坚持这样四个原则：一是收拢全篇，揭示题旨。二是表达新颖，不落俗套。三是铿锵有力，富有鼓动性。四是简洁明快，耐人寻味。

总之，如果结束语没有魅力，会使一席演讲前功尽弃。所以，每一位演讲者都应在结束语上下工夫，做到“语不惊人死不休”。

四、演讲常见禁忌

演说是一门艺术，要想提高演说水平，不仅要正面了解必须怎样，还要从反面了解“不该怎样”。演说者在演说中充分考虑听众对象，杜绝无用的客套话，使演说水平得到提高。

演说常见的禁忌有：

1. 忌豪言空谈

空谈是言之无物、空空洞洞的表达。现实中那些不结合当时、当地的实际的空头言论太多了。有的单位一年一度的总结会，会议的开幕词用的是陈年的演说稿，只把第一届改成第二届、第三届或第四届，内容照旧，年年如此，这就是空对空的典型例子。

2. 忌杂乱无章

有的人演说材料过于庞杂，讲起来像开无轨电车，开到哪里，算到哪里，叫人摸不着头绪。还有的不合逻辑，妄加论断；或者不顾事实，主观臆断。上得台来，不问青红皂白，哇啦哇啦一通，这也是某些官僚主义的病症。

3. 忌冷漠乏味

有的人演说时毫无表情，呆若木鸡，甚至肌肉紧绷，脸色铁青。缺乏演说情趣，语言冷淡，没有抑扬顿挫、真情实感，演说乏味，如同嚼蜡，叫人怎么不打磕睡！

4. 忌艰涩冗长

有人演说用的是书面语言，使人感到艰涩难懂。因此，要尽量避免使用书面用语，更不要

“文夹白”,要用口语,善于用简单明了、群众易懂的语言演说,坚决抛弃晦涩难懂的词语。文章贵短,演说也应该长话短说。

5. 忌失言失态

有的演说者老带“口头禅”,诸如“啊”、“是吧”、“怎么样”、“那么”,等等。演说要讲效用,“口头禅”成堆,“啊啊”连篇,让人听了也为他感到难受,只能起消极作用。有的人演说不了解听众的职务、水平,不注意会议的环境和背景,甚至不顾及本人的身份和在会议上的地位,这就难免在内容、措辞、语气、口吻等方面不妥善、不贴切、不礼貌、不恰当,这是必须加以注意的。

6. 忌故弄玄虚

托尔斯泰说:“真正的艺术永远是十分朴素的、明白如画的,几乎可以用手触摸到似的。”

演说要力求语言通俗化、口语化,如不考虑听众的接受能力,而用那种文绉绉、酸溜溜的语言就既不亲切,又艰涩难懂,往往事与愿违,弄得不好,还会闹出笑话。随着时代的变迁,人们现在的语言习惯也有了很大的改变。

古代的不少词汇已逐步淘汰,弃之不用。如形容人面貌的“面如冠玉”、“樱唇一点”等,如今不会有人再用了。皇帝自称“联”、“寡人”。称他人为“爱卿”,还有“令尊”、“令堂”、“令爱”之类的称谓,现在再用,就有不合时宜之嫌了。

演说用文言文的时代早已过去,有的人在演说中使用文言,卖弄学问,故显高雅,这种以艰涩之词惑众的人,没有市场了。因为用晦涩难懂的话,必须让人费心揣度,势必影响听的效果。而且听众文化素养有很大差别,应该“就低不就高”。所以,对广大群众演说,更应该明白晓畅,通俗易懂。那种用“请恕冒昧”之类的话就未免是故作“高雅”,听众未必喜欢。

法国大雕塑家罗丹说:“用铅笔画些花样,用色彩涂些炫耀的焰火,或是用古怪的文字写些光彩的句子,这些空头作家,就是世界上最机巧的人,然而艺术上最大的困难和最高的境地,却是要自然地,相互地描绘和写作。”这句话对演说的语言使用也完全是适用的。

7. 忌方言俚语

演说按照内容的需要,针对不同的对象,应使用不同的语言形式。

由于我国幅员广大,方言众多,欲使演说通俗易懂,明白晓畅,交流顺当,还有个改变家乡音、推广普通话的问题,否则就会出现语言障碍。因为一个国家语言标准化、规范化的程度,往往反映这个国家的文明程度。在演说中,应尽量少用或不用方言俚语,免得不合时宜。

第三节　演讲考训素材

一、经典演讲欣赏

俞敏洪在北大1998年开学典礼上的演讲

各位同学、各位领导:

大家上午好!(掌声)

非常高兴许校长给我这么崇高的荣誉,谈一谈我在北大的体会。(掌声)

可以说,北大是改变了我一生的地方,是提升了我自己的地方,使我从一个农村孩子最后走向了世界的地方。毫不夸张地说,没有北大,肯定就没有我的今天。北大给我留下了一连串美好的回忆,大概也留下了一连串的痛苦。正是在美好和痛苦中间,在挫折、挣扎和进步中间,最后找到了自我,开始为自己、为家庭、为社会能做一点事情。

学生生活是非常美好的,有很多美好的回忆。我还记得我们班有一个男生,每天都在女生的宿舍楼下拉小提琴,(笑声)希望能够引起女生的注意,结果后来被女生扔了水瓶子。我还记得我自己为了吸引女生的注意,每到寒假和暑假都帮着女生扛包。(笑声、掌声)后来我发现那个女生有男朋友,(笑声)我就问她为什么还要让我扛包,她说为了让男朋友休息一下(笑声、掌声)。我也记得刚进北大的时候我不会讲普通话,全班同学第一次开班会的时候互相介绍,我站起来自我介绍了一番,结果我们的班长站起来跟我说:"俞敏洪你能不能不讲日语?"(笑声)我后来用了整整一年时间,拿着收音机在北大的树林中模仿广播台的播音,但是到今天普通话还依然讲得不好。

人的进步可能是一辈子的事情。在北大是我们生活的一个开始,而不是结束。有很多事情特别让人感动。比如说,我们很有幸见过朱光潜教授。在他最后的日子里,是我们班的同学每天轮流推着轮椅在北大里陪他一起散步。(掌声)每当我推着轮椅的时候,我心中就充满了对朱光潜教授的崇拜,一种神圣感油然而生。所以,我在大学看书最多的领域是美学。因为他写了一本《西方美学史》,是我进大学以后读的第二本书。

为什么是第二本呢?因为第一本是这样来的,我进北大以后走进宿舍,我有个同学已经在宿舍。那个同学躺在床上看一本书,叫做《第三帝国的兴亡》。所以我就问了他一句话,我说:"在大学还要读这种书吗?"他把书从眼睛上拿开,看了我一眼,没理我,继续读他的书。这一眼一直留在我心中。我知道进了北大不仅仅是来学专业的,要读大量大量的书。你才能够有资格把自己叫做北大的学生。(掌声)所以我在北大读的第一本书就是《第三帝国的兴亡》,而且读了三遍。后来我就去找这个同学,我说:"咱们聊聊《第三帝国的兴亡》",他说:"我已经忘了。"(笑声)

我也记得我的导师李赋宁教授,原来是北大英语系的主任,他给我们上《新概念英语》第四册的时候,每次都把板书写得非常的完整,非常的美丽。永远都是从黑板的左上角写起,等到下课铃响起的时候,刚好写到右下角结束。(掌声)我还记得我的英国文学史的老师罗经国教授,我在北大最后一年由于心情不好,导致考试不及格。我找到罗教授说:"这门课如果我不及格就毕不了业。"罗教授说:"我可以给你一个及格的分数,但是请你记住了,未来你一定要做出值得我给你分数的事业。"(掌声)所以,北大老师的宽容、学识、奔放、自由,让我们真正能够成为北大的学生,真正能够得到北大的精神。当我听说许智宏校长对学生唱《隐形的翅膀》的时候,我打开视频,感动得热泪盈眶。因为我觉得北大的校长就应该是这样的。(掌声)

我记得自己在北大的时候有很多的苦闷。一是普通话不好,第二英语水平一塌糊涂。尽管我高考经过三年的努力考到了北大——因为我落榜了两次,最后一次很意外地考进了北大。我从来没有想过北大是我能够上学的地方,她是我心中一块圣地,觉得永远够不着。但是那一年,第三年考试时我的高考分数超过了北大录取分数线七分,我终于下定决心咬牙切齿填了"北京大学"四个字。我知道一定会有很多人比我分数高,我认为自己是不会被录取的。没想到北大的招生老师非常富有眼光,料到了三十年后我的今天。(掌声)但是实际上我的英语水平很差,在农村既不会听也不会说,只会背语法和单词。我们班分班的时候,五十个同学分成三个班,因为我的英语考试分数不错,就被分到了 A 班,但是一个月以后,我就被调到了 C 班。C 班叫做"语音语调及听力障碍班"。(笑声)

我也记得自己进北大以前连《红楼梦》都没有读过，所以看到同学们一本一本书在读，我拼命地追赶。结果我在大学差不多读了八百多本书，用了五年时间。(掌声)但是依然没有赶超上我那些同学。我记得我的班长王强是一个书癖，现在他也在新东方，是新东方教育发展研究院的院长。他每次买书我就跟着他去，当时北大给我们每个月发二十多块钱生活费，王强有个癖好就是把生活费一分为二，一半用来买书，一半用来买饭菜票。买书的钱绝不动用来买饭票。如果他没有饭菜票了就到处借，借不到就到处偷。(笑声)后来我发现他这个习惯很好，我也把我的生活费一分为二，一半用来买书，一半用来买饭菜票，饭票吃完了我就偷他的。(笑声掌声)

毫不夸张地说，我们班的同学当时在北大，真是属于读书最多的班之一。而且我们班当时非常地活跃，光诗人就出了好几个。后来挺有名的一个诗人叫西川，真名叫刘军，就是我们班的。(掌声)我还记得我们班开风气之先，当时是北大的优秀集体，但是有一个晚上大家玩得高兴了，结果跳起了贴面舞，第二个礼拜被教育部通报批评了。那个时候跳舞是必须跳得很正规的，男女生稍微靠近一点就认为违反风纪。所以你们现在比我们当初要更加幸福一点。不光可以跳舞，而且可以手拉手地在校园里面走，我们如果当时男女生手拉手在校园里面走，一定会被扔到未名湖里，所以一般都是晚上十二点以后再在校园里面走。(笑声掌声)

我也记得我们班五十个同学，刚好是二十五个男生二十五个女生，我听到这个比例以后当时就非常的兴奋，(笑声)我觉得大家就应该是一个配一个。没想到女生们都看上了那些外表英俊潇洒、风流倜傥的男生。像我这样外表不怎么样，内心充满丰富感情、未来有巨大发展潜力的，女生一般都看不上。(笑声掌声)

我记得我奋斗了整整两年希望能在成绩上赶上我的同学，但是就像刚才吕植老师说的，你尽管在中学高考可能考得很好，是第一名，但是北大精英人才太多了，你的前后左右可能都是智商极高的同学，也是各个省的状元或者说第二名。所以，在北大追赶同学是一个非常艰苦的过程，尽管我每天几乎都要比别的同学多学一两个小时，但是到了大学二年级结束的时候我的成绩依然排在班内最后几名。非常勤奋又非常郁闷，也没有女生来爱我安慰我。(笑声)这导致的结果是，我在大学三年级的时候得了一场重病，这个病叫做传染性侵润肺结核。当时我就晕了，因为当时我正在读《红楼梦》，正好读到林黛玉因为肺结核吐血而亡的那一章，(笑声)我还以为我的生命从此结束，后来北大医院的医生告诉我现在这种病能够治好，但是需要在医院里住一年。我在医院里住了一年，苦闷了一年，读了很多书，也写了六百多首诗歌，可惜一首诗歌都没有出版过。从此以后我就跟写诗结上了缘，虽然我这个人有丰富的情感，但是没有优美的文笔，所以终于没有成为诗人。后来我感到非常的庆幸，因为我发现真正成为诗人的人后来都出事了。我们跟当时还不太出名的诗人海子在一起写过诗。后来他写过一首优美的诗歌，叫做《面朝大海，春暖花开》，我们每一个同学大概都能背。后来当我听说他卧轨自杀的时候，嚎啕大哭了整整一天。从此以后，我放下笔，再也不写诗了。(掌声)

记得我在北大的时候，到大学四年级毕业时，我的成绩依然排在全班最后几名。但是，当时我已经有了一个良好的心态。我知道我在聪明上比不过我的同学，但是我有一种能力，就是持续不断的努力。所以在我们班的毕业典礼上我说了这么一段话，到现在我的同学还能记得，我说："大家都获得了优异的成绩，我是我们班的落后同学。但是我想让同学们放心，我决不放弃。你们五年干成的事情我干十年，你们十年干成的我干二十年，你们二十年干成的我干四十年。"(掌声)我对他们说："如果实在不行，我会保持心情愉快、身体健康，到八十岁以后把你们送走

了我再走。"(笑声掌声)

有一个故事说,能够到达金字塔顶端的只有两种动物,一是雄鹰,靠自己的天赋和翅膀飞了上去。我们这儿有很多雄鹰式的人物,很多同学学习不需要太努力就能达到高峰。很多同学后来可能很轻松地就能在北大毕业以后进入哈佛、耶鲁、牛津、剑桥这样的名牌大学继续深造。有很多同学身上充满了天赋,不需要学习就有这样的才能,比如说我刚才提到的我的班长王强,他的模仿能力就是超群的,到任何一个地方,听任何一句话,听一遍模仿出来的绝对不会两样。所以他在北大广播站当播音员当了整整四年。我每天听着他的声音,心头咬牙切齿充满仇恨。(笑声)所以,有天赋的人就像雄鹰。但是,大家也都知道,有另外一种动物,也到了金字塔的顶端。那就是蜗牛。蜗牛肯定只能是爬上去。从低下爬到上面可能要一个月、两个月,甚至一年、两年。在金字塔顶端,人们确实找到了蜗牛的痕迹。我相信蜗牛绝对不会一帆风顺地爬上去,一定会掉下来、再爬、掉下来、再爬。但是,同学们所要知道的是,蜗牛只要爬到金字塔顶端,它眼中所看到的世界,它收获的成就,跟雄鹰是一模一样的。(掌声)所以,也许我们在座的同学有的是雄鹰,有的是蜗牛。我在北大的时候,包括到今天为止,我一直认为我是一只蜗牛。但是我一直在爬,也许还没有爬到金字塔的顶端。但是只要你在爬,就足以给自己留下令生命感动的日子。(掌声)

我常常跟同学们说,如果我们的生命不为自己留下一些让自己热泪盈眶的日子,你的生命就是白过的。我们很多同学凭着优异的成绩进入了北大,但是北大绝不是你们学习的终点,而是你们生命的起点。在一岁到十八岁的岁月中间,你听老师的话、听父母的话,现在你真正开始了自己的独立生活。我们必须为自己创造一些让自己感动的日子,你才能够感动别人。我们这儿有富裕家庭来的,也有贫困家庭来的,我们生命的起点由不得你选择出生在富裕家庭还是贫困家庭,如果你生在贫困家庭,你不能说老爸给我收回去,我不想在这里待着。但是我们生命的终点是由我们自己选择的。我们所有在座的同学过去都走得很好,已经在十八岁的年龄走到了很多中国孩子的前面去,因为北大是中国的骄傲,也可以说是世界的骄傲。但是,到北大并不意味着你从此大功告成,并不意味着你未来的路也能走好,后面的五十年、六十年,甚至一百年你该怎么走,成为了每一个同学都要思考的问题。就本人而言,我觉得只要有两样东西在心中,我们就能成就自己的人生。

第一样叫做理想。我从小就有一种感觉,希望穿越地平线走向远方,我把它叫做"穿越地平线的渴望"。也正是因为这种强烈的渴望,使我有勇气不断地高考。当然,我生命中也有榜样。比如我有一个邻居,非常的有名,是我终生的榜样,他的名字叫徐霞客。当然,是五百年前的邻居。但是他确实是我的邻居,江苏江阴的,我也是江苏江阴的。因为崇拜徐霞客,直接导致我在高考的时候地理成绩考了九十七分。(掌声)也是徐霞客给我带来了穿越地平线的这种感觉,所以我也下定决心,如果徐霞客走遍了中国,我就要走遍世界。而我现在正在实现自己这一梦想。所以,只要你心中有理想,有志向,同学们,你终将走向成功。你所要做到的就是在这个过程要有艰苦奋斗、忍受挫折和失败的能力,要不断地把自己的心胸扩大,才能够把事情做得更好。

第二样东西叫良心。什么叫良心呢?就是要做好事,要做对得起自己对得起别人的事情,要有和别人分享的姿态,要有愿意为别人服务的精神。有良心的人会从你具体的生活中间做的事情体现出来,而且你所做的事情一定对你未来的生命产生影响。我来讲两个小故事,讲完我就结束我的讲话,已经占用了很长的时间。

第一个小故事。有一个企业家和我讲起他大学时候的一个故事,他们班有一个同学,家庭比较富有,每个礼拜都会带六个苹果到学校来。宿舍里的同学以为是一人一个,结果他是自己一天吃一个。尽管苹果是他的,不给你也不能抢,但是从此同学留下一个印象,就是这个孩子太自私。后来这个企业家做成功了事情,而那个吃苹果的同学还没有取得成功,就希望加入到这个企业家的队伍里来。但后来大家一商量,说不能让他加盟,原因很简单,因为在大学的时候他从来没有体现过分享精神。所以,对同学们来说在大学时代的第一个要点,你得跟同学们分享你所拥有的东西,感情、思想、财富,哪怕是一个苹果也可以分成六瓣大家一起吃。(掌声)因为你要知道,这样做你将来能得到更多,你的付出永远不会是白白付出的。

我再来讲一下我自己的故事。在北大当学生的时候,我一直比较具备为同学服务的精神。我这个人成绩一直不怎么样,但我从小就热爱劳动,我希望通过勤奋的劳动来引起老师和同学的注意,所以我从小学一年级就一直打扫教室卫生。到了北大以后我养成了一个良好的习惯,每天为宿舍打扫卫生,这一打扫就打扫了四年。所以我们宿舍从来没排过卫生值日表。另外,我每天都拎着宿舍的水壶去给同学打水,把它当做一种体育锻炼。大家看我打水习惯了,最后还产生这样一种情况,有的时候我忘了打水,同学就说"俞敏洪怎么还不去打水"。(笑声)但是我并不觉得打水是一件多么吃亏的事情。因为大家都是一起同学,互相帮助是理所当然的。同学们一定认为我这件事情白做了。又过了十年,到了九五年年底的时候新东方做到了一定规模,我希望找合作者,结果就跑到了美国和加拿大去寻找我的那些同学,他们在大学的时候都是我生命的榜样,包括刚才讲到的王强老师等。我为了诱惑他们回来还带了一大把美元,每天在美国非常大方地花钱,想让他们知道在中国也能赚钱。我想大概这样就能让他们回来。后来他们回来了,但是给了我一个十分意外的理由。他们说:"俞敏洪,我们回去是冲着你过去为我们打了四年水。"(掌声)他们说:"我们知道,你有这样的一种精神,所以你有饭吃肯定不会给我们粥喝,所以让我们一起回中国,共同干新东方吧。"才有了新东方的今天。(掌声)

人的一生是奋斗的一生,但是有的人一生过得很伟大,有的人一生过得很琐碎。如果我们有一个伟大的理想,有一颗善良的心,我们一定能把很多琐碎的日子堆砌起来,变成一个伟大的生命。但是如果你每天庸庸碌碌,没有理想,从此停止进步,那未来你一辈子的日子堆积起来将永远是一堆琐碎。所以,我希望所有的同学能把自己每天平凡的日子堆砌成伟大的人生。(掌声)

最后,我代表全体老校友向在座的三千多位新生表一个心意,我代表全体老校友和新东方把两百万人民币捐给许校长,为在座同学们的学习、活动和成长提供一点帮助。(掌声)

二、演讲题目

(1)敞开心扉,享受人生
(2)坚守心灵的一方沃土
(3)给快乐找个理由
(4)年轻,没有什么不可以
(5)心底无私天地宽
(6)一个当代大学生的思考
(7)我们与时代同行
(8)放飞梦想,展翅翱翔
(9)生活从"心"开始

(10)我有一个小小的心愿
(11)让更多的人快乐
(12)端正心态,挑战自我
(13)和谐,健康,快乐
(14)善待自己,呵护希望
(15)失败面前挺起胸膛
(16)培养积极心态,感悟责任人生
(17)永不言弃,我心永恒
(18)呵护美丽心灵,打造完美人生
(19)青年是我师,我是青年友
(20)平衡个人心态,促进校园和谐
(21)善待生命
(22)跨越苦难
(23)誓言无声
(24)相信自己,相信明天
(25)人格是最高的学位

第二篇

教学及班级管理知识与技能

第五章

课 堂 教 学

第一节 课堂教学概述

依据《江西省小学教师培养课程方案(试行)》,培养专科学历小学教师的高等院校,培养的是德、智、体、美诸方面全面发展,具有创新精神,能够适应基础教育改革与发展需要的一专多能的专科学历小学教师。教师的职前培训是不可或缺的,特别是教学工作技能训练。

备课是指教师上课前的准备工作。备课是搞好课堂教学的前提,也是教师自我学习、提高和完善的重要过程,因为教学对象、内容、方法与手段都在不断地变化和更新,教师只有认真备好课,才能制订出周密的上课计划,合理地安排教学的各个环节和时间,胸有成竹、运用自如地发挥教师在课堂教学中的主导作用。

教案是教师根据大纲(课程标准)、教材和学生的实际情况所制定的施教方案,它是教师充分备课所形成的书面成果,是进行课堂教学的依据。写好教案是保证教学任务的完成,提高教学质量的重要一步。备课和写教案技能是教师必备的技能之一。

课堂教学是教育者在一定的教育组织中,有计划、有组织、有目的地向受教育者传授知识、技能和思想道德观点,使受教育者获得知识、技能,形成道德品质、世界观,发展智力、体力与个性,使他们成为全面发展的人才过程。它是实现教育目标,培养建设人才的基本途径和手段。课堂教学是我国教育教学中普遍使用的一种手段,它是教师给学生传授知识和技能的全过程。

下面主要说说编写教案和上课这两种教师基本技能及其训练与考核。

一、基本知识

(一)教案编写

教案编写是教师教学设计的具体化,是教师进行教学设计、展现教学设想、用教学理论指导教学实践的一种创造性劳动,它既是教师备课的智慧结晶,也是教师组织教学活动的主要依据。这种技能是每一位教师都必须具备的最基本、最核心的教学设计能力。

编写的要求:对课堂教学的设计可以通过课堂教学方案(即教案)反映出来。备课的直接产物和表现形式是教案。整个准备的过程可以概括为钻研教材,查阅资料,试编教案,准备上课。

一是要根据学生情况确定教学方案。有疑问的地方要参考有关教学参考资料,或及时向老师请教。

二是把握原则。要熟悉新课改理念、该科课程标准、学生发展目标、教学的一般任务,形成新的课程观、教师观、学生观、师生关系、评价观。

三是能分析教材,准确把握教学重点和难点,科学准确、条理清晰、计划有序、设计周密(含生成性教学的素材)。

四是做到教学(三维)目标明确、教学内容组织得当、教学进度计划(课题、课时计划)有预设、教学方法选用适合、学习方法体现学生主体、学会自我教学评价。

五是符合格式。熟悉教材、课程标准,写出一份规范完整的教案。对师范生来说,教案应该写得详细些,要写"详案"。

教案的结构:教案的书写形式有多种,概括起来可分为文字式、表格式和程序式三类。

(1)文字式

①类型。文字式教案分详案和略案两种。

②格式。文字式教案一般由以下八部分组成:一是课题名称;二是教学目标(三维目标);三是教学重点、难点;四是课型(单一课、综合课,新授课、练习课、复习课、实验课、测试课、研讨课等);五是直观教具;六是板书设计;七是授课的过程,授课的过程是课时计划的主要部分,一般包括组织教学,复习旧课(题目和方法),导入新课,传授新教材的详细提纲(段落、内容和方法),巩固新教材(内容和方法),布置课外作业(内容和要求),测试(测试题)等,其中也包括每一环节的时间分配估算;八是教学评价(教学后记)。

③优点。详案的优点是详细周全,不易出现差错。对缺乏课堂教学经验、不善于组织课堂教学语言的实习生而言,要求采用详案。略案与详案的主要区别在于它仅用简略的文字叙述每一环节的内容要点。它只对教学目标、教学内容、教学步骤作了简要的表述。简案的优点是简明扼要、费时较少,避免照本宣科,为教师在讲台上的临场发挥,产生教学灵感提供了更多的机会。有经验的教师可采用略案。

(2)表格式

把教学步骤或教学内容以列表形式出现。这种教案条理分明,给人一目了然之感。接近教学过程的展开实际,利于教师快速把握各阶段的教学内容和方法,所以适用于各年级的各学科教学。

(3)程序式

程序式教案是近年来开始推广使用的一种新的教案形式。

具有两个明显的特点:一是在教学内容和教学方法统一的基础上,以教学方法记述为主,不重复教材内容,形式简明。对教学过程有及时准确的指导作用;二是以学生活动情况决定教学进程的速度,通过教学反馈,随时调整教师的教学,从而提高教学质量。程序式教案的最大优点是简明、方便,符合教学规律,便于修正。

在实际运用中,除了上述三类基本形式之外,还有一些结合形式,相互交叉渗透。新课改下,师生对话式(研讨式)教案日益增多。

教案的书写形式是为内容服务的,形式要能够反映上课的全部内容。如用多媒体教学,要事先准备课件,并把过程和目的写入教案当中。

有经验的教师,在编写教案时,为方便教学,在形式上可采取醒目书写方式。编写教案时,对教材内容的要点、定理、定律、公式、关键词等加以“特写”。表现为:独立成行,引人注目;放大字形,变换字体,改变颜色,加重文字;用特殊符号线段标注;用彩色笔作标记,旁批一些提示(如“重点”、“略讲”、“演示”等),也可对教学方法、教学行为或学习行为进行“特写”。

【资料5-1】教案结构一般包括以下十项:

(1)课题名称(说明本课名称及课型,如:新授课、复习课、讲评课)

(2)教学目标(包括“知识与技能”、“过程与方法”、“情感、态度与价值观”三维目标)

(3)教学重点(说明本课所必须解决的关键性问题)

(4)教学难点(说明本课学习时易产生困难和障碍的知识点及其解决办法等)

(5)课时安排(说明属第几课时)

(6)教学用具(或称教具准备,说明辅助教学手段使用的工具)

(7)教学过程(或称课堂结构,说明教学进行的内容、方法步骤)

(8)作业处理(说明如何布置书面或口头作业)

(9)板书设计(说明上课时准备写在黑板上的主板书内容)

(10)课后反思(课堂亮点、意外及处理,教学内容、方法与结构思考,教学中的败笔,教学理念的课堂呈现、课堂上的生成问题等)

(二)上课

在教学工作实施中,重点是要做好课堂教学的工作。课堂教学(也就是上课)是教学工作中的中心环节,因为备课的最终结果要落实在上课上。

1. 上课的要求

上课的要求是教学规律、教学原则、教学方法以及学科教学特点等诸多因素的综合体现。

由于学科不同,上课要求也不尽相同。其共同点是:一般都是从教学目标、教学内容、教学方法、教学效果等几个方面,对课堂教学提出要求,进行教学评价的。因此,刚上讲台的新老师要学会适应教学,灵活运用教案,具有一定的课堂调控能力,减少不必要的失误。提高教学效率,培养学生自主、合作、探究学习的能力、深厚的学习兴趣和良好的学习习惯,提高学生综合素质和创新能力。

一是利用观摩、见习、实习机会相互听课。首先是要认真地观摩,学习一些优秀教师是如何进行课堂教学的,积极吸收优秀教师的课堂教学和组织经验。其次,就是在实践中相互开课,取长补短。

二是备好课是上好课的准备。师范生上课前应该有充分的思想、业务、心理准备;学习把握新课程理念,形成新的课程观、学生观、教学观、评价观。

在业务上,师范生在课堂教学中,还要做好备课、审查修改教案、说课与试讲等前期准备工作。

在工具上,师范生提前检查课本、教具、粉笔、黑板刷等教学用品是否齐全。着装整洁,努力提高自己的心理素质,在讲台上尽量地消除怯场。

三是师范生一定要努力上好一堂课,把理论应用于实践。上课必须严肃认真,努力完成教学任务。

四是一堂好课的上课效果要达到目标明确、重点突出、内容正确、方法得当、表达清晰、组织严密、气氛热烈。

2. 课的基本组成部分

教学程序即教学环节,它因课型而异。一般来说,师范生多是上新课。我们就这种课型来介绍一堂课的组成。一般包括组织教学、检查复习、讲授新课、巩固新教材、布置课外作业几部分。

(1)组织教学(导入)

组织教学是课堂教学的第一个环节。所谓组织教学,就是集中学生注意力,维护课堂秩序,围绕教学目标,掌握课堂教学节奏,使课堂教学顺利进行。这一工作不仅限于上课开始,而且应把它贯彻教学过程的始终。不提前不拖堂,按时完成任务。注重导入和收尾、节奏和过渡。

1)创造良好的课堂开端

授课前先注意自己的神态动作,给学生良好的印象。

在上新课之前主要是导入新课的问题。教师用简明、有力的语言,把学生吸引到学习课题上来,激起学生学习新课题的积极性,集中学生的注意力。

设计开课导语导入新课是课堂教学的重要环节。简洁切题地讲好开场白,它直接关系到一节课的成败。一般来说,新授课的开始,会引起学生产生好奇心。这就必须重视开课导语或开场白的设计。导入新课有很多种方法,可根据学科、教材特点,学生的实际情况灵活选择。好的导语能紧紧地吸引学生的注意。下面介绍几种常见的方法:

①问题导入法。疑问是学习的起点也是学习的动力。选择与本节课内容相关的问题、趣味题或者复习旧知识提问,用提问问题把新旧知识联系起来。这是比较常见的一种开课导入法。

②故事导入法。应选用短小精悍有趣的故事,若故事太长,会导致"喧宾夺主",转移学生的注意力,导致教学时间不够,完不成教学任务。

③演示导入法。实践性强的、综合类科目适合直观教学,用实验来证明理论,这时不妨把实验先做,然后再讲理论知识,让学生通过观察实验,理解和掌握新知。

④实例导入法。借生活中的实际事例导入新课。学科知识在生活的实际应用容易引起学生联想,唤起学生对有关感性知识的回忆,使学生比较容易理解和掌握理性的概念和规律,建构知识体系。

⑤电教媒体导入法。在教学中,要求实习生熟练掌握现代教育技术,充分利用电教媒体的先进功能,吸引学生的视觉、听觉,就此导入新课。

⑥设悬导入法。精心构思,巧设悬念,这也是导入新课的有效办法。利用悬念,催人思考,收到引人入胜的效果。

此外,还可以利用直接导入、直观教具导入、复习检查导入、以情导入、展示情境导入等方法。

2)设计优美的课堂结尾

结尾是巩固知识的一个环节。师范生设计好课堂教学的结束语,有利于增加课堂情趣,激发学生的求知欲,使课堂教学有一个完美的结局。要避免虎头蛇尾。可以从下面几个方面着手:

①总结归纳。目的是巩固新知。师范生在授完新课之后,要引导、启发学生小结当堂所学的知识,把新课内容跟过去所学的有关知识进行比较,找出它们的内在联系,帮助学生分析新知识,并把新课内容纳入知识的总体结构中去,以便记忆、检索和再现。复习归纳时切忌把内容简单、机械地重复一遍,而是要让学生抓住本节课所讲的要点,认识本节课的教学内容在本单元

(或本册书)教学中的地位。

②练习巩固。目的是调控信息。师范生要针对学生理解概念、规律时易出现的问题,精心设计相应的适量的典型练习题,在课堂结束时,通过讨论、演算、测验等手段来检查学生对本节课所讲内容的掌握程度。

③存疑伏笔。目的是活跃思维。在课堂教学结尾时,师范生利用学科知识的系统性和条理性,抓住章节之间的联系,提出有一定难度的问题使学生课后自行探讨,或设置几个跟后继学习内容有关的悬念。让他们带着疑问和如何解决这些问题的强烈愿望结束一堂课的学习,激发他们进一步去探究、学习。

④瞻前顾后。目的是提高兴趣。如果以提出问题、设置悬念的方式导入新课,那么在课堂结束时,不要忘记引导学生用本节课所学到的知识,及时分析、解决上课时提出的有关问题,消除导入新课时设置的悬念,这种结课方式,既能巩固本节课所学到的知识,又照应了新课的导入,从而使一堂课的教学过程形成一个相对完整、独立的体系。

⑤引中导思。目的是冶情励志。当授完新课时,结合课文内容,运用所授课程的学科史料,适时介绍科学家、史学家、文学家的优秀品质和勤奋、严谨的治学精神,对学生进行思想品德教育。他们的事迹和人格魅力将鼓舞、激励着学生达到受教育的目的。

"教无定法",课堂教学的结尾设计远不止上述几种,这就要求师范生用自己的创造性劳动来设计具有特色、富于实效的结尾方式,以优化、完善课堂教学环节。促进教学效果的提高。

3)营造浓厚的课堂气氛

良好的课堂气氛,是师生尤其是学生智力活动处于最佳状态的标志。

良好的教学气氛是教学技巧和教学艺术的体现。为此,师范生要做到:一是有激情和活力。以此引起学生共鸣,激发学生的学习兴趣和欲望;二是教态自然、大方,既严肃认真又和蔼可亲;三是富有幽默感。它不仅可使课堂气氛和谐轻松,而且还能缩小师生间的心理距离。在教学过程中,教师要用各种办法激发和强化学生的学习热情,满足学生求知的乐趣,使学生始终处于乐学状态。当然,良好教学氛围的形成,还要从语言艺术、直观教具、板书板画、实验设备上下工夫。

4)创造精彩的课堂情境

教师可以用语言,或结合直观教学手段,制造一种气氛,渲染一种情绪,设计一种场景,让学生在这种情景、气氛中增加感性认识,处于一种积极学习状态。例如,播放与教学内容相关的精彩影视片段、歌曲,朗诵文学作品的片段或感人事迹等。情景感染着学生,吸引着学生,教师运用画面语言,可以用来导课,也可以在教学过程中运用。

5)掌握课堂的节奏和过渡

"节奏"可以增加教学的美感。教学节奏是教学张弛、快慢、强弱、难易规律性的变化。要把握适当的节奏。一是根据学生的年龄特点,高年级节奏比低年级快;二是依据教学内容,教学重难点多安排时间;三是根据课堂学生学习情况来控制和调整节奏,懂了则快,不懂则慢;疲劳则穿插轻松的内容,松懈则加快节奏。要有适当的停顿,达到一种动态的平衡。

过渡也有快慢、适度的问题。可以调节节奏,要求自然、不做作。

(2)检查复习

检查复习是检查和巩固既得知识和能力的重要手段,并能收到"温故知新"的效果。可以通过提出问题,指定学生作答,进行必要的纠正和补充;或采取讨论的方法,最后由教师作出客观评价。也可以检查练习,从而自然导入新课的内容。

(3)讲授新课

讲授新课也叫学习新课,它是课堂教学的中心环节。所以师范生讲授新课时必须做到:内容科学,结构严谨,方法得当,能围绕学生的学,设置教学情境,讲导结合,讲练结合,合乎教学规律,并能体现学科教学特点等等。

(4)巩固新教材

新教材学习完毕,为了了解学生对新教材的理解和掌握程度,以期达到当堂理解消化的目的,而设置巩固新课环节。巩固新课的方法也是多种多样的,主要有:教师对新知识作概括总结;教师针对教材的重难点设疑,让学生作答;教师让学生提出疑难问题,进行解答;教师根据新教材内容,组织学生进行练习等等。

(5)布置课外作业

布置课外作业是课堂教学的最后环节。其目的在于巩固新知识,培养学生独立完成课业的能力。要精心设计、题量适当、难易适度、要求明确、梯度分明。按新课改的理念和要求,重新认识作业的意义,并赋予作业新的意义和价值,充分体现作业的愉悦性、自主性、实践性和科学性。

二、训练流程

(一)达标时间

大三上学期即第五学期。专门安排一个月的时间进行教案的设计和讲课考核。需要补考的学生在大三下学期组织一场补考,仍未达要求者,毕业时安排积欠补考。

(二)考评方式

(1)教学设计的考核,由学生在小学或初中所开设科目中任选一科,任选某一学段某一领域或主题内容,设计教学并撰写详案。安排相对集中的时间段完成。给予一个星期研习相关科目的课程标准、收集教学资料、熟悉所选课题的内容,安排在11月的第四个星期完成教案。统一上交给院系的考评领导小组。由领导小组组织各专业资深的教师批阅,评出优秀、良好、合格、基本合格、不合格。

(2)上课的考核,由学生在小学或初中所开设科目中任选一科,也可根据所学专业选定一科,在考评小组规定的课题中抽签确定上课的课题。

学生允许携带课本和教学参考资料,在上课考核前1小时抽签,上课时间为30分钟。

考评组由三位教师组成,学生按所选学科分组,三位评委的平均分为考生最后得分,最后成绩为等级制。评出优秀、良好、合格、基本合格、不合格。时间安排为两个时间段:第五学期的11月份或者在第六学期5月份的第一周。

(三)训练步骤

校内实训:从大一开始,教师在各专业课程中,让学生进行教学设计和讲课的系统化训练。特别是在教师教育类课程,如《教育学》、《心理学》、《教育心理学》、《课程与教学论》、各专业学科《教材教法》的教学中进行一定时间的训练。大三上学期即第五学期11月份进行为期1个月的教师基本技能训练。有条件的学校,可以在微格教室、多媒体教室进行上课的实训。

校外实训:大一进行教育观摩,了解小学的教学和管理现状;大二上学期安排为期8天的教育见习活动,让学生熟悉教学环境和教学流程。大三下学期即第六学期安排为期8周的教学工作实习。分别指定指导教师,使学生尽快进入教师角色。

三、考评标准

(一)评分标准

1. 教案的评分标准

(1)教案的具体内容

①课题(说明本课名称)(分值5分)

②教学目标(或称教学要求,说明本课所要完成的教学任务)(分值10分)

③课型(说明属新授课,还是复习课)(分值5分)

④课时(说明属第几课时)(分值5分)

⑤教学重点(说明本课所必须解决的关键性问题)(分值5分)

⑥教学难点(说明本课的学习时易产生困难和障碍的知识点)(分值5分)

⑦教学过程(或称课堂结构,说明教学进行的内容、方法、步骤)(分值40分)

⑧作业处理(说明如何布置书面或口头作业)(分值5分)

⑨板书设计(说明上课时准备写在黑板上的内容)(分值10分)

⑩教具(或称教具准备,说明辅助教学手段使用的工具)(分值10分)

(2)教学过程

①导入新课

设计新颖活泼,精当概括。

怎样进行,复习哪些内容?

提问哪些学生,需用多少时间?

②讲授新课

针对不同教学内容,选择不同的教学方法。

怎样提出问题,如何逐步启发、诱导?

教师怎么教,学生怎么学?详细步骤安排,需用时间。

③巩固练习

练习设计精巧,有层次、有坡度、有密度。

怎样进行,谁上黑板演板?

需要多少时间?

(3)归纳小结

怎样进行,是教师还是学生归纳?

需用多少时间?

(4)作业安排

布置哪些内容,要考虑知识拓展性、能力性。

需不需要提示或解释?

2. 上课的评分标准

见表5-1。

表 5－1　上课评分表

评价项目		标　准	权重	评分
准备	教　案	备课认真，教案内容安排科学、完整，格式书写正确，能按时按质独立完成任务	15	
课堂教学	教态仪表	教态自然大方，不做作，仪表端庄，衣着整洁	10	
	教学内容	目标明确，讲清基本概念，重点突出，难点抓得准，内容科学系统，理论联系实际，练习题设计科学	15	
	教学方法	遵循教学原则，教学方法多样，讲课善于引导启发，深入浅出，逻辑性强，讲练结合好，充分调动学生的积极性，注重培养学生的能力	15	
	语言板书	语音表达准确，语言精练、生动、流畅；板书规范，工整美观，设计合理	10	
	教学组织	课堂教学活而有序，根据教学内容，合理运用现代教育技术手段辅助教学	20	
	教学效果	达到教学目的，教学内容能当堂消化巩固，教学双边活动积极，课堂气氛活跃，按时完成教学任务	15	
合计	（注：此表由评委组教师根据学生教学工作表现给予评分）		100	

（二）等级标准

（1）分数≥90，等级为优秀；

（2）分数 80≥ <90，等级为良好；

（3）分数 70≥ <80，等级为合格；

（4）分数 60≥ <70，等级为基本合格；

（5）分数 <60，等级为不合格。

第二节　课堂教学训练与指导

一、基本要求

（一）训练目的

在教学工作中，首先要进行上课前的准备，即备课。要了解学生，要学会怎样钻研教材、怎样使用教学参考书、如何编写教案。

上课的目的是全面传授知识与技能，将教材内容转化为学生的理解，使学生获得知识、技能和态度，促进学生的全面发展。

（二）训练内容

（1）任选某一学段某一领域或主题内容，设计教学并撰写详案。通过优秀、典型教案的学习和讨论，了解教案编写的格式、主要内容及编写原则等，并通过学生自己备课、试教、点评等实践活动，掌握备课和写教案的技能。

要求：了解教案的格式，尝试进行备课，根据教师指定的主题备课并编写一份教案。

(2)任选小学教材开设科目中一科或根据专业选定一科，利用一定的教学方法，借助一定的教学手段，通过前期的准备，在课堂上比较流利地上课，达到教学目标。

二、技能要领

(一)如何编写教案

学生选定教材和课题后，准备好教材、课程标准、教学指导参考书等有关备课的书籍及参考资料。第八次课程改革更进一步地瓦解了教材一统天下的局面，学校与学生可以自主地选购教材和其他课程资源。所以要了解任教科目的教材使用情况，利用好教材之外的课程资源。

学生在确定讲授内容的深度、广度时，既要考虑教材的系统性，又要考虑学生的接受能力，防止脱离实际而出现偏多偏深的毛病。因此，要注意以下几方面：

1. 心中有新课标

备课标。课程标准是依据教育部《基础教育课程改革纲要(试行)》的要求制定的，是国家对基础教育相应课程的基本规范和要求，是国家管理和评价课程的基础。

2. 头脑有教材内容

备教材。在了解教材的编写思想和编排体系、弄清教材内容纵横关系的基础上，提出所教课的教学目标，确定重点、难点。

3. 眼睛里有学生

备学生。在备课活动中，主要围绕学生的认知特点和规律，备学生的知识基础，备学生的经验基础和生活关注点，备学生的能力和兴趣等。注意从学生的角度去设计课堂活动，教法与学法的选择要激励学生主动有效地参与到学习活动中，使学生真正成为课堂上能动的主体。

4. 既备教更备学

备方法。教师备课既要认真思考教法，如怎样引入教学，怎样设置教学情境，怎样突出重点、突破难点等。还要指导学生学法。在备教材、备学生的基础上找准新旧知识的衔接点，安排教学步骤，让学生从已知到未知，轻松愉快地接受知识的传授。进行技能训练要选择适当的途径和方法突破难点。

(1)要有生动、活泼吸引学生注意力的导入设计。

(2)采取最佳的呈现新语言材料的形式和方法，快节奏地组织全班学生参与活动。

(3)拟定课堂教学中的各个环节、各个步骤之间的衔接方式，通过恰当的起承转合把各项教学活动汇为有机、和谐的整体。

5. 手中有丰富的材料

撰写教案遵循的原则：

(1)科学性

所谓符合科学性，就是教师要认真贯彻课标精神，按教材内在规律，结合学生实际来确定教学目标、重点、难点。设计教学过程，避免出现知识性错误。那种远离课标，脱离教材完整性、系统性，随心所欲另搞一套的写教案的做法是绝对不允许的。一个好教案首先要依照课标，具有科学性。

(2)创新性

教材是死的,不能随意更改。但教法是活的,课怎么上全凭教师的智慧和才干。尽管备课时要去学习大量的参考材料,充分利用教学资源,听取名家的指点,吸取同行经验,但课总还要自己亲自去上,这就决定了教案要自己来写。教师备课也应该经历一个相似的过程。从课本内容变成胸中有案,再落到纸上,形成书面教案,继而到课堂实际讲授,关键在于教师要能“学百家,树一宗”。在自己钻研教材的基础上,广泛地涉猎多种教学参考资料,向有经验的老师请教,而不要照搬照抄,要汲取精华,去其糟粕,对别人的经验要经过一番思考——消化、吸收、独立思考,然后结合个人的的教学体会,巧妙构思,精心安排,从而写出自己的教案。

(3)差异性

由于每位教师的知识、经验、特长、个性是千差万别的,而教学工作又是一项创造性的工作,因此写教案也就不能千篇一律,要发挥每一个老师的聪明才智和创造力,所以老师的教案要结合本地区的特点,因材施教。

(4)艺术性

所谓教案的艺术性,就是构思巧妙,让学生在课堂上不仅能学到知识,而且能得到艺术的欣赏和快乐的体验。教案要成为一篇独具特色的“剧本”。所以,开头、经过、结尾要层层递进,扣人心弦,达到立体教学效果。教师的说、谈、问、讲等课堂语言要字斟句酌,该说的一个字不少说,不该说的一个字也不能说,要做到恰当的安排。

(5)可操作性

教师在写教案时,一定从实际出发,要充分考虑从实际需要出发,要考虑教案的可行性和可操作性。该简就简,该繁就繁,要简繁得当。

(6)考虑变化性

由于我们教学面对的是一个个活生生的有思维能力的学生,又由于每个人的思维能力不同,对问题的理解程度不同,常常会提出不同的问题和看法,教师又不可能事先都估计到。在这种情况下,教学进程常常有可能离开教案所预想的情况,因此教师不能死扣教案,把学生的思维积极性压下去。要根据学生的实际改变原先的教学计划和方法,满腔热忱地启发学生的思维,针对疑点积极引导。为达到此目的,教师在备课时,应充分估计学生在学习时可能提出的问题,确定好重点、难点、疑点和关键点。学生能在什么地方出现问题,大都会出现什么问题,怎样引导,要考虑几种教学方案。出现打乱教案现象,也不要紧张,要因势利导,耐心细致地培养学生的进取精神。因为事实上,一个单元或一节课的教学目标是在教学的一定过程中逐步完成的,一旦出现偏离教学目标或教学计划的现象也不要紧张,这可以在整个教学进度中去调整。

同时要考虑到主体性原则,教学设计应以学生为中心,便于学生的学、思、问、探究、交流;导学性原则,能启发诱导学生主动学习,积极思考、乐于交流和总结;探究性原则:问题设计能激发学生研究问题,大胆思考,积极讨论的主动性;层次性原则:应符合学生的认知,思考的规律,由未知到已知,由易到难,由浅入深,由表及里,由现象到本质,兼顾不同层次的学生;高效优质性原则,提高时效性,问题设计、活动设计精到,课堂效果好。

(二)如何上好课

1. 依据教案

教案是精心准备的教学依据。对于没有课堂经验的师范生来说,它是组织教学的“蓝本”,所以要充分利用教案。但要避免“教教案”,而是要“用教案教”。

2. 创造性使用(含生成性教学)

可以依据实际情况作适当调整和改变。在教学过程中,可能发生课前没有预料到的情况,即一些偶发事件。由于教师的灵感,可能对某一问题进行自然的临场发挥,只要有利提高教学效果都是允许的,在某种意义上也值得提倡。

3. 脱离教案(不看或少看教案)

通过说课和试讲,已经对教案比较熟悉,所以不看或少看教案是有可能做到的。这样既可以提高教师在学生中的威信,也利于面向学生进行交流。

4. 教师的应变能力

教师的应变能力,即教师在教学过程中机动灵活、沉着果断地处理课前没有想到或同原来设想不一致问题的能力,亦即教学的机智。根据教学过程中的新情况,对教学方案进行合理的调整,对学生提出的出人意料的问题能快速寻找到独特的解决方法。

遇事不慌张,多学习多积累,多设疑多思考,在教学实践中长期锻炼是可以做到这一点的。

三、常见失误

(一)教案出现的问题

教案是教师的教学设计和设想,教案常见问题有:

(1)教材理解不深入,教案设计过于简单;设计教学过程出现知识性错误;远离课标,脱离教材完整性、系统性,随心所欲另搞一套;钻研教材不深,没有创新性。

(2)没有结合学生的特点,没有考虑到变化性和可操作性。

(二)上课出现的问题

(1)仪态通病:板着面孔,令人生畏;表情失态,气氛紧张;手势过频,太过随意;目光顾盼,不知所措;神情紧张,表情呆滞;动作怪僻,抓耳挠腮;摇头晃脑,引人发笑。

(2)教学内容不符合新课程标准的要求,欠科学性和思想性,有常识性和知识性错误。

(3)教学方法的选用与学生年龄特征和教学内容不相匹配。教学方法的选择不合理,学生反应平淡。

(4)语言通病:教师口头语言随意,教师用语不科学,概念模糊。声音太小,含混不清;语速太快,节奏失当;语病太多,语句不通;语言平淡,催人入眠;语音不准,引人发笑;口头禅多,令人烦躁。

(5)教学媒体不合乎要求,使教学媒体的作用无法得到充分发挥。

(6)板书板画不工整、不规范,学生的作业错误层出不穷。

(7)难以把握课堂生成,难以及时进行有效的信息反馈。

第三节　课堂教学考训范例

一、教学范例

【范例1】　《找春天》教案

教材简说:

春天来了,她像个害羞的小姑娘,悄悄地向我们走来。本文的课题呼唤着我们——找春天去吧！我们到校园里找一找，到野外去找一找。课文语言优美，充满儿童情趣和文学色彩。孩子们找到春天了吗？从哪里找到的？怎样找到的？激发学生多读书吧。读着这些语句，领会其中的情与趣，我们会感到回味无穷。

教学目标：

1. 会认9个生字，会写9个字。积累描写春天的词语、句子。

2. 正确、流利、有感情地朗读课文，背诵课文，体会春天的美景，体验投身到大自然怀抱中去的情趣。

3. 激发学生热爱春天的情感，调动学生主动去观察、发现。

教学重点：识记生字，积累词语，感情朗读。

教学难点：体会春光的美好，体验投身大自然的情趣，养成主动观察发现的习惯。

教学准备：歌曲磁带、CAI课件。

教学过程：

1. 调动积累，激趣揭题

(1)播放歌曲《春天在哪里》。随机板书：春天。

随着乐曲，师生回顾积累的有关春天的词句。

(2)揭示课题：找春天。

师：春天来了！春天来了！我们就和这几个新朋友一起去找春天。

2. 感知课文，自学生字

(1)学生自由读课文，用自己喜欢的方法自学生字。

(2)在小组交流自学生字的方法。

(3)出示句子，检查自学生字情况。

……

读通句子，检查生字读音情况。相机指导书写：探、躲。

再读句子，看看学生有什么发现。

3. 朗读课文，感悟积累

师：春天真像个害羞的小姑娘，我们赶快和这几个小朋友一起脱掉棉袄，冲出家门，奔向田野，去寻找春天吧！

(1)学生读课文，结合图，找一找春天在哪里？

全班交流，读通课文。

(2)把你喜欢的句子多读几遍，再读给同桌听。

(3)指名读喜欢的句子，相机指导朗读，感悟积累。

1)"春天像个害羞的小姑娘，遮遮掩掩，躲躲藏藏。"

读读演演：遮遮掩掩、躲躲藏藏。读懂这一句，理解"害羞"。

2)4—7自然段

A. 指名读句子，相机出示填空题：

……

B. 师：小草从地下探出头来，那是春天的眉毛吗？早开的野花一朵两朵，那是不是春天的眼睛呢？再读四个句子，有什么疑问，在小组里提出来，讨论讨论。（感受语言的准确，想象的丰富）

口语训练……

C. 多种形式的朗读,积累背诵:

引读、表演读等

3)第8自然段

我们继续去找春天,她还会在哪里呢?

朗读第3句:"她在柳枝上荡秋千,在风筝尾巴上摇啊摇;她在喜鹊、杜鹃嘴里叫,在桃花、杏花枝头笑……"

老师想到一些古诗……

你们也能像老师一样说几句春天的诗出来吗?

感受了诗情画意,再来读读第8自然段,读出自己的感受。

4. 自主积累,练习背诵

多媒体画面演示春天五彩斑斓、百鸟争鸣的美景,伴随优美的轻音乐,学生自由根据画面背诵有关段落。

5. 走进校园,寻找春天

春天来了,让我们到校园里去看一看,听一听,闻一闻,触摸春天的脚步吧。

鼓励学生根据自己的特长喜好,用不同的形式展示自己在春天里的发现。

6. 课外拓展,迁移运用

出示朱自清《春》中有关段落,让学生阅读。

桃树、杏树、梨树,你不让我,我不让你,都开满了花赶趟儿。……像眼睛,还眨呀眨的。

这是怎样的一幅山花烂漫,百鸟争鸣的美景啊,只要大家用心去观察,就会发现美好的事物就在我们身边。

画出自己在春天里的发现,然后写一句话。

【范例2】 《用数学》教案

教学内容:人教版《义务教育课程标准实验教科书数学》一年级上册第47页。

教学目标:

1. 通过让学生亲身经历观察画面,理解画面内容,选择有用条件和恰当的方法计算的过程,使学生学会用数学知识解决简单的实际问题。

2. 初步培养学生的符号感。

3. 使学生体验到学数学、用数学的乐趣,激发他们学习数学的兴趣。

教学重难点:

让学生亲身经历观察画面,理解画面内容,选择有用条件和恰当的方法计算。

教学过程:

1. 创设情境,激发兴趣

(1)师:小朋友,你们知道现在是什么季节吗?

(2)今天老师带来一幅秋天的图画,你们看,秋天美吗?和你的同桌说一说,你都看到了什么?

(3)这幅图里还有很多数学问题,你们愿意用数学解决秋天里的实际问题吗?(提示课题:用数学)

2. 发现问题,解决问题

(1)教学主题图1

1)师出示图1:我们先来看第一个画面,你们看到了什么?(左边有4个小朋友在捉蝴蝶,右边有两个小朋友在捉虫子)

2)师:你还发现了什么?(大括号,问号)

3)师:你知道这个符号叫什么吗?对,它叫大括号,想一想,它表示什么意思?它就能表示把这两部分的小朋友合起来。大括号下还有一个问号,它表示这里有一个问题。你能想到什么数学问题吗?

4)师:要想知道一共有几个小朋友,我们就应该把这两部分的小朋友怎么样?(合起来)

5)师:谁愿意把你看到的和刚才那个问题连起来说一说?指名几个学生说。同桌互说。全班齐说。

6)师:谁能列一个算式?4+2=6(师板书算式)

为什么用加法计算?

指名学生说说4、2、6分别表示什么?

还可以怎么列?

2+4=6你是怎么想的?

7)师:小朋友们真聪明,不但认识了二个新朋友"大括号"和"问号"还解决了一个实际问题。现在,有一位叔叔想请小朋友帮他解决一个问题,你们愿意吗?

(2)教学主题图2

1)出示图2,师:请小朋友仔细观察一下,说说这幅图画了什么?

2)你能想到一个数学问题吗?(一共有7个向日葵,摘下了3个,还剩几个)

3)这个数学问题,你觉得应该用什么方法解决?把算式写在纸上,写得快的小朋友轻轻地告诉你的同桌,并说说你的算式表示的是什么意思。

4)反馈:7-3=4,7表示什么?为什么要减去3,4表示什么意思?

3. 巩固新知,拓展深化

(1)P47做一做

1)师:李叔叔很感谢小朋友为他解决了实际问题,请大家到他家里去玩,他家院子里有一棵石榴树,小朋友你想到了什么数学问题吗?

2)用手势表示6-3=3　　3+3=6　　为什么?

3)看懂蝴蝶图,说图意,5+2=7　　7-2=5　　2+5=7　　7-5=2

(2)小结

今天我们看到了美丽的秋天的景色,也想到了很多数学问题,并且都用数学知识解决了,现在,你有什么想说的?(如果不知道,老师引导:我发现了这些数学问题有两类,有些是用加法计算的,有些是用减法计算,我们应该看清楚图画的意思来列算式。)

4. 拓展练习

……

5. 全课总结

这节课,你有什么收获?其实我们生活中也有很多的数学问题,你能说一说吗?

二、上课考训实录

【作品1】 《秋天的雨》课堂实录

执教者:山东青岛永宁路小学 于艳(此课荣获第五届全国小语会一等奖)

师:今天我们一起沐浴着绵绵秋雨走入了课堂,我们就是要学习这秋天的雨。(板书课题)

你们已经预习了课文,生字都会读了吗?同桌用手指着双线格里的生字读一读,看谁认得准。

学生自读。

师:请看大屏幕读:(指名读)钥匙、趁、柿子、菠萝、喇叭、衣裳

(指名学生当小老师带着大家读以下的一组词)橙红色、五彩缤纷、橘子、频频点头、松柏、扇哪扇哪

最后一个词还有一个读音,念什么?生读:扇子。

你们读课文怎么样呢?请你们开火车各读一段。其他同学一边听一边思考,你看到什么了?

指名五名学生读课文。

师:你们真了不起,读得很棒。说说在秋雨里看到了什么?

生:小蜻蛙。

生:小喜鹊。

生:松树、柳树。

师:这些树木还有颜色呢,注意到了吗?

生:柿子、橘子。

师:你们有人看到小动物、水果、植物漂亮的颜色,你们是从哪里读懂的?

生:我从课文的2、3、4自然段读懂的。

师:有不同意见吗?课文中第几自然段告诉我们植物的颜色呢?

生:第二自然段。

师:你们都同意吗?

生:同意。

师:那好,请你默读第二自然段,边读边把描写颜色的词语画下来。

学生默读。

师:有个小朋友提出"五彩缤纷"是什么意思,板书"五彩缤纷"。他提的问题很有价值,我相信读懂第二自然段就解决这一问题了。一起看看好吗?秋天的雨把颜色送给谁了?

生:秋天的雨把紫红色、淡红色、雪白的送给了……

生:秋天的雨把桔橘色送给了……

师:请你们美美地读一读,把你喜欢的句子画下来。

学生再次默读。转为轻声读。

师:谁来?

生:它把黄色送给了银杏树,黄黄的叶子像一把把小扇子,扇哪……

师:我们一起再来读读这句话。如果我把其中一些词去掉,读读好不好?行不行?(扇哪扇哪、飘哇飘哇)

生:不行,没有这些词就不能表达把……

生:假如小扇子不扇的话,它怎么能感觉秋天的凉爽呢?

生:小扇子扇走了夏天的颜色,如果摆在那里就不能扇走了。

师:扇哪扇哪就扇走了夏天的颜色,红红的枫叶像一枚枚邮票,飘哇飘哇,邮来了秋天的凉爽。来,我们一起读一读。

学生齐读。

师:读得不错,谁还想读一读其他的句子?

生读第二段最后一句。

再指名读一遍这句话。

师:秋天的景色多美啊,你们想不想去看看?

播放课件,flash课件,下面秋色,上面推字幕。学生齐读第二自然段。

师:你们看秋天的景色多美啊,难怪书上说,秋天的雨有一盒五彩缤纷的颜料。你们班谁读得最好?推荐一个同学给大家读一读,好吗?

指名一位同学读一读,重播课件。

师:读得真棒,不愧是读得好的。秋雨不光有颜色,还有很多好闻的气味呢!谁来读一读第三自然段?

指名读第三自然段。

师:刚才你们说看到了秋天的小动物、植物,是吧,现在我有个好主意,如果要能表演一下课文的内容,我们要怎么做?

生:把课文背下来。

生:把课文读熟。

师:对,把课文读熟就可以了。现在你们就来读一读吧。(学生读)

如果你想演谁,就把这些句子好好读一读,做做准备。

学生再自由读。

师:我们来试一试,小喜鹊在哪儿呢?小喜鹊,你在哪儿呢?

生:我在这儿呢?

师:你在干什么呢?

生:我在忙着盖房子。

师:冬天快来了,那你忙吧!再见!

生:再见!

分别派角色。(喜鹊、松鼠、青蛙、松柏、杨树柳树的叶子)

师:小喜鹊,你在哪儿呢?

生:哎,我在这儿呢。

师:你在干什么?

生:我在忙着造房子呢。

师:那你忙吧,再见。

师:小松鼠,你在哪儿?

生:哎,我在这儿呢!

师:小青蛙你在哪儿呢?

生:我在这儿呢?

师:你在干什么?

生：

师：冬天快来了，你要多穿点呀！

生：谢谢。

师：杨树、柳树的叶子你们在哪儿呢？

生：我们在这儿！

师打出第四自然段（描写小动物的一段）全班自由读书。

师：谁能把这段话大声地读一读，给大家听呢？

指名学生读。

再指名读。

再齐读。

师：是啊，他们都在准备过冬呢。你们看到了怎样的秋天？

生：我看到了五颜六色的秋天。

生：我看到了……的秋天。

师：你们看到了秋天的美丽、欢乐，（师板书）甚至更多更多美好的感受，学了这篇课文，你想不想把这篇课文永远留在脑海中呢？就把你最喜欢的句子读一读、背一背吧。

学生自由读文。

指名学生读自己喜欢的句子。

教师适时评价。

师：你们看，多有趣呀，现在同桌的三个人就把你看到的读给同伴听吧。

请看今天的作业超市，能不能选择你喜欢的内容来完成。

课件：

(1)抄写生字新词。

(2)抄写喜欢的词句。

(3)选择你喜欢的课文内容背下来。

(4)仿照课文内容你也来写一写秋天见到的景色。

五彩缤纷

板书：钥匙藏着气味美丽、欢乐……

吹起喇叭

【作品2】　《平均分》课堂实录

执教者：浙江省特级教师　嘉兴市秀城实验小学校长　钟麒生（全国小学数学名师观摩课）

师：你们平时分过东西吧？有没有听说过一种分法。（出示平均分）

生：看到过。

师：（出示糖6颗）可以怎样平均分？

师：小朋友手里没有糖，可以画三角形、圆形、正方形等表示糖。

生：○○○　　○○○

师：这是哪位小朋友画的？是平均分吗？怎么看出来的？

生：每组圆都是三个。

师：听得懂吗？谁能说得让大家都听得懂？

生:两边圆的个数都相等。

师:他用了哪两个字?(相等)

师:数量都相等,也可以说同样多。(板书)

生:展示○○　○○　○○

师:这是谁画的?是不是平均分?

生:反了。

师:怎么反了?

生:三份了。

师:平均分怎么分三份了?

生:应该分2份。

生:合起来6个。

师:合起来6个就是平均分?

生:不是。

师:你被他的问题问倒了?

师:我同意刚才同学的是平均分。

生:我知道。

师:为什么是平均分。

生:每个都是2个。

师:听懂了吗?

生:每份都是2个糖。

师:我们再请他说一次,他说每一份都是。(2颗糖)

师:每份同样多,这也是平均分。

生:6个1。○　○　○　○　○　○

师:看懂?我帮他一个忙,保证大家看得更清楚。(给圆添上椭圆图)

师:这小家伙厉害,我们给他掌声。

师:不管分成2份、3份、6份,只要

生:同样多。

师:什么同样多?

生:每份同样多。

师:就是平均分,清楚了吗?

师:清楚了看这儿(出示草莓、苹果图)。

师:哪幅平均分?

生:草莓图。

师:都认为草莓平均分,为什么它是平均分?

生:每份都3个。

师:听得懂吗?我们数一下,是不是平均分。1 2 3　1 2 3

师:每份都是3个,每份都(同样多),所以是(平均分)。

师:苹果图呢?

生:○○　○○○　○　○○

师:啥意思?你想说不是平均分是吧,为什么不是平均分?

生:不一样。

师:不一样,我们怎么说?

生:每份不是同样多。

师:所以不是平均分,谁能不能把它变成平均分?

生:三个的放一个到一个的里头。

师:是不是平均分了?

师:一共几个苹果?平均分成几份?每份几个?

师:你能不能把这句话说一说?

师:可以吧,我们跟着他说一说。

师:那也能不能像这句话一样,说一说分草莓的过程。

生:把 9 个草莓平均分成 3 份,每份是 3 个。

师:说好的同学,坐端正。

师:刚才变了一下,就变成了平均分,想不想再变?(出示)

师:是不是平均分?(是)为什么?

师:谁能再说一句话,怎样平均分的?

师:好,我们每个人,自己再说一遍。

师:我们在几分钟内,进步非常快,你想不想再平均分?

师:一堆棋子,你试着把它平均分成 3 份。(生分)。

师:我们看看这位小朋友怎么分的,好吧?(555)

师:是平均分成了三份了吗?他是怎样分的?

生:一个一个地分。

师:你们猜猜看,他为什么一个一个放进去?

师:我们也不知道有几个,一个一个分,直到分完为止,确保平均分。

师:你们都是这样的?是不是?

师:有一个小朋友不是这样的(展示五个五个分)。

师:你说这个方法好不好?

师:我听大家好像是我说好,你才说好的。

师:我说好,他比一个一个分的有一个进步。

生:速度快。

师:15 个棋子平均分成了 3 份,每份 5 个,分对的举手。

师:现在不用摆棋子了,请你画一画。10 颗棋子,可以怎样分?请你圈一圈。(生做练习纸)

师:分好了,我看看几种,动作真快,都分好了。

师:哪个小朋友愿意把你分的展示一下?

师:他把 10 颗棋子平均分成二份,每份是 5 个。

师:对不对,你们还有别的分法吗?

生:10 颗,平均分成 10 份。

师:在生活中有没有遇到平均分的情况?

生:20个棋子平均分成5份,每份是4个。

师:他很聪明,马上举了一个平均分的例子。

生:我妈妈打三碗饭,每人一碗。

生:没想好。

师:没想好,那这样,我来说好不好。我们家分苹果,看一下几个(4个)我没得吃,分给另外两个人,每人几个?(2个)现在几个苹果(2个)每人几个?(1个)只有一个苹果,每人多少?

生:半个,一半。

师:哇,一个苹果也可以平均分给2人。以后,我们也可以用数来表示的。

师:既然一个苹果可以平均分,我们这张纸可以平均分吗?

生:要撕。

师:不用撕掉折一下就行。

生:对半折。

师:还有吗?不一样的拿上来,我来帮你贴。

师:如果我们有更大的纸,能不能对折对折……平均分的份数就会越来越多,每份就越来越小。

师:铃声已响,课后如果还有兴趣,课后自己折。

第六章

说 课

第一节 说课概述

一、基本知识

(一)说课的内涵

说课是介于备课和上课之间的一种独立的教研形式,能有效彰显和表达教师的教育智慧。随着新课程体系的施行,教改的深入和教研形式的拓展,说课已成为一种倍受青睐且比较流行的教研活动方式。长期习惯了备课和上课的教师,一接触到说课问题,就感到棘手,更何况是没有教学实践经验的师范生呢!

说课是教师以科学的教育理论为指导,依据课程标准、教学理论,在备课的基础上,面对同行或教研人员,是对一系列教学要素的确立及其理论依据进行阐述的一种创造性设计和教学研究活动,涉及课标及教材的理解和把握,课堂程序的设计和安排,学习方式的选择和实践等。

教师针对某一观点、问题或具体课题,口头表述其教学设想及其理论依据。说得简单点,说课其实就是说说你是怎么教的,为什么要这样教,因此也可以称之为述课。最后听者评议,说者答辩,相互切磋。说课也是教师职业技能训练的重要内容。通过说课的训练和考核能比较准确地反映出一个师范生的教学水平和教学研究能力。

(二)说课的作用

一方面,可以促使师范生不断地去学习教育教学理论,提高自己的理论水平。从“教什么”和“怎样教”到“为什么这样教”,还要说出这样教的好处。说课开辟了教学研究的新领域,能使教育教学理论与教学实践相结合。

另一方面,说课要求师范生用语言把自己的教学思路及设想表达出来,这就在无形中提高了他们的组织能力和表达能力,促成了教育智慧的生成,提高了自身的素质。

再次,说课后进行反思,由听者、评委评说,提出改进意见,可以使教学设计趋于完善。说课训练有利于促进师范生的学习和反思,锻炼和提升他们的整体素质,最终提高教学能力。

所以,在校期间对师范生进行说课的职前培训和考核,有利于提高他们备课、上课质量;有利于他们规范自己的课堂教学行为,从而促进他们观念和角色的转变。

（三）说课的组成部分

说课的模式有“三说”、“四说”、“五说”、“六说”、“七说”五种，目前常见的主要是“四说”与“五说”模式，相对新潮的是“七说”模式。下面综合各模式，将说课的结构概括如下：

说课一般包括：说课题、说教材、说学情、说目标、说教法、说学法、说设计和说小结等过程。分述如下：

1. 说课题

目的在于让听者或评委首先知道你要说的课题是什么、出处在哪里。说课题能使人明白一节课的主要内容。

2. 说教材

教材是教学内容的载体，随着信息技术的发展，教材的概念也得以拓展，教材不仅仅指纸质的书面教材，还应包括电子教材（光盘资料或网络资源）。“说教材”是在教材分析的基础之上，说明本课教学内容在这本（套）教材中的地位和作用，说出本课的知识结构、特点以及与学过知识之间的内在联系，并分清本课重点和难点。

3. 说学情

学生是教学活动过程中最基本的因素之一，对学生的充分认识，是教师组织教学活动的依据和取得良好教学效果的必要条件。“说学情”就是在充分认识、了解和分析学生的基础之上，说明学生的年龄特征、知识水平、能力结构、认知结构、接受水平，当前的发展水平以及潜在的可能发展水平、学生的共性以及个别差异等。

4. 说目标

这里是指教学目标，教学目标主要包括知识目标、能力目标和情感目标三个方面，“说目标”是指教师要说明通过本节课的教学，使学生掌握哪些知识，训练哪些技能并且培养哪些情感、道德以及非智力因素。另外，有关教学目标的确定还必须切合学生的实际，即在分析教材和学生的基础上，根据课程标准、教学内容、年龄特征以及认知结构，合理地确定本节课的具体教学目标，并说明这样确定的有关依据。

5. 说教法

教法是指教师为实现某个具体的教学目标而采取的方法或手段，以及为此而选用的教具、教学环境和教学软件的理论依据或指导思想。教法的选择是在分析教材、学生和教学目标的基础之上，在以教师为主导和以学生为主体的原则指导下，根据具体教学目标的要求分别选择不同的教学方法。

“说教法”就是要求教师说明，如何从学生的实际情况出发，根据教学特点和目标要求并结合当前素质教育的要求，科学设计教学“任务”，综合选用讲练结合、分组合作、自主探究等教学方法，从而使学生了解和掌握基本知识和技能，并分别说明采用这些教法的依据。

6. 说学法

学法是指学生为达到某个具体的教学目标而采取的方法或手段，以及为此而选用的学具。学法的选择也是在分析教材、学生和教学目标的基础之上，在以教师为主导和以学生为主体的原则指导下，根据具体教学目标的要求分别选择不同的学习方法。但是学法的选择要充分考虑学生的情感、意志、兴趣等非智力因素以及年龄特点、认知结构特点、学科知识水平、能力结构特征、现有发展水平和潜在发展水平等因素，以便充分调动学生学习的主动性和积极性。

7. 说设计

一般来说，说课的这个阶段应该是“说过程”，但是由于说课是在上课之前的一次教研活动，因此，严格地说，传统意义上的“说过程”应该是“说设计”，即说明教学过程设计。

“说设计”就是要把整个教学过程的总体安排，即时间分配和教学建议等介绍给大家，其中包括新课的引入、新课的展开（主要部分）、练习的设计、小结如何安排、作业如何布置、板书如何设计等等。并且要说明这样设计的理论依据；说明教学过程中，教师的教和学生的学是如何安排并有机结合的，说明教学过程的构想与整体分析；说明本课教学过程中如何运用教学方法、教学手段和教学用具来突出本课教学重点、突破本课教学难点，以及如何实现各项教学目标，并阐明如何对学生进行学习方法指导，如何落实学生的思维活动和技能练习，如何根据学生的情感、意志和兴趣等非智力因素以及年龄特点、认知结构特点、学科知识水平、能力结构特征、现有发展水平和潜在发展水平等，来充分调动学生的主动性和积极性，以体现以教师为主导和以学生为主体的教学原则。

8. 说小结

“说小结”并不是对所说一节课的教学内容进行小结，而是要“小结”出授课者对本节课的设计思想，以及在本节课的教学中需要注意的一些问题。

还要说说板书、媒体、教学资源、教具的选用、课时的安排等。

【资料6－1】说课和上课的主要区别：

1. 对象不同：上课的对象是学生；说课的对象主要是同行。

2. 内容不同：上课是向学生传授知识、培养能力、熏陶情感的一种教学行为过程；说课是向同行分析教学内容，研讨教学设计的一种教学思维过程。

3. 研究侧重点不同：上课侧重于研究“教什么”和“怎样教”，主要是教学过程的实施；说课更侧重于研究“为什么这样教”，主要是指为备课过程说理由，摆依据。

二、训练流程

（一）达标时间

大三上学期即第五学期。专门安排一个月的时间进行说课的训练和说课考核。需要补考的学生在大三下学期组织一场补考，仍未达要求者，毕业时安排积欠补考。

（二）考评方式

（1）由学生在小学或初中所开设科目中任选一科，也可根据所学专业选定一科，在考评小组规定的课题中抽签确定说课的课题。

（2）说课考核前1小时抽签，说课时间不超过15分钟。允许学生查阅与所选课本配套的《教师用书》或《教学参考书》。

（3）考评组由三位教师组成，以班级为单位组织说课的考核。三位评委的均分为考生最后得分，最后成绩为等级制。评出优秀、良好、合格、基本合格、不合格。时间安排为第五学期的11月份完成。

（三）训练步骤

校内实训：从大一开始，教师在各专业学科《教材教法》、《课程与教学论》两门课程开课时间让学生进行系统训练。另外是在教师教育类课程，如《教育学》、《心理学》、《教育心理学》的教学中进行一定时间的训练。大三上学期即第五学期11月份进行为期1个月的教师基本技能训练。有条件的学校,可以在微格教室、多媒体教室进行说课的实训。

校外实训:大一进行教育观摩,了解小学的教学和管理现状;大二上学期安排为期8天的见习活动,让学生熟悉教学环境和教学流程;大三下学期即第六学期安排为期8周的教学工作实习。分别指定指导教师,使学生尽快进入到教师角色。

三、考评标准

(一)评分标准

说课评分标准见表6-1。

表6-1 说课评分表

项目	内容	评价标准	分值	评分
说教材 25%	1. 确定目标 2. 明确重点 3. 分清难点 4. 教材处理	1. 说明本节课内容在教材中的地位和作用	5	
		2. 准确表述教学目标,符合大纲要求和学生实际,体现技能训练的可操作性	10	
		3. 准确说明本课的重点、难点、关键	5	
		4. 教材处理符合教学目标,寓职业道德教育于教学之中	5	
说教法学法 30%	1. 教法设计 2. 学法设计 3. 手段选用	1. 教法设计要体现以学生为主体,有利于落实教学目标。本课时的教法选择及理论依据	10	
		2. 针对重点、难点设计教法,有一定灵活性	5	
		3. 体现对学生"自主、合作、探究"学习方式的引导	5	
		4. 体现理论联系实际,注重动手能力的培养,专业技能训练到位	5	
		5. 选用教具合理,符合本学科特点	5	
说教学程序 35%	1. 环节设计 2. 教学手段 3. 时间安排 4. 效果预估	1. 课堂教学结构设计安排合理,教学思路清楚,时间分配得当	10	
		2. 课堂教学活动突出学生主体性及多向互动	5	
		3. 突出重、难点的有效解决过程	5	
		4. 体现专业技能训练方法的可行性	5	
		5. 现代教学手段的合理利用(制作课件)	5	
		6. 合理设计教学反馈环节,预估教学效果	5	
教师基本素质 10%	1. 语言表达 2. 仪表举止 3. 板书设计	1. 普通话基本标准,表述具体、充实,层次清楚,语言简练清晰,逻辑性强,富有感染力	5	
		2. 仪表端庄、稳重,举止自然大方,表情丰富,富有修养,精力充沛	2.5	
		3. 板书设计合理,有层次,突出重点,字迹工整、准确、美观	2.5	
合计			100	

(二)等级标准

(1)分数≥90,等级为优秀;

(2)分数80≥<90,等级为良好;

(3)分数70≥<80,等级为合格;

(4)分数60≥<70,等级为基本合格;

(5)分数<60,等级为不合格。

第二节　说课训练与指导

一、基本要求

(一)训练目的

说课主要体现教师备课的思维过程,不仅要说出“教什么”,而且要说出“怎样教”,更重要的是说清“为什么要这样教”,即有什么理论依据。

(二)训练内容

任选某一学段某一领域或主题内容,设计教学并撰写说课稿。通过校内训练、校外见习、教师技能训练月的训练,了解说课的要求、格式、主要内容及说课原则等;并通过学生自己备课、登台说课训练等实践活动,掌握说课的技能。

二、技能要领

(一)基本程序

(1)自我介绍(序号、姓名、班级、教材版本、课题等);

(2)按照某种模式说课(一般用10－15分钟);

(3)结束(简要概括说课内容)。

(二)基本要求

说“准”教材,说“明”教法,说“会”学法,说“清”教学意图,说“清”练习层次。

1. 说课前要做充分准备

加强理论学习和提高自身素质;要说好一节课,最终还是取决于说课者的教学基本功和心理素质。要想说好课,一定要有知识储备、教育理论储备、教学技巧储备、心理准备,加上平时有意识的训练。认真准备说课材料;认真撰写说课稿。

2. 要重视说课的过程

(1)说课者的风度要求

庄重的仪表、自信的气质、礼仪的举止。说出特点、说出风格。

(2)说课者的语言要求

①语言表述要准确、流畅、清晰、生动、形象,语言逻辑性强,讲话的速度要适中,富有激情和节奏感,避免程式化,体现教师的投入。如一般情况下,人讲话的语速为每分钟160~180个汉字,考虑到说课时间,所以要控制说课节奏。

②综合运用多种语言和语调(如专业语言、肢体语言、描述性语言等)。

说课时常用的措辞有:"我这样设计(或确定)的依据是……";"我之所以这样做,理由是……";"假如学生……,我将……";"这样做的好处是……"等等。板书字迹工整、准确、美观。

(3)说课内容的要求

①要求内容正确、有序、联贯,结构完整、系统。

②要求内容有详有略,重点突出。

③要有创造性和灵活性。

(4)说课流程的要求

与上课相统一的要求:

①教材分析。教材的地位及作用分析得准确,教学目标及确立目标的依据恰当,重点、难点明确。

②教材处理。教学内容的组织与安排合理;学生状况分析得准确,采取对策恰当。

③教学方法。教学方法及选择的依据恰当;教学方法灵活、实用。

④教学手段。教学手段新颖;实验、教具、电化等教学手段运用恰当。

⑤教学程序。新课导入自然、新颖,新课讲解透彻,演示实验正确、科学,反馈练习恰当,归纳总结简要、明确,板书设计精当。

(三)基本要领

1. 说课说什么

说课的内容一般说来有以下五个方面:

(1)说课标

说课标就是要把课程标准中的课程目标(三维目标)作为本课题教学的指导思想和教学依据,从课程论的高度驾驭教材和指导教学设计。

说课标,要重点说明有关课题教学目标、教学内容及教学操作等在课程标准中的原则性要求,从而为自己的教学设计寻找到用力的依据。

说课标,可以结合到说教材中去进行。

(2)说教材

教材是课程的载体。能否准确而深刻地理解教材,高屋建瓴地驾驭教材,合乎实际地处理教材,科学合理地组织教材,是备好课、上好课的前提,也是说课的首要环节。

说教材的要求有:

①说清楚本节教材在本单元甚至本册教材中的地位和作用,即弄清教材的编排意图或知识结构体系。

②说明如何依据教材内容(并结合课程标准和学生)来确定本节课的教学目标或任务。课时目标越明确、越具体,反映教者的备课认识越充分,教法的设计安排越合理。分析教学目标要从知识与技能、过程与方法、情感态度与价值观三个方面加以说明。

③说明如何精选教材内容,并合理地扩展或加深教材内容,通过一定的加工将其转化为教学内容,即搞清各个知识点及其相互之间的联系。

④说明如何确定教学重点和教学难点。

⑤说明教材处理上值得注意和探讨的问题。

(3)说学法

现代教育对受教育者的要求,不仅是学到了什么,更主要的是学会怎样学习。实施课程标准后,要求教师转换角色,基于这一转变,说课者就必须说明如何根据教学内容、围绕教学目标指导学生学习,教给学生什么样的学习方法,培养学生哪些能力,如何调动学生积极思维,怎样激发学生的学习兴趣等。说课活动中虽然没有学生,看不到师生之间和学生之间的双边活动,但从教师的说课过程中要体现以学生为主体,充分发挥学生在学习活动中的作用、调动学生的学习积极性。在最大程度上体现课改精神——教师是课堂教学的组织者、引导者、参与者、启发者。具体要说清两大问题:

①针对本节教材特点及教学目的,学生宜采用怎样的学习方法来学习它,这种学法的特点怎样?如何在课堂上操作?

②在本节课中,教师要做怎样的学法指导?怎样使学生在学会过程中达到会学?怎样在教学过程中恰到好处地融进学法指导?

(4)说教法

说教法,应说出“怎么教”的办法以及“为什么这样教”的根据,具体要做到以下几个方面:

①要说出本节课所采用的最基本或最主要的教法及其所依据的教学原理或原则。

②要说出本节课所选择的一组教学方法、手段,对它们的优化组合及其依据。无论以哪种教法为主,都是结合学校的设备条件以及教师本人的特长而定的。要注意实效,不要生搬硬套某一种教学方法,要注意多种方法的有机结合,提倡教学方法的百花齐放。

③要说明教师的教法与学生应采用的学法之间的联系。

④要重点说说如何突出重点、化解难点的方法。

(5)说教程

教程即教学过程,说教学过程是说课的重点部分,因为通过这一过程的分析才能看到说课者独具匠心的教学安排,它反映着教师的教学思想,教学个性与风格。也只有通过对教学过程设计的阐述,才能看到其教学安排是否合理、科学,是否具有艺术性。说教程要求做到:

①说出教学全程的总体结构设计,即起始—过程—结束的内容安排。说教学程序要把教学过程所设计的基本环节说清楚。但具体内容只须概括介绍,只要听讲人能听清楚“教的是什么”、“怎样教的”就行了。不能按教案像给学生上课那样讲。

另外要注意的一点是,在介绍教学过程时不仅要讲教学内容的安排,还要讲清“为什么这样教”的理论依据(包括大纲依据、课程标准依据、教学法依据、教育学和心理学依据等)。

②重点说明教材展开的逻辑顺序、主要环节、过渡衔接及时间安排。

③说明如何针对课型特点及教学法要求,在不同教学阶段师与生、教与学、讲与练是怎样协调统一的。

④要对教学过程作出动态性预测,考虑到可能发生的变化及其调整对策。

以上五个方面,只是为说课内容提供一个大致的范围,并不意味着具体说课时都要面面俱到,逐项说来,应该突出重点,抓住关键,以便在有限的时间内进行有效的陈述,该展开的内容充分地展开,该说透的道理尽量去说透,这样才能取得良好的效果。

2. 对说课者的要求

说课还需要注意如下几个问题:

(1)注意说课不是上课的删减,而是有自己的独特体系。应该“说”,绝对不能“念”(或“背”)讲稿或教案;要注意教师的形象,说课的过程也是教师仪表和气质的展示过程,因此,说课教师的穿戴要整洁大方、朴素自然。

(2)要注意语言表达。语气得体、简练准确。说课的语言应具有较强的针对性——专家或同行,因此要注意说课态度和蔼、自信并充满活力,注意表情和称呼,普通话要标准流畅,语言简明扼要、清晰生动、逻辑性强,语言要富有感情、有感染力,最好富有个性,以体现自己的独特风采。

(3)要注意专业素养。说课要突出"说"字,要说思路、说方法、说过程、说学生、说训练,要注意详略得当,对重点、难点的处理、教学过程、学法指导等应该详说,而对教学目标、教法、媒体运用、时间安排等都可以略说。把握"说"的方法,说课的方法很多,应该因人而宜,因教材施说:可以说物、说理、说实验、说演变、说本质、说事实、说规律、正面说、反面说,但一定要沿着教学法思路这一主线说,以防跑野马。

(4)要注意学科素养。说课时最好制作一些简单的多媒体说案,恰当地使用计算机及投影设备。

(5)注意时间限制,时间不宜太长,以 10－15 分钟比较适合。

三、常见失误

走出误区,正确"说课"。

误区之一:说课就是上课。

防止把说课变成"试教"或"压缩式上课"。有一些教师说课过程中一直口若悬河,激动万分地给大家"上课"。讲解知识难点、分析教材、演示教具、介绍板书等,把讲给学生的东西照搬不误地讲给下面就座的各位评委、同行们听。其实,如果他们准备的内容和课程安排面对的是学生,可能会是一节很成功的示范课。但说课绝不是上课,二者在对象、场合上具有实质性的区别。说课是"说"教师的教学思路轨迹,"说"教学方案是如何设计出来的,设计的优胜之处在哪里,如此设计的依据是什么,预定要达到怎样的教学目标,这好比一项工程的可行性报告,而不是施工过程的本身。

必须用简洁、清晰的语言把备课中的隐性思维过程及其理论根据述说出来,使这些隐性的东西外现(隐性思维转化为显性思维)。要体现出执教者的教学思想、教学意图和理论依据,即思维内核。简单地说,它不仅要精确地说出"教"与"学"的内容,而且重要的是要从理论和实践的结合上具体阐述"我为什么要这样教"。

误区之二:说教法太过笼统,说学法有失规范

"教学设计和学法指导"是说课过程中不可缺少的一个环节,有些教师在这个环节中往往一言以蔽之:我运用了启发式、直观式……教学法,学生运用自我探究法、讨论分析法等等。至于教师如何启发学生,怎样操作,却不见下文,或者把"学法指导"理解为:解答学生疑问、学生习惯养成、简单的技能训练等,这都是不正确的。

所以,说课要注重科学性、创新性、实效性。做到教材分析正确、透彻;学情分析客观、准确,符合实际;教学目的符合课标要求、教材内容和学生实际;教法设计紧扣教学目的,符合课型特点和学科特点,有利于发展学生智能,可操作性强。同时,还要树立创新的意识和勇气,说出新的思路和方法,使听者有所启示和收益。

第三节 说课考训范例

【范例1】小学数学说课稿示例《加法的练习》

说课者:陶育路小学　李映华

我设计教学的是北师大版义务教育课程标准实验教科书第一册第三单元加减法(一)中的《加法的练习》的内容。

教材分析:

这是在学生学完加法的初步认识之后设计的一个练习片断。一年级的学生刚刚由幼儿园进入小学,入学才三个多星期,加法的学习稍有不周学生就会形成不确切甚至模糊的概念,为后继学习产生负作用。低年级小学生的认知都以直观表象为主,他们好奇、好玩、好动,注意力不易集中,较易分散。所以我从学生的生活经验出发,设计了三个环节进行练习,加强练习的趣味性,进一步渗透加法运算意义的理解和应用价值,培养学生学习数学的兴趣,使他们的智能得到发展,形成良好的认知结构和学习习惯。

教学目标:

1. 进一步理解加法的意义:把两个数(两部分)合起来,求一共是多少,用加法计算。

2. 能够看图说图意,并能正确地列式计算。

3. 发现生活中的加法问题,体验加法与生活的联系。

4. 结合内容渗透集合的思想。

教学重点:进一步理解加法的含义。

教学难点:能够正确看图说图意,列式计算。

我所设计的练习第一个环节是:听歌曲,找出歌曲里包含的加法算式。小朋友都是喜欢唱唱跳跳的,根据这个特点,我设计了这个练习,这个环节有助于激发学生学习的兴趣。第二个环节是:根据自己画的图画列加法算式。小朋友们都是喜欢画画的,看着自己的画来列加法算式比较直观,增加练习的趣味性。其中通过小组活动,让学生自主地去感受、发现和交流,加深学生对"加法"含义的理解,建立学生原有经验和亲身体验的积累基础,丰富学生的感性认识。教师在这个过程中引导学生正确捕捉有价值的数学信息,学会合作、表达与交流,促进学生的发展。第三个环节,寻找生活中的加法问题。让学生感受到加法就在身边,发现并提出加法问题,激发学生创造性思维。充分体现数学来源于生活的思想。

教学过程:

第一环节:听歌曲,找出歌曲里包含的加法算式。

1. 师:我知道我们班的小朋友最喜欢听歌啦,老师放一首歌你们想不想听?

2. 播放歌曲《四只小鸟》(听歌)

3. 提问这首歌能列一道怎样的算式?看看哪个小朋友最聪明,最快回答老师的问题。

4. 生答。(1 +4 =5)(板书)

5. 让我们一起来看看他说得对不对?喜欢唱歌的小朋友可以跟着唱。(播放歌曲动画)他说得对不对?小朋友们,真聪明!今天我们就来进行加法的练习。(出示课题:加法的练习)

第二环节:看自己画的图画列加法算式。

1. (出示课件蜜蜂图)请小朋友们看这幅图,你能看着图列出多少道算式?(2 +3 =5)你是怎么知道的?你的算式是把什么和什么合起来的?(电脑演示)还有其他的列法吗?(1 +4 =5、3 +2 =5、4 +1 =5)小朋友们真棒!

(在这里学生说列法,教师提问是把哪部分和哪部分合起来,并即时根据学生的回答在课件上用集合图来表示,渗透集合的思想,鼓励算法多样化,不同的算法有不同的解答方法,培养学

生的创新意识与创新思维。对于学生的回答教师应及时予以表扬)

2.(展示学生画)师:这是小朋友们在课后画的图画,你们能看着这张图画说说图意列出算式来吗?(生:树上有2只小鸟,又飞来3只小鸟。)(教师用手势比划)合起来一共有多少只小鸟?谁能把刚才小朋友说的那些话完整地说出来?(板书:2+3=5)(教师用手势表示,加深学生对加法含义的理解,加法是把两部分合起来。)

师:同学们都画了一些漂亮的图画,请你们把它拿出来,在小组里说说图上画了些什么,再把算式写在上面,看看能列多少道算式。

3. 小组活动。

(小组活动,体现合作精神。教师在这过程中要关注中下生。每个小组要由组长分好工,谁负责汇报,谁负责写算式。小组成员要在小组里充分交流,力求每个同学都能正确说出图意,列出算式。叙述图意时,教师要求学生能正确捕捉有价值的数学信息,加深对加法意义的理解。培养学生从情境中提炼数学信息的能力及用简洁明了的数学语言表达的习惯)

4. 汇报。(投影显示)

把学生的画和算法进行展示。在这个过程要求学生学会倾听同学的发言,理解同学所说的话的意思,提出不同的意见。

第三环节:寻找生活中的加法问题。

同学们真棒!在我们的生活中有很多与加法有关的问题。谁能说说你发现了哪些加法问题?(学生说,教师边板书算式)

让学生寻找生活中的加法问题,用丰富的语言进行描述。教师要注意引导打开学生思路。使学生感受到生活中处处有数学,增强学生对数学的体验和认识。例如:今天我买铅笔用去2元,买胶擦用去2元,一共用去多少元?

天上有5朵白云,又飘来3朵白云,一共有多少朵?

“工”字有3笔,“人”字有2笔,一共有多少笔?

我的笔盒有3支铅笔,又削了2支放进去,现在有多少支铅笔?

奶奶种了5棵白菜,又种了3棵,一共种了多少棵白菜?

以上是我的关于《加法的练习》教学片断的设计,有不足之处,请各位老师多多指教。

【范例2】 小学语文说课稿示例《坐井观天》

一、说教材

《坐井观天》是九年义务教育六年制小学语文第三册第四单元第十二课。这是一篇寓言故事,讲的是青蛙和小鸟争论天的大小,告诉我们像青蛙这样目光狭小,所见有限,还自以为是,是不对的,《坐井观天》位于本单元四篇课文中的第三篇,上承《捞月亮》、《狐狸和乌鸦》下跟《小马过河》。它处于由知识的学习向知识的运用转化的过渡位置,因此,它是本单元从感性认识上升到理性认识阶段中的一步棋子,是从掌握知识逐步向能力转换的一架桥梁。

教学目标:

根据《全日制义务教育语文课程标准》,结合教材特点和学生实际,拟定以下教学目标:

1. 学会7个生字和由这些生字组成的词语,着重理解“坐井观天”、“大话”、“无边无际”等词的意思。

2. 理解课文内容。懂得“坐井观天”这个成语的比喻意思。

3. 正确、流利、有感情地朗读课文。

教学重点、难点：

课文四至七自然段青蛙和小鸟的对话是教学的重点。理解“坐井观天”的寓意是教学的难点。

创新点

为突破教学难点，让学生创造性地学习，可采用以下方式来培养学生自主探索的能力：①图文结合，理解词意，学生模仿动作，理解词意；②做实验，体验“观天”。学生用纸圈成筒体会青蛙之所以认为“天只有井口大”，是因为高高的井壁挡住了它的视线，从而揭示寓意；③借助情境，动画演示小鸟漫游，体会小鸟见多识广；④设计“跳出井口”，启迪学生创造性地想象，深化认识。

二、说教法

根据寓言故事的特点及本课的语言特色，教学中，以青蛙与小鸟的三次对话为线索，以读代讲，以读促学，让学生在读中悟情明理。引导自由阅读，自由表达，打好自主学习语文的基础。再有，低年级学生喜欢直观、形象、生动的画面，为贴近学生实际，可采用简笔画、录像、动画片演示等手段，激发学生的学习兴趣。依据新课标的精神，我运用了谈话法、对比法、表演法、实践法等教学方法，激励学生全面参与，主动学习，培养创新能力和实践能力。

三、说学法

新课标要求，语文课程一定要使学生“掌握最基本的语文学习方法”。学生掌握了正确的学习方法，就会产生两个飞跃：一是由“学会”变为“会学”，二是由“被动地学”变为“主动地学”，达到“自能读书，不待老师讲”的理想境界。这样，学生的主体精神被大大激发，其学习效率就会大大提高，做到事半功倍。学无定法，贵在得法，教学本课时，指导学生自由选用“读、说、背、演”等学习方法，结合比较朗读、想象情境、直观理解、做实验等学习方法，真正达到“教是为了不教”这一教学的最高境界，在阅读习惯方面，着重培养学生解疑阅读，学会自学，学会积累的良好习惯。

四、说练习

积累和运用是新课标强调的又一重要内容，在这个环节中，以学生的发展为出发点和归宿点，精心设计练习，训练学生的听说读写的能力。①听老师范读，听学生朗读，在听中感悟语言；②动画演示小鸟漫游各地后，让学生练说，抓重点词让学生练说，想象青蛙跳出井口后练说；③个别读、齐读、小组读、分角色读、比赛读、引读等形式达到读书百遍，其义自见的效果；④布置学习课后续写青蛙跳出井口后的故事，延伸课文的内涵，培养学生的创新思维。

五、说过程

围绕教学目标，紧扣新课标和教材，体现“学生为主体，教师为主导，训练为主线”的教学思想，体现以读为本，以读促学教学方法，注重看、听、说、读、练的教学思想，可安排两个课时完成。下面具体说第一课时的教学步骤：

1. 启发谈话，引入新课。从学生实际生活中，所见到的事物谈起，说自己认为天有多大，引入课题，释题质疑。

2. 图文结合，理解词意。借助图片动画弄懂“落”、“井沿”，在简笔画中贴图找青蛙与小鸟的位置。

3. 指导朗读，启发想象。重点引导体会问号和感叹号的语句所表达的不同语气，从小鸟漫游的画面想象走过的地方,领悟出小鸟眼界宽,看得多,见识多。

4. 突出重点,解决难点。①通过动作表演理解课文;②通过卷纸筒“观天”,懂得青蛙认为“天只有井口大”的原因。

5. 总结学法,引导自学。检查效果,完成练习。

6. 角色表演。假设情境,创造思维,练说:青蛙跳出井口的情境。

7. 归纳总结,提示寓意。

六、说板书设计

一个好的板书,能激发学生的学习兴趣,能把课文的思路、教师的教路、学生的学路融为一体,本着板书为教学服务的目的,在板书中,我利用简笔画和图片吸引学生,理解课文,提示寓言,板书如下:

12. 坐井观天

天无边无际

看得多　见得多

天井口大

看得少　见得少

第七章

评 课

第一节 评课概述

一、基本知识

（一）评课的内涵

在听完课之后，紧接着就是评课。评课是根据一定的标准对课堂教学进行分析、评议，指出成败得失及其原因，认定其优劣的教学研究活动。

听课、评课是教学研究的有效手段。在倡导大力开展校本教学研究的今天，大力开展听课评课活动，研究并改进教学中存在的问题显得尤其重要。

（二）评课的内容

评课也要涵盖教学设计的每一个环节，但有所侧重。主要包括以下内容：

1. 评教学内容

要看教材的把握是否准确，教材的处理是否得当，重点是否突出，难点是否突破。要看教学目标的制定是否全面、具体、恰当。全面，是指能从知识与能力、过程与方法、情感态度价值观等方面来确定；具体，是指“三维目标”要有明确要求，体现学科特点；恰当，是指确定的教学目标，能以大纲、课标为指导，体现年级、单元教材特点，符合学生年龄实际和认识规律，难易适度。

2. 评教学对象

是否面向全体学生，是否充分尊重学生在课堂教学活动中的主体地位，是否努力创设宽松、民主的课堂教学氛围，师生是否情感融洽，采取的教学对策是否有助于克服学生的学习困难和心理障碍。

3. 评教法和学法

教学方法与手段是否都紧密地围绕目标，为实现目标服务，是否有助于提高课堂教学效率；现代化教学手段的运用是不是量体裁衣，运用灵活，教学方法是否灵活多样，是否符合教改方向，有没有改革与创新，有没有形成独特的教学艺术风格；学法指导的目的是否明确，学法指导的内容是否付诸实施，学法指导的方式是否可行；是否注意挖掘学生内在的因素，并加以引导、鼓励；是否培养学生敢于独立思考，敢于探索，敢于质疑的习惯；是否培养学生良好的思维习惯和思维品质，教会学生在多方面思考问题，多角度解决问题的能力等。

4. 评教学过程

教学思路设计，是否符合教学内容实际，是否符合学生实际；是否有独创性，能不能给学生以新鲜的感受；教学思路的层次是不是清晰，能否实现教学目标。

教学过程是否紧紧围绕教学目标，是否严谨有序，环节转换是否自然、艺术；是否为学生创设良好的问题情景，强化问题意识，激发学生的求知欲。

知识传授是否准确、科学，是否尽快地接触重点内容；重点内容的教学时间是否得到保证；重点知识和技能是否得到巩固和强化。

导入、结束等重要教学环节和重点、难点知识教学的教法设计是否符合学科特点，能否调动学生的学习积极性，培养学生的能力。

板书设计是否科学合理，是否依纲扣本，言简意赅，有条理性和艺术性；练习设计是否面向全体学生，体现层次性；训练目的是否明确，与本课的教学目标是否统一；训练方法是否得当，是否有助于学生能力的形成和思维品质的培养。

时间分配是否合理，有没有“前松后紧”或“前紧后松”的现象，有没有学生个人自学，独立思考和独立完成作业时间太少的现象，讲与练，师与生，优生、中生与后进生活动时间分配是否合理。

5. 评教学效果

看课堂教学效果是评价课堂教学的重要依据。课堂效果评析包括以下几个方面：

一是教学效率高，学生思维活跃，气氛热烈。

二是学生受益面大，不同程度的学生在原有基础上都有进步。达成知识、能力、情感目标。

三是学生学得轻松愉快，积极性高，当堂问题当堂解决，学生负担合理。

课堂效果的评析有时也可以借助于测试手段，即当上完课，评课者出题对学生的知识掌握情况当场做测试，而后通过统计分析来对课堂效果做出评价。

6. 评教学思想

是否体现先进的教育理念，如：面向全体学生，使学生全面发展，和谐发展；自主学习，合作学习，探究学习；教师应是学生学习的促进者；学习应重过程，重体验，重实践等等。

7. 评教学基本功

教学基本功是教师上好课的一个重要方面，所以评课还要看教师的教学基本功。

（1）看语言：教学也是一种语言的艺术。普通话是否达标；语言是否准确清楚，精当简练，有启发性；语调是否高低适宜，快慢适度，抑扬顿挫，富于变化。

（2）看板书：字迹是否工整美观；板画是否娴熟；设计是否科学合理，言简意赅，条理性强。

（3）看教态：教态是否端庄，举止是否从容，态度是否热情。

（4）看操作：专业功底是否深厚；教具运用、仪器操作是否熟练；实验演示的时机、位置把握是否得当，是否收到良好效果。

（三）评课的要求

（1）认真听课：认真听课和做好听课记录是评课的前提。

（2）把握标准：一堂好课的标准，是评课的主要依据。

第一，对课前准备的评议。要求教案完整，教学内容熟悉，能脱稿讲课，教具、课本、粉笔、黑板刷等教学用品齐全，多媒体能够演示，实验不出差错等。

第二,对课堂教学目标的评议。教学工作是以目标教学为导向和进行评价的。一堂课是否成功,关键是看这堂课是否实现了教学目标。

第三,对课堂教学内容的评议。一是要评议课堂教学的信息量是否很好地满足了学生的求知欲望。太少学生无法理解,太多可能是无效信息;二是评议课堂教学内容的科学性。不能出现常识性和知识性的错误,否则将以讹传讹,误人子弟;三是评议课堂教学内容的思想性。课堂教学中,做到教书育人。

第四,对课堂基本功的评议。评议板书、教态、教学语言、操作能力、应变能力等。教学语言是师生双方交流思想感情的重要工具,主要是评价授课者的课堂教学语言是否具有清晰性、精确性、逻辑性、启发性和形象性。

第五,对课堂教学方法的评议。主要是看授课者能否根据学科的特点和学生的实际合理地选择教学方法。

第六,对课堂教学效果的评议。是否气氛热烈,余味无穷。

(3)讲究艺术:要实事求是,评议的目的是帮助师范生更快地成长,所以评价客观、公正是一种负责任的态度。但又要多从正面评说,多肯定他们教学的亮点,这是用发展的眼光着眼于他们进步的做法。应多给建设性的意见,帮助师范生改进自己的教学工作,不断成长。

(4)拟好提纲:按评议的项目和要求提前准备好。

二、训练流程

(一)考评方式

在考试前组织学生听其他同学的课,包括上课和说课部分,然后由学生在所听的课中任选一节课,对同学的上课情况或说课情况,按照评课的要求和评课的标准进行评议。

(二)训练步骤

校内实训:从大一开始,教师在各专业课程中,让学生进行教学设计和上课的系统化训练后,都组织学生评议。特别是在教师教育类课程,如《教育学》、《心理学》、《教育心理学》、《课程与教学论》、各专业学科《教材教法》的教学中进行一定时间的训练。大三上学期即第五学期11月份进行为期1个月的教师基本技能训练。把评议的项目和要求提前告诉学生,有选择性地组织学生对本班同学授课或说课情况进行评议,熟悉评课的指标体系。

校外实训:大二上学期安排为期8天的见习活动,让学生熟悉教学环境和流程。大三下学期即第六学期安排为期8周的教学工作实习。

三、考评标准

(一)评课指标体系

(1)学生学习状态:学生参与状态、思维状态、达成状态。

(2)教师教学行为:目标是否明确、处理教材是否恰当、课堂氛围是否热烈、是否引导学生学习、是否帮助学生反思。

(3)教师基本功:现代教学理念、教学思想、教学态度、教学语言、教学能力、知识素养、精神状态、气质修养。

(4)综合评价:做好记录,参照各方面的意见和指标体系客观给出评价。

(二)评分标准

面对不同的学科、不同的教学内容、不同的年级、不同基础的学生授课是很难用一把尺子去评价、衡量它的好坏的。但是课堂教学是科学,科学就有内在的规律,还是有很多共性的东西可以拿来作为评断的标准的。要评析一节课,评课者首先要熟悉和掌握课的一般标准,再进行评议。评分标准参照表5-1。

第二节 评课训练与指导

一、基本要求

(一)训练目的

根据听课后的感悟材料来激励授课者怎样能更好的备好课、上好课,也是为了督促、帮助课备得不细、课上得敷衍了事的教师更好的提高与进步。此外,对听课者自己也是一个促进、提高。可以说听好课、评好课都是为教好课服务的。

(二)训练内容

在前两章我们提到过,组织师范生进行说课和上课的训练和考评,在师范生进行说课上课的时候,安排其他师范学生听课。要求学生认真听课并做好书面记录。以班级为单位,该班学生可以任选所听过的某一堂课进行评课训练。通过校内训练,特别是教师技能训练月的训练,了解评课的要求、方法、主要内容及指标体系等,并通过组织学生听有关讲座及学生自己登台评课的训练等实践活动,掌握评课的技能,达到促进自己教学技能提高的目的。

二、技能要领

(一)评课注意事项

根据课堂教学特点和班级学生实际。课堂教学能否成功,除了老师的努力外,还和班级的班风班纪、教学内容的难度、教学时间的安排、学生的基础等影响课堂教学的客观因素有关,评课时应综合考虑。

(1)要突出重点。要抓住本质,明确中心,解决问题。

(2)以事实为根据。评课时应避免语言空洞,要注意讲求实效。要根据自己的记录,用实际表现和事实来说明自己的观点。

(3)做好调查工作。对于那些主观上努力了,但由于客观因素(自然的或者人为的)的限制而导致课堂教学情况不是很好的,应对成绩给予充分的肯定;对于那些主观上没有发挥应有努力的人,应该恰如其分地肯定成绩,侧重于指出不足之处。

(4)评课要大胆发言,以虚心的态度研讨。评课分析要深刻全面,能提出较有见解的、符合教学规律的建设性意见和建议。

(二)评课的方法

1. 评课的三个阶段

(1)评课前的准备。课程标准要熟练,对教材要有很好的理解,了解相关的理论。

(2)课堂的观察——观察教师、学生的活动。

(3)课后的分析交流。提出问题,研究问题,解决问题。

2. 听课的四要素

看:师生的活动。

听:教师的语言。

记:运用规范的符号纪录,便于分析、统计。

想:教学思想,教学目标,教学结构,重点难点,教学方法,教师板书,学生活动。

3. 评课五不要

不要挖苦讽刺,不要轻易下结论,不要以个人的倾向品评,不要居高临下、趾高气扬,不要信口开河。

4. 评课的三个"为主"

要以肯定成绩为主,要以帮助提高为主,要以鼓励改革为主。

5. 评课的两个"突出"

突出重点,突出特点。

【资料7-1】评课的五个"关注点"

研讨课:围绕研讨,关注未来。要谈建议、主张,少说定型之言。

示范课:关注闪光点,以介绍新思想、新思路为主,多说优点、少说缺点。

交流课:提自己的看法时,多一些商量,少一些武断,关注点在互动。

调研课:注重观察分析,多谈现象,关注原因。

检查课:评价的目标,多量化少笼统,关注点在综合性。

三、常见失误

目前在评课问题上还存在许多不尽人意的地方,其表现如下:

1. 重听轻评

如果没有对听课的评议,一方面执教者心里没底,另一方面是评课的作用难以发挥,听课也就失去了意义。

2. 敷衍了事

即使有的课评了,有碍情面,评课敷衍了事,走过场。只唱赞歌,不讲缺点。评议只有三言两语。

3. 平淡肤浅

只是笼统地说"这节课教得不错",或者说"这堂课教得很差"。有的评课者虽提了不少意见,但多半是枝节问题,如:教者板书如何,声音大小,教态,拿教鞭的姿势,图表悬挂的高低等等。总之,触及不到问题本质。

4. 面面俱到

对一节的评议应该从整体上去分析评价,但决不是不分轻重、主次,而需要有所侧重。即根据每一次的听课目的、课型以及学科特点,突出重点进行评议。

5. 防止两种不良现象

一种是认为"评课就是找问题",评课中笼统地说,教学目的不明确,重点不突出,方法不灵活,让人"丈二和尚——摸不着头脑"。还有的人吹毛求疵,抓一句话、一个字、一个动作大做文章,说什么"基本功差"等,搞得授课者教学积极性大受挫伤。因此,评课中要克服"批教"现象,实事求是地评价教师教学活动,既讲成绩,又讲不足,全面客观地评价教者的辛勤劳动,达到评一次提高一步的目标。

另一种是"捧教"现象。有的人怕得罪人,或出于过分尊重授课者的辛勤劳动,评课中溢美之词不绝于耳,只讲优点、长处,不谈缺点、短处,对教者毫无帮助。只有本着对授课者负责,对教研教改负责的态度，才能发挥评课的“帮教”功能。

第三节 评课考训范例

【评课稿1】英语公开课评课稿

课堂实录(略)

这次我听了××老师的一节课，结合所听的课，谈一点个人看法，不当之处，望给予指正。整堂课下来，我认为值得推介的有如下几点：

1. 教师对教学充满热情，积极调动课堂气氛。课堂气氛是通过师生间相互作用和同学间的相互影响而表现出来的一种群体心理状态。建立和谐的人际关系是优化课堂气氛的重要条件之一，而教师与学生的关系是课堂人际关系的主要方面。从这里可以看出师生关系对课堂的顺利进行起到很重要的作用。××老师以她独特的亲和力与学生之间建立了一种和谐的师生关系。因此整堂课下来我们都体会到了这种轻松的课堂气氛。

2. 导入部分新颖自然，易让学生接受。导入是课堂教学的一个有机组成部分，是实际教学的前奏，起着“引子”的作用。组织好一堂课的开端，可以抓住学生、控制课堂，促进学生积极思维的作用。本课教师没有以传统的教学方法引出今天所讲的主题，而是以一首学生熟悉的《运动员进行曲》来导入整堂课，从而将奥运会主题引入。另外又补充一些奥运知识，图片精美，容易引起学生的学习兴趣。

3. 教学思路清晰，活动形式多样。为了帮助学生更好地了解课文中所提到的关于古今奥运会的区别。教师必须善于鼓励学生积极参与并设计英语教学活动，包括思维参与和行为参与，这需要学生全身心的投入和体验。对于英语的阅读课相对来说阅读内容的落实是一个比较困难的环节，除了阅读任务的设计还牵涉到一个过程控制的问题。在这方面，××老师设计了多种阅读后活动，像选择题、判断题、连线题等多种形式。在阅读开始前，让学生在一定的时间里完成一项阅读任务，这样能让学生带着目的和一定的时间观念去完成这项任务，在一定程度上能避免一些无效阅读。

4. ××老师本身的基本功扎实，英语口语流利，能使用多种教学工具来辅导整个教学过程。在课堂上注意培养学生的阅读能力。在基础的语言形式训练上提升交际品位，为学生创设丰富的语言环境，让学生产生交际的愿望和机会，使交际具有实际内容和实际意义。

但这节课也有其值得探讨之处：

(1)在学生分小组竞赛时采用举手的形式进行，在一定程度上造成时间的浪费，对学生的阅读能力的提高并无帮助，只是训练了学生的反应能力。

(2)在后面的讨论部分，所要求学生讨论的题目过大，学生难以有切入点。

【评课稿2】信息技术课《让幻灯片动起来》评课稿

在本届英才杯教学优质课评比活动中，由××老师执教的信息技术课《让幻灯片动起来》给我们留下了深刻的印象。

本节课是华中科技大学版小学信息技术第五册第12课改编而来的，通过本课教学，让学生了解PowerPoint的自定义动画窗口，能够给艺术字、图片、文字设置自定义动画；本课操作环节多，对老师的系统教学提出了较高的要求。×老师在教学过程中充分运用了的任务驱动的教学模式，从复杂的内容中整理出了清晰的教学思路。整节课连为一体，并且主要内容层层递进，亦步亦趋，表现出了较强的逻辑上的严密性，整个教学过程非常通顺流畅，使课堂呈现出了既轻松活泼，却又掌控得当的局面。

首先，导入部分创设了一个很好的情境：让同学们欣赏老师的幻灯片作品，大家在欣赏和点评老师作品时很自然地引出了今天的任务——让幻灯片动起来。更值得一提的是通过这个情景学生了解了今天学习的真正目的，既不单是要学会如何让幻灯片动起来，还明白了这节课为什么要学习让幻灯片动起来。如学生在评说过程中提出给艺术字、图片、文字设置动画能让作品更加生动、活泼、动感等等。此环节创设学习情境，激发学生的积极性，又巧妙设计了一个显而易见的缺憾，利用学生的审美观，激发学生的学习兴趣，使学生在情境中主动、积极地接受任务，并且调动了课堂的气氛，使每个孩子的注意力都集中起来。

其次，任务出示之后，在解决问题的过程中，×老师对自己的角色有着相当准确的定位，不是在做个说教者，没有刻意地去进行任何知识的讲授，而是通过学生分小组讨论，独立大胆尝试，运用知识的迁移，自主找出解决问题的方法。在学生初步探讨出让幻灯片动起来的方法后，×老师又精选一系列的问题有意识地引导学生全面了解“自定义动画”的设置，如：改变幻灯片的顺序怎么办？只要文字动，图片不动怎么办？一次又一次调动起学生探究的积极性，使学生在自主学习中体会到了成就感。可以说，×老师在本节课中不再是一名导演，而是剧中的一个组织者，带着孩子一起来学习，很好地发挥了教师引导的作用，充分体现了学生学习的自主性。

在学生初步掌握了动画设置方法后，教师又激励学生将所学到的方法运用到自己的幻灯片中并进行展示，使本课的知识点进一步巩固并让学生进一步体会使用动画设置的好处。

作业讲评，尊重学生，让学生展示、讲评，与学生积极互动，共同发展，不以教师的标准为标准，此时课堂气氛达到和谐与统一。

整个教学过程遵循启发性原则、循序渐进的原则。以探究法、任务驱动法贯穿教学过程，很好地体现了信息技术教学的特点，实现了教学的目的。

以上是本节课中的精彩之处，但课堂教学是缺憾的艺术，所以也有一些环节有待商榷。如：学生演示操作方法的过程中，应该鼓励学生边演示边讲解，大胆地讲出自己的学习成果。教师这时不必过多地帮助学生去讲解。另外，本课的最后，教师不应将本课的学习内容作为终点，而应将本课的教学内容纳入整个学习体系，提出问题让学生思考，为下节课的学习留下伏笔。

【范例3】《认识人民币》教学纪实、反思与评析

教学内容：人教版一年级数学下册。

教学目标：

1. 学生能清晰地识别全套人民币，以识别过程为载体，培养学生自主探究、合作交流的能力。

2. 归纳出1元=10角，培养学生归纳、推理的思维能力。

3. 在游戏中培养学生应用数学知识解决问题的能力。

4. 渗透爱国主义思想教育以及培养节约用钱的良好习惯。

教学重、难点：

认识人民币的单位——元、角、分；知道1元=10角，1角=10分；会进行人民币的等价兑换。

教学流程：

1. 反馈导入

师:同学们,上节课老师布置了一个调查作业,回家向爸爸妈妈调查,生活中有哪些地方要用到钱?谁愿意汇报调查结果?

生:买菜要用到钱。

生:乘车需要钱。

生:交学费要用钱。

师:是的,生活中有很多地方都要用到钱,你们知道我们国家的钱叫什么吗?

生:(齐)人民币。

师:对,叫人民币。这节课我们就来认识人民币。(板书课题:认识人民币)

【评析:课前安排学生调查人民币用途,不但使学生知道生活中处处有数学,还培养了收集信息的能力。】

(1)认识大面额的人民币

师:这几张人民币你认识吗?说一说它们分别是多少钱?(师出示第五套人民币中100元、50元、20元、10元。生集体识别)

师:那你们更细致地观察过这些钱吗?请看屏幕,这是老师放大的这几张人民币的正反面,仔细观察一会儿,互相说说你在人民币上都看到了什么?(屏幕展示,生相互交流)

师:谁愿意说说你在人民币上都看到了什么?

生:我看见人民币上有国徽。

师:每一张人民币上都有国徽。国徽是我们国家的标志,它代表了我们祖国的尊严!

生:我看见人民币上有"中国人民银行"几个字。

师:中国人民银行是人民币印制和发行的地方。

生:人民币上有人民大会堂图片。

师:你们知道这几张人民币的背面分别是哪里吗?老师带你们去浏览一番,好吗?

(屏幕出示:100元人民币的背面是雄伟的人民大会堂,我国重要的会议都在这里召开;50元背面是西藏的布达拉宫,这里充满着少数民族的风情;人们都说桂林山水甲天下,20元背面就是秀丽的桂林山水。你们看,这里山环绕着水,水映着山,多美的景色啊!10元的背面是壮观的长江三峡!我们不禁感叹,祖国的山河多壮美啊!我们可以通过人民币来了解祖国美丽的山河)

生:人民币上有数字。

师:人民币上有不同的阿拉伯数字,这些不同的数字就是人民币不同的钱数,也就是人民币不同的面值。

生:人民币上还有鲜花。

师:你观察得真仔细,请同学们仔细观察这几张人民币上的鲜花图案,你们知道它们都是什么花吗?老师带你们去观赏一下这些迷人的鲜花。

(屏幕出示:10元上的花是醉人的牡丹,20元上的是出淤泥而不染的荷花,50元上的是多姿多彩的菊花,100元上的是绚丽的紫荆花。老师仿佛闻到了扑鼻而来的花香,美丽的鲜花让人民币看起来更漂亮)

生:人民币上还有毛主席头像。

师:每张人民币上都有毛主席的头像。毛主席曾经是我们党和国家的主席。他是一位伟大的领袖。他永远活在我们每一个中国人的心中。

生:我还在毛主席头像的下面看见了毛主席出生的时间和逝世的时间。

师:我们知道这位伟大的领袖生于1893年,逝世于1976年。还有其他的发现吗?(没有人举手)下面老师想给大家补充一下。

师:人民币正面的右下角是盲点,盲人通过触摸盲点,就可以知道是多少钱了。人民币背面右上角,分别用汉语拼音和四个少数民族的文字表示中国人民银行的意思。

师:同学们,通过我们这么细致的观察,现在你能很快地识别它们吗?(生快速识别)

师:谁能说说你是用了什么方法一眼就识别出它的面值?

生:我用看数字的方法识别人民币。

生:我用颜色来识别。

生:我看人民币上的图案来识别。(师板书:数颜色、图案)

师:刚才,我们观察了第五套人民币中大面值的人民币,认识了新朋友,还有几位老朋友。(师出示第四套的10元、50元、100元人民币)这些钱是第四套人民币中的10元、50元、100元,现在仍然通用。

师:我们可以通过观察钱上的数、图案或是颜色来认识不同的人民币。

【评析:这个环节教师充分利用了教材,使孩子在认识人民币的同时,了解革命先辈和祖国的名胜,渗透了爱国主义思想的教育。】

(2)认识小面额的人民币

师:请同学们看屏幕,这些钱是我们国家目前正在流通的小面值人民币,这些钱你们都认识吗?

师:请同学们从1号学具袋里拿出所有不同的小面值人民币,互相说一说,认一认。遇到不认识的可以问老师,也可以问周围的同学,然后选择你喜欢的方法记住它们。

师:大家都认识这些人民币了吗?老师要让大家认一认。(师快速出示人民币)

师:(出示一张破损的人民币)这张人民币怎么了?破损的人民币不美观,同学们要爱护人民币,因为爱护人民币也是爱国的一种表现。

师:这些人民币大家都认识了。下面请同学们根据你对人民币的了解,把这些人民币有规律地分分类,老师请同桌之间合作摆一摆吧!

师:谁愿意到前面来摆一摆,并说说你们为什么要这样摆?

一组:我们是按单位分的。把几元几元的放在一起,几角几角的放在一起,几分几分的放在一起。

二组:我们分成硬币和纸币。

三组:把数字是1的放在一起,把数字是2的放在一起,把数字是5的放在一起。

四组:我们是按颜色来分的。

2. 人民币的互换

(1)情境引出新知

师:大家对人民币都熟悉了,在生活中我们经常会遇到这样的情况。(课件出示:同学们,无人售票公共汽车的票价是1元,我只有一张2元,谁能帮帮我)

生:把两元钱换成2张1元的。

(2)进行角与角、元与角的互换

师:在生活中,我们经常要用整钱来换零钱,老师这是有1个2角,能换几个1角?

生:1个2角能换2个1角。

师:我拿1个5角能换几个1角?

生:1个5角能换5个1角。

师:1元呢?1元可以换几个1角,谁知道吗?(指名回答)

生:1元能换10个1角。

师:大家同意吗?我们说1元=10角(板书),试着说一说,大家齐说1元=10角。那反过来呢?几个1角可以换成1元?

(3)练习

师:老师这里有几道练习题,看同学们能不能把整钱换成零钱?

①1张1元能换( )个2角。

生:1张1元能换5个2角。

师:大家同意吗?你是怎样想的?

生:5个2角是10角,10角就是1元。

②1张1元能换( )个5角。

生:1张1元能换2个5角。

师:说说你是怎么想的?

生:2个5角是10角,就是1元。

③1张5角能换( )张1角和( )张2角。

师:先想好怎么换?再拿出你的2号学具袋,用里面的1角和2角把你的想法摆一摆,最后和同桌说一说你是怎样换的?

(师巡视,生活动)

3. 综合运用

师:同学们了解了人民币之间的一些简单的互换。这些知识在你买东西的时候就能用得上了。接下来,老师带大家去一个小商场。(课件出示商场)

(1)小商场里有什么商品?它们分别是多少钱?

生:气球1角钱,铅笔2角钱,橡皮5角钱,笔记本1元钱。

(2)如果你有1元钱,让你买你喜欢的商品,你最多买几个?

生:买气球可以买10个,因为1元里有10个1角。

生:铅笔可以买5枝,因为1元里有5个2角。

生:橡皮可以买2块,因为1元里有2个5角。

生:可以买1个笔记本。

(3)如果你有1元钱,把它都花光,买不同的商品,你怎么买?

生:5个气球,1块橡皮。

生:3枝铅笔,4个气球。

……

【评析:通过情境使学生在模拟使用人民币过程中,进行各种面值人民币的兑换,感知元、角、分不同的面值。】

反思:

本节课充分体现了新教材特点和课程标准的新理念，渗透了以人发展为本的教学思想。重视师生、生生间的相互作用，把数学教学活动建立在学生已有的认知水平和生活经验之上，即从生活实际出发，让学生在实践中认识人民币，并适当地进行爱护人民币，做事有条理等德育渗透，环环相扣，衔接自然。

导语部分的设计是让学生联系生活实际列举自己使用人民币的例子，帮助教师了解学生的生活经验和已有知识水平，找准学生的最近发展区。同时，让学生感知人民币的商品功能和在社会生活中的重要作用，激发学习的兴趣，突出知识生长点。

认识大面额人民币这一环节，通过让学生细致观察人民币上有什么，呈现出生活中不留意的，概括出一些规律性的东西。让学生归纳一些方法来认识不熟悉的人民币，丰富多种识别方法。

在认识小面额这一环节，教师充分利用学生自主性，根据捕捉到的规律性的东西，以便让学生自主学习其他面值的人民币。

认识了人民币，接下来就是如何应用人民币。在本节课中，让孩子了解人民币一些简单的互换，从而解决生活中的实际问题。在这个环节中，将数学知识包装在创设的生活情境中，充分体现了用数学的思想。

模拟购物这一环节，通过实践活动让学生在"小课堂"中体验大生活。这个环节的设计，真正让学生感受到数学学习是与现实密切相关的，学生从现实中学习数学，再把学到的数学应用于现实中去。

总评：

1. 关注知识储备——铺设台阶，拾级而上

学生在生活中已经储备了"人民币"的相关知识，充分利用和调动学生已有的知识储备，找准学生的最近发展区，恰如铺设台阶，让学生拾级而上。

在认识人民币阶段的设计初步完成了教者的设计意图：

(1)先出示几张孩子熟悉的人民币。

(2)充分观察。

(3)总结识别方法。

(4)用喜欢的方法认识小面值人民币。

2. 关注思维发展——合作求异，独巨匠心

为了巩固学生对人民币的认识，为了训练学生的发散思维，教者设计了多种开放式的活动。这样学生在合作交流的过程中完成对已有知识的拓展和延伸。同时，培养了孩子思维的活跃性和跳跃性。

3. 关注知识运用——源于生活，服务生活

让孩子了解人民币一些简单的互换，从而解决生活中的实际问题。在这个环节中，教师利用生活情境，让孩子感觉到人民币之间的一些互换是用来服务于生活的。充分调动学生的学习积极性，使学生在活动中通过合作与交流，生生互动，轻松、愉快地掌握了人民币间的一些互换，培养了创新意识和实践能力。在教学过程中，教师尽可能充分利用现代化教学手段和直观教具的演示，通过看、想、拿、换、说、用等手段，让思维和语言表达紧密结合。学生在愉悦的学习气氛中掌握了一些互换的方法。在此基础上，教师运用迁移规律，设计购物练习使学生乐学、爱学。

第八章

班级管理

第一节 班级管理概述

一、基本知识

（一）班级管理的内涵

1. 什么是班级管理

班级管理是教师根据一定的目的要求，采用一定的手段措施，带领班级学生，对班级中的各种资源进行计划、组织、协调和控制。它是一种有目的有计划的活动，这一活动的根本目的是实现教育目标，使学生得到充分的、全面的发展。班级管理的主要手段有计划、组织、协调和控制。

班主任对自己的角色要有准确的定位。班主任是教育管理的主要实施者，是中小学生健康成长的引领者，是中小学生的人生导师，在学校，班主任是孩子成长影响最大的人，因此班主任是重要岗位，有重要职责，是教师主业。

班主任工作包括制订班级教育目标、建设班集体、开展班级活动、班级文化建设、班级日常管理与学生行为规范养成、开展班级心理教育等一系列工作，以及建立科学合理的评价机制和班主任自身的专业化成长。班主任工作是一项充满实践智慧的工作，只有在长期的工作实践中，才能形成独特的班级管理经验和特色。

2. 提高班主任专业技能的必要性

班主任作为教育因素，对班集体和学生的影响表现为两个方面：一是以自身修养为基础，通过自己的价值观念、人品、学识、态度、行为习惯等潜移默化地感染学生；二是通过做好班级管理工作，使学生受到更多更好的教育。班主任工作是一项发展性的专业工作，既要促进学生的发展，又要与时俱进，不断发展和完善自身；同时班主任的自我发展意识也是影响其做好班级工作的重要因素。因此，一个有事业心的班主任，应该认真学习教育管理理论、潜心研究班级管理工作、及时更新教育管理理念、不断调整班级管理策略，此外还要不断加强自身修养，以自身的高素质树立榜样，以实际行动来教育学生。

所以，师范生具有一定的班级管理知识和班主任专业技能是教师职前培养的重要内容，也是今后走上教育工作岗位做好班级管理的基础。

（二）班级管理技能的内容

1. 掌握班主任工作的基本原理及工作规范

(1)班主任的工作职责任务：对学生进行政治和思想教育，全面提高学生的学习质量，培养学生的劳动习惯和技能，提高学生的身心健康水平，发展学生的审美能力，促进学生个性充分发展，培养学生的自我教育能力，促进学生和谐发展。

(2)班主任的主要工作内容：全面了解和研究学生，组织培养班集体，协调与统一多方面的教育力量，进行日常管理工作。

(3)班主任的工作原则：方向性原则，全面性原则，情感原则，疏导原则，民主原则，集体原则，表率原则。

(4)新课程改革对班主任工作的新要求：学生情感、态度、价值观的引导，学生成长烦恼的消解，班级文化的构建，学生可持续发展的素质能力培养，学生成长的信息源，学生获取知识的信息平台。

2. 撰写学生操行评语

(1)思想品德方面：①学习党的路线、方针、政策；②遵纪守法，遵守学校的一切规章制度；③关心热爱集体；④团结互助；⑤言谈举止文明；⑥尊敬师长；⑦热爱劳动；⑧艰苦朴素，勤俭节约；⑨思想作风正派；⑩有理想、有追求。

(2)学习方面：①学习态度：自觉学习、认真听课，完成作业，珍惜学习时间，讲求学习方法及效率；②学习方法：新旧知识的联系，预习与复习，理论联系实际，理解与消化。识记与综合运用，知识的比较鉴别、分析和归纳，独立思考等等；③学习能力：自学能力，分析能力，综合能力，理解能力，接受能力，逻辑思维能力，形象思维能力，运用知识解决问题的能力，运算能力，解题能力，表达能力，观察能力，记忆能力，应变能力，创新能力等。

(3)体育方面：能否积极参加体育活动，锻炼身体、是否达到体育锻炼标准，体质状况等；获得的各种荣誉称号。

以上操行评语内容（当然还有其他方面）可供班主任写学生操行评语参考，具体落实在每个学生身上，具备哪些方面，这需要班主任实事求是地写，不能千人一面，要写出每个学生的特点来。

此外，还有一些比较好的做法：

一是画像法。就是班主任在评定学生操行时，先用形象而富有情趣的语言刻画学生最突出的方面，然后由此带出对该生的全面而又个性化的评价。

二是淡化处理法。这种方法主要是针对那些被称之为所谓的“差生”，尤其是适合于对那些学习成绩不好而又有所长的学生下的评语。它对学生的不够理想之处进行淡化处理，而其目的在于鼓励学生扬长避短。它符合“差生”的心理发展规律。

三是自叙法。或者叫“自评法”，就是学生自己给自己写评语。它适合于高年级且自律能力较强的学生或者那些在某方面有所松懈或在某些方面有所顾虑的学生。

四是点评法。实际上是“自叙法”的延续，即班主任对学生的自我评价进行审核、补充。此法要求班主任对学生有更深入的了解，语言要求简洁、明了，要能起到画龙点睛的功效。

3. 分析“教育情景”案例

教育情景案例是一个教育情景故事，在叙述一个故事的同时，人们常常发表一些自己的看法，也就是点评。分析是指围绕一定的教育目的，把教育教学实践过程中真实的情景加以典型化处理，形成可供学习者思考分析和决断的案例（往往是一个故事、一个事例或一个事件），通过学习者独立分析或相互讨论，来提高学习者分析和解决教育问题能力的一种方法。所以，一个好的教育案例就是一个生动的教育故事加上精彩的点评。

对案例所反映的主题和内容的看法和分析，有利于进一步揭示事件的意义和价值。

案例包含了背景、主题、案例问题事件、问题解决效果、诠释与研究、有待继续讨论的问题等要素。分析要围绕着班集体建设，组织活动，教育学生以及培养学生良好学习习惯、学习方法，家校沟通等方面进行；要理论实际紧密结合，体现先进教育思想；要突出重点；观点要有充分依据。

4. 制订班主任工作计划

（1）必要性。班主任工作，千头万绪，涉及面广。作为班主任，事无巨细。都要亲临。“凡事预则立，不预则废。”要做好班主任工作，必须加强工作的计划性，制订好班级工作计划。这是班主任工作取得成效的基本保证。班主任工作涉及学校的各方面，是一个复杂的系统工作，只有制订好周密的工作计划，才能有步骤地把学校的教育计划落实到班级，使学校的培养目标具体化、阶段化，以保证学生的健康成长。制订班主任工作计划有利于对班主任工作进行检查和督促。班主任对工作进行经常性的督促和检查是提高工作质量的有效途径之一。有计划，就能正确检查自己的工作情况，同时，学校、学生也可依据计划检查、督促班主任的工作。

（2）类型。班主任工作整体计划、班主任工作年度计划、班主任工作学期计划、班主任工作专题计划。

（3）基本结构。班级的基本情况分析、班级发展的水平和特点、班级学生的基本情况和特点、有利因素和不利因素、存在的主要问题等。

工作目标：总目标、阶段目标、各层次具体目标等。

措施安排：主要教育活动、组织力量与分工、时间步骤安排。

检查办法与总结。

5. 撰写主题班会策划书

主题班会是针对本班学生的思想或学习的实际情况所进行的特定内容的特殊班会，因为内容单一而又具有明显的教育效果，故称作主题班会。班会活动课是班主任对学生进行思想品质等教育的一种有效形式和重要阵地，也是落实基于培养目标的学校课程实践之一。

主题班会是围绕某一教育主题，在学生充分准备的基础上，采用一种或几种形式进行的综合性班会。一般用于总结某一教育阶段的工作。

撰写时主要围绕爱国守法、养成教育、关爱集体、心理健康、热爱自然、珍爱生命等几大方面的内容进行策划。班会活动方案一般由目标、重点、时间、内容、步骤、措施六个部分构成。活动重点要突出，活动时间要把握。要根据活动的类型、活动的内容规划好活动时间；活动内容要选择；活动步骤要清晰，整个活动过程包括哪几个环节，每个环节中有哪些操作要点都要交代清楚；活动措施要得力。

6. 主题班会说课

主题班会要围绕主题组织有序、环节层层深入，要注意对学生的感染与主题教育相结合，增加学生的参与程度，最后要点明主题。

二、训练流程

（一）达标时间

大三上学期即第五学期。安排在10月份第四周。需要补考的学生在大三下学期教育实习结束后组织一场补考，仍未达要求者，毕业时安排积欠补考。

（二）考评方式

以书面形式统一竞赛、说课展示、提交文稿等方式进行考核。

笔试：班主任工作的基本原理及工作规范；情景答辩："教育情景"案例分析；主题班会现场展示课：主题由现场抽签来决定，在规定时间内进行设计。学生在书面稿的基础上进行现场说课，并回答评委提出的有关问题。同时可以展示才艺，相关设备材料请自带。

对学生进行以上三项班主任专业技能的考核和评定。学生可根据自己的情况进行选择，在考评周前一周提交申请，统一上交给院系的考评领导小组。院系根据学生报名情况分组进行。

笔试卷由领导小组组织各专业资深的教师批阅，评出优秀、良好、合格、基本合格、不合格。

其余二项，院系组成二个考评小组，分别由三位教师组成，三位评委的均分为考生最后得分，最后成绩为等级制。评出优秀、良好、合格、基本合格、不合格。以上都属于选考范围。

（三）训练步骤

校内实训：从大一开始，教师在教师教育专业基础课《教育学》、《班级管理》中，使学生掌握班主任工作的基本知识和规范，对学生进行一定时间的班主任专业技能训练，大三上学期即第五学期集中进行教师职业技能训练。

校外实训：大一进行观摩访谈，访谈班主任和小学生，了解小学班级管理现状；大二上学期安排为期8天的见习活动，让学生熟悉班级管理流程；大三下学期即第六学期进行为期8周的教学工作实习（含班级管理实习任务）。分别指定指导教师，使学生尽快进入班主任角色。

三、考评标准

（一）评分标准

1. 班主任专业基础考核内容和评分标准

（1）班主任工作基本原理和规范

统一笔试考试，分值100分，时间60分钟。按卷面分值评分。

以教育部《关于进一步加强中小学班主任工作的意见》文件精神和《中小学班主任工作规定》的内容为基础，笔试内容包括班主任工作基本要求、基本规范。

主要考核班主任对日常班级管理工作的处理能力。

（2）"教育情景"案例分析

答辩考核，分值100分，时间为5分钟。参赛选手通过现场抽签的形式选定一个案例，对案例进行分析，说出处理、解决的办法，并回答评委提出的问题。

要求：条理清晰、观点正确、有针对性、思辨性；理论联系实际，有理论有分析，体现新的教育观和学生观，具有可操作性和指导性；行文流畅，语言文字准确简练，标点符号及格式规范得体。

情景答辩评分标准见表8－1。

表 8 – 1 情景答辩评分表

评价指标	评分标准	分值	实得分
1. 情景分析	抓住问题的关键，分析到位，解决方法切实可行。理论与实际相结合，观点明确	20	
	处理方法正确，富有科学性与艺术性	20	
	对班主任处理类似问题起到一定的示范性和指导性	10	
	理念先进，观点正确，立论较高	10	
	分析思路清晰，条理清楚，表述流畅	10	
2. 答　辩	回答问题紧扣主题，思路清晰，表达清楚、语言简洁	20	
	综合素质	10	
总分	100		

(3) 主题班会策划书

统一笔试考试，分值 100 分，时间 45 分钟。

根据提供的主题或班集体活动的背景材料，设计一份主题班会策划书。

①设计格式规范。（分值 10 分）

②活动设计紧扣主题，体现时代性、实效性和可操作性。（分值 25 分）

③活动过程能体现实践性、教育性、趣味性的有机结合。（分值 25 分）

④主题活动设计合理，符合学生身心发展特点，充分体现学生的主体性、全体性，形式丰富，逻辑性强。（分值 35 分）

⑤在规定时间内完成。（分值 5 分）

2. 班主任专业实务考核内容和评分标准

内容：主题班会说课。

采取说课展示形式，分值 100 分，时间 10 分钟。主题班会策划书可以事先准备好。

(1) 主题突出，意义明确，联系实际，具有教育和示范作用。（分值 30 分）

(2) 内容充实，切合主题，针对性强，贴近实际，贴近学生。（分值 25 分）

(3) 形式新颖，富有创意，具有表现力，集思想性、知识性和趣味性于一体，注重学生创新能力的培养和素质的提高。（分值 25 分）

(4) 着装得体，仪态大方；语音标准，语言流畅，有感召力。（分值 15 分）

(5) 展示才艺和特长，表现个性和魅力。（分值 5 分）

(二) 等级标准

以上每种技能考核成绩都实行等级标准。

(1) 分数≥90，等级为优秀；

(2) 分数 80≥ <90，等级为良好；

(3) 分数 70≥ <80，等级为合格；

(4) 分数 60≥ <70，等级为基本合格；

(5) 分数 <60，等级为不合格。

第二节　班级管理训练与指导

一、基本要求

（一）训练目的

贯彻落实教育部《关于印发中小学班主任工作规定的通知》精神，加强对师范生班级管理的职前培训建设，使师范生掌握班主任专业技能。通过开展训练和考核活动，提升师范生具备一定的班主任政治素质和业务素质，使师范生掌握开展班级管理工作的基本技能，促进他们专业化成长。

（二）训练内容

1. 专业基础训练

（1）班主任工作的基本原理及工作规范的了解；

（2）学生操行评语撰写；

（3）“教育情景”案例分析；

（4）班主任工作计划制订；

（5）主题班会策划书撰写。

以班为单位上交文字稿。

2. 专业实务训练

主题班会说课：学生在书面稿的基础上按主题进行现场说课，并回答评委提出的有关问题。说课时选手如要展示才艺，相关设备材料请自带。

二、技能要领

除教师教育课程理论学习外，还要通过校内和校外的见习实习，获取班主任专业技能。

1. 掌握班主任工作的基本原理及工作规范

认真听课：学好《教育学》、《教育心理学》、《班级管理》等课程的相关知识和原理。

访谈班主任：了解班级管理的流程和工作规范。

阅读杂志：平时多看班主任工作方面的杂志，从教学一线老师的亲身经历中加深印象。

2. 学生操行评语撰写

班主任要根据学生在德、智、体、美、劳诸方面的一贯表现，认真分析学生的思想发展动态，依据平日每个学生的表现，征求学生干部和任课教师的意见，经过分析、综合，班主任亲自执笔给每个学生写出恰如其分的操行评语。

评语力求全面（又突出重点）、真实、准确、具体，优点、缺点都要如实写出来。

评语的文字要简洁，措词要准确，语句要通顺，书写要正规，一般在100字左右。

评语内容要体现《教育法》、《教师法》、《未成年人保护法》等有关法律法规的要求。

操行评语应该着眼于提高实效，改变传统评语千人一面、片面冷漠、空洞说教的模式，使操行评语体现出情感性、针对性和实效性。

3. “教育情景”案例分析

必须注意三个方面：首先是要掌握基本的教育教学理论知识，这是分析的基础（案例题最主要的功能就是考察教育理论知识及其在教育教学实践中的运用能力,因此自身的教育理论功底是最基本的条件。本题属于什么类型的案例?此案例的目的是什么?跟哪些教育理论有关);其次是解题技巧,即如何分析教育教学案例,这是答好题的关键(关键问题是什么?谁充当了主要角色?该如何充当?要围绕问题展开分析。需注意从两个基本角度进行分析:①当事者角度,不是旁人,要进入角色;②教师角度,教育教学案例是为了提高教师教育能力,教师的行为当然是关键);最后是掌握答题技巧,这是取得好成绩的手段(答题不仅要回答是什么,更要回答为什么,依据是什么?要寻求理论上的支持)。

4. 班主任工作计划制订

把握制订班主任工作计划的依据,一般包含以下三个方面:①上级指示。包括党和国家的教育方针、政策法规以及教育行政部门的指示和要求。②学校要求。学校工作计划和学校工作保持一致,为整个学校管理规定了明确的任务,对教育目的和当前形势作出了明确的论述,它是制订班主任工作计划的直接依据;③班级实际情况。班级情况包括"学生人员构成"、"学习情况"、"思想情况"、"体质状况"、"骨干状况"、"班级特点"等。班级状况是工作计划的基础,只有根据班级状况出发,才能使班主任工作计划具有科学性、切实性。此外,为保证计划的可操作性,可通过民主程序确认。

在制订和执行班主任工作实习计划中应注意以下几个问题:计划要切合班级实际,有的放矢;计划要简明扼要,重点突出;执行中要及时小结评议,或作个别调整。

5. 主题班会策划书撰写

撰写有效的主题班会活动方案,是成功举办主题班会的前提。在策划活动方案时要注意:

(1)题材的选取

班会题材要针对本班的实际情况、学生的年龄和心理特点选取内容及设计形式,及时规范学生行为,及时捕捉班级的亮点及学生的闪光点,适时适度地进行教育,树立典型并发挥其辐射带动作用。主题班会的主题立意应该新颖、鲜明、生动、具有时代精神。选择材料务必真实、典型、生动形象。

(2)教育目标的确立

紧扣德育大纲中的相应年级要求,从学生发展实际出发,结合时代发展特点,目标明确,观点正确,主题突出。班会课的目标主要在于使学生的主体意识、行为能力、情感态度等方面得到全面发展。

(3)教育内容的制定

思想教育,这是班会的主要内容,即使在进行其他方面的教育时,也要贯穿思想教育的要求;也可以是时事形势教育,节假日传统教育,各类优秀作品的介绍、欣赏和评析,历史、体育、卫生等各种知识的介绍;或推荐、评价有关书籍,处理班务工作和组织班级活动,就班级中的倾向性问题进行讲评等。

(4)主题班会活动形式

主题班会要形式美,就是指主题班会的形式应该新颖、活泼、丰富多彩,适应学牛特点。在一次主题班会中可以采用讲演、朗诵、歌舞、小品、采访、报告、座谈、汇报、辩论、竞赛等多种形式中的一种或几种。主题班会的形式一般指主题班会的表现形式,包括活动编排、人员调配、会场布置、气氛和节奏等。

6. 主题班会说课

主要围绕爱国守法、养成教育、关爱集体、心理健康、热爱自然、珍爱生命等几大方面的内容进行。

(1)说什么

一主题:班会设计的意图,教育目标、重点、难点;

二说对班会主题和学情的把握;

三说班会课教育点的展示过程与学生的认识水平及认知规律是否相符;

四说在教育观念、教育方法、教育手段上是否体现新课改理念,在教育环节中是否渗透班会教育内容。

(2)说教法

先说班会教育内容选择是否贴近实际、贴近生活、贴近未成年人,教育方法的选择是否有助于教育目标的达成;再说怎样科学、合理地使用教育教学手段。

(3)说学法

先说渗透对学生人生观、价值观、世界观的引导、传授的育人方法,再说是否有利于培养学生实践能力和创新精神。

(4)说课堂活动程序

班会教育过程中教育活动步骤是否清晰、自然、逻辑性强;

班会课结构是否合理;

是否重视学生参与,在活动过程中学生是否能得到体验和感悟;

整个班会情境设置;

班会课活动教育目的是否明确(如提问、设疑、演示、情境设置等);

是否突出重点、突破难点;

结合班会主题渗透的教育内容、形式、时间是否恰当。

(5)教师行为和教师基本功

遵循主体性原则,面向全体学生,充分尊重学生,营造良好的教育心理氛围;

在教育活动过程中,引发和鼓励学生自由展示他们的情感、体验和观点,使他们在活动中学会自主、学会选择、学会创造;

能融入教师自己的生活经验,以真情感染学生,满足学生的发展需要;

普通话标准、流利、表达准确,教态自然大方;

字体工整、板书设计合理;

合理有效地使用现代教育信息技术,其可操作和规范性对同行有启示作用。

(6)班会特色亮点

班会课主题的确立要做到贴近学生、贴近生活、贴近时代,能够引起学生共鸣,有利于引导学生成长。通过形式多样、生动活泼的主题班会来澄清是非、提高认识、开展教育。

第三节　班级管理考训范例

一、班主任工作的基本原理及工作规范

(1)班主任工作基本原理与规范的主要内容

班主任工作职责任务、主要工作内容、工作原则、新课程改革对班主任工作的新要求。

(2)如何运用班主任工作原理与规范做好工作

试卷试题出自《班级管理》教材。

二、学生操行评语撰写范例

优秀评语参考：

(1)鼓励学生不断努力的评语

胜利的果实，永远挂在树梢上，你可要努力往上跳，才能摘到啊！不要等待明天向我们走来，要让我们走向明天！只有当我们将“等待”改为“开创”时，才能拥有一个真正属于自己的、美好的明天！

在昔日的时光中，你有成功，也有失败；有丰硕的果实，也有苦涩的泪水……但不管怎样，坚强的你总是昂首面对。你认真、刻苦、虚心、诚实，因此赢得了老师和同学们的一致好评。但有时，你还缺少些恒心，急于求成。“千里之行，始于足下”，希望你能凭着自己的顽强意志，迈好人生的每一步，从不放弃，永不言败。

一个爱好音乐的人，可不可以对音乐课及考试马马虎虎？一个想当警察的人，可不可以在体育课里偷懒？一个到重点中学读书的人，可不可以在学习上不尽力？如果不可以的话，该怎么做？本学期你有所进步，但凭你的能力，你是可以有更大的进步的。老师期待着你！

(2)名言警句，引起学生激励的体验

正如你美妙的名字一样，你是我们班的一匹“骏马”，运动场上为班级立下汗马功劳。但由于你的“马虎”，你这匹宝马也经常有在学习场上“失蹄”的时候。记住，宝马应该是“不用扬鞭自奋蹄”，我相信你定能做到。

(3)劝戒学生克服缺点、弱点的评语

老师刚接班时，同学们最信任的是你，各科成绩最好的仍是你。可能是故意想找你的不足吧？我渐渐发现了你学习上有些知识点掌握得不灵活，体育达标成绩不够理想。希望你在下学期发扬优点，克服弱点，让实践证明你是一名永远经得起推敲的好学生！

看你作业认真，字写得漂亮，的确是一种享受，说明你有着认真的态度。老师一直认为上课好讲话的同学一定不会是你，但为什么又偏偏是你？如果你的课堂表现也能像你的字一样漂亮，那么老师和所有的同学一定会对你另眼相看，那时的你一定是很优秀的，我期待着你以后有更好的表现。

(4)为学习上的“差生”鼓劲儿的评语

在老师的眼里，你是一个热情奔放、热爱集体的好学生，愿意主动与老师亲近、接触。但每当想起你及格线以下的学习成绩，我的心里总是酸酸的、涩涩的。在新的学期里，你愿意挥动勤奋的双桨，为老师掠去心头的这片阴影吗？“有志者，事竟成”，老师相信你一定会成功的！

你聪明伶俐，活泼可爱，你那一张张彩照多漂亮呀！老师还特别爱听你唱歌。但为什么你的学习却和你的外表、歌声有那么大差异呢？下学期，老师希望看到你的成绩能像你唱歌和舞蹈一样那么优秀！

(5)鼓励学生全面发展的评语

你学习认真，上课积极发言，对许多问题有独到见解。工作主动、热情，办事利索，能出色完成工作任务。热爱劳动，尊敬师长，团结同学。老师希望你今后能积极参加体育锻炼，做一个德、智、体、美、劳全面发展的好学生。

(6)引导学生注意把握学习方法的评语

在本学期即将结束时,回眸你撷取的累累硕果,定会欣喜地发现,没有比脚更高的山,没有比腿更长的路,只要付出,定会有回报,爱拼一定会赢!如果再加上科学的学习方法,将有更大的成功在期待着你!

你是一个友好和善、遵规守纪的学生。尊敬老师,同学关系融洽,热爱班集体。无论在教室,在寝室,你都不是一个捣蛋的学生,可奇怪的是我常常看到你较为忙乱,而作业完成得也不是很好。缺乏计划性,没有学习规律,任务落实不好,这是不是你成绩提高不大的原因?如是,赶快改正,相信你会有进步的!

在你身边有两个形影不离的小伙伴:"聪明"和"调皮"。"聪明"因为"调皮"的捣乱少了许多。是啊,上课坐不住,听不进课,还怎么聪明呢?幸亏期末这段你一下子长大了许多,"小调皮"从你身边溜走了,你呢,自然更聪明了,老师为你高兴,希望你能坚持住,要不然,"小调皮"还会再来捣乱的!

三、"教育情景"案例分析

【案例1】

有这样一个真实的事例:

几个学生正趴在树下兴致勃勃地观察着什么,一个教师看到他们满身是灰的样子,生气地走过去问:"你们在干什么?"

"听蚂蚁唱歌呢。"学生头也不抬,随口而答。

"胡说,蚂蚁怎会唱歌?"老师的声音提高了八度。

严厉的斥责让学生猛地从"槐安国"里清醒过来。于是一个个小脑袋耷拉下来,等候老师发落。只有一个倔强的小家伙还不服气,小声嘟囔说:"您又不蹲下来,怎么知道蚂蚁不会唱歌?"

请你运用现代教育理论对该教师的行为作一评析。

1. 有关教育理论知识

该事例摘自《人民教育》中的一篇文章,题目就叫"蚂蚁唱歌",该案例涉及的运用现代教育理论,即教师应具有正确的教育思想及教育观念:

(1)教育观:要树立以学生发展为本的教育观。在教育取向上,不仅要重视基础知识、基本技能的掌握,还要重视基本态度和基本能力的培养。尤其在学生创新精神和实践能力的培养上,要重视学生发现问题、解决问题的能力,学生学习兴趣的培养以及学生个性的发展。

(2)学生观:要把学生看成是具有能动的、充满生机和活力的社会人(是人,而不是容器)。学生是学习的主体,是学习的主人,在一切活动中,教师要充分地发挥学生的能动性,促进其发展。要尊重、信任、引导、帮助或服务于每一个学生。

师生要平等相待(在人格上是平等的,要平等对话,实行等距离教学),要坚持教学民主。

2. 围绕问题展开分析

该案例的问题是"对该教师的行为作一评析"。围绕该教师的行为运用现代教育理论进行分析。

(1)"听蚂蚁唱歌呢。"孩子具有童心、童真与童趣,具有孩子特有的想象力,教师要善于了解孩子的"内心世界"。(新的教育取向不只关注知识和技能,还要关注过程与方法,情感与体验。"听蚂蚁唱歌"是学生的一种体验,教师要尊重并保护孩子的兴趣与想象)

(2)一个教师看到他们满身是灰的样子,生气地走过去问:"……"(学生在兴致勃勃地观察着什么,处于其自身的活动过程,学生是能动的、发展的人,教师要善于保护,给学生心理上的支持,而该教师不尊重学生的主观能动性)

(3)"胡说,蚂蚁怎会唱歌?"老师的声音提高了八度。严厉的斥责…。(师生要平等相待,教师不能以权威压制学生)

(4)小声嘟囔说:"您又不蹲下来,…(教师缺乏民主意识,要和学生实行等距离教学,"请你蹲下来和学生说话"、"请你走下高高的讲坛")

3. 掌握答题技巧

在答题中,许多老师的答案是正确的,但没有回答"为什么"而不能得到理想的分数。答题时,首先要明确答案,本题中即首先明确"该教师的行为是不正确的"。第二,说明理由。①先讲结论;②联系本案例具体案情;③写出理论依据。掌握答题技巧最重要的一点是要全面。

【案例2】

某校三年级有位叫小明的学生,经常迟到、旷课、上游戏厅,甚至打架、敲竹杠,学习成绩就更不用说了,门门功课挂红灯,尽管老师多次教育,仍不见好转,还是经常旷课、打游戏,向同学借钱,同学不借就打同学,以致班里同学见了他都躲得远远的。虽然偶尔也有进步,但没过两天又恢复原样,以致老师对他失去了信心。

不过,这个学生并不是一无是处,他百米赛跑速度超人,在校运会上,他连续两年获得百米赛冠军,为班级争得了荣誉。除此以外,他还特别喜爱画画,象棋也走得非常棒。

请你结合自身教育教学实践,谈谈如何对待这样的学生。

1. 有关教育理论知识

该案例涉及的知识主要为转化后进生方面的知识。

后进生的特点:(心理需求与现实状况存在许多矛盾)

(1)自尊,往往得不到别人的尊重;

(2)好胜,往往不能取胜;

(3)有上进心,而意志薄弱。

转化后进生的途径和方法:

(1)确立后进生也能成才的信念;

(2)深入了解后进生的心理特征;(通过观察、调查等手段深入了解)

(3)善于捕捉后进生身上的积极因素;(通过观察、调查等手段深入了解)

(4)创造各种条件,促进后进生的转化;

(5)要反复抓,抓一点,进步一点,巩固一点。

2. 围绕问题展开分析

该案例的问题是"谈谈如何对待这样的学生"。即该采取哪些途径和方法。

(1)"经常迟到、旷课、上游戏厅,甚至打架、敲竹杠,学习成绩就更不用说了…"说明该生学习差,品德也差,转化不是易事,但作为班主任应看到小明才三年级,年龄小,可塑性强,只要肯下工夫是一定能转化的,一定要想办法挽救。

(2)主动与学生建立良好的师生关系,这是做好后进生转化工作的极为重要的前提和条件。

(3)在信念的基础上展开全面调查,了解小明坏习惯形成的原因。

(4)"不过,这个学生并不是一无是处,他百米赛跑速度超人,在校运会上,他连续两年获得百米赛冠军,为班级争得了荣誉。除此以外,他还特别喜爱画画,象棋也走得非常棒。"(要全面、辩证地看待后进生,要挖掘后进生身上的积极因素)

(5)要为后进生转化创造各种条件。(主动与学生建立良好的师生关系,争取家庭的配合与支持,树立学生的自信心,依靠、发挥班集体的力量等)

(6)抓反复,反复抓。(注意衔接处,在低谷时应注重培养自制力,在进步时,应予以鼓励,看到不足,在复发时,应确立信心)

【案例3】

在组织合作学习的课堂上,常常会看到以下现象:

(1)教师提出一个问题,让前后桌的4人为一小组,展开讨论。往往座位的编排是按照学生的高矮次序,男女生搭配而成的。

(2)教师抛出一个问题(或者该问题来自学生)后,教室里立即一片嗡嗡声,感觉小组内每个人都发言;一两分钟后,教师喊"停",请小组代表(往往是固定的)站起来发言,学生一张口就是:"我觉得……"、"我认为……"

请运用现代教学理论,对以上现象分别作出评析。

1. 有关教育理论知识

该案例涉及的是新课程中的小组合作学习的有关知识:

(1)小组合作学习的意义:首先,合作学习的成员之间是一种平等的互促关系(相同的权力和共同的责任);调动思维的积极性,增强学习的动机。其次,成员个体通过向他人阐述自己的理解或推理过程,提高了自己的思维质量,又观察到他人的思绪过程,从而进行较准确从中学习有效策略。第三,重视学生彼此间的人际交往。(交往是全方位的:知识与技能、过程与方法、情感与体验)

(2)小组合作学习的形式:

①组建是以"组内异质组间同质"的原则进行所谓"组内异质",是指合作学习小组在结构上体现班级的缩影,学生按性别、学生成绩、个性特点、家庭和社会背景、守纪状况等方面的合理差异建立的相对稳定的学习小组。"组间同质"是指各小组的总体水平要基本一致,从而保证各小组之间的公平竞赛。(异质分组的形式)

②每小组有一名小组长,负责活动有序开展。小组内的各种角色要定时进行轮换。(领导者、激励者、记录者、检查者等角色要定时进行轮换)

③小组合作学习要按照一定的规则进行。(小五年级的七字诀:听取发言不插嘴,分析比较求领会;说明理由要充分,启发大家同思考;求助别人心要诚,注视对方稍欠身;反思敢于承认错,肯定别从学着做)

2. 围绕问题展开分析

该案例的问题是"对以上现象分别作出评析"。

(1)"往往座位的编排是按照学生的高矮次序",不符合"异质分组"的原则。

(2)"教师抛出一个问题(或者该问题来自学生)后,教室里立即一片嗡嗡声,感觉小组内每个人都发言。"(小组活动缺乏一定的规则,简单地讲就有"你说——我听"这一典型的策略)

(3)“一两分钟后,教师喊‘停’。”(学生缺少思考的时间和空间,一两分钟的讨论,并不是真正意义上的合作学习)

(4)“请小组代表(往往是固定的)站起来发言。”(角色要轮换担任)

(5)“学生一张口就是:‘我觉得……’、‘我认为……’”(学生自我意识过强,缺乏必要的人际交往技能)

【案例4】

一位热情而热爱教育工作的教师为了使学生更好地学习及提供一个更有情趣的学习环境。新学年开始了,他对教室进行了一番精心的布置,教室内周围的墙上张贴了各种各样、生动有趣的图画,窗台上还摆上了花草、植物,使课室充满了生机。请你判断,它将产生什么样的效果?为什么?

[参考答案]这位热情的教师出发点虽然很好,但事与愿违,反而会产生分散学生注意,影响学生集中学习的效果。根据无意注意的规律,有趣的图画,室内的花草、植物这些新异的刺激物吸引了学生的注意,尤其对低年级学生,他们容易把注意转移到欣赏图画、花草植物上,以致影响到专心听课。

【案例5】

老师,让我们自己来

为了让班会开得更成功,我为我们班选了一篇课文改写成剧本。

第二天,把我的计划和大家说了说,全班同学都很高兴,这时我听到了一段小声议论:“老师怎么选这篇课文,又长又不好演。”“你管呢,让你演什么你就演什么呗。”“我可不想演。”听到这儿,我的心一沉,原来是王渺。下课,我把她叫到办公室请她谈自己对演课本剧的想法。她说:“老师,我觉得您选的课文不好,而且您每次都是写好了剧本让我们演,您应该让我们自己来试一试。”她的话让我突然意识到他们并不希望老师什么都是“包办代替”,他们长大了。于是,我把导演的任务交给了王渺同学,她高兴地接受了任务,开始和同学商量演哪一课。然后找我做参谋,帮我做道具。课本剧表演得非常成功,我和孩子们一同品尝了成功的喜悦。

问题:这个案例给我们留下的思考是什么?请你结合新课程理念谈谈自己的看法。

[参考答案]我们在教育教学中要适当的放手,让学生自己去创造、去实践。而不应该用条条框框的模式去束缚学生的创造力,更不应该让孩子按教师的思维、想法去行事。要让孩子自己去行动,做一个智能人,开发潜能,追求独特。

【案例6】

广播操比赛

为推广新的广播操,某校决定举行广播操比赛,有人选择某年级四个班针对广播操比赛全过程的教育情况进行了调查,发现四个班主任在动员,训练中对学生的教育大同小异,所不同的是比赛结束成绩公布之后。

某(1)班(冠军):同学们,经过全班同学的努力,我们班荣获了四个班级广播操比赛的冠军,老师祝贺你们,真为你们感到骄傲。

某(2)班(第三名):老师不打算对这件事进行评价。

某(3)班(第四名):同学们,这次广播操比赛,很多同学都尽力了,但还有一些方面做得不太好,因而成绩不太理想,失败不可怕,只要同学们总结出成功和失败的原因,并将成功的经验用之于今后的活动中去,改进这次比赛中反映出来的问题,我想我们一定能够成功的！请同学们分组讨论一下,这次比赛同学们成功的方面和失败的教训……

某(4)班(第二名):这次比赛由于有的同学不努力,我们班没能获得冠军,老师很失望。

问题:请你根据四位老师不同的做法,发表自己的看法。

[参考答案]举行比赛,肯定有一个班是冠军,至于是哪个班级这并不重要,重要的是老师不能把这次比赛与整体教育割裂开来,认为纯粹是一次机遇。从动员比赛到结束的过程中的教育固然重要,更重要的是获胜后怎么教育？失败后怎么教育？

四、主题班会说课

【范例1】《尊重他人,团结友爱》主题班会说课

(作者:贾衍麟)

说主题(主题分析):

在同学们嬉戏的时候,我经常会听到一些同学骂人,给别人起绰号。也经常会遇到因一点小事起冲突来告状的情况。当有什么矛盾的时候,都是"他……",错误永远是对方,而有理的永远是自己。上课时爱讲小话影响同学,老师或同学批评还有意见。上课同学回答问题,别的同学大声的喧哗等。

这些不文明、不礼貌的行为,看起来都是小事,其实都是一种不尊重他人人格的表现。因此我设计了这次主题班会,想通过此次活动,使学生养成尊重他人、尊重自己的良好品质,养成事事处处多为他人着想的行为习惯,真正做到互相尊重。

说设计(班会设计):

1. 活动前,做问卷调查:哪些同学最不会尊重别人,我最不喜欢的不尊重他人行为;我最想对他(们)说的话。

2. 班会上主要安排了两次表演、一个游戏及一些发言倾诉机会,希望通过这些让大家学会体谅他人,学会沟通,学会有分寸地与人交往,从而学会尊重他人。

明白我们要获取他人的好感和尊重,首先必须尊重他人。只有做到尊重他人,自己才会受到他人的好评和尊重。

说程序(班会程序):

班会开始

1. 主持人开场

男:尊重是一种态度,它将影响我们的人生;

女:尊重是一种品格,它将给予他人以温暖;

男:尊重是一种习惯,它让我们的生活更加温馨;

女:尊重是一种信仰,它让我们的世界更加和谐。

合:尊重是一种美德,被人尊重则是一种幸福。我们不仅要懂得尊重自己,还要学会去尊重他人。

宣布主题班会开始。

2. 小品表演

情景再现表演平时不尊重他人的一些场景。让同学来观察:看看表演中有哪些不尊重他人

的行为,并说说应该怎么做才是尊重别人的?自己在平时是否有这样的行为。

设计目的主要是想让同学在观看表演中也对照反省,或换位思考自己平时的言行是否正确。

3.“照镜子”表演

一个同学做友好地笑、挑衅、生气皱眉、大喊大叫等表情,另一位同学假设是镜中的影像,尽力逼真地模仿出来。

通过主持人的串联词揭示活动目的:在我们的学习生活中,自己待人的态度往往决定了他人对我们的态度,就像一个人站在镜子前,你笑时,镜子里的人也笑;你皱眉,镜子里的人也皱眉;你对着镜子大喊大叫,镜子里的人也会冲着你大喊大叫。因此,尊重他人,你也会赢得他人对你的尊重。

4. 诗朗诵

由校园中的尊重言行提升到人格与品德的高度。

5. 设计卡片

对那些不尊重自己或他人的同学,你最想对他们说什么?把你心底的愿望说出来。写好之后收集起来贴在公告栏里。

设计目的:很多同学面对别人不尊重自己的行为时,选择的都是沉默,而沟通其实是面对不尊重行为的一个好办法,要学会说“不”,学会拒绝。

6. 游戏:“紧急逃生”

请三组同学,每组各两位同学,分别取出瓶子中的有线连着的小物件。而这个小物件就代表着自己。在去的时候瓶子中不断的加水,水的高度超过物件的高度就算失败。看哪组的速度最快。

设计目的:学生在游戏后联系主题,讨论发言,理解只有同学之间互相帮助,互相理解。团结在一起。才能使得同学之间的关系有良好的发展。

7. 自白:以后的我

主持人:尊重他人,让我们的心贴得更近。亲爱的同学们,只有尊重他人,大家团结一心,我们才能相处得更和谐、更快乐!

【范例2】《珍爱生命,勇担责任》主题班会说课稿

(作者:解曙昱)

班会题目:《珍爱生命,勇担责任》

主题分析:

生命是可贵的,它就像二月的鲜花一样,是那么的美丽却又短暂。今天过去了,就不会有第二个今天。六年级过去了,就再也不会有第二个六年级。所以我们必须珍惜自己所拥有的美好时光,珍爱生命。在懂得生命的脆弱与宝贵的同时,还要坦然面对生活中的困难,勇于承担生活的责任,社会的责任,具备责任意识。以阳光的心态,健康成长,愉快生活,让生命的清泉永流不息。

六年级的孩子,临近毕业,在这一年的时光里,学习任务重,又面临升学的压力。来自老师、家长、社会的压力,很容易造成孩子们浮躁的心情,脆弱的心理。严重的还会造成自闭、焦虑、抑郁等心理疾病。

鉴于此，我以汶川地震中涌现出的小英雄事迹为主要学习材料，设计了《珍爱生命、勇担责任》这节班会课。

活动目的：

让同学们感受到生命的可贵，感受积极的生活态度，同时要以积极、乐观的心态对待困难和挫折，勇于承担自己应尽的责任，做个珍爱生命、热爱生活、坚强乐观的人。

活动准备：

让学生上网收集抗震救灾英雄少年及残奥会的图片、资料。

活动过程：

本次班会分为四个环节：一、生命如花，二、生命的脆弱，三、笑对人生，四、勇担责任，五、升华主题。

1. 感受生命如花

甲：人，最宝贵的是生命。

乙：生命，对每个人都只有一次。

学生一齐背诵：生命是何等的宝贵，它就像那喷泉一样，是那么的多姿多彩；它就像傍晚的晚霞一样，是那么的美好；它就像二月的鲜花一样，是那么的美丽却短暂。

甲、乙（合）：人的生命只有一次，所以我们必须珍惜它，必须珍惜我们所拥有的美好时光，六年级（三）班"珍爱生命"主题班会现在开始。

请大家欣赏一组图片，感受生命的美好（同学们上课、郊游、做游戏、唱歌等图片），同时说说自己刚刚过去的暑假生活，回忆快乐的时光，进一步感受生命的美好——生命如水，生活如歌。（导入采用以小见大的方法，切合学生生活实际）

2. 感受生命的脆弱

出示四川汶川地震中孩子们被压以及房倒屋踏的画面，配以低沉的大提琴音乐，营造气氛，让同学们感受生命的脆弱。

然后请一位同学演讲《生命如花》，用心感受生命如花般灿烂而易折。

（前两个步骤，在巨大的反差对比中，让同学们感受到生命如花，却又如此脆弱）

3. 笑对人生

通过投影出示地震中小英雄的图片及材料，接着请同学们谈一谈自己的心情怎样？

（面对困难，面对死神，他们表现出的坚强与勇敢令我们感动）

然后由一位同学介绍《给生命一个笑脸》中的三个材料，接着投影出示地震中"英雄女孩"何翠青、"芭蕾女孩"李月，"夹缝男孩"廖波的资料及照片。由主持人乙采访同学："看完材料，你又有何感想？"

学生讨论后回答，教师归纳总结：使学生认识到面对困难与挫折，他们表现出了一种生命的责任感，首先活着就是一种责任，灾难面前救助同学，坚强勇敢，灾难之后感恩地活着、乐观地活着更是一份高尚的品德，一份社会的责任。

4. 勇担责任

灾难来临时，少年英雄们展现的是沉着镇静、智勇双全的本色，是临危不惧、奋勇救人的崇高精神，是坚强勇敢、顽强不屈的优秀品格，是团结友爱、乐观向上的良好风貌。这些，充分展示了中华民族的伟大精神，展示了爱国主义的强大力量，展示了新时代少年的精神风貌。

作为小学毕业班学生的我们，和他们比起来，我们的学习压力，我们的学习困难又算得了什么呢？请大家联系自己的实际生活和学习，谈谈自己此时的想法。

教师总结：给生命一个笑脸，用坚强和勇敢，用自信与豁达，正确对待学习中的压力。向抗震小英雄学习，学习他们坚强勇敢的精神，学习他们乐观向上的豁达，并把这种精神化解为学习的动力，生活的航标。

5. 升华主题

同学们，少年强则国强，你们是祖国的未来，是民族的希望。从这些可爱、可敬的抗震救灾英雄少年身上，老师看到了你们这一代青少年的广阔前程，看到了伟大祖国的壮美前景，看到了中华民族的璀璨希望。老师也仿佛看到了你们的广阔前程，我相信在座的各位同学也一定有了一份沉甸甸的责任感，对自己，对家人，对学校，对社会，对国家。一个有了责任感的人，就会变得勇敢而坚强，乐观而自信，让我们齐唱《八荣八耻歌》，结束今天的班会。

预设效果：通过这次主题班会，学生会感觉受到了深刻的教育，也都明确了观点：生命是美好的，生命是宝贵的，我们要珍爱生命，热爱生活，以积极、乐观的心态对待困难和挫折，从自身做起，树立责任意识，对自己负责，对家人负责，对国家负责，努力实现自身价值，做社会主义的好公民。

【范例3】《心与心相约》主题班会说课稿

1. 活动目的

家是每个孩子成长的摇篮，它应是我们感受温暖、敞开心扉的地方。但是，由于种种原因，许多家庭的亲子间总有一些不和谐，甚至是激烈的碰撞而导致悲剧的发生。为了让家长和孩子多一些沟通，多一份理解，我组织召开了以“心与心相约”为主题的班会活动，为家长和孩子提供一次面对面感情交流的机会，通过交流，找出问题，解决问题，化解矛盾，从而为孩子营造出更美好的成长空间。

2. 活动前的准备

为了让这次班会活动达到预期的效果，活动前，通过同学选举选出两名班干部作为主持人，邀请部分家长参与活动，根据生活实际编排了两个小品，并邀请了校德育处的主任为学生和家长答疑解惑。

3. 活动过程

整个活动过程分为四部分。

第一部分为引子。

首先由展示平台播放母鸭带小鸭觅食，袋鼠妈妈照顾育儿袋中的小袋鼠，母亲在灯下穿针引线的场景，然后将画面定格在一群大雁南飞的场面上，同时播放轻音乐，展示平台以动态的形式出字幕。通过这些场面和背景的熏陶，让同学们感受这温馨的母爱，从而引出班会主题：在我们的港湾里有时波涛翻滚，有时恶浪滔天。我们总是抱怨父母管理太严，而父母也时常责骂我们太不懂事，以至于在亲子之间形成了一堵看不见的墙，跨不过的沟。让我们一起走进《心与心相约》主题班会。

第二部分为两个小品表演。

通过小品的表演，反映出几类父母和孩子的矛盾。

小品(1)：一家三人吃完晚饭，妈妈对孩子说快去做作业，孩子走进了自己的房间，他不想马上做作业，他想休息一下，于是他拿出随身听，戴上耳机，听他最喜欢的歌曲，正听得起劲，他妈妈进来了一看孩子没有兴做作业，而是在听歌，气不打一处来，骂了孩子一顿，而孩子却觉得很委屈，跟妈妈顶嘴。

小品(2)：三个女生，其中两个都穿了时兴的牛仔裤，张晓也想买，于是在家里找爸妈要钱，可家里比较困难，妈妈觉得中学生，没必要赶潮流，不给钱，并且教训孩子要把心思用在学习中，训斥了一通。

小品引起共鸣，引出学生们在现实生活中存在的矛盾。通过举手，让学生们自主发言他们在生活中遇到的各种矛盾。然后由主持人提出问题：亲子之间为什么会有这么多的矛盾呢？产生的原因是什么？再由同学们根据问题自由发言。

第三部分为了解和沟通。

同学们发言完毕，由主持人将小品中的真实家长请上场，进行现场采访，由家长说出这样对待孩子的理由。孩子和家长各执一词：孩子有孩子的理由，父母有父母的说法，那么究竟哪儿出了问题呢？由此请出对这方面颇有研究的德育处主任谈谈自己的看法。为了让双方能够更深入地沟通，班会上还设置了一个特别的环节：让家长和同学们围绕着"假如父母是孩子"和"假如孩子是父母"的问题来发言，引起了大家的热烈讨论。讨论完毕，德育处主任根据现场的回答进行了精辟的分析(这种矛盾的产生主要是由于父辈与子女生活的时代不同，曾有过的经历不同导致了对事物的看法不同。正是这种对同一事物看的角度不同，导致矛盾的产生。也许我们的矛盾有珠穆朗玛峰那么高，我们的隔阂也许像马里亚纳海沟那样深，但是只要我们愿意，矛盾是能够解决的，大家一定能做到)，使每个人都受到启迪。然后由陈老师讲述意味母亲吃鱼头的故事，听完故事后，主持人有感而发：是啊，哪个父母不心疼自己的儿女，不为儿女作出牺牲呢？由此引出学生发言，生活中父母的关爱不时不在，只要我们真心的去感受。

第四部分为如何报答父母

对如此深爱我们的父母，我们应该怎样报答？同学讨论，现场采访。"母爱如海，父爱如山"，孝敬是中华民族的美德，新时代的青年学生，应该把传统美德发扬光大。

活动尾声由我总结这次班会活动，也许，孩子以前不理解父母，也许父母的过分要求，过多的爱让你们感到沉重，那么，请想一想我们今天的班会吧！家和万事兴，如果我们每个同学都能理解父母，孝敬父母，那么我们就能有每个小家的幸福安宁，祖国大家也才能繁荣昌盛。

最后播放音乐《懂你》，全班齐唱，班会结束。

4. 活动效果

整个活动过程气氛热烈、发言踊跃，充分体现了学生的主体作用。在锻炼了学生自我表达能力的同时，也为所有参加活动的家长和同学们打开了一扇窗户，增进了亲子间的情感，并在学生中形成了共识：那就是要理解父母，孝敬父母。

主题班的主题确定原则及参考题目：

一是根据学生的学习生活、思想动态确定班会主题。如："相约2010"、"我们班级的好人好事"、"走进乡村"、"优秀生与后进生的对话"、"考试过后话考试"、"理想在我心中闪光"。

二是根据节令、纪念日确定班会主题。如："新年将到话贺卡"活动、"让我们记住母亲的生日"、"一句话赞祖国"、"家乡新貌"、"生命，在你手中"、"环保，从我做起"。

三是根据时事确定班会主题。如：伊拉克局势、柬埔寨大选、欧元上市、克林顿弹劾案、NBA劳资纠纷、奥委会官员受贿丑闻、奥巴马与和平奖、低碳生活、只有一个地球。

第三篇

现代教育技术基本知识与技能

第九章

计算机办公应用

第一节　基本知识与技能概述

21 世纪,计算机已经是各行各业职场人士不可缺少的重要工具,在学校里担任教学工作的教师更是如此。无论是课堂教学、教学设计、教学管理,还是论文书稿的撰写,无处不体现计算机应用的魅力和效率。熟练掌握计算机办公应用的基本知识与技能,是每个师范生必须具备的职业素质与职业基本技能。

一、基本知识

计算机办公应用的基本知识,一般安排在大学一年级开设的《计算机应用基础》课程中学习。计算机应用基础课程也叫计算机文化基础课程,计算机应用是现代社会职场工作中必须具备的文化基础。学习的内容主要包括系统软件的基本操作、Office 办公软件的操作应用两大部分。从学校教学、办公的实际需要出发,本章侧重于将《计算机应用基础》课程中的"文档处理"内容,作为计算机办公应用技能的考核内容。以下概述的部分知识点,是供同学们在平常训练中参考和备查的。

(一)普通文字输入

既然经过初高中阶段的计算机入门学习,计算机文字录入知识就如同在校生都会写字一样普通,但教学实践发现,来自不同地区、不同学校、不同生活环境的同学在计算机文字录入的能力上差异较大,很多同学离教师实际工作中所要求的文字录入速度仍有不小差距。

计算机文字输入,目前主要使用的就是拼音输入法和五笔输入法两种。绝大多数同学选用拼音输入法,这与拼音输入法不用特别学习使用方法有关。虽然五笔输入法是一种更专业、快捷的输入方案,但对于仅限于办公教学需要的师范生来说,选择拼音输入法也未尝不可,关键是要把拼音输入法的特色、技巧、功能加以充分利用,将文字输入速度训练到满足日常教学办公需要即可。

拼音输入方案很多,Windows 系统自带的拼音输入方案就有全拼输入法、微软拼音输入法、智能 ABC 输入法三种,另外还有各软件公司推出的紫光拼音、搜狗拼音、QQ 拼音等多种形式。

1. 全拼输入法

这是最基本的输入法,按照基本的拼音规则,把每个字的拼音字母打全,相应音节的同音字便会在备选框内出现,没有什么特别的操作技巧。使用的人不多,这里就不多赘述。

2. 微软拼音输入法

这是微软公司自行开发的拼音输入方案,其最大的特点就是支持整句连续输入,能根据前后词义的关联而智能选择同音字。实际教学过程中很少看到同学使用这种智能功能。

以输入"我是一只小花猫"这句话为例:

键盘输入的拼音音节	屏幕显示的汉字
Wo shi	卧室
Wo shi yi zhi	我是一枝
Wo shi yi zhi xiao hua	我是一枝小花
Wo shi yi zhi xiao hua mao	我是一只小花猫

由此我们可以看出,随着后续文字音节的输入,微软输入法能根据前后词义的关联,自动将"卧室"改成"我是",当后面输入"小花"时,单位数量词为"枝",当输入"小花猫"时,单位数量词自动更改为"只"。整句话输入完毕,"我是一只小花猫"这句话的下面有一条波浪下画线,意味着还可以用返回键来逐字修改智能功能的个别错别字,若确认无误,按回车键,波浪下划线消失,整句话输入结束。

这一智能特色,可以让输入者在不打断思路的情况下连续输入整句,减少挑选同音字所耽误的时间,在击键速度不变的情况下,仍然可有效地提高文字输入速度。选用这种拼音输入法的一个重要前提条件就是使用者的拼音基础要好,发音要标准。若是把某个字的音节输入错误,则智能关联功能非但无法发挥作用,而且由于过多的错别字需要手动更改,反而使输入速度变得更慢了。

3. 智能 ABC 输入法

具有多种快速输入特色。这种拼音方案是同学们选用最多的,但遗憾的是能应用该方案特色的同学很少。

特色一:支持最常用词语的快速输入。

当需要输入以下内容时,击键次数可以说是所有输入法中最少的。

需要输入的内容	键盘击键内容	屏幕显示的内容
一二三四五六七八九○	i1234567890	一二三四五六七八九○
壹贰叁肆伍陆柒捌玖零	I1234567890	壹贰叁肆伍陆柒捌玖零

这个功能是利用中文拼音声母不用的"I"及"i"两个字母作为引导符,实现特色功能的开启。

作为本特色功能的延伸,再看以下例子:

需要输入的内容	键盘击键内容	屏幕显示的内容
一万二千三百四十五	i1w2q3b4s5	一万二千三百四十五
壹万贰仟叁佰肆拾伍	I1w2q3b4s5	壹万贰仟叁佰肆拾伍

这个好用又简单的特色功能,对于财务专业的学生或是经常输入各种中文数字词汇的财会人员,真是既方便又实用,若未能加以利用实在是可惜。

特色二:支持不切换输入法时混合输入中英文。

例如，输入“电子幻灯片制作软件 powerpoint”这句话，当需要输入“powerpoint”这个英文单词时，只要输入“vpowerpoint”，屏幕上就会自动输入英文而无须在中文输入和英文输入之间来回切换。这个功能同样是利用中文拼音声母中不用的“V”字母作为引导符，实现本特色功能的开启。

特色三：支持常用词语的简拼方案。

对于汉语拼音发音不太准确，有些字词后鼻音的有无掌握不准（特别是南方方言比较重的同学），有些字词全拼字母过多希望通过减少击键次数提高输入速度的情况下，使用简拼输入方案可有效达到目的。

简拼规则：取各个音节的第一个字母组成，对于包含 zh、ch、sh（知、吃、诗）的音节，也可只取一个字母，不过最好还是取前两个字母以减少同码错误。例如：

汉 字	全 拼	简 拼
计算机	jisuanji	jsj
常常	changcheng	cc，chch
学习	xuexi	xx

在使用中也可以发现，使用简拼方案，并不是对所有的词汇都有效，对许多词汇仍然需要手动挑选，使得输入速度提高效果有限。究其原因，是在简拼时重码率高，如 xx 简拼音节，就有“学习、学校、现象、相信、消息、虚心、详细、小心、小学”等等众多同音词汇待选，如何有效利用简拼方案减少挑选同音词汇的次数呢？一个有效的办法是简拼与全拼混打。

以简拼音节 jsj 中所涉及的“计算机、九十九、脚手架、金沙江、脊神经、减速剂”六组同音词汇为例：

汉 字	全 拼	简 拼	混 拼
九十九	jiushijiu	jsj	jshij
脚手架	jiaoshoujia	jsj	jshouj
金沙江	jinshajiang	jsj	jshaj，jinshj
脊神经	jishenjing	jsj	jshenj
减速剂	jiansuji	jsj	jsuj

由以上例子可以看出，如果仅打 jsj 这样过于简单的简拼音节，除了“计算机”这个最常用词汇可以直接上屏以外，其他的五个次常用词汇均需要手动选择，但采用“全拼 + 简拼”的混拼方案后，每个词汇都可以直接上屏而无须手动选择。选择哪个字打全拼、哪个字打简拼的原则其实很简单：“拼音音节长的打简拼，音节短的打全拼，有把握的音节打全拼，没把握的音节打简拼”，掌握这个简单方便的原则可有效提高输入命中率。

特色四：支持音形码混打输入。这也是智能 ABC 系统最大的特色之一。

在拼音方案免学易用的基础上，结合字形编码准确、重码少的特点，来提高拼音方案的输入速度，是智能 ABC 输入方案中音形混打特色功能的特点。

智能 ABC 输入法中，把汉字的笔画形状分为横、竖、撇、捺、折、弯、叉、方八类，分别编码为12345678，如图 9 - 1 所示。实际应用前，熟练背记“横一竖二撇三捺四，折五弯六叉七方八”两句口诀。

笔形代码	笔 形	笔形名称	实 例	注 解
1	一(㇀)	横(提)	二、要、厂、政	“提”也算作横
2	丨	竖	同、师、少、党	
3	丿	撇	但、籍、斤、月	
4	丶(㇏)	点(捺)	写、忙、定、间	“捺”也算作点
5	㇕(㇆)	折(竖弯钩)	对、队、刀、弹	顺时针方向弯曲,多折笔画,以尾折为准,如“了”
6	㇗	弯	匕、她、绿、以	逆时针方向弯曲,多折笔画,以尾折为准,如“乙”
7	十、(乂)	叉	草、希、档、地	交叉笔画只限于正叉
8	口	方	国、跃、是、吃	四边整齐的方框

图9-1 智能ABC输入法编码

音形混打的规则是对要输入的字输入“拼音+笔形码”。其中,“拼音”可以是全拼、简拼或混拼。对于多音节词的输入,“拼音”一项是不可少的;“笔形码”项可有可无,最多不超过2笔。例如:

汉字	拼音		笔形码	组合输入码
的	d	简拼	常用字不需加笔形码	d
对	d	简拼	5 加1笔:折	d5
刀	d	简拼	53 加2笔:折、撇	d53
形式	xs	简拼	常用词不需加笔形码	xs
迅速	xs	简拼	7 第二字加1笔:叉	xs7
现实	xs	简拼	44 第二字加2笔:点	xs44
显示	xs	简拼	8 第一字加1笔:口	x8s
蟋蟀	xs	简拼	88 每个字加1笔:口	x8s8

再以前面简拼方案中提到的“jsj”简拼音节所涉及的同音词汇的快速准确输入为例:

汉字	全拼	简拼	音形码混打
计算机	jisuanji	jsj	jsj7 第三字加笔形码 叉7
九十九	jiushijiu	jsj	js7j 第二字加笔形码 叉7
脚手架	jiaoshoujia	jsj	jsj5 第三字加笔形码 折5
金沙江	jinshajiang	jsj	jsj4 第三字加笔形码 点4
脊神经	jishenjing	jsj	jsj6 第三字加笔形码 弯6
减速剂	jiansuji	jsj	jsj41 第三字加笔形码 点4横

在输入多音节词汇时,音形码混打的基本原则是:

拼音码简单的、有把握的音节全拼,冗长的、没有把握的音节简拼。多数情况下简拼就可以。

好取笔形码的字就取笔形码,不好取的就不取。对哪个字取笔形码没有规定,可自由取舍。一般习惯于取后面的字,因为这样可以不打断拼音输入时的思路。

由以上字词的输入实例可以看出,音形混打确实有较大的优势,拼音输入大部分情况下可以打简拼,有效减少了击键次数,笔形码输入又有效减少了同音字词的选择,两项措施综合起来，自然会使输入速度得到很大提高。

实际使用经验表明，只要花少量的时间强化训练一下笔形码的输入规则及音形码混打的编码原则，一定能使更多的同学在短时间内达到甚至超过教师工作对文字录入速度的基本需要。

（二）专用及特殊符号输入

教师的文稿，特别是涉及理科内容的教师文稿，不同于以文字为主要内容的文秘人员的文稿，除了基本的文字符号以外，通常会有大量的专用符号如数学运算符号、理化学科的标志符号、示意图形等穿插其中，快速准确地输入这些非汉字符号，是提高教师计算机办公应用效率的重要内容。实际工作中，经常会出现理科教师在计算机上出试卷远较文科教师慢，理科的论文、书稿要反复修改版面定稿等情况，这些都是计算机输入教师文稿难点的具体表现。

如何快捷方便地输入各种专用的、特殊的图形符号，这里向大家介绍两种常用的方法。

1. 使用软键盘

所谓软键盘，就是屏幕上显示的虚拟键盘。中文输入法状态框上右边的第一个按钮便是打开系统所带软键盘的按钮，鼠标左键单击这个按钮，可立即打开上一次所使用的软键盘，若想查找打开自己所需要的软键盘，可右键单击这个按钮，会弹出一个备选软键盘的快捷菜单，如图9－2所示。

菜单中左侧一列基本用处不大，但“拼音”软键盘对于语文教学很实用，最大的特色就是能方便打出带声调符号的拼音字母。如：ā á ǎ à ē é ě è 以及在正常键盘上无法打出的特殊字母 ǖ ǘ ǚ ǜ。

右侧菜单中的各种类型软键盘，标点符号、数字序号、数学符号、特殊符号四种软键盘在输入工作中有较多的实际应用，如图9－3所示。

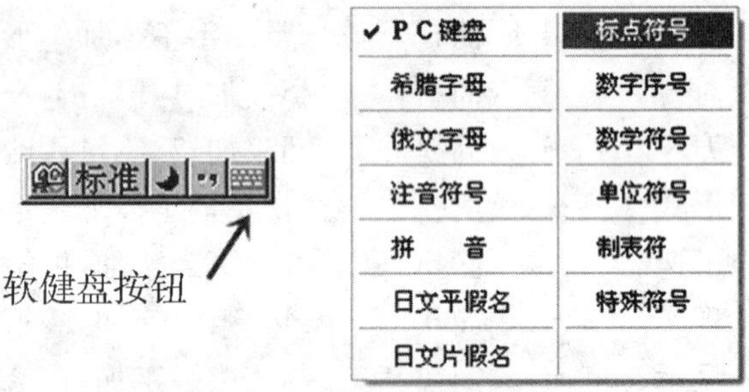

图9－2　软键盘快捷菜单

标点符号软件键盘

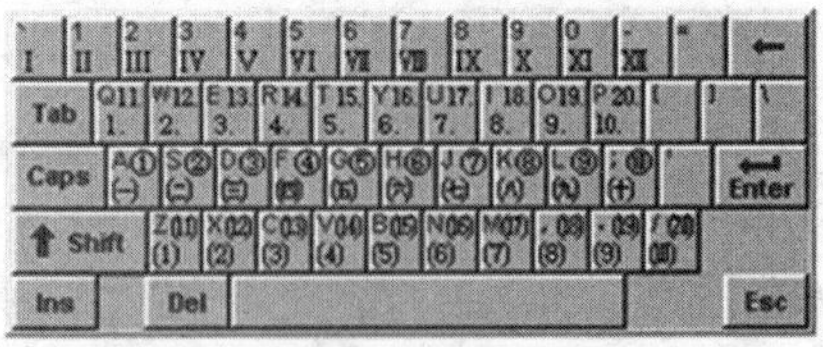

数字序号软键盘

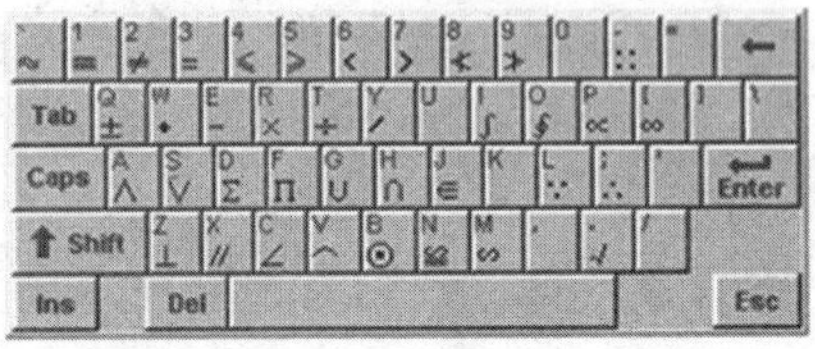

数学符号软键盘

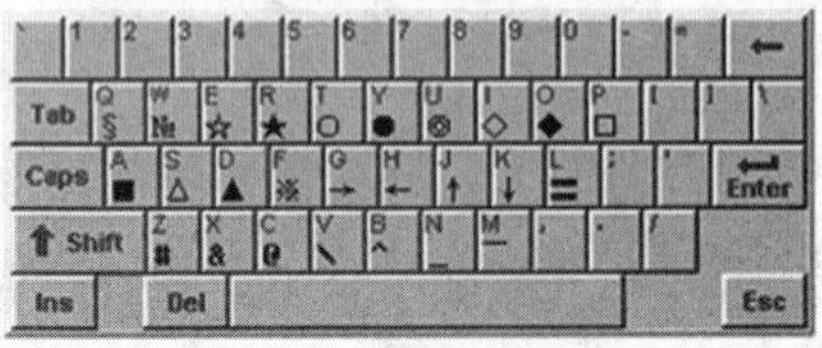

特殊符号软键盘

图9－3　各种类型软键盘

打开所需要的软键盘后，用鼠标点击软键盘上的按键或是在实际键盘上按相应键位，即可在屏幕上输入软键盘上所标注的相应符号。例如，打开特殊符号软键盘，按实际键盘上的 A、S、

D、G、H、J、K 七个键，便可分别得到■△▲→←↑↓七个对应的图形符号，由此可见软键盘在特殊图形符号输入上的方便实用性。熟悉了解软键盘的种类及各种软键盘可以输入的图形符号内容，对快速有效地输入相关内容有很大的帮助。

2. 使用 Word 平台的插件工具

（1）公式编辑器：公式编辑器是 Word 软件自带的一个小工具插件，几乎可以输入所有的数学符号、数学表达式，功能十分完善，特别适用于数学专业的师生。但《计算机应用基础》课程由于课时的限制，有时并未强调这个工具的学习使用，致使很多同学对这个方便有效又实用的专业工具不是太熟悉。

调用这个小工具的操作步骤是：单击“插入”菜单中的“对象”命令，在弹出的“对象”对话窗口中“对象类型”选项框内，拖动滚动条寻找“Microsoft 公式 3.0”对象，如图 9－4a 图所示，找到后双击它，就可打开公式编辑器窗口及自动在当前光标处出现虚线输入框，如图 9－4b 所示。

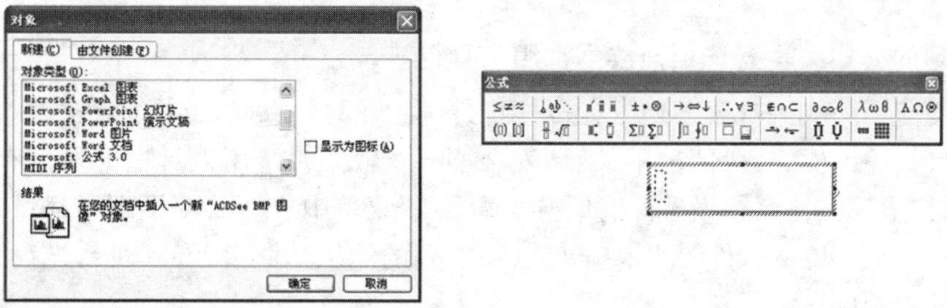

（a） 对象对话框　　（b） 公式编辑器窗口及输入框

图 9－4

在公式编辑器窗口中有 19 类各种数学符号，在输入各种数学表达式的过程中，根据书写的顺序分别在各类符号中选择所需要的符号，以积木组成的方式构成完整的运算公式或是函数表达式，在相应位置填入相关运算数值便可方便输入各种数学内容。如需要输入一元二次方程根的表达式 $X = \frac{-b \pm \sqrt{b^2 - 4ac}}{2a}$ 时，就分别选择了分式符号 $\frac{\square}{\square}$、加减符号 ±、根号 $\sqrt{\ }$、指数函数符号 ^{2}、再加上相应的数值符号，最后构成完整的表达式。每一项内容输入完成后按 TAB 键进入下一项的输入，各项内容输入完成后在虚线框外单击鼠标完成全部输入操作，若需修改某项内容则在需修改的位置双击，即可进行修改输入。以下是应用公式编辑器输入几个数学表达式的例子，由此可见，熟练运用公式编辑器后，解决中小学数学方面的内容录入是完全没有问题的。

$$f\left(x - \frac{1}{x}\right) = x^2 + \frac{1}{x^2} \qquad \mathrm{Sin}\left(\frac{n\pi}{2} + \alpha\right) = (-1)^{\frac{n+1}{2}}\cos\alpha \qquad C_n^m = \frac{n}{m}C_{n-1}^{m-1} \qquad K = \mathop{\mathrm{Lim}}_{\Delta S \to 0}\left|\frac{\Delta\alpha}{\Delta S}\right|$$

如果是经常使用公式编辑器，还可以把公式编辑器图标拖放到常用工具栏上，这样调用公式编辑器的操作将变得更为快捷方便。具体的操作方法是（见图 9－5）：

1）执行“工具”菜单里的“自定义”命令；

2）在弹出的“自定义”对话框里选择“命令”选项卡；

3）在“命令”选项卡左边的“类别”备选框里选择“插入”类别；

4）在对应于“插入”类别的右边“命令”备选框里，拖动滚动条查找到“公式编辑器”命令选项；

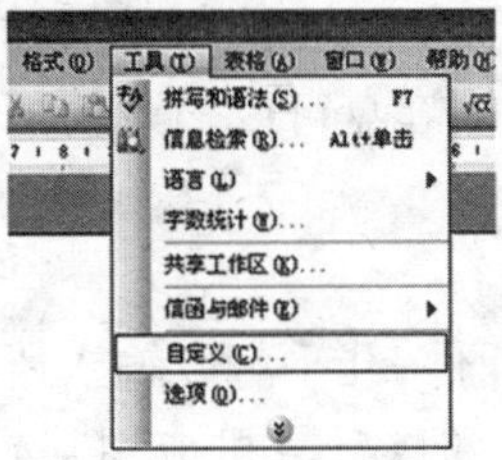

a 菜单命令的位置

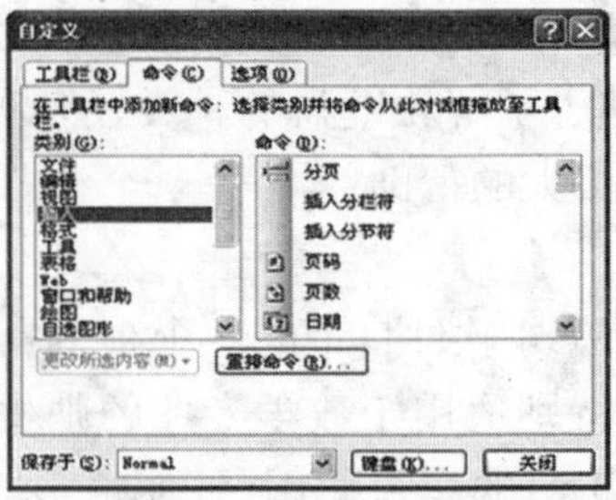

b 命令选项卡的插入类别

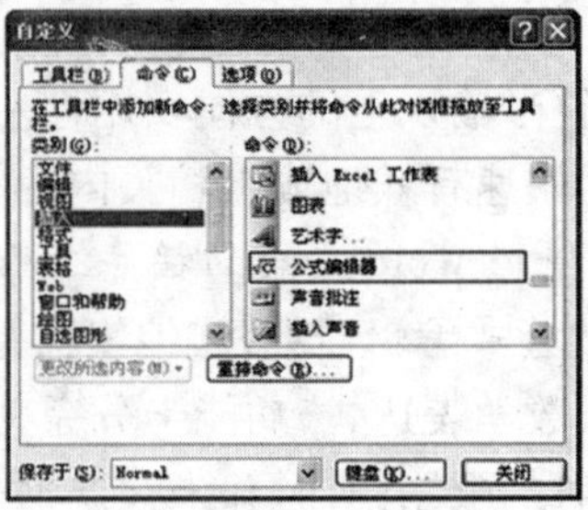

c 插入类别里的公式编辑器命令

d 添加后的常用工具栏

图 9－5

5）将找到的公式编辑器选项拖放到常用工具栏。

以后需要使用公式编辑器，只要点击常用工具栏上的公式编辑器图标 $\sqrt{\alpha}$ 便会立即弹出公式编辑器窗口及输入框，一般情况下，默认安装 Office 软件时常用工具栏上是没有公式编辑器图标的，需要按上述方法自行设置。有时甚至“插入”菜单中“对象”对话框里都没有“公式编辑器”选项，这是安装 Office 软件时没有安装该项内容的原因，找到 Office 安装光盘，补充安装上公式编辑器的内容即可。

（2）外挂工具：有些公司甚至个人，自行设计了一些外挂在 Word 平台上的小工具软件，对某些特定内容的输入有极好的效果，这里就以一款叫做“轻松工具箱”的小工具为例，介绍其在专业内容、特殊内容输入方面的作用。

实际上“轻松工具箱”软件作者本人就是一位教师，其功能完全是根据教学办公需要而研制的。它是基于 Word 的一个工具软件，弥补了 Word 编辑过程中输入各种学科图形符号不便的遗憾，极大地方便了编写教学文档、专业论文、编辑试题等教学办公应用的作图需要，使你不必再为输入一个很常见的学科图形符号而耽误过多的时间。该工具软件包括语、数、英、理、化、生、地理及信息技术等学科，内含 2000 多个由作者长期积累收集及精心绘制的图形和符号，另外还配有对这些图形进行处理的一套工具（图形调整工具）和一套文字处理工具，非常方便实用。

安装“轻松工具箱”软件后，打开 Word 时就可在菜单栏上显示如图 9－6 所示的“轻松工具箱”菜单。

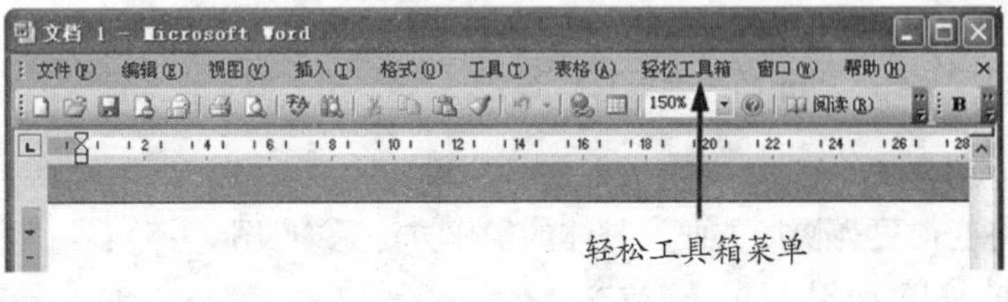

图 9－6　轻松工具箱菜单

执行“轻松工具箱”菜单中的“开/关工具栏”命令可以打开和关闭如图 9－7 所示的“轻松工具箱”的工具栏，其使用方法与使用 Word 中的菜单和工具栏完全相同。

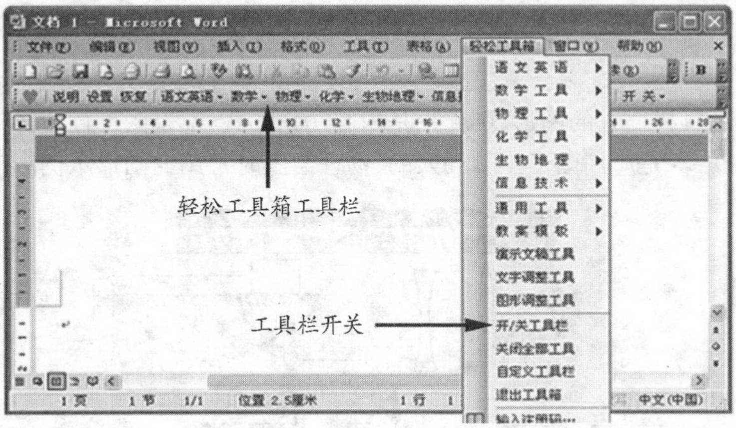

图 9－7　轻松工具箱工具栏

以工具栏中的物理学科为例，点“物理”按钮后，弹出选项菜单，有全部显示、常见公式、专用符号、物理图形四个选项。

分别选择常见公式、专用符号、物理图形三个选项，会分别弹出相应的工具栏，如图 9－8 所示。以常见公式中的运动学——匀加速直线运动内容为例，点选工具栏中相应的公式名称，就可以方便快捷地输入速度时间公式 $v_t = v_0 + at$ 、位移时间公式 $s = v_0t + \frac{1}{2}at^2$ 和速度位移公式 $v_t^2 - v_0^2 = 2as$ 。

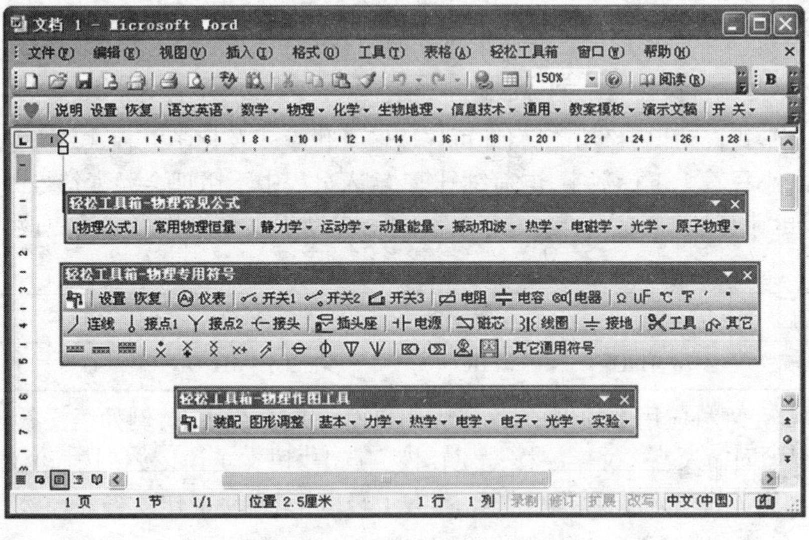

图 9－8　物理学科三类工具栏

再以专用符号工具栏的应用为例，点击电器符号按钮，立刻可得到一组有关电器的专用符号：，点击电阻符号按钮，立刻可得到一组各种电阻的专用符号：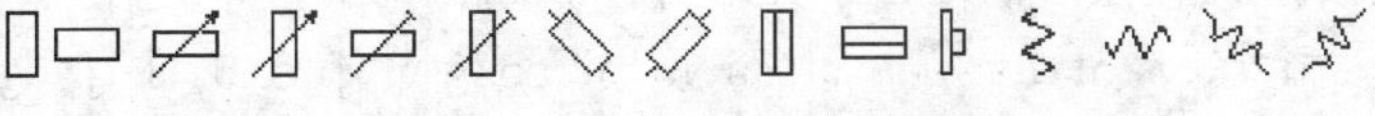，删去不要的符号如同删去多余的字符一样方便。所插入的图形符号，虽然是图形的内容，但却是字符的形式，可随同前后文字一起使用字体字号属性调整大小，特别适合出现在文章及试题中。尤其是诸如温

度单位℃、℉，电表符号 $Ⓐ_1$、Ⓐ 这类既常用而常规方法又难以输入的专用符号，更显其方便实用性。

而物理图形工具栏插入的图形，则无论是内容还是形式，都是图形性质，特别适合绘制相应内容的图形。图9－9是应用图形工具插入的、物理绘图时常用的图形示例。

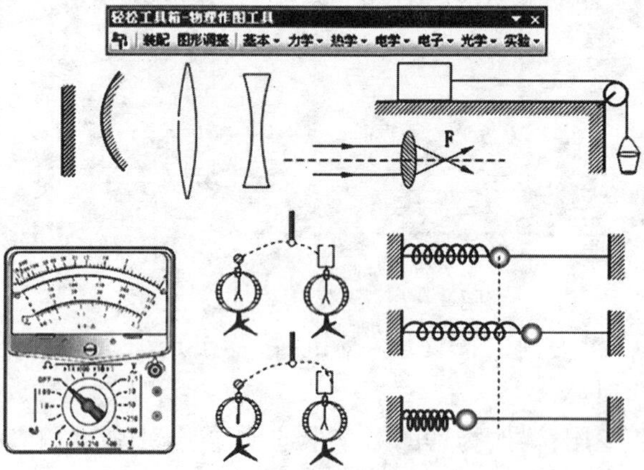

图9－9　物理图形工具插入的常用图形

以下是化学学科常用的一些专用符号及图形输入的例子：

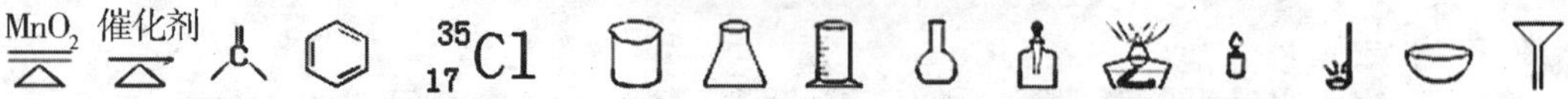

以下是电子信息技术方面的一些图形符号的输入例子：

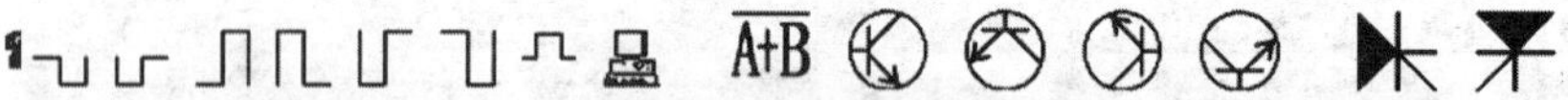

当启用“化学式自动识别”功能后，即可快速输入化学式及化学方程式。方法是：从左至右输入元素符号（小写）、上下标数字、电荷符号等，输入过程中不用理会元素符号的大小写（一律小写）、数字及电荷符号（＋或－）是上标还是下标，自动识别系统均可自动更改为正确的化学式。例如：

输入的字符	na2hpo4	cahco32	cuso45h2o	so42－	nh4＋	h2o
自动更改为	Na_2HPO_4	$Ca(HCO_3)_2$	$CuSO_4 \cdot 5H_2O$	SO_4^{2-}	NH_4^+	H_2O

以上所举都是理科应用中的例子，文科应用自然更是不在话下，例如语文教学中汉字注音的例子，就变得如同输入普通文字一样方便轻松。点击“语文英语”按钮选择“汉语拼音”工具栏中“输入文本注音”，输入需要注音的汉字“有了轻松工具箱，工作变得好轻松”，确认后立即

yǒu le qīng sōng gōng jù xiāng gōng zuò biàn dé hǎo qīng sōng
就有如下效果：有了轻松工具箱，工作变得好轻松。这比在Word中使用“拼音指南”方式输入注音汉字要方便快捷得多。

再如英语学科中输入音标字符的例子，点击“语文英语”按钮选择“英语音标”工具栏，直接点击工具栏上相应按钮就可轻松输入各个英语音标。如：

ˈ ˌ ɑ ɑː ɔ ɔː uː ʌ æ ai au iə ɔi ɛə ʒ ŋ ʃ ð θ ts tʃ dʒ

由此可见，这个工具真的不是一般的方便实用，是否掌握这些辅助输入工具的使用，对教学办公的效率有重要影响。类似这样功能的小工具软件并不仅这一个，平常注意关心、交流这方

面的应用知识和体会，定会在这方面打下坚实的基本功，扎实掌握实用的专业技能。

使用这个小工具插件唯一需要注意的事情是：在安装有轻松工具箱的计算机上所编写的文档，在打开应用文档的计算机上也必须安装有轻松工具箱，否则相应的字符属性的图形符号会没有显示，这是因为字符属性的图形符号是作为一种特殊字体应用的，一旦计算机上没有相应字体文件，当然也就没相应字符显示。

（三）数据表格处理

Excel 软件是一款功能强大、应用十分广泛的表格数据处理软件。在学校里，被众多教师、教学管理以及财务部门用来处理各种各样的表格数据。这里仅从教师办公应用的角度，在Excel众多强大的功能里面，选择介绍一些相关的应用功能，以帮助大家快速掌握应用 Excel 教学办公的实用技能。

1. 快速输入有规律的内容

（1）快速输入相同的内容：在表格数据输入过程中，经常会碰到在很多单元格中输入相同内容的情况，如学生登记名册中，学生年龄、籍贯、性别等信息就会碰到许多学生是相同的情况。如何快速输入相同的内容以减少重复输入带来的工作量呢？下面分两种情况分别介绍操作方法。

1）对于位置相邻的输入单元格，当输入了第一个单元格的内容后，其他单元格采用复制单元格的方法进行快速输入。具体操作步骤如图 9－10 所示，这是常用的简单方便的操作方法。

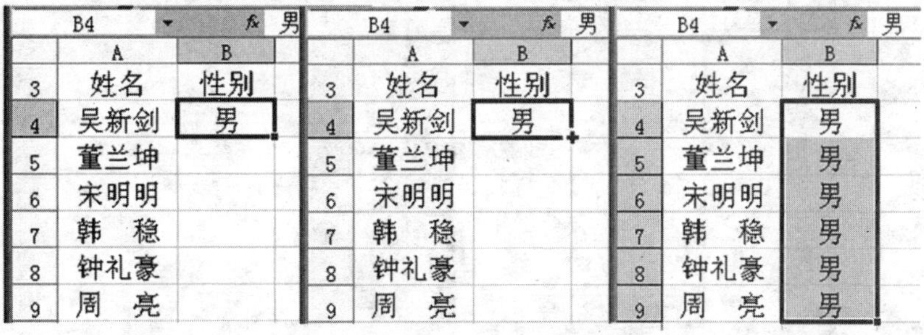

a 在第一个单元格输入内容　b 将鼠标放在控制句柄上　c 按左键往下拖

图9－10　单元格复制操作示意图

2）对于位置不相邻的单元格，可采取同时选中多个单元格后（同时选中不相邻单元格的方法为按住 Ctrl 键再分别单击各单元格）再输入内容，在输入完内容后按 Ctrl + Enter 键，即可同时在多个单元格内输入相同的内容。

以图 9－11 所示输入一份课程表为例，当分别要在星期一第一、第二节课，星期三第三、第四节课，星期五第一、第二节课输入语文时，就可按图中所示一次性输入所有内容，而不是按常规分别输入六次语文。这里的关键操作技巧是输入完后按 Ctrl + Enter 键结束输入，而不是单按 Enter 键，否则就只能在最后一个选中的单元格内输入语文二字。

（2）快速输入连续递变的内容：对于在相邻的连续单元格内输入有规律递变的数据内容，如日期、自然序数等内容，通常也是不必逐个单元格输入的。快速输入的操作方法如前面所述单元格的复制方法类似，但操作上略有区别。

1）以日期输入为例，当在第一个单元格内输入 1 月 1 日后，对准控制句柄按“右”键往下拖，拖到预定位置后会有一个快捷菜单弹出来，移动鼠标选择一个填充选项，如单击“以序列方

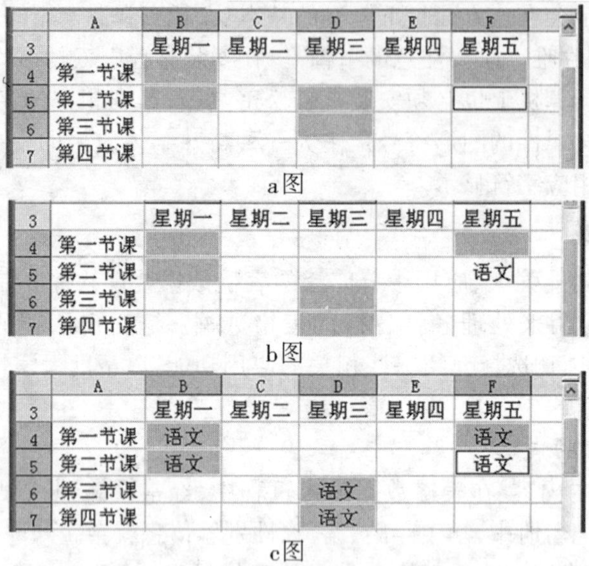

图 9－11　不连续位置快速输入相同内容操作方法

式填充”，则立即可以得到一个连续的日期序列输入。如图 9－12 所示。

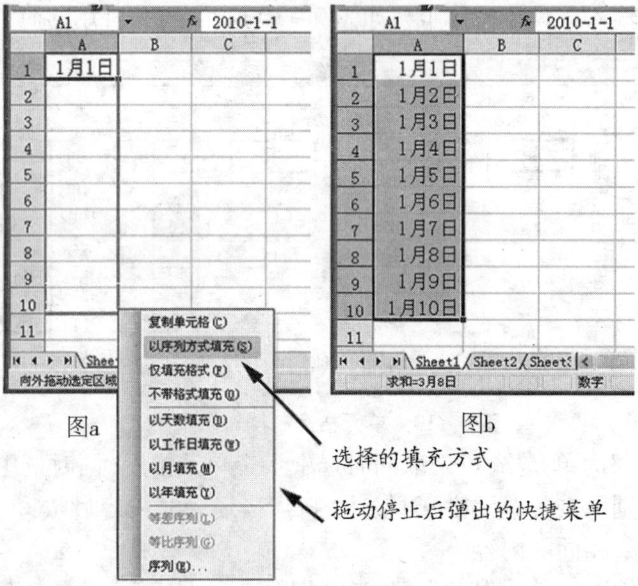

图 9－12　以序列方式填充示意图

当选择“仅填充格式”选项时，拖动的选择框内是空白，但你只要在填充了格式的单元格内输入一位自然数时，单元格内便会自动出现相应日期，这对于不是输入连续的日期时效果很好。

图 9－13 是选择“以工作日填充”选项时的填充效果，自动地把双休日滤除，灵活对应于不同的工作需要，十分适合学校按双休日作息的工作实际。

2）输入其他规律的序列数据时，选择快捷菜单中最后一项“序列”选项，会弹出“序列”属性选择对话框，如图 9－14 所示。根据自己的需要，在对话框中作各种相应的选择设置，可得到各种不同规律的数据序列。

由此可见 Excel 电子表格中的复制单元格操作，其内容还是不少的，如能在工作中加以熟练运用，自然能提高不少工作效率。

2. 快速进行数据处理

利用电子表格的运算功能，对各种数据进行各种类型的运算处理，是 Excel 软件的特长功能。教学办公所需要的运算处理功能只是 Excel 的整个运算处理功能的很小部分，但熟练掌握这很小部分功能却能解决日常教学办公中绝大部分问题。

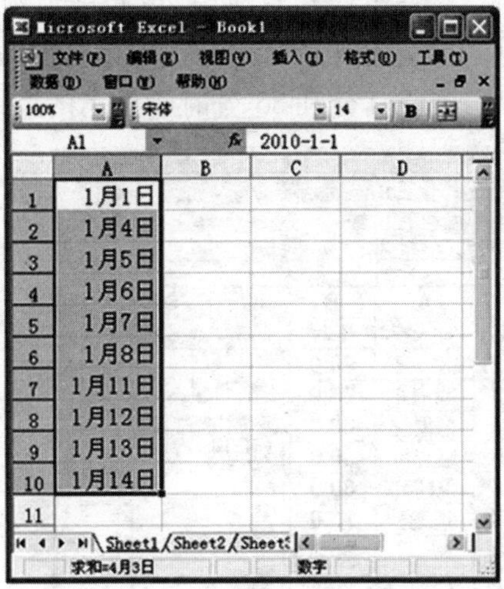

图 9-13 以工作日填充的效果

(1) 快速进行相同运算规律的数据运算。利用运算公式对表格中的数据进行求和运算、求平均值运算、四则混合运算，是 Excel 运算功能的基本操作，为大多数同学所熟悉。但日常的教学管理工作中，经常需要对大量的数据进行相同的运算处理，如一位教师担任了 6 个平行班的教学工作，若每班有 50 位同学，这意味着要进行 300 次的总评成绩计算，虽然运算是自动的，但反复操作 300 次仍是不小的工作量。

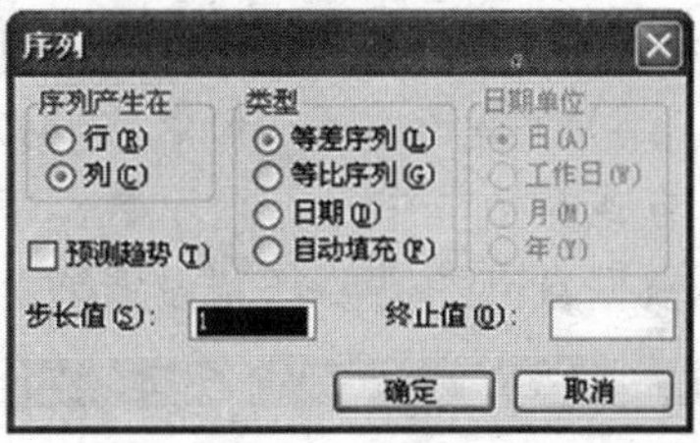

图 9-14 序列属性对话窗口

解决这个问题的方法，是利用前面介绍的复制单元格的特性，将输入有运算公式及对应数据并得到运算结果的单元格，向其他需要作相同运算的单元格进行复制操作，这时复制的不是原始单元格的计算结果数值，而是运算规律及其相对的数据取值。这样计算 50 个人的总评成绩仅需要操作 2 次，先算出第一个人的，然后将第一个人的计算结果所在的单元格向其他 49 个人的相应单元格拖动复制一遍即可。由 50 次操作变为 2 次操作，工作效率立刻提高 25 倍。

(2) 快速查找符合条件的数据。在一张工作表的大量数据中，找出一部分符合条件的数据，是经常碰到的操作内容。如任课教师对学生成绩进行统计分析时需要找出各相应分数段的学生数，教务管理部门需要知道某门课程中要进行补考的学生数，都属这类情况的操作。利用 Excel 的筛选功能，可以方便快捷地从大量数据中找出需要的数据。

下面以一张学生成绩表为例，介绍筛选的具体操作。

1) 在打开的成绩表上，执行“数据—筛选—自动筛选”命令，成绩表第一行各单元格的右下角会出现一个下拉三角符号，如图 9-15 所示。

图 9-15 执行筛选命令前后的成绩表

2) 根据自己所要筛选的内容，点击相应单元格上的下拉三角图标。这里以点击“总成绩”单元格为例，会弹出图 9－16 所示可供选择的筛选选项。选择一个选项，就会出现所有符合选项条件的数据，而不符合选项条件的数据则会隐藏。图 9－17 就是分别选择 60 分和 85 分时所显示的成绩表。

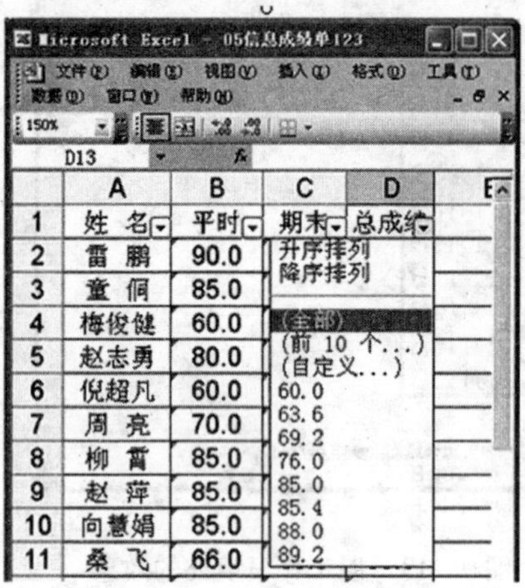

图 9－16　筛选选项

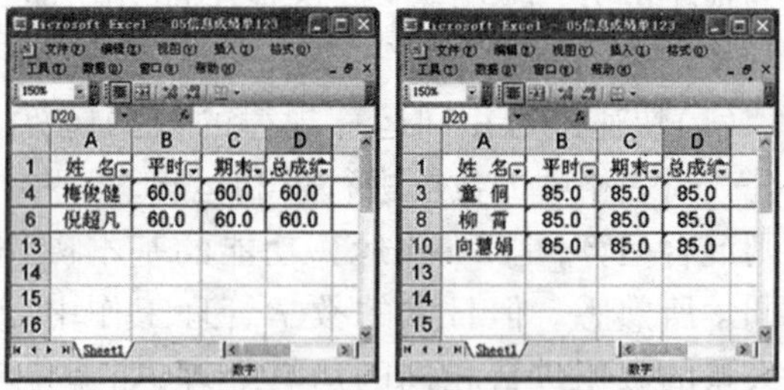

图 9－17　不同筛选项的显示内容

3）若要显示某一分数段的数据，先选择“自定义”筛选选项，在弹出如图 9－18 的自定义筛选方式对话框中进行显示数据范围的设置。图 9－19 是设置为 80－90 分数段的设置对话框，可根据自己的需要任意设置数据范围。

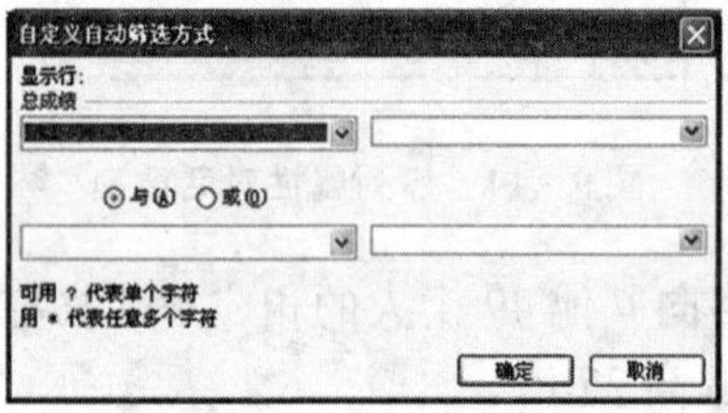

图 9－18　自定义筛选对话框

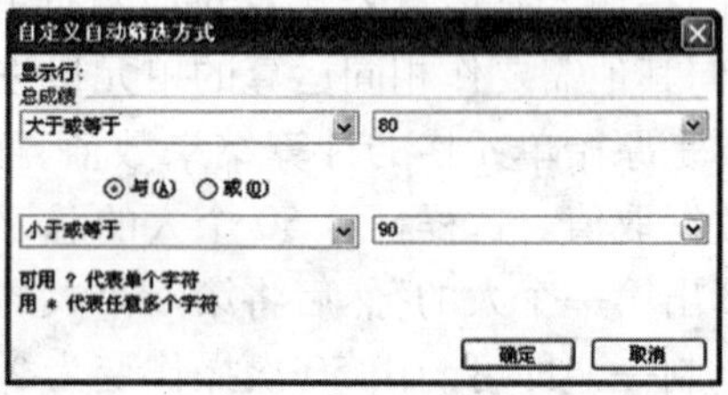

图 9－19　设置筛选范围示意图

（四）绘图操作

Word 软件是个文字处理软件，绘图功能不是太强，但其所附带的绘图功能，在编辑试卷绘制一些简单的试题插图时还是挺实用的。

绘图工具都在绘图工具栏里，如果界面上没有绘图工具栏，执行“视图—工具栏—绘图”命令，即可调出如图 9－20 绘图工具栏。

图 9－20　绘图工具栏

工具栏上“绘图”及“自选图形”两个项目还有较丰富的下级选项内容，图 9－21 所示是这两个项目展开后的内容。

在使用各个工具进行绘图操作的时候，有以下需要注意的内容：

（1）选取每个工具后只能使用一次，若要重复绘制相同的内容，则必须再次选取工具，或是用复制粘贴的方法绘制。

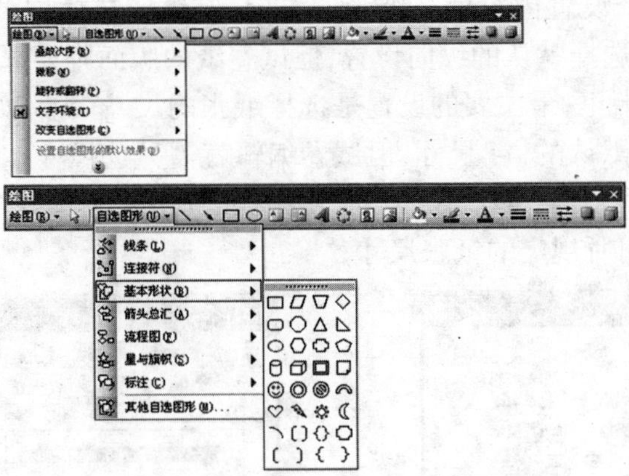

图 9－21　绘图及自选图形项目的展开图

(2) 每次绘制的内容都是一个独立的对象，可以随意移动以进行图形的拼接和组合。

(3) 拼接好的图形仍是一个松散的组合体，稍加移动便会错位散架，组合成型后应使用“组合”命令将其组合成一个整体，否则会在排版操作时遇到很大的麻烦。组合后若需要修改，必须取消组合后才能修改，修改后应再次进行组合。

(4) 画好的图形与版面上的文字之间有一个相对位置关系需要设置，在画好的图形上单击右键，在弹出的快捷菜单上选择“叠放次序”命令的相关选项，可设置自绘图形与文字的上下层显示关系；选择“设置自选图形格式”命令的相关选项，可设置文字相对于自绘图形的环绕关系。

熟悉掌握各个工具的功能及使用，可有效解决在文稿中插入一些自绘简单图形的问题。图 9－22是应用绘图工具自绘图形的几个例子。

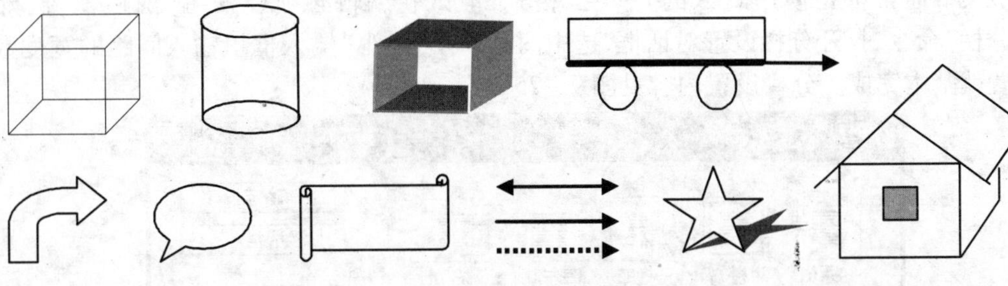

图 9－22　自绘图形举例

(五) 版面编辑

文稿内容输入以后，很多情况下由于打印、纸张尺寸及其他规定的要求，需将文稿按照一定的版式要求编辑好，这通常称之为排版操作。一般情况下，普通文稿都是使用默认的版面格式，很少进行排版操作，但学校经常进行的试卷编辑工作却有较多的排版操作内容。以下就以试卷编辑的排版操作为例，介绍部分排版操作内容，以供同学们在平常训练中学习参考。

1. 页面设置

执行“文件——页面设置”命令，打开如图 9－23 所示的页面设置对话框，里面有较多的设置内容，有些内容很少涉及，但以下二个方面是必须掌握的基本内容。

(1) 页边距：这里的设置数据影响到文稿上下左右四边的空白位置大小，应根据纸张大小、版面安排及相关规定要求设置相应的数值，一般情况下采用默认值即可。

这个选项卡里还有一个设置内容就是纸张的方向，有纵向与横向两种选择。一般情况下A4 幅面纸张普通文稿都是选择默认的纵向设置，但试卷纸的版面则要选择横向设置。

（2）纸张：在纸张选项卡里，最主要的设置是选择纸张的尺寸大小，如图 9－24 所示。多数情况下，普通文稿都是使用默认的 A4 尺寸，但试卷编辑就需另选尺寸。纸张尺寸选项框里，有多种不同尺寸规格可供选用，但通常都不符合试卷编辑的需要，应选择“自定义”尺寸选项，自行输入文印或教务管理部门所规定的纸张尺寸。

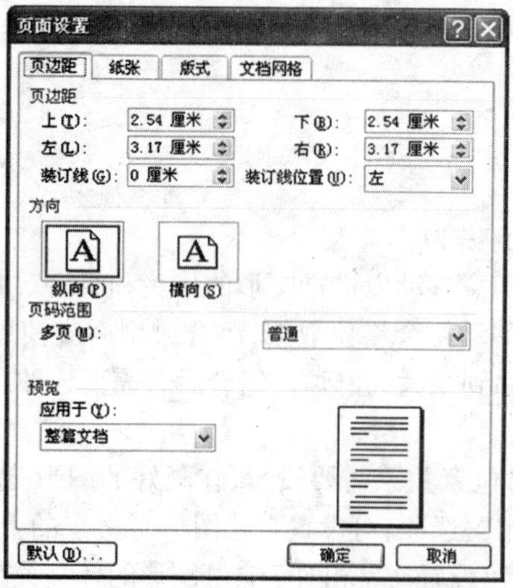

图 9－23　页边距设置内容

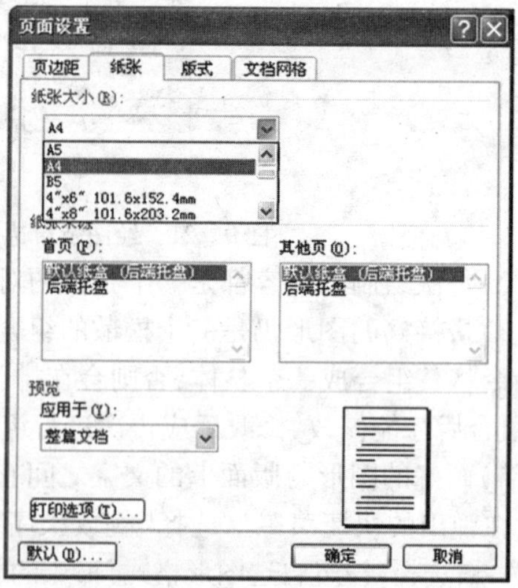

图 9－24　纸张设置内容

2. 分栏设置

一般文稿通常都是使用默认的“一栏”格式，但试卷编辑必须设置为“两栏”。执行“格式——分栏”命令，打开分栏设置对话框，选中两栏并在“间距”输入框里输入间距的宽度数值，分栏设置就基本完成。分栏设置内容见图 9－25。

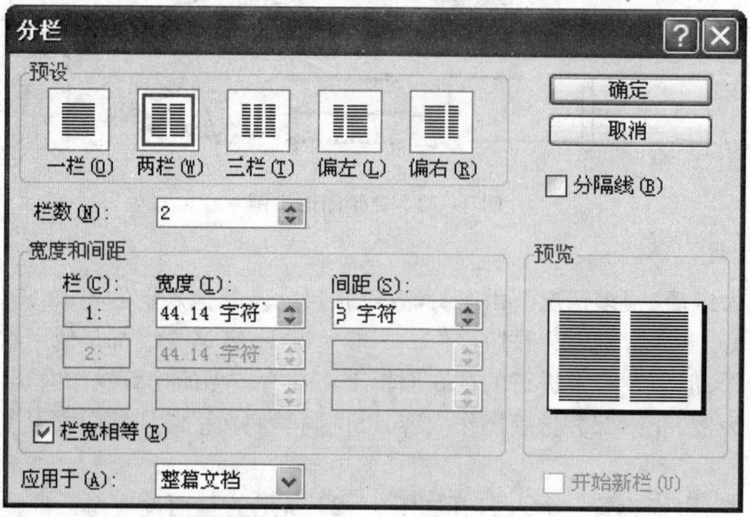

图 9－25　分栏设置内容

3. 试卷头制作

对于统考联考等考生信息需要密封的考试,通常要在试卷左侧制作试卷头,这个内容的制作,与普通文字输入有较大方法上的差异。

试卷头的内容,一般如图 9－26 所示。常规方法输入,横排是很普通的操作,但问题是,试卷头的版式通常是竖排在试卷的左侧,操作上有些特殊。具体制作的方法是:

学校　　　　　　　　　　班 级　　　　　　　　　　姓 名　　　　　　　　考号

请不要把以上考生信息写在密封线之外

……………密……………………………封……………………………线……………

图 9－26　试卷头的内容

(1)在试卷的左侧插入和试卷头范围相当的文本框,并将文本框的格式设置为无填充颜色和无线条颜色;

(2)在文本框内选择文字方向为:竖排、自下而上;

(3)依次输入相关文字内容;

(4)用直线绘图工具绘上虚线密封线;

(5)将左页边距设置在密封线右侧位置,这样输入试题内容时就不会进入试卷头所在区域。

二、技能要求

必须达到的基本要求:

(1)能以较快的速度输入常用文字,通常应达到每分钟 30 字左右的速度;

(2)能较熟练地输入常用专用字符、图形符号,如各种数学表达式等;

(3)能较熟练的按照规定的格式要求编辑排版试卷;

(4)能应用电子表格对教学数据进行教学常规处理。

视选修专业方向及个人学习条件,自选的高级要求:

一是能较熟练地输入物理、化学、生物、信息技术、音乐等学科的专用图形符号;

二是能较熟练地使用打印机进行各种打印模式的打印操作;

三是能较熟练地使用扫描仪进行文稿、图片的扫描输入。

三、考评方法

分常用汉字输入与非常用字符输入及排版两个模块进行计算机办公应用技能考核。

(1)通过专用打字考核软件平台,以输入指定文章的形式进行常用文字输入速度考核;

(2)在规定时间内,完成一份考核专用、内容综合的模拟试卷的输入排版操作。

四、考评标准

(1)文字录入的速度:20 分。

低于 20 字/分的速度不得分,按不达标处理。超过 20 字/分部分,每超过一字加 0.5 分,最高分为 20 分,即达到 60 字/分的输入速度,这已经达到专业打字员的水平了,远超过一般工作需要。

(2)模拟试卷的输入,时间为 60 分钟,满分为 80 分。

评分内容及标准为:

①文字及符号内容输入的正确性:25 分。每错漏一个字符扣 1 分,最多扣 25 分。

②版面排版正确性:25 分。

左侧试卷头:15 分。页面、页边距、分栏、栏间距设置:10 分。

③字体字号属性的规定要求:5 分。

④绘图完成的质量:10 分。

⑤表格数据处理正确性:15 分。

⑥每少输入一题扣 15 分。

(3)两项考核成绩相加,综合评判标准为:

60-69 分为合格;

70-89 分为良好;

90-100 分为优秀。

第二节 训练内容及方法指导

一、训练内容

要达到本章所要求的计算机办公应用的技能基本功,就需在平常学习过程中,特别是在《计算机应用基础》课程的学习过程中,应针对性地注重以下内容的学习训练:

(1)普通汉字的正常输入;

(2)汉语拼音字母、注音汉字的输入;

(3)各种标点符号、数学符号、特殊符号的输入;

(4)各种数学表达式的输入;

(5)文档排版操作。

二、训练指导

(1)文字录入速度的训练,主要是在课余上机时间借助打字训练的工具软件(如机房普遍安装的"金山打字通"软件)进行训练及模拟考查,正式考核前每位同学都能基本知道自己在这方面的水平及能力状况。

文字输入法的选用,有条件的同学建议选用五笔输入法进行学习与训练,坚持每天练习一节课,二周内就可为快速输入打下坚实的基础。选用拼音输入法的同学,应尽量掌握各种拼音输入方案的特色输入功能,尽可能回避拼音输入法重码多、反复挑选同音字而造成输入速度慢的问题。例如:智能 ABC 拼音输入方案中,就有常用字快速输入、词汇简拼、音形码混拼等多种特色功能,若能熟练使用这些特色输入功能,通常都能有效提高输入速度。

(2)专用及特殊符号的输入训练,要有意识地熟悉与练习软键盘的类型及各类型软键盘里所含有的符号内容,不知道软键盘的使用,或者虽然知道但不熟悉,需要输入某个符号时逐个在软键盘查找,都将会严重影响输入速度。

(3)公式编辑器是 Word 软件的一个小插件,也是一个被绝大多数不涉及数理输入内容的办公者所忽略的实用功能,是解决数学表达式输入的一个重要而又方便的工具。作为一个师范生,特别是数学专业方向的师范生,一定要重视训练和掌握这个小工具的熟练使用。

(4)选修理科专业方向,有可能进入中学理科教学领域的同学,应有意识、有针对性地加强理科专用内容输入的学习与训练。这已经超过 Word 软件本身的内容范围，一般要借助共享于 Word 平台的其他第三方软件才能实现。例如：轻松工具箱、教师工具箱这类软件。轻松工具箱这个软件的作者本身就是一位工作在教学第一线的教师，软件的功能实用方便，完全是为教师量身定做的，有兴趣的同学应该掌握它。

（5）大多数情况下，输入纯文字内容的一般文档，版面格式比较简单，较少涉及排版操作内容。但若涉及图文兼有的文稿、出版社有专门要求的书稿、有专门要求的试卷及其他特殊文稿，输入内容后就往往要进行较多的版面安排方面的操作。在平常学习的过程中，可借助编辑学生社团小报的形式训练排版操作方面的技能，若能熟练顺利地在 Word 平台上编排 B4、A3 幅面的报纸版面，则完全能胜任普通教学办公情况下的排版操作要求。

第三节 考训素材及案例

以下是一份综合考查各种字符、图形输入能力及排版操作能力的模拟试卷，既是本章基本功的考核内容，也可作为同学们平常练习的素材案例。图 9－27 是整个试卷的版式案例，供同学们排版操作练习。图 9－28 和图 9－29 分别是试卷的具体输入内容，供同学们作输入练习素材。

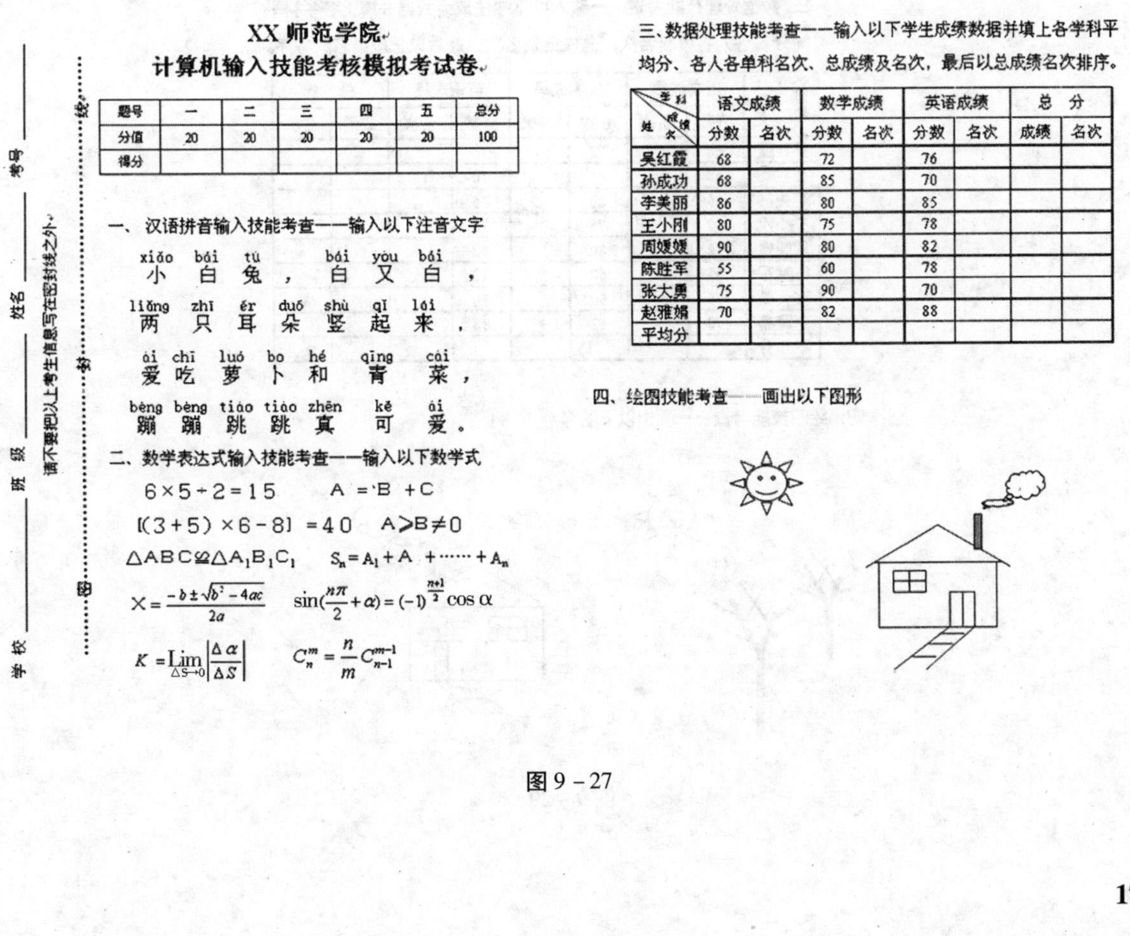

学校________ 班级________ 姓名________ 考号________

请不要把以上考生信息写在密封线之外。

密 封 线

XX 师范学院

计算机输入技能考核模拟考试卷

题号	一	二	三	四	五	总分
分值	20	20	20	20	20	100
得分						

一、汉语拼音输入技能考查——输入以下注音文字

xiǎo bái tù， bái yòu bái，
小 白 兔 ， 白 又 白 ，
liǎng zhī ěr duǒ shù qǐ lái，
两 只 耳 朵 竖 起 来 ，
ài chī luó bo hé qīng cài，
爱 吃 萝 卜 和 青 菜 ，
bèng bèng tiào tiào zhēn kě ài。
蹦 蹦 跳 跳 真 可 爱 。

二、数学表达式输入技能考查——输入以下数学式

$6\times5\div2=15$　　$A=B+C$

$[(3+5)\times6-8]=40$　　$A>B\neq0$

$\triangle ABC\cong\triangle A_1B_1C_1$　　$S_n=A_1+A\ +\cdots\cdots+A_n$

$X=\frac{-b\pm\sqrt{b^2-4ac}}{2a}$　　$\sin(\frac{n\pi}{2}+\alpha)=(-1)^{\frac{n+1}{2}}\cos\alpha$

$K=\lim\limits_{\Delta S\to0}\left|\frac{\Delta\alpha}{\Delta S}\right|$　　$C_n^m=\frac{n}{m}C_{n-1}^{m-1}$

三、数据处理技能考查——输入以下学生成绩数据并填上各学科平均分、各人各单科名次、总成绩及名次，最后以总成绩名次排序。

学科/成绩/姓名	语文成绩		数学成绩		英语成绩		总 分	
	分数	名次	分数	名次	分数	名次	成绩	名次
吴红霞	68		72		76			
孙成功	68		85		70			
李美丽	86		80		85			
王小刚	80		75		78			
周媛媛	90		80		82			
陈胜军	55		60		78			
张大勇	75		90		70			
赵雅娟	70		82		88			
平均分								

四、绘图技能考查——画出以下图形

图 9－27

XX 师范学院

计算机输入技能考核模拟考试卷

学校________ 班级________ 姓名________ 考号________

请不要把以上考生信息写在密封线之外

密……封……线

题号	一	二	三	四	五	总分
分值	20	20	20	20	20	100
得分						

一、汉语拼音输入技能考查——输入以下注音文字

xiǎo bái tù, bái yòu bái,
小 白 兔， 白 又 白，

liǎng zhī ěr duǒ shù qǐ lái,
两 只 耳 朵 竖 起 来，

ài chī luó bo hé qīng cài,
爱 吃 萝 卜 和 青 菜，

bèng bèng tiào tiào zhēn kě ài
蹦 蹦 跳 跳 真 可 爱。

二、数学表达式输入技能考查——输入以下数学式

$6\times5\div2=15$　　$A = B + C$

$[(3+5)\times6-8]=40$　　$A > B \neq 0$

$\triangle ABC \cong \triangle A_1B_1C_1$　　$S_n = A_1 + A + \cdots + A_n$

$X=\frac{-b\pm\sqrt{b^2-4ac}}{2a}$　　$\sin(\frac{n\pi}{2}+\alpha)=(-1)^{\frac{n+1}{2}}\cos\alpha$

$K=\lim\limits_{\Delta S\to0}\left|\frac{\Delta\alpha}{\Delta S}\right|$　　$C_n^m=\frac{n}{m}C_{n-1}^{m-1}$

图 9－28

三、数据处理技能考查——输入以下学生成绩数据并填上各学科平均分、各人各单科名次、总成绩及名次，最后以总成绩名次排序。

学科 / 成绩 / 姓名	语文成绩		数学成绩		英语成绩		总　分	
	分数	名次	分数	名次	分数	名次	成绩	名次
吴红霞	68		72		76			
孙成功	68		85		70			
李美丽	86		80		85			
王小刚	80		75		78			
周媛媛	90		80		82			
陈胜军	55		60		78			
张大勇	75		90		70			
赵雅娟	70		82		88			
平均分								

四、绘图技能考查——画出以下图形

图 9－29

图 9－30 是一份学生自编的小报案例，供同学们作为排版练习参考素材。

图 9－30 自编小报案例

图 9－31 是使用辅助输入工具软件，输入地理学科图形符号的素材案例。

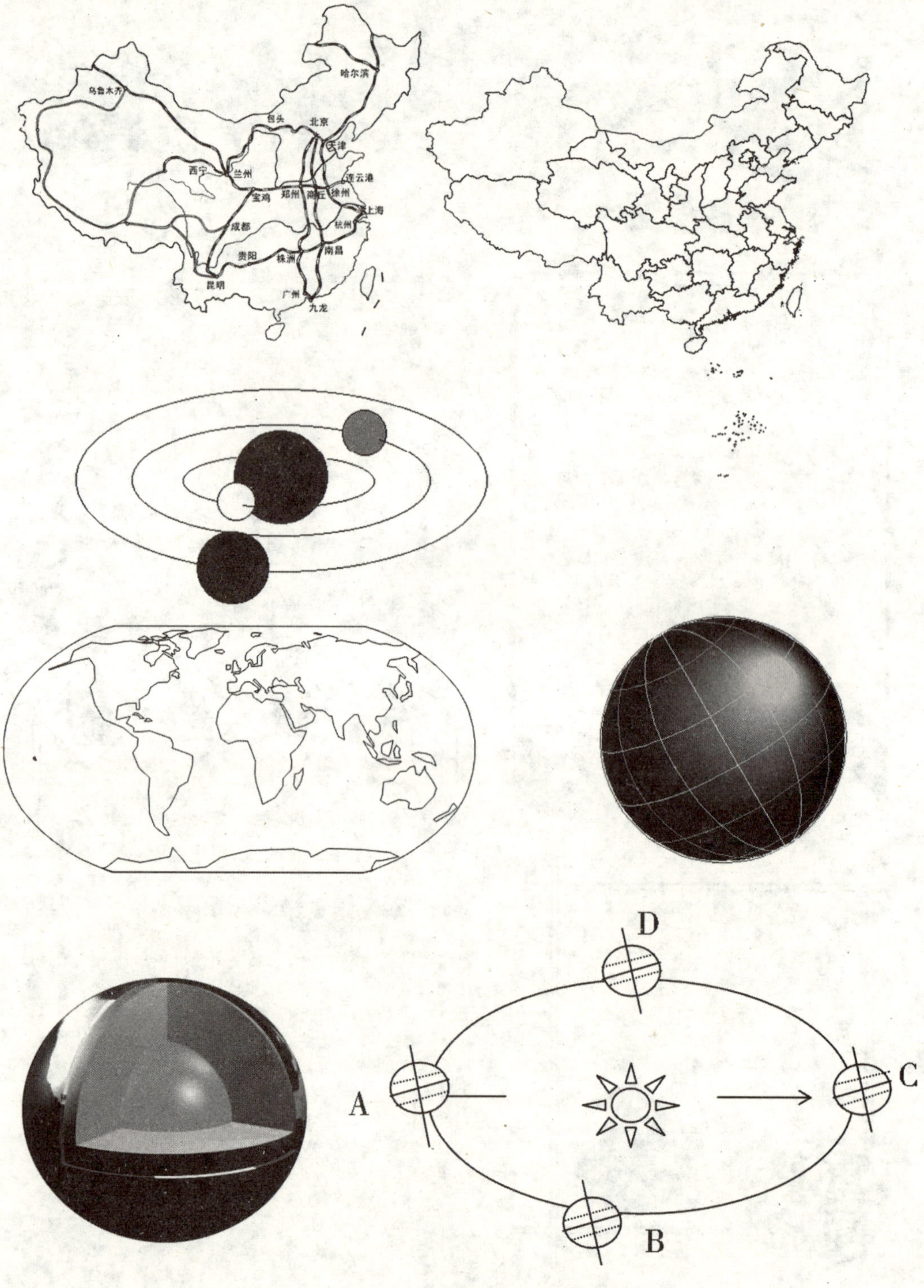

图 9－31　地理学科图形符号示意图

图 9－32 是使用辅助输入工具软件，输入物理学科图形符号的素材案例。

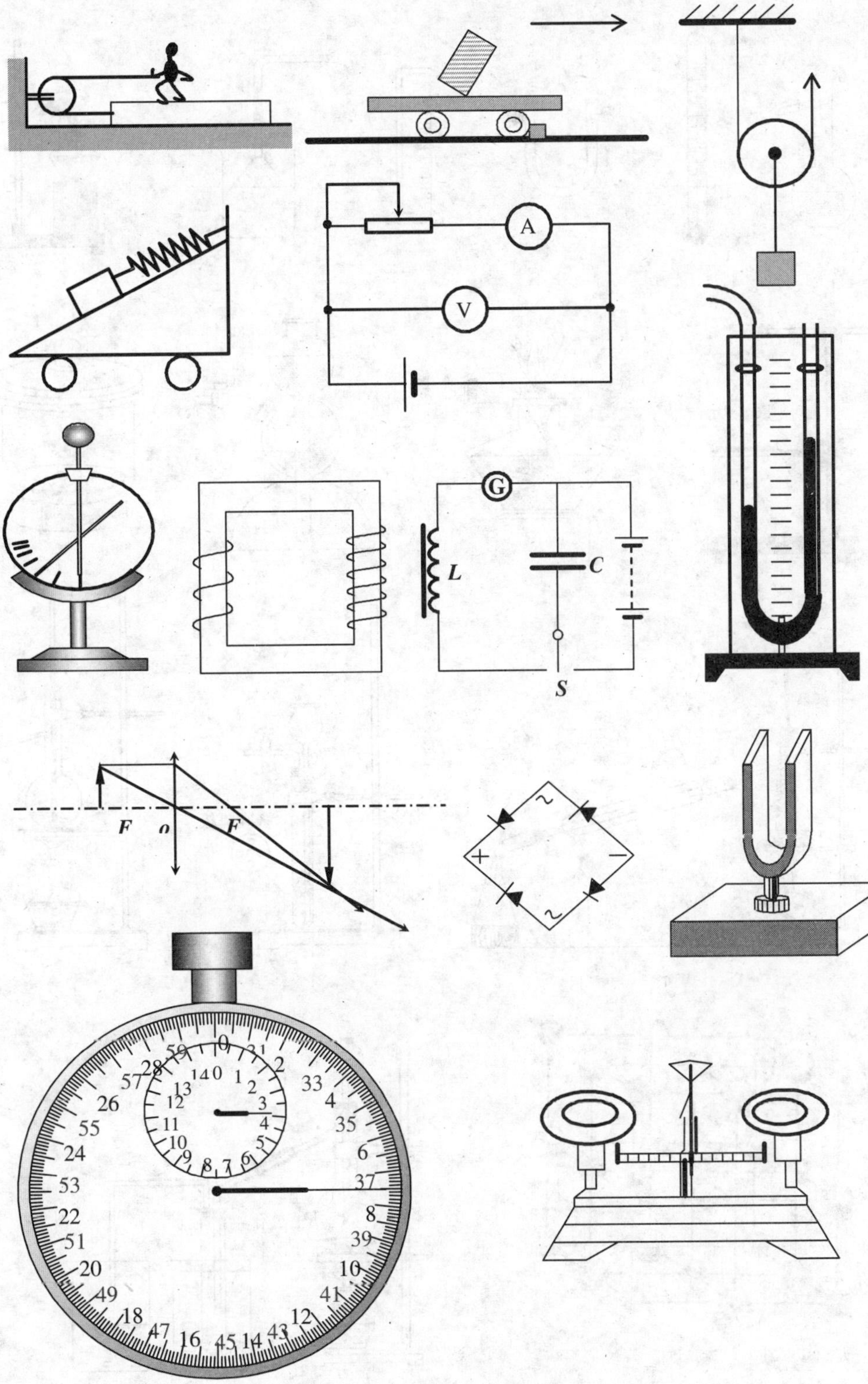

图 9－32　物理学科图形符号示意图

图9－32是使用辅助输入工具软件，输入化学学科图形符号的素材案例。

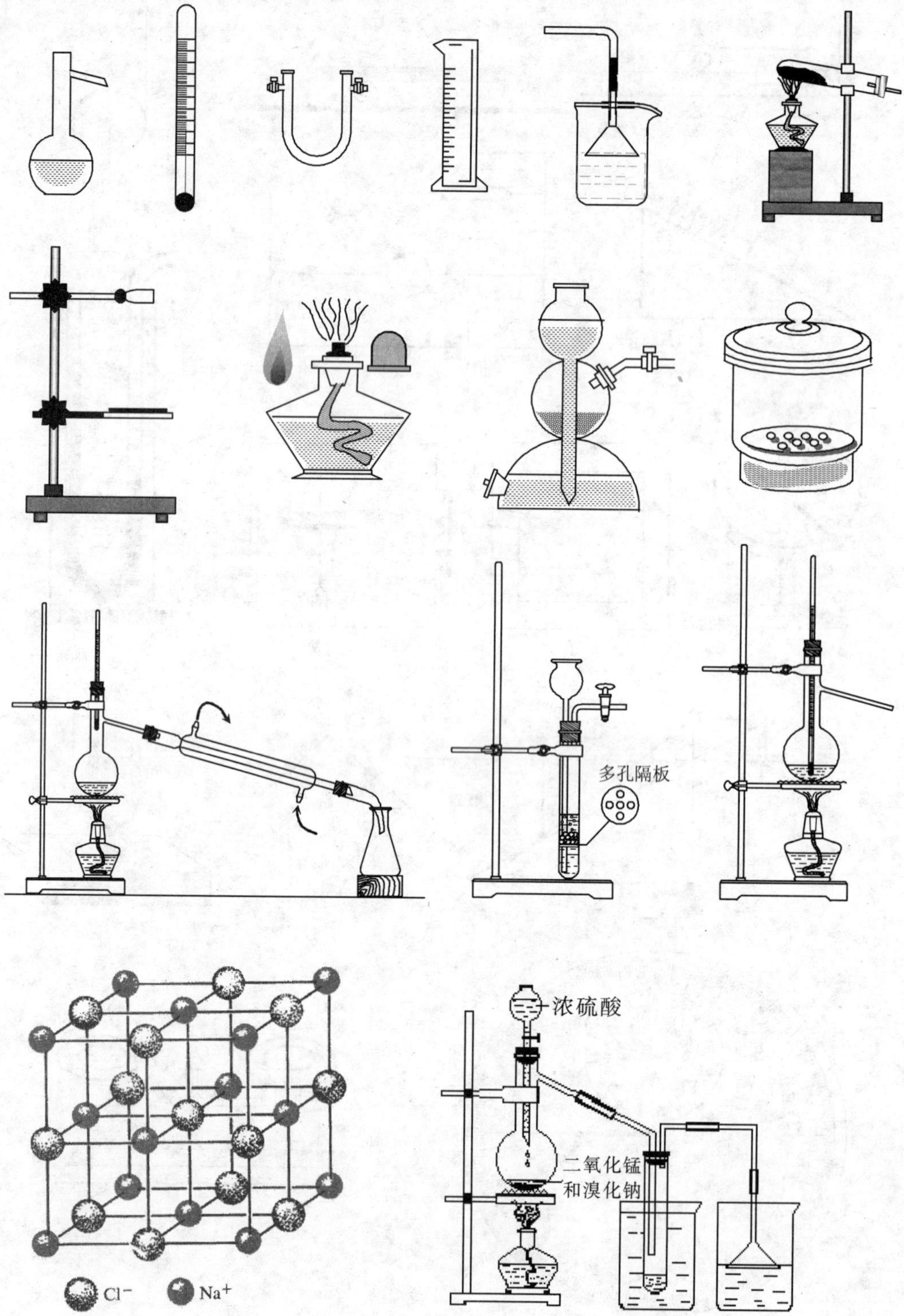

图9－32　化学学科图形符号示意图2

第十章

网络应用基础

第一节 基本知识与技能概述

互联网既是一个庞大的信息资源库，又是一个普及方便的信息交流平台，为教师和学生同时提供了学习资源、学习工具及共享和交流平台。伴随着计算机的普及，互联网已经进入了社会生活的各个领域，教育教学工作更是因为实用的网络环境和丰富的网络教育资源而与互联网结下了不解之缘。因此，网络应用的技能水平自然也就成了师范生职业技能的组成部分之一。

下面从教师职业实际需要出发，介绍网络应用方面的基本知识，这些知识是网络应用操作过程中的基本内容，也是同学们平常学习、训练中应扎实掌握的主要内容。

一、基本知识

（一）网络通信

现代社会的通信方式，主要是电话形式的语音通信和网络形式的多媒体通信两种。电话形式的语音通信主要是简短内容的即时通信，而网络形式的通信则因具有通信容量大（如一部几十万字书稿的交流）、通信媒体多样（既可以是文字，也可以是语音、图片、视频）、通信成本更加低廉（学校办公网络对教师来说是免费的零成本）等优势，而已逐渐成为广大教师普遍使用的重要通信方式。

1. 即时通信

所谓即时通信，是指通过网络平台，在线的上网用户使用相应的通信软件，即时进行的包括语音、文字、视频等内容的通信。使用即时通信软件（例如被广大教师和同学普遍使用的 QQ 软件），在聊天窗口用文字、语音、视频等形式与对方进行通信，是最基本的操作。除此以外还可使用文件发送的方式，向对方发送文稿、图片、音乐甚至是视频文件。使用这种方式通信，需要注意的事项有：

（1）对方必须在线，若对方不在线，则改用“发送离线文件”方式，这样网站提供中转暂存，待对方上线后会立即提示对方接收；

（2）视频文件容量不可太大，否则视网络传输速度的大小、可能传输时间难以掌握；

（3）事前应设置好接收文件存放的文件夹位置，以避免事后四处查找所收到文件的麻烦。

2. 电子邮件

电子邮件是人们传统的信件通信移植于网络平台后的一种现代通信方式，既保留了传统信件通信的部分形式，又扩充了通信内容、提高了通信速度、降低了通信成本，已成为现代信息社会被大家普遍应用的重要通信方式。

网络上提供电子邮件通信的平台很多，Email. 163. com 网易邮箱，Email. qq. com QQ 邮箱都是深受学校教师及学生欢迎的邮件通信平台。网易邮箱初次使用还需要申请一个邮箱帐号，QQ 邮箱则更方便到无须申请帐号，拥有 QQ 帐号就自动拥有与 QQ 号相同的邮箱帐号。使用电子邮件进行文字通信是最基本的网络通信操作，这里要着重提及的操作是应用电子邮件的附件发送功能、扩充电子邮件通信的媒体形式及通信容量几方面的内容。

如图 10－1 所示的网易邮箱，写完信件的文字内容，点击“添加附件”按钮，可将多达 50M 数据量的文件资料发送给对方（升级后更可扩大至 2G），这对实际工作中需要传送大量文件资料的使用者来说，确实是既方便又实用的功能。在实际使用邮箱附件发送功能的时候，需要注意以下几点：

（1）一个附件只能发送一个文件，即使是很小的文件也是如此。如有多个文件需要发送，则需要多次进行添加附件的操作；

（2）若发送文件的数量过多，如几十张几百张图片文件，则应压缩成一个压缩文件包再发送，以提高操作效率；

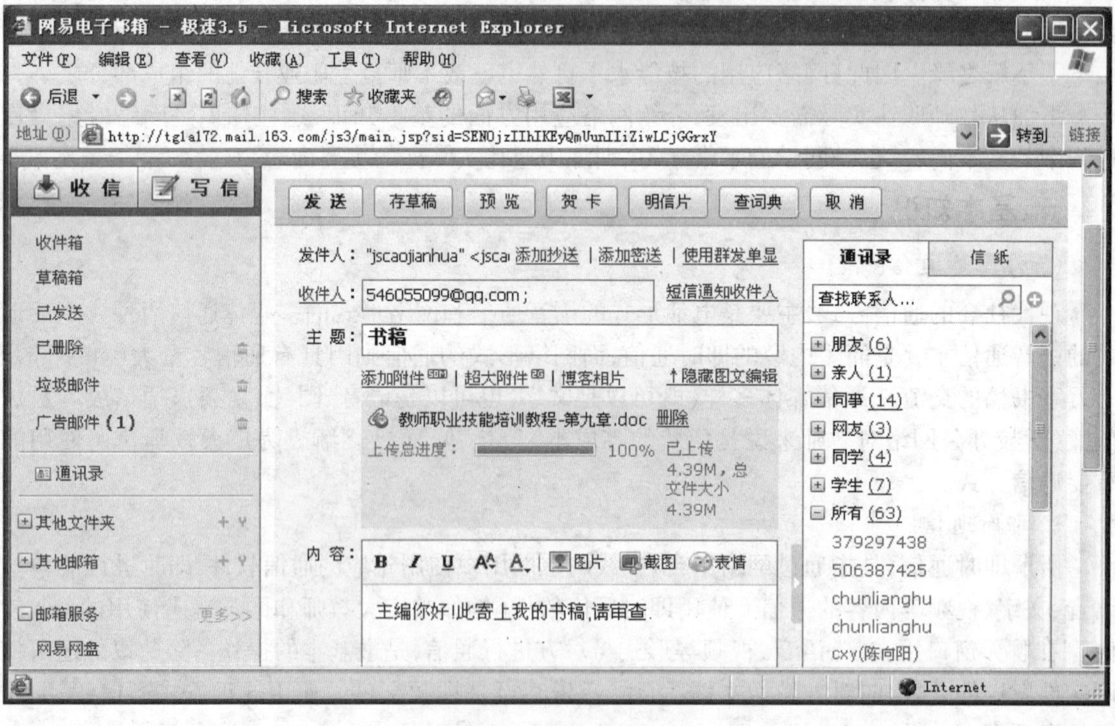

图 10－1　网易电子邮箱

（3）单个附件文件的容量不能超过邮箱的限制，不同邮箱的限制值是不同的。如网易邮箱普通帐户为 50M，升级后为 2G，QQ 邮箱为 1G；

（4）巧妙利用邮箱的存储容量及存储安全特性，自己给自己的邮箱发送文件资料附件，是一个免费保管、安全存储、方便取用文件资料的好办法。

作为网络通信功能的延伸扩展,使用"网络硬盘"存放自己的文件资料,是目前大学生中比较流行的资料存储方式。腾讯公司为每个 QQ 帐户免费提供 16M 容量的网络硬盘,点击 QQ 面板侧边栏上的"网络硬盘"图标,即可打开网络硬盘,如图 10-2 所示。以"上传"的方式,向里面存放自己的文稿、图片等文件资料。这种存放文件的好处,一是可以方便在异地持续同一件工作的文件携带,二是可以保证存放文件的安全,不担心电脑病毒或电脑意外故障导致资料丢失。

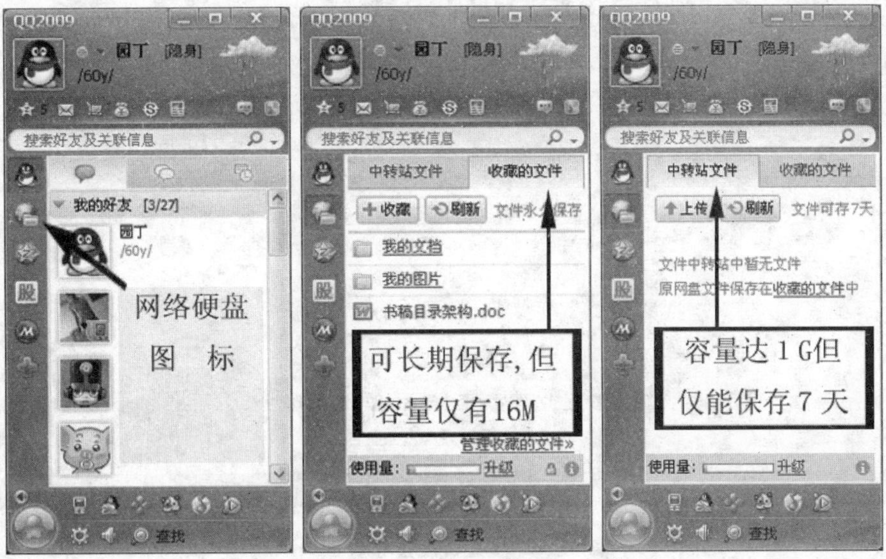

图 10-2 网络硬盘示意图

需要注意的是,网络硬盘中"中转站文件"与"收藏的文件"其存放属性是不一样的,前者只是短期存放但容量大,而后者则是长期存放但容量小,若有扩大容量的需要,升级为会员后可达几百 M 至几个 G 的容量。这里仅是以腾讯网站为例,网络上提供网络存储的网站还有很多,可根据自己的了解和需要酌情选用。

(二)资料搜索

互联网,也被称作信息的海洋,世界上最大的图书馆。在实际的学习和工作中,如何准确高效地在浩如烟海的互联网上获取自己所需要的资料信息,已经成了在现代信息社会中生活的基本功,作为终生将与各种信息、资料、知识为伴的师范生来说,自然更不例外。

目前大家在网络上搜索信息的方式,通常是使用百度(www. baidu. com)或者是谷歌(www. google. cn)搜索平台,其中又以百度平台使用得更为普遍。这里以图 10-3 所示百度平台为例,介绍一些有关资料搜索方面的知识。

1. 确定所需资料的类别

在搜索之前先确定所需资料的类别,是提高搜索速度、增加搜索准确度的有效措施。操作方法是点击搜索关键词输入框上面的分类标题文字。从图 10-3 中可看出共有新闻、网页、贴吧、知道、MP3、图片、视频、地图八大类。例如你要找一首歌曲,在"MP3"类别搜索与在通用的"网页"类别搜索,准确与快捷程度都相差很大。

以搜索周杰伦的《青花瓷》这首歌为例,从图 10-4 的对比中可看出,从普通网页类别中搜索与从 MP3 类别中搜索,搜索结果的差别是显而易见的。

图 10－3　百度搜索界面

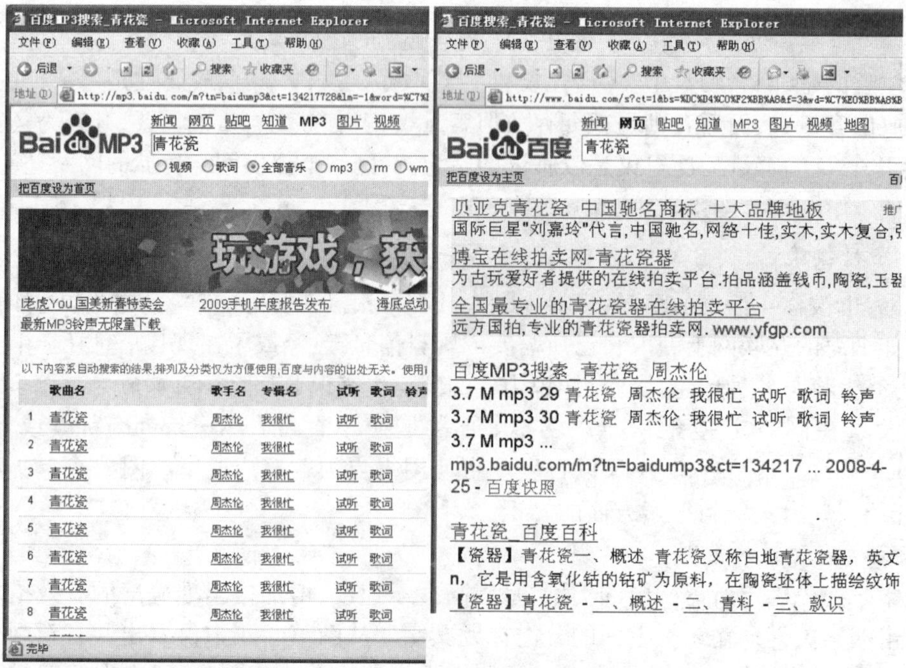

图 10－4　相同关键词不同类别的搜索区别

2. 掌握搜索关键词的输入技巧

关键词的输入力求准确、具体，避免模糊、冗长。以寻找一个小学三年级语文课件为例，输入“课件”、“小学课件”、“语文课件”作为关键词,搜索范围都过大,搜索结果不理想,输入“小学三年级语文课件”作为关键词,搜索结果最为接近实际需要。较长的关键词以空格加以分开也是一个常用的搜索输入技巧。

当工作学习中遇到不解的问题,需要寻找某种帮助时,利用百度“知道”搜索类别的知识面广、解答者众多、解答针对性强等优势,可以及时解决工作、学习中的许多问题。只要是你遇到的或是想到的问题都可以提问搜索,大多数情况下都有相应的答案。即使暂时没有相应答案,过些时候仍会得到热心人的相应解答。相当于每人都拥有全天下能者为自己的老师,这实在是网络社会为网民提供的最大福利待遇。

利用百度“百科”搜索类别进行搜索,也是解决工作、学习中遇到的不解问题、查找相关资料的有效途径。

(三)资料下载

在工作、学习过程中,经常需要从网上下载各种软件、音乐、图片、视频、文字资料等内容,准确地找到提供下载的网站、快速有效地完成下载过程,是网络应用的基本功之一,也是网络环境中工作技能的具体体现。

1. 寻找可靠的下载网站

网络上提供资源下载的网站很多,单纯从百度“网页”类别搜索所需要的下载资源,通常可以得到很多的下载网站搜索结果。但不同的提供下载的网站,下载效果差别很大,主要表现在下载资源的丰富程度、下载速度的大小、下载操作的方便程度、下载资源的安全性、下载的附加条件(如需要注册、需要上传资源获取虚拟币、需要付费)等多个方面。

平常注意搜集内容丰富、安全可靠、方便快捷的下载网站信息,是实现高效快捷下载资料的基础。例如:天空软件站(www. skycn. com),华军软件园(www. onlinedown. net)都是不错的软件下载网站,搜狗(MP3. sogou. com)是不错的音乐下载网站。可将常用可靠的网站网址存放到浏览器的收藏夹,既便于存放管理又便于快速登录,是提高工作效率的有效手段。

使用收藏夹收藏网址的操作方法是:

以收藏百度网址为例,在打开百度网页时,通过单击菜单命令“收藏——添加到收藏夹”,打开如图 10-5 所示,添加到收藏夹对话框,这时在“名称”栏中显示的是网站的标题,如有需要,也可更改此名称,如图 10-6 所示。

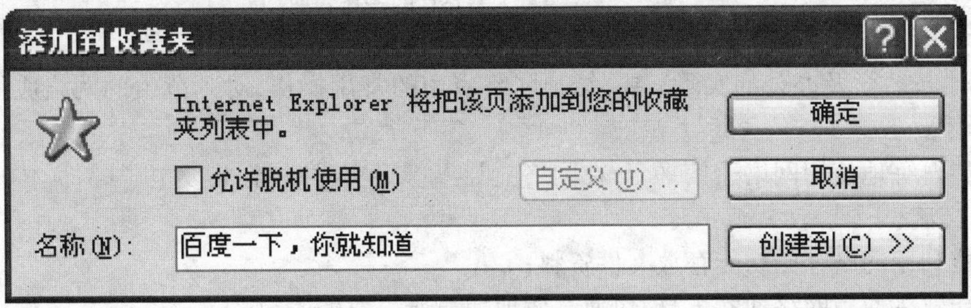

图 10-5　收藏夹对话框

点确定后即将百度网站的网址收藏到收藏夹中。下次需要登录百度时,只需单击 IE 上的收藏夹按钮,在展开的收藏夹里面点击“百度网址”名称,即可迅速打开该网页。

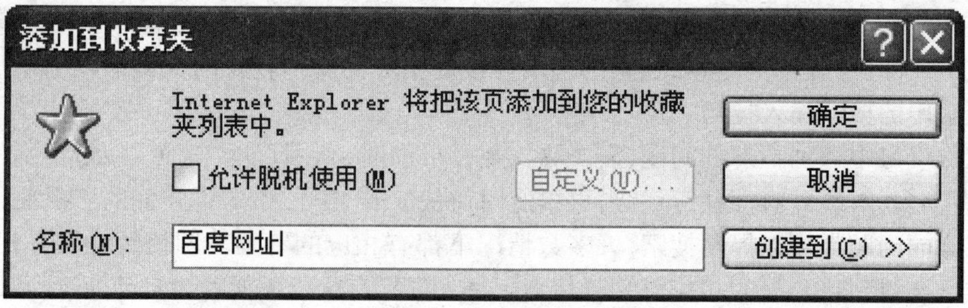

图 10-6　更改网站标题名称

2. 使用快捷有效的下载工具

最简单的下载工具就是直接利用 IE 浏览器的下载功能。找到下载资源后,点右键快捷菜单就可下载,但功能、速度均有限。图 10-7 所示的迅雷(Thunder)下载软件、图 10-8 所示快车(FlashGet)下载软件都是使用者众多,功能、速度均不错的下载软件,值得选用。

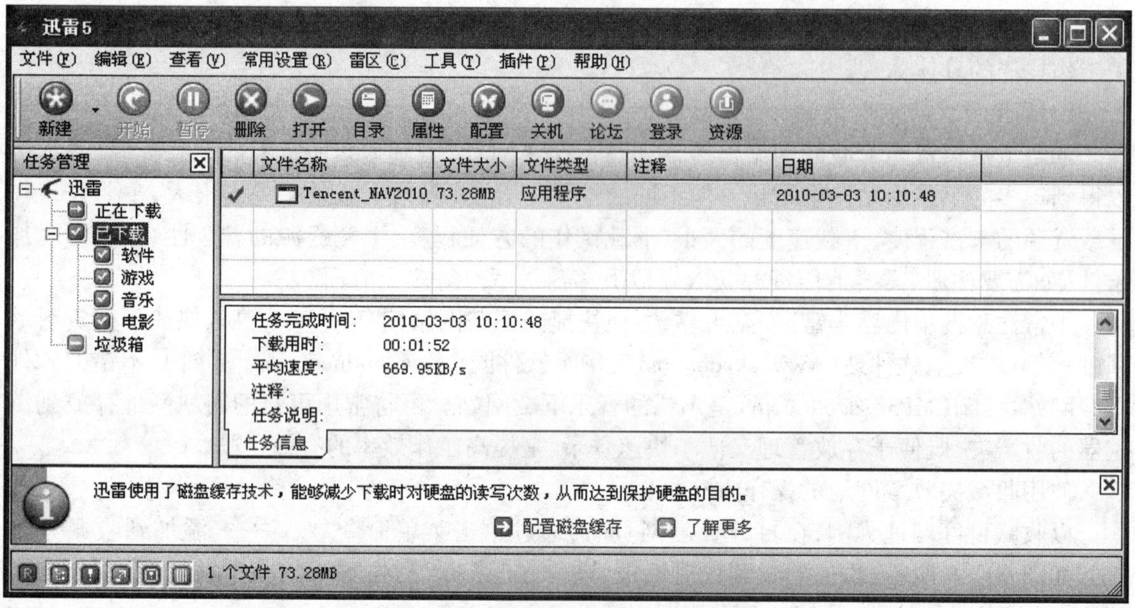

图 10-7　迅雷下载软件的工作界面

二、技能要求

根据学校教学及办公的实际需要,结合网络应用的常用操作,对师范生的网络应用技能提出如下具体要求:

(1)能熟练地使用网络通信平台,在网络上与人进行实时联络、收发电子邮件、传递资料等各种通信交流;

(2)能利用网络存储功能存放文件资料;

(3)能熟练使用网络搜索工具,快速高效地搜寻所需要的资料;

(4)能使用常用下载工具,下载自己所需要的资料信息。

三、考评方法

在规定时间内,上网完成下述操作内容:

(1)从 QQ 平台以"发送离线文件"的方式,给指定的 QQ 帐号发送在指定网站下载的指定

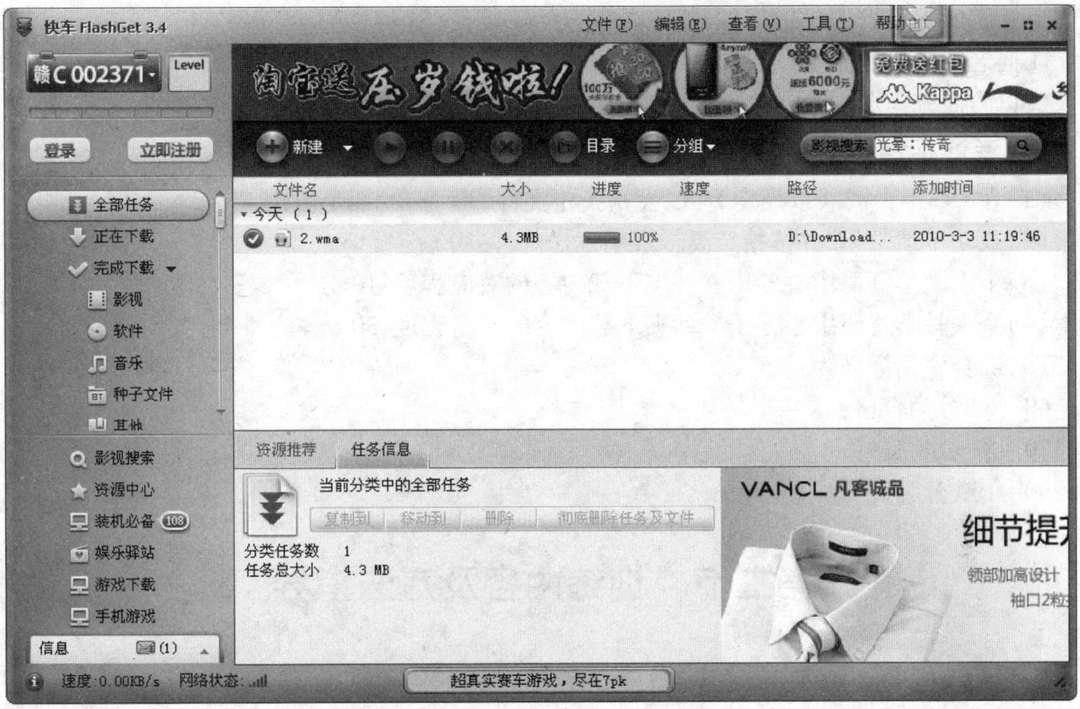

图 10-8　快车下载软件工作界面

音乐文件一个，指定图片文件一个。

(2)按图 10-9 所示建立以本人名字命名的个人教学资源文件夹，在各子文件夹内下载相应的资料若干。

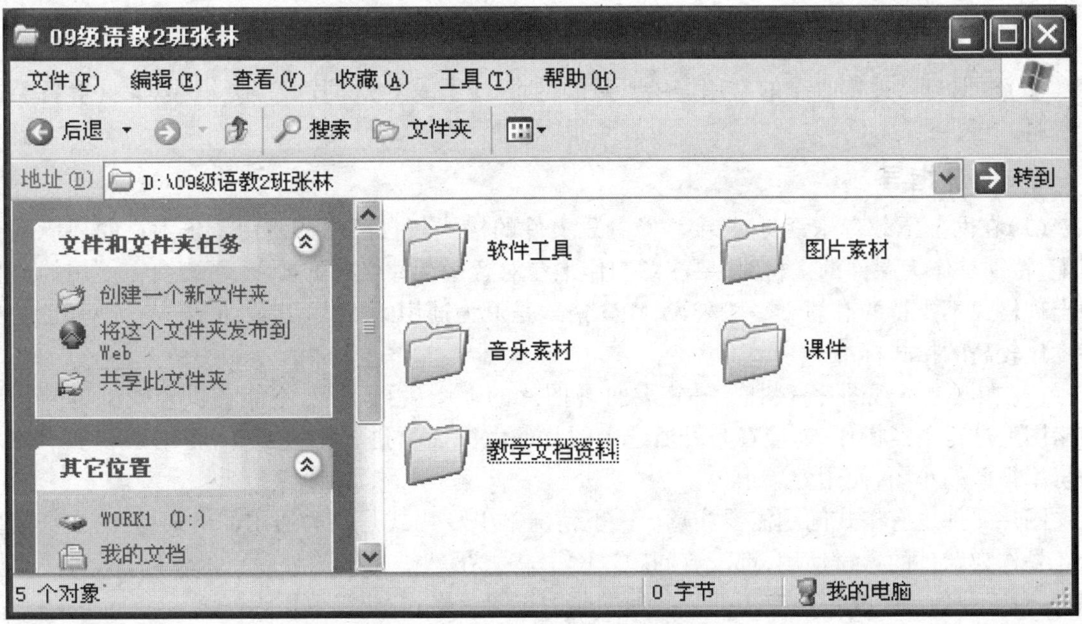

图 10-9　个人教学资源文件夹内容

(3)以自己的学号+姓名为帐户名称，申请一个网易的电子邮箱。以新申请的网易邮箱，

向老师指定的邮箱发送一封邮件,邮件内容为:

①向老师问好的文字;

②以附件方式发送个人教学资源中心的压缩文件包。

四、考评标准

(1)在QQ平台成功以规定方式,发送指定文件:30分。

(2)成功申请邮箱,并按指定要求成功发送邮件:30分。

(3)个人教学资源中心各子文件夹下载内容的对应程度:10分。

(4)个人教学资源中心各子文件夹下载内容的丰富程度:30分。

(5)综合评判标准为:

60~69分为合格;

70~89分为良好;

90~100分为优秀。

第二节　训练内容及方法指导

一、训练内容

(1)使用百度(或谷歌)搜索平台训练资源搜索的技能,特别是关键词的输入技巧、搜索类别的选择使用。

(2)训练浏览器"收藏夹"功能的应用,平时注意搜集和收藏重要的、常用的网站网址。

(3)申请并使用电子邮箱,利用邮箱的附件发送功能在网络传送容量大、数量多的各种文件。

(4)利用网络存储功能,存储自己的文件资料。

(5)根据自己搜集收藏的常用提供下载的网址,下载文档、图片、音乐、视频、课件等各类文件资料。

二、训练指导

(1)在网上下载音乐素材时,要注意音乐文件的格式与自己将要使用音乐素材的环境是否匹配,特别是作为课件的素材时,要注意制作平台对音乐文件格式的要求,否则会在使用的过程中出现格式不支持的麻烦。一般来说,MP3格式是最为通用的格式,其他如WMA、WAV也是支持度比较高的格式标准。

(2)在网上下载图片资料时,一定要打开图片的大图后再下载,不能在供查找浏览的网页缩略图上进行下载操作,而应在打开所选中图片的大图后再进行下载操作,否则下载下来的是分辨率很低的小图,使用效果很差,

图片文件也有格式问题需要注意。一般情况下JPG格式是最为通用的格式,无论是直接显示还是作为课件的素材使用,都没有问题。BMP格式虽然被支持的程度也比较好,但文件容量偏大,对于课件制作来说略有不便。其他的非主流图片格式,建议慎用为好。

(3)收藏网站网址和保存网页,是两个用途与操作完全不同的内容。

收藏网站网址的目的是便于快速访问经常访问的网站,具体操作是点击IE浏览器菜单栏上的"收藏——添加到收藏夹"命令,在弹出的对话框中点击确定后,即可将当前网址收藏到收

藏夹中。下次使用时只要打开收藏夹，直接点击收藏夹中的网站名称即可快速登录网页。

保存网页的目的是将网页的页面内容保存在自己的电脑中，以便于查看和存档。具体操作是点击 IE 浏览器菜单栏上的“文件——另存为”命令，命名好保存的文件名，选择好保存的文件类型即可。若要保存网页上的全部内容，应选择保存类型“网页，全部”选项，这样不但可以保存网页上的全部内容，也可保留网页原来的版面风格。若是选择保存类型为“文本文件”选项，则只有文字内容被保存，其他图片、动画等内容均未被保存，并且版面风格也被改变。

(4)网络环境下工作、学习过程中常用的小工具软件：

1)下载软件——迅雷(Thunder)、快车(FlashGet)，主要用于快速方便地下载来自网络的各种资料。可根据自己的爱好和熟悉程度任选一个即可，不要两个都安装，否则在欲下载时，会同时弹出两个下载确定窗口，这样反而增加麻烦。现在的下载软件通常都在软件界面上集合了很多资源链接，熟悉和了解相关的链接资源，可以快速方便地下载到所需要的资源。

2)即时通信软件——QQ、MSN，外企公司以应用 MSN 较多，学校师生应用 QQ 软件较多，主要用于网络环境中与人进行各种形式的信息交流，如文字、语音、视频、各种媒体的文件资料等，特别是异地、远距离的交流更显方便实用。QQ 通信平台，以其普及率高、通信功能齐全且方便实用、基本功能完全免费等众多优点，广受学校师生欢迎。网民在网络环境中的 QQ 帐号，差不多相当于社会生活环境中的公民身份证号码，一个没有 QQ 帐号的人要在网络环境下工作、学习及与朋友同行交流，还真是会显得既落伍又极为不方便。

3)压缩软件——RAR，主要用于将数量较多的文件合并成一个压缩包，便于传送和存档管理。

4)音乐播放器——千千静听、酷狗音乐等，音乐播放器版本众多，功能大同小异，主要用来播放音乐文件。可根据自己的爱好及熟悉程度任意选择一款即可，这里介绍的二款，主要特色是兼顾了音乐搜索、下载等附加功能。

5)视频播放器——暴风影音，视频播放器的版本也很多，不同版本的区别主要反映在支持视频文件格式的多少，暴风影音是目前比较受欢迎的一个视频播放器，播放的画面效果及兼容的视频文件格式均不错。

(5)有些网站的下载页面，除了你所需要下载的内容外，还安排有较多的推广软件下载链接，甚至有网站本身的广告链接，下载操作时稍不留意就会下载到这些不需要的内容，浪费时间和精力不说，有时打开误下载的东西后往往还会给电脑的后期使用带来很多麻烦，这要求下载者在打开网站的下载页面后，浏览及操作的过程要多加小心。

图 10－10 中所示是一个下载极点五笔输入法软件的下载页面，页面中有两个“立即下载”图标，大而醒目的下载图标并不是下载极点五笔内容，而是下载网站推广的遨游浏览器软件，下载极点五笔软件的图标是上面那个小而不起眼的下载图标。在很多下载网站页面中都能碰到类似的，甚至是比这里更容易误操作的情况。

图 10－10　注意下载页面上不同的下载提示内容

第三节　考训素材及案例

一、相关实用网站资料

（1）中国中小学教育教学网（www. k12. com. cn）：这个网站开设有教育论坛、教育博客、课堂伴侣、资源服务等众多与学校教育教学相关的栏目，以及专门对应小学一年级到高中三年级的各年级专题栏目，教学资料、教学论文、教学课件等各种教学资源丰富，是师范生学习、交流、获取教学资料的实用好网站。

（2）华军软件园（www. onlinedown. net）：这是个门类齐全、种类繁多的提供软件下载的网站，一般情况下所需要的软件都可以在这里找到。另外，天空软件站（www. skycn. com）也是不错的提供软件下载的网站。

（3）酷狗音乐网（www. kugou. com）：这是一个不错的音乐网站，安装了如图 10－11 所示的酷狗专用音乐播放器后，搜索音乐、试听音乐、下载音乐等操作都更为方便，直接在播放器界面上操作即可。

图 10－11 酷狗音乐播放器界面

(4)常用搜索平台网站：百度搜索(www. baidu. com)，谷歌搜索(www. google. cn)。

(5)网易电子邮箱网站(mail. 163. com)：网易邮箱，不仅仅是个发送电子邮件的通讯平台，利用它提供的超大附件功能及不限容量的相册功能，可以方便地把它变成自己的网络存储平台，随意存储自己的文档、图片、音乐、视频等各类媒体文件资料。

(6)中国素材网(www. sucai. com)：这是个很不错的图片素材网站，图片分类详细，图片数量大，既是教师在教学备课中搜集图片素材的好地方，也是师范生在学习课件制作时获取图片素材的好地方。从图 10－12 所示的素材网部分网页截图可看出其素材分类的详细程度及素材数量的大致情况。

素材网的另一特色是提供了不少的音效素材下载，从下面的音效素材分类中可看出音效素材的分类详细程度及素材的数量情况。

· 交通音效　· 人物音效　· 说话音效　· 体育运动比赛音效
· 动物音效　· 生活音效　· 机械音效　· 公共场所音效
· 战争音效　· 敲击音效　· 搏击音效　· 电话电报音效
· 警报音效　· 钟铃音效　· 自然音效　· 乐器演凑音效
· 音乐音效　· 其他音效　· 游戏音效　· 人声说话声音效
· 笑声音效　· 哭泣音效　· 卡通音效　· 电器办公音效
· 滑稽音效　· 激光音效　· 人群音效　· Midi 音乐音效

(7)中国知网(www. cnki. net)，这是一个学习、工作过程中获取文献资料的好网站，是中国知识基础设施工程，该网站拥有“数字出版物超市”、“全球最大的数字图书馆”、“全天开放的知

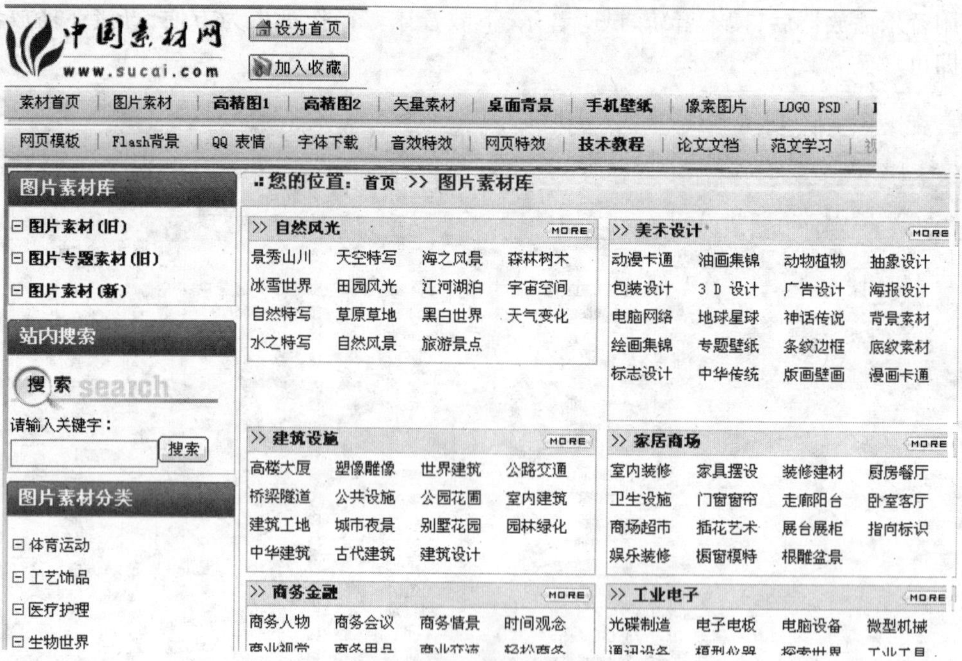

图 10 - 12　素材网部分网页截图

识超市”等称谓。图 10 - 13 是其网站首页截图，在图 10 - 14 注册后的登录页面中可以略知该网站文献资料内容的丰富程度。

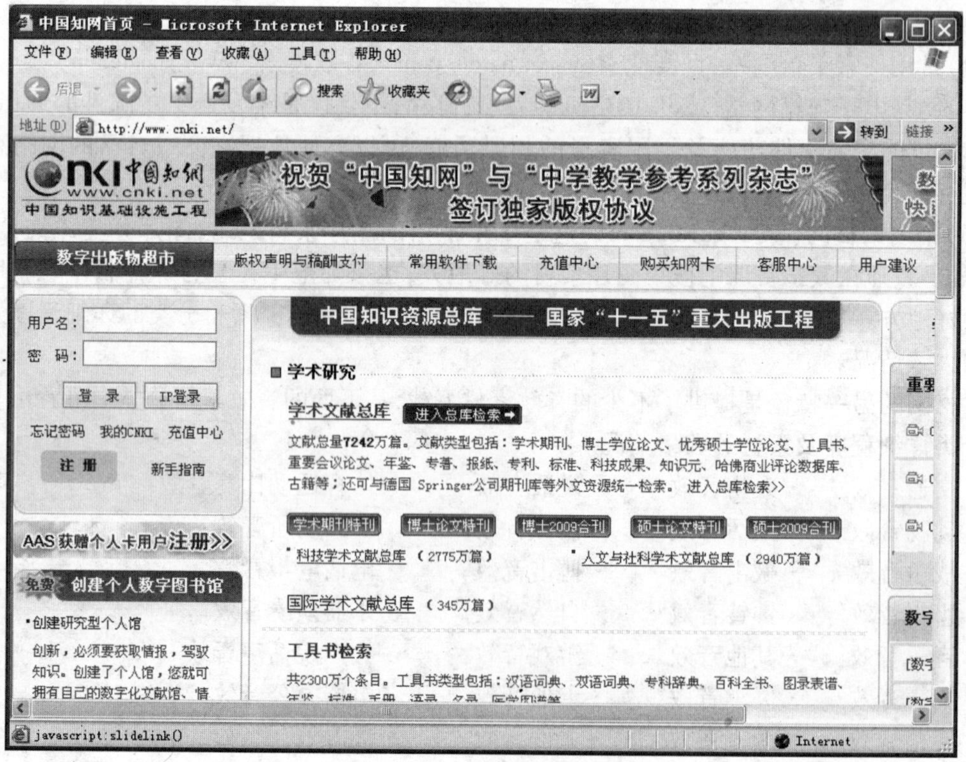

图 10 - 13　中国知网网站首页

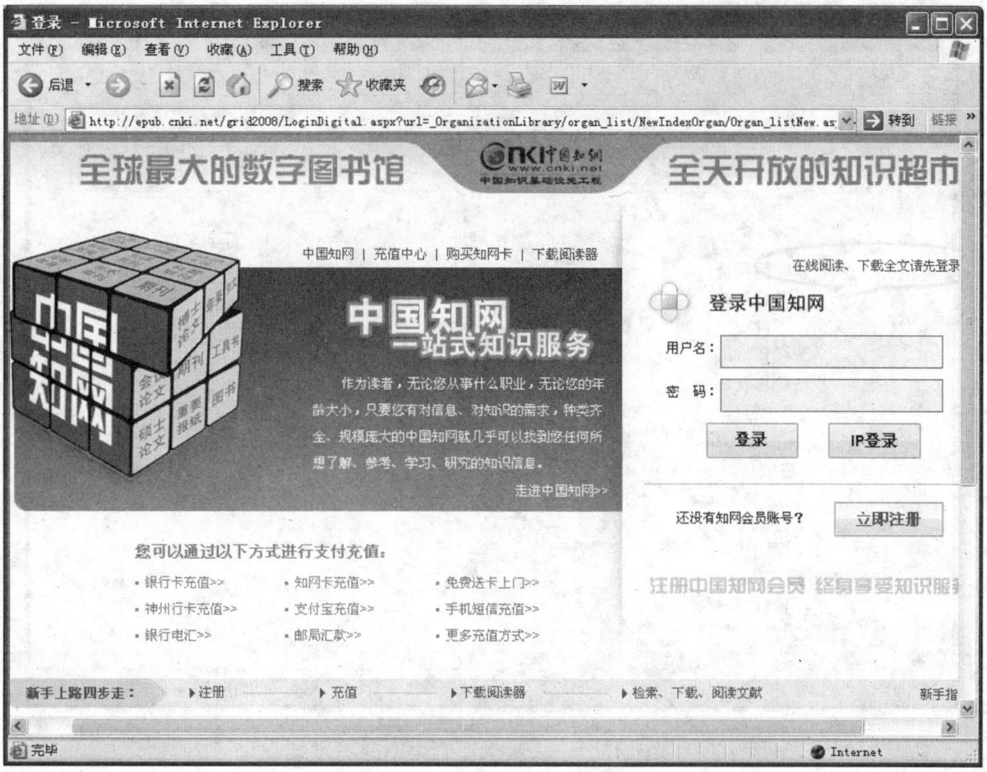

图 10－14　注册后的登录页面

二、个人教学资源中心案例

数字化教学资源是信息化环境下师范生学习相关专业知识、开展相关教学实践的重要基础。数字化教学资源的有效获取和积累是当今每个师范生及每个教育工作者应具备的基本能力。现在拥有个人电脑的在校大学生为数不少，但在容量极大的个人电脑硬盘里都存放有哪些与工作、学习相关的数字资源，不同的人差别较大。师范生应从在校学习期间就开始树立积极构建个人数字化教学资源中心的意识，注意收集、整理、制作、存储、交流、共享各种数字化教学资源。这里推介一例个人数字资源中心的归类及相关内容的案例。

（一）教学资源中心分类

图 10－15 所示是一种以资源媒体类别的不同而分类的文件夹目录结构，将平时收集的各类资料分门别类的存放，既井然有序又能在需要时方便快捷的查找，可有效避免随意存放造成的查找困难甚至是丢失或误删。

（二）教学资源中心存储内容案例

（1）储存常用工具软件内容的案例，如图 10－16 所示。

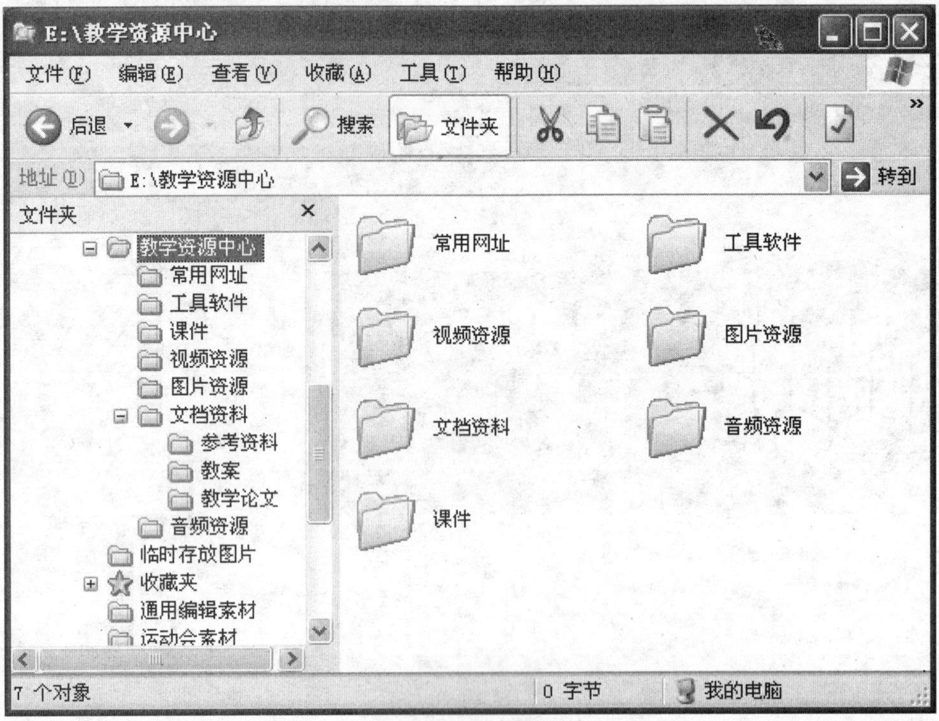

图 10－15　个人教学资源中心分类目录

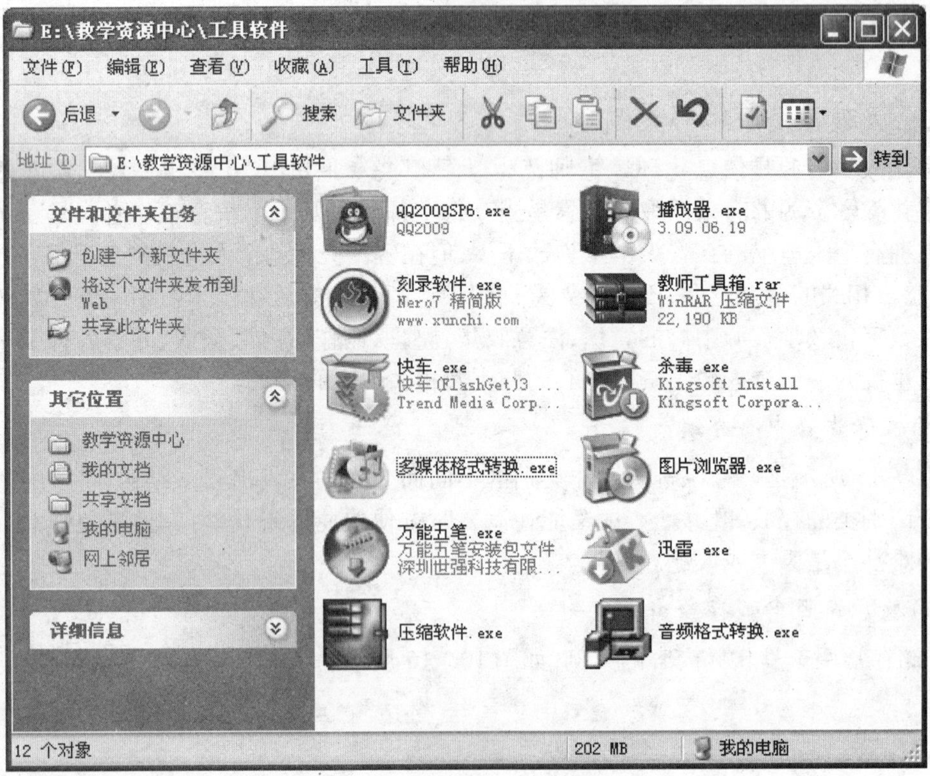

图 10－16　常用工具软件内容案例

(2)常用网址内容案例,如图 10－17 所示。

图 10－17 收藏常用网址案例

三、制作教学网站案例

前面介绍的教学资源中心案例侧重于存放个人教学资料,而制作教学网站,则是把一般的网络应用转变为专业的教学网络应用,设计制作者以网络媒体为载体,将自己的教学资源公开呈现给教学内容的接受者,这是目前很多学校大力提倡的辅助教学方式,也是很多教学工作者乐于采用的辅助教学方式,既延伸扩展了常规课堂教学的内容、时间、手段,也为受教育者提供了另外一种学习渠道、学习方式及师生交流的空间。

这种新型的、基于网络环境的教学方式,虽然有越来越多被采用的趋势,但其制作是一个较大的工程项目,因此无法用有限的考核时间来考查师范生在这个方面的技能,因而本案例仅供参考,不在考核范围之内。

(一)教学网站的内容要求

教学网站呈现给学习者的内容,根据制作者的制作目的、时间精力的可能程度,可以是一个知识主题的相关内容,还可以是一本教材的相关内容,也可以是一门课程的相关内容,因人而异,视具体情况而定。

确定内容后,以什么样的模块或版面安排相关内容,这与制作者的教学设计有关。通常会有教师授课、学生自学、辅导答疑、在线练习、教学课件、实验、考试等相关模块。图 10－18 是一例个人多课程教学网站首页的案例。图 10－19 是一例个人教学网站模块安排的设计案例。

(二)教学网站的制作方法

1. 选择制作平台

制作教学网站的工具软件很多,如 FrontPage、Dreamweaver、Falsh 等,各个制作平台各有所

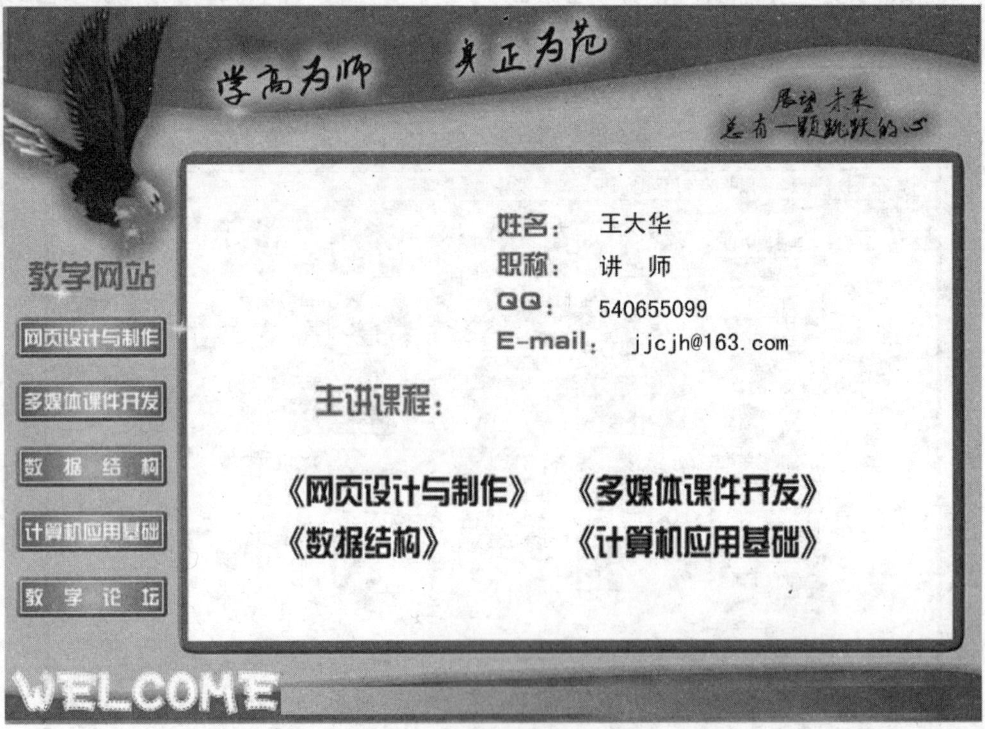

图 10－18 个人多课程教学网站首页

图 10－19 个人教学网站模块设计案例

长，选择什么制作软件，既与制作者对某软件的操作熟悉程度有关，也与制作者要设计制作的风格有关，与教学网站的实际应用效果并无本质的差别。

2. 规划设计架构

对选定的制作内容，规划设计满足教学需要的功能模块，方便浏览操作的目录结构、链接结构，精心设计模块、目录结构，是制作好教学网站的基础。

3. 准备素材资料

搭建好模块、目录架构后，要用准备充分的素材资料来充实网站的内容。主要包括文字文档及与之配合的图片和其他多媒体素材。充实而又完备的素材资料，是发挥网站教学效果、激发学习者兴趣的基本保证。

4. 确定网站的风格

教学网站的制作除了要有科学合理的结构框架、充实完备的教学内容外，具有统一和谐的整体风格也是设计制作时要考虑的一个重要方面。网站的整体风格是指网站的整体形象给浏览者的综合感受。包括网站的标志、色彩、字体、版面布局、浏览方式、交互性等。

5. 发布教学网站

做好的教学网站，有条件的学校可以发布在学校数字教学平台的网络空间上供校内师生浏览，也可以到互联网申请免费的个人主页空间，上传自己的站点，在互联网上发布。

第十一章

多媒体课件的制作

第一节　基本知识与技能概述

多媒体课件,是计算机大量应用于教育教学活动的产物,其实质是具有辅助“教师的教”与“学生的学”两方面功能的计算机软件。当代社会,作为一名师范生,要胜任将来的职业工作,具备熟练的多媒体课件制作技能,显然是必不可少的基本素质之一。

一、基本知识

根据使用的制作软件工具的不同,计算机多媒体课件有多种不同的制作平台,主要有:Authorware、Flash、PowerPoint 等。各种制作平台分别具有各自的长处,实际制作时可根据课件实际使用的目的与需要灵活选用。PowerPoint 软件,是微软公司著名办公软件 Office 套件的组成部分之一,是绝大多数学校《计算机应用基础》课程的基本内容,是普及率极高的计算机基础知识。用 PowerPoint 软件制作的电子幻灯片,在大中专院校及社会上的各种讲学、讲座场合,被广大讲学者大量的应用。它是广大学生所熟知的一种教学媒体。正因为如此,本书选择制作过程最为简单、而在实际教学过程中使用率又极高的 PowerPoint 幻灯片制作软件,作为对师范生进行课件制作方面技能培训、考核的平台,以体现学以致用的原则。

幻灯片课件具有以下几方面的显著特点:

一是制作技术既简单又普及,师范学校各专业方向的学生都普遍具有这方面的基础知识。相对于 Authorware、Flash 平台,绝大多数学生更熟悉 PowerPoint 平台。在中小学实际教学工作中,老师在日常教学工作中使用这个平台的实用性和可操作性更强。

二是能方便地把图片、文字、视频、音频、动画、表格等内容穿插连贯起来,形成一个整体,而不需要过多的技术和技巧。

三是可根据教学的实际需要,灵活制作应用于一节课、一个单元、一本教材、一门课程等各种篇幅的课件。

四是课堂应用演示时的操作也是方便灵活,可随时演示、停止演示、重复演示、切换其他教学显示内容。

五是制作好的课件,可方便地根据使用效果情况进行增加内容、删减内容、调整演示顺序等各方面的修改制作。

由于幻灯片课件的以上特点，所以对于每个立志于教师职业的师范生来说，掌握好幻灯片课件的制作技能，就相当于掌握了一项终生受益的专业素质基本功。下面简要介绍制作 PowerPoint 幻灯片的基本操作。

整个软件制作平台的主要操作较多，详细内容可参照《计算机基础》教材或是专门介绍 PowerPoint 软件的书籍，这里仅就制作过程中的主要操作内容作一些简介。

1. 准备工作

要制作一个课件，无论应用什么软件平台，初期的准备工作都是必不可少的。准备工作的内容包括：

(1)选择课题：选择合适的课题内容，不能为了做课件而做课件。有些内容浅显易懂，用传统的教学方法能很好完成教学任务，就没有必要画蛇添足地去做课件。有些内容不适合使用幻灯片课件进行教学的，应寻找更适合的教学方法和手段。总之，做出来的幻灯片，应该是对所选教学内容的教学有帮助的，能起到提高教学效率的作用。无论如何都不要去费时费力地去做些可有可无的课件，甚至是有负面影响的课件。

关于课件的选题，有如下建议：

①选取那些常规方法无法演示或不易演示、演示观察不清的内容。

②选取课堂上用常规手段不能很好解决的问题，也就是解决教学重点、难点问题。

③能通过提供与教学相关的媒体信息，创造良好的教学情景、资源环境，扩大学生的知识面、信息源。

(2)编写设计提纲：这步工作类似于编写影视剧本，是对所要制作的幻灯片课件的一个具体规划。如所选内容分哪几个单元或环节展示，每个单元用哪些具体的展示内容，达到什么样的展示效果，各个环节之间是什么样的展示关系，是顺序演示还是跳转演示等，这步工作的成果差不多就是后期制作施工的图纸或是计划书。

(3)准备素材：针对选定的课题内容根据第二步的设计，搜集准备在课件里展示的相关内容——文字内容、图片内容、声音内容、影像内容、动画内容，都要在具体制作前予以精心筹划，分别以撰稿、搜索查找、制作采集、编辑修改等多种手段做好充分的准备，这类似在造房子前准备好各种建筑材料的工作。

2. 构建框架

课件总标题片的样式、二级单元标题片的数量、每个单元标题下的演示片的数量、每张演示片的版面布局形式(文字版式、内容版式)、应用什么样的外观设计风格等，做完这些工作，整个幻灯片课件的框架就基本构建得差不多了，类似于一栋建筑的各楼层大梁框架的施工结束。

3. 输入文字内容

标题片的标题文字、演示片的展示文字内容是什么、分别安排在版面的什么位置、每张演示片里安排多少文字量、采用多大的字号、使用什么字体、什么颜色输入，是这一步要考虑和实施的工作。

4. 插入其他内容

除了文字内容外，在什么地方要插入图片内容，在什么地方要插入声音内容，在什么地方要插入动画、影像内容，这些内容以什么样的方式演示，是这步制作过程中要完成的工作。

5. 制作播放链接

幻灯片课件的播放方式有两种:一是按照自然顺序连续播放展示;二是安排以某张目录标题片作为跳转切换的界面,分别进入各个单元内容的播放展示。根据相应的设计意图,若是第一种播放方式,则这步操作可省略。若是第二种播放方式,则要在相互跳转的幻灯片上准确做好跳转的链接制作。

6. 设置动画

设置动画有两个内容:

一个设置内容是设置各演示幻灯片里相关显示内容的演示动画,根据演示对象的内容及需要的演示效果,可以为每个演示对象设置出现及退出画面的动态动画效果,当然也可以不设置动画效果而直接显示与退出,可根据设计意图与要达到的效果而定。

另一个设置内容是设置幻灯片切换动画,即设置前一张幻灯片退出及后一张幻灯片出现这样一个交替的过程中的动态动画效果。根据自己的设计风格,可以设置也可以不设置。幻灯片切换的方式,既是以单击鼠标,还是敲击键盘,还是定时自动切换幻灯片,也是这一步的设置内容。默认的情况下,单击鼠标与敲击键盘回车键(可空格键)是同时有效的。

根据需要,还可以在设置每一个对象的动画样式时同时设置相关的音响效果。

完成以上操作内容,一个辅助教学的电子幻灯片课件就基本做好了。对于基本完工的初稿通常要从头至尾播放演示一遍,以检查、确认演示的内容是否完整,演示的效果是否达到预期目标,链接的位置是否准确,动画的效果是否合适,多媒体的声音、影像效果如何等多方面的内容。如有不合适的地方则要进行相应的修改调整。

二、技能要求

本项基本职业技能的要求有以下内容:

(1)能根据教学需要,恰当选择适合做幻灯片的课题及内容。

(2)能够利用多种渠道和方式,搜集、准备幻灯片课件所需要的文字、图表、图片、声音、动画、视频等各种媒体素材。

(3)在幻灯片的制作过程中,能熟练运用幻灯片软件自带的版面模板、设计模板及母板功能,必要时还能利用网络环境添加与补充各种模板资源。

(4)熟练掌握以下在幻灯片制作过程中常用的技术操作技能:文字编排、图表制作、多媒体素材插入、演示顺序的调整、放映效果的设置、演示对象的动画设置、指定演示内容的链接跳转设置等。

三、考评方法

本章内容的技能考核时间,安排在大三年级的上学期,以结合在其他课件制作平台上所掌握的课件设计、制作基础及经验,有利于完成本项基本功的技能考核。

方法一:在规定时间内,以给定的课题及相关的素材为内容,制作一组不少于 8 张的幻灯片。

方法二:在规定时间内,对给定的课题现场自行准备素材,制作一组不少于 8 张的幻灯片。

制作要求:

(1)整组幻灯片必须有统一的风格,主题简洁明了,色彩和谐明快;

(2)版面设计要有合适的内容量、简洁醒目的演示效果、方便的交互操控;

(3)演示主要内容的幻灯片,要有分对象的动画演示效果;

(4)目录幻灯片与相应演示内容的幻灯片,要有准确的链接设计,实现教学内容的灵活跳转。

四、考评标准

(1)主题简洁明了,重点突出、内容翔实,有自己的设计思想:20 分。

(2)画面美观、布局合理、色彩配置和谐视觉效果好:20 分。

(3)文字内容简洁,每张幻灯片文字容量、字号大小合适:20 分。

(4)演示对象的动画效果及幻灯片的切换效果设置得当:20 分。

(5)多媒体素材运用得当,播放效果好,链接设置无误:20 分。

(6)等级评分标准:

60 分以下不合格;

60 ~69 分为合格;

70 ~89 分为良好;

90 ~100 分为优秀。

第二节　训练内容及方法指导

一、训练内容

要达到本章所要求的多媒体电子幻灯片课件制作的技能基本功,从而熟练设计、制作和运用幻灯片课件,就需要在平常学习过程中,特别是《计算机应用基础》课程的学习过程中,有针对性性注重以下内容的实践训练:

(1)了解幻灯片课件的优势和特点,恰当选择合适的制作主题及内容;

(2)了解和熟悉各种版式模板的特点,能快速恰当地选择适合设计内容的版式模板;

(3)了解和熟悉各种设计模板的特色,能快速恰当地选择适合设计内容的设计模板;

(4)掌握幻灯片版面中文字编辑的特点,熟练编辑出内容简洁、视觉效果醒目、教学演示效果好的文字版面;

(5)熟练掌握幻灯片中各演示对象的动画设置、幻灯片演示时的切换动画设置、放映过程的控制操作等技术性内容;

(6)熟练掌握在幻灯片中插入图片、声音、视频等多媒体素材的方法及其注意事项,特别是插入 FLASH 动画的方法及注意事项;

(7)熟练掌握创建超级链接的操作方法,能根据教学需要实现准确、灵活的跳转演示。

二、训练指导

在训练幻灯片设计、制作的过程中,除了学习掌握基本的主要内容外,掌握一些制作技巧,尽可能避免一些不当的设计思想及制作方法,也是提高幻灯片设计制作水平、增强幻灯片演示效果的一个重要方面。下面提出的训练指导内容,既有助于初学者快速提高设计、制作的操作技巧,也有助于提高设计、制作的课件质量,还有利于初学者在幻灯片设计、制作过程中避免一些容易出现的常见问题。

(一)设计课件的基本思想

教学是以学生为主体、以教师为主导的一个教育传播过程,幻灯片课件在这个过程中只是一个辅助手段。

好的幻灯片课件使教师能够把一堂课的重点突出、难点分散，把难以用语言描述的原理和过程用多媒体素材形象、直观地演示出来。但课件不是一节课的全部，整个课程仍要以教师为主导。因此，设计课件时不要做得面面俱到，更不能把应该由学生思考的问题轻易直接地展示出来，应遵循的设计理念是：通过课件的展示激发学生积极学习的兴趣，促进学生的主动探究与思考，促进学生的创造性学习。

（二）版面设计的基本原则

版面设计要实用、美观，以实用为主兼顾美观。版面的背景可以在章或节变化时更换，也可以整个课件保持相同的背景风格，以突出整体风格的一致性。背景的设计以视觉效果清晰醒目、不分散学生注意力为基本原则，兼顾美观效果。

背景画面不宜太亮，以免造成前景文字不突出，这样既不方便阅读又容易造成观众视觉疲劳，应尽量避免背景同前景显示内容色调无区别、无对比。不宜放置与教学内容无关的图案，力求背景画面简洁。制作课件前，应首先确定界面风格，如版面背景的颜色、图案、各级标题、正文、图片的位置等内容。

（三）色彩搭配的基本经验

在版面中运用不同色彩可以起到提醒和区分的作用，色彩基调要以明快、庄重为主。

幻灯片版面色彩的设计忌讳“五颜六色”，过多的颜色会显得杂乱，并分散学生的注意力。背景变换不要过于频繁、色彩变换更不能大幅度跳跃。一般来讲，除了黑色和白色外，最多搭配三种颜色。

建议每个课件准备两种色彩搭配以适应不同的环境光线。第一种蓝底白字，适合在环境光线比较强的情况下使用，这种色彩搭配既能让学生看清文字，又不易产生视觉疲劳。第二种白底黑字，适合在较暗的环境下使用，因为白色的底板让学生可以看清教师的“身体语言”。

（四）版面布局

版面布局的原则是画面均衡稳定，内容分布简明平衡，整体连贯简单。版面四周要留有一定的页边距，不能“顶天立地”式地撑满整个画面。数据图表如果文字和数据太多，应尽可能将原始数据图表改编成柱形图、饼形图形式的数据示意图，增加直观显示效果，避免因内容太多而带来的阅读困难及不能让观众迅速抓住内容重点的弊端。

（五）文字内容设计的相关事项

演示文字应是课堂教学中的纲要性内容，应力求简洁，突出重点，让演示出来的有限文字能对教学内容起到提纲挈领的作用。教材、教案中的文字内容以及其他说明类文字不宜放到课件中，不能把幻灯片变成黑板的变形或替代物。在设计幻灯片中的文字内容时，要注意以下几个方面的内容：

（1）演示文字要精练、有层次，体现教学内容的重点、难点。

（2）单张幻灯片里文字不能太多，以 30－60 个汉字为宜，如果一个问题或概念的内容比较多，一张幻灯片放不下就拆分为两张，切忌强行把文字堆积在一张幻灯片上。过多的文字阅读不但使离屏幕较远的观众阅读困难，而且容易使阅读的人产生视觉疲劳、分散听教师讲课的注意力。

（3）文字在一张幻灯片内要比例适宜，避免缩在半张幻灯片内，也不能“顶天立地”地排满整个版面不留边界。

(4)设置字号的一般规则:以 PowerPoint 默认的文字大小为常用选择,一般标题用 44 号或 40 号,正文用 32 号,一般不要小于 24 号。

(5)设置字体的一般规则:以常用的宋体、楷体、黑体、隶书字体为主,标题一般用黑体,正文用楷体,都要加粗显示。对于关键性的标题、结论、总结等,要用不同的字体、字号、字形和颜色加以区别,也可以使用字号的变化来代替字体的变化。

不要使用过多的字体,同一页面的字体种类不应超过三种。

尽量避免使用一些装饰字体及特殊字体,这样做的坏处是一旦制作幻灯片与播放幻灯片的电脑里安装的特殊字体文件不一样,你设计的特殊字体效果就显不出来,影响使用效果。

如果因特殊设计需要必须使用特殊字体,为了保证在使用时不出现意外问题,在保存时应按以下方法操作:

①在执行"保存"操作后在弹出的保存对话框里单击"工具"按钮旁的下拉三角符号;

②在弹出的菜单里选择"保存选项"命令;

③在保存选项对话框里,勾选其中的"嵌入 TureType 字体"选项;

④再选中下级选项里的"嵌入所有字体"选项,确定后保存。

(6)文字设计风格要规范统一。大标题、小标题、正文各采用什么字体、字号、字体颜色,前后要一致,形成统一规范的风格。

重点文字应采用粗体、斜体、下画线或彩色鲜艳字等方式予以明显区别。

(7)文字颜色的选择和模板的背景颜色密切相关,应尽量选择文字颜色与背景颜色有显著差别的色彩搭配,与背景颜色相近的文字颜色会因色彩对比太小而产生很差的视觉辨认效果。字体颜色与背景颜色搭配的基本要求是醒目、易读,避免视觉疲劳。

字体颜色搭配的常规技巧有:

①文字颜色与背景颜色选择的一般规则是文字颜色以亮色为主,背景颜色以暗色为主,形成深浅色调搭配的风格,或者是将文字颜色选择暖色调、背景颜色选择冷色调,形成冷暖色调搭配的风格;

②标题文字的颜色要和内容文字的颜色有所区别,如果用两种颜色,要在整组幻灯片内统一使用;

③同一级别的标题要用相同的字体、颜色和大小,一个句子一般用同一种颜色;

④同一张幻灯片内,搭配文字颜色一般不要超过 3 种颜色,否则会有过于花哨凌乱的视觉感觉。

(六)其他的设计技巧

(1)选用多媒体素材以突出课程内容,增强教学效果为指导原则,可用可不用的多媒体素材特别是动画素材应尽量不用,以避免画蛇添足的负面效果。课件毕竟是为教学服务的,若由于过多、过于花哨的多媒体素材的引用而分散学生的学习注意力,那就会起到南辕北辙的反作用了。

(2)尽量设计好各部分内容之间的链接跳转控制,从而可以方便地根据不同的教学环境、教学对象、教学需要,灵活地改变演示进程。

链接设计的一个具体应用实例是:每讲完一个大问题,都让幻灯片重复返回到目录页,这样既有助于认真听讲的学生梳理学习思路,也能使走神的学生追上课程思路。

(3)整个课程的项目符号和编号要统一,并尽量与教材保持一致,以方便学生课后整理笔记及参照课本复习。

(4)熟悉使用幻灯片母板的功能,可以减小相同内容的重复操作工作量,大大加快幻灯片制作的速度和效率。

(5)若一张幻灯片内有较多的文字内容,随着讲课进程的延续而逐步显示相应的文字内容,远比一次性地显示全部文字内容效果要好。这样做的最大的好处是不会分散学生的注意力,可以使学生的关注内容和老师的讲解内容同步。较多文字显示时,采用滚动文本窗显示方式,也是一个可取的技术措施。

(6)分步显示演示内容时,配合采用适当的动画效果以及清脆悦耳的音响效果,是引起学生的注意、提高演示内容关注度的常用措施。但实际应用时,要注意动画类型不能太杂,音响效果声音内容不能多,声音内容不能太突兀,一组幻灯片内配合分步显示而出现的音响效果声最好是统一的一种效果声,比如相机快门声就是一种常被采用的好效果声。

(7)应用图片素材时,应保证图片的内容与教学内容紧密相关,画面必须醒目、简单并且具有保证清晰显示的必要分辨率指标。

图片内容若与教学内容联系不大,仅出于美化画面的考虑而引用,则实际使用时会有分散学生注意力的不良效果;图片内容若是过于复杂,除了也会有分散学生注意力的弊端外,还会有不能让学生有效关注学习内容重点的弊端;图片若没有必要的分辨率指标,则显示尺寸过小,演示效果不好,虽然可通过拖动控制框的方法强行放大,但模糊的显示画面很难保证教学效果,这一点在通过网络下载图片素材时应予以足够注意。

以上指导内容,仅供同学们在学习训练过程参考借鉴。更多的经验、技巧及创新内容,还有待于学习者在努力学习、认真钻研的过程中进行发现与总结。

第三节　考训素材及案例

一、相关考训素材

PowerPoint 软件自带有几十个模板可供制作时选用。但如果制作了较多的幻灯片后,可能对经多次反复使用后的软件自带模板不是太满意,这时可以到一些相关网站上下载一些新的模板来改善自己的幻灯片设计效果。这里推荐 3 个提供幻灯片模板下载的网站:

(1)PPT 学习网:http://www.pptxx.com。

(2)无忧 PPT 网:http://www.51ppt.com.cn。无忧 PPT 网除了提供大量幻灯片模板下载外,还有大量的幻灯片背景、图片、母板等众多素材的下载,是学习幻灯片制作的一个相当实用的资源网站。

(3)上一章介绍的中国素材网也是幻灯片设计、制作过程相当不错的资源网站。

二、幻灯片制作案例

(1)文字设计简练的案例。如下图所示:

怎样写好英语四级考试作文

避免几个常见的问题：

? 胸有千言，无处落笔　　? 层次不清，布局混乱

? 审题不清，作文跑题　　? 句型单一，没有变化

? 枝节过多，没有重点　　? 用词不当，错误多多

(2)漂亮的标题及统一的目录界面案例。如下图所示：

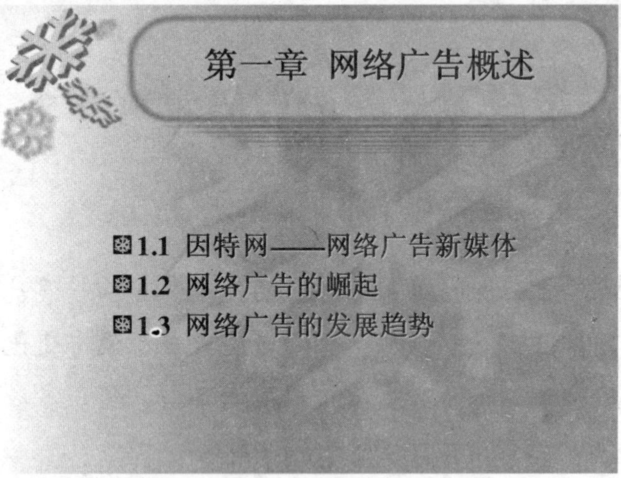

(3)内容简洁、主题突出的图示形版面设计案例。如下图所示：

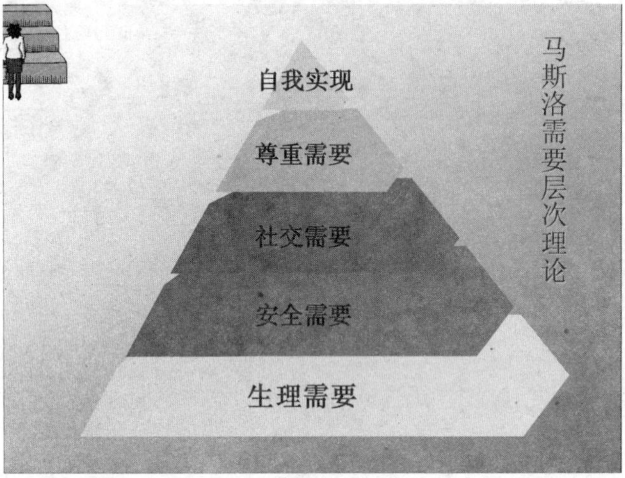

(4)简洁明了的对比型图示版面案例。如下图所示：

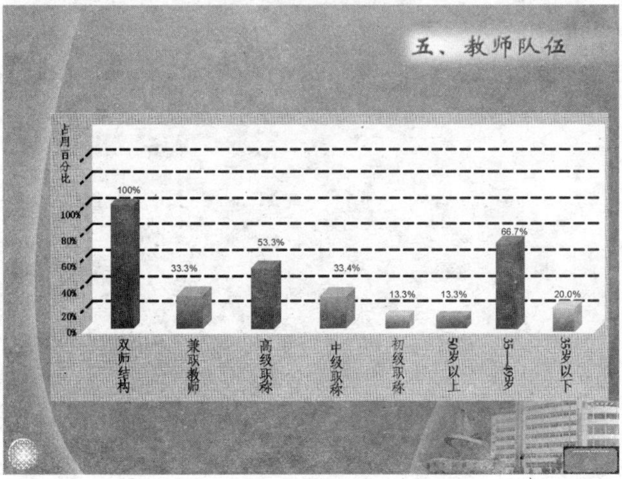

(5)引入内容,提出问题,引导思考的版面设计案例。如下图所示:

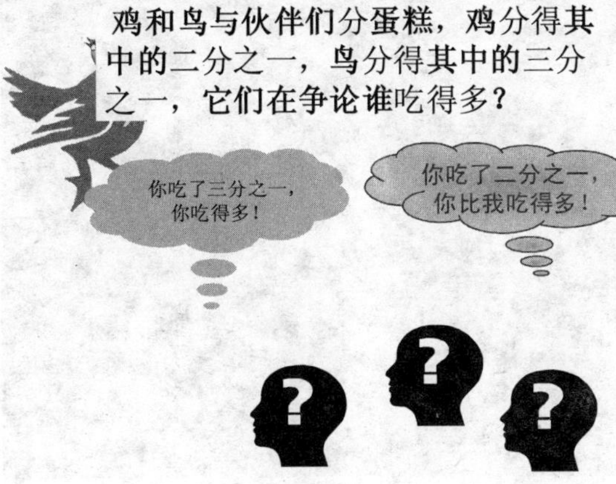

(6)简洁明快的图示说明问题的版面案例。如下图所示:

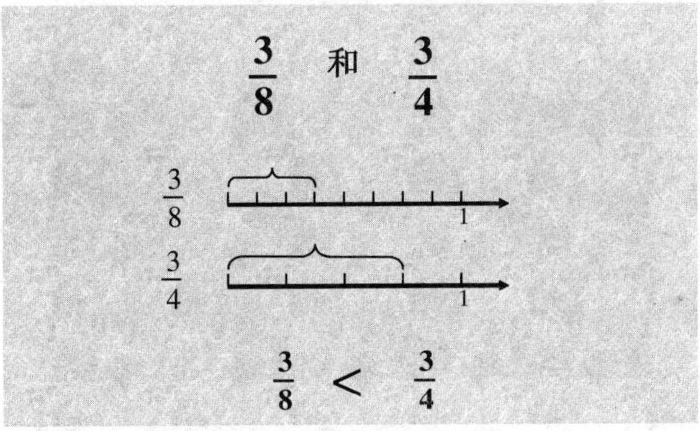

(7)风格统一、内容简捷、完全由示意图组成的幻灯片课件案例——《纸花的制作》。如下图所示:

1

2

(8)风格统一,背景图片与主题文字内容融洽协调的幻灯片课件案例——《古诗词欣赏》。如下图所示:

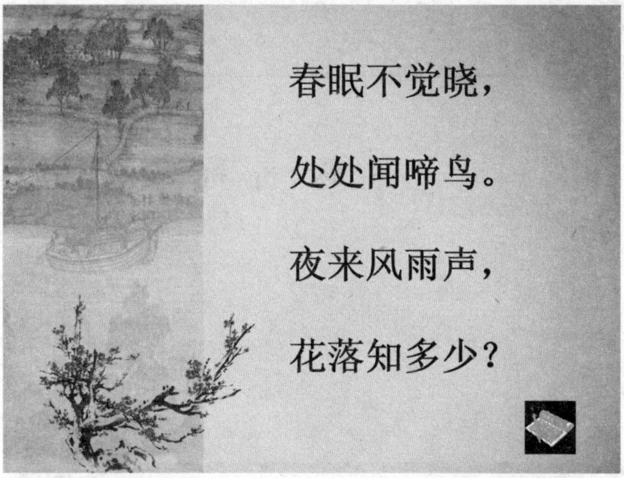

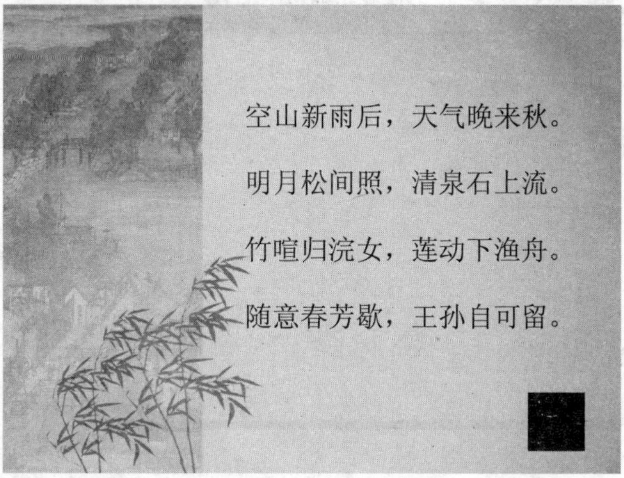

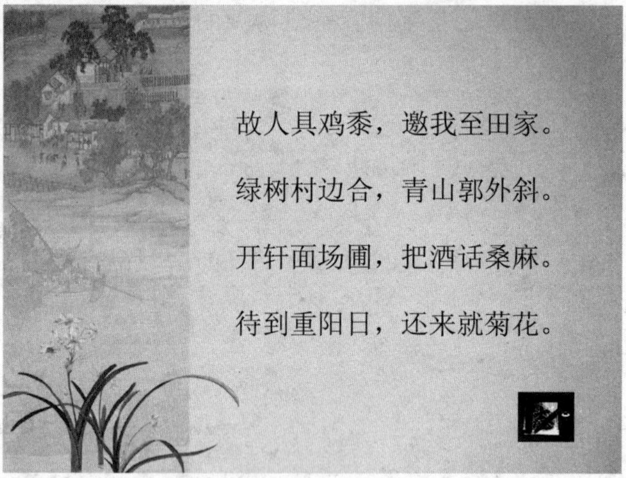

(9)一个可供参考的数学课件设计模板案例。如下图所示：

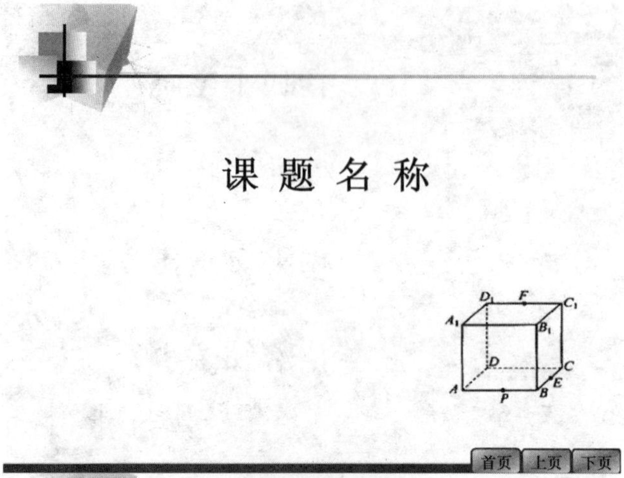

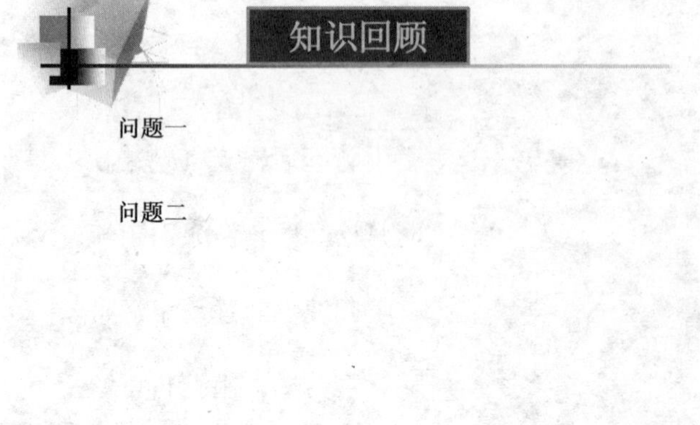

问题背景

实际问题背景

图像

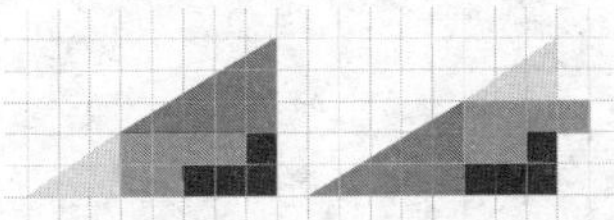

动画（链接动画）

首页 上页 下页

概念引入

概念：……

首页 上页 下页

定理证明

定理：……

分析：……

证明：……

首页 上页 下页

性质证明

性质：……

证明：……

首页 上页 下页

法则证明

法则2 ……

法则符号形式

证明：……

首页 上页 下页

例题讲解

例1. ……

分析：……

解：……

例2. ……

分析：……

证明：……

首页 上页 下页

练习

练习1. 答案1

A. B. C. D.

练习2.…… …… ______. 答案2

练习3.

答案3

首页 上页 下页

课堂小结

1．正文……

2．正文……

其他……

首页 上页 下页

作业

页码 题号

补充习题

首页 上页 下页

第四篇

音乐美术基本知识与技能

第十二章

声乐与视唱

第一节 声乐视唱概述

一、基本知识

(一)声乐

1. 声乐的定义

唱歌即是用人声演唱,专业术语称之为声乐。人声歌唱是一种生理学、物理学和心理学高度综合的形式。首先,它是人的生理活动。歌唱活动由人的呼吸器官、语言器官、共鸣器官、表情和表演器官等复杂的动作综合而成,歌唱的艺术感越强,它的各方面综合能力就越高。例如:歌唱对呼吸有特殊的要求,掌握正确的呼吸与发音吐字是歌唱艺术的关键。运用良好的气息活动来支撑歌唱是一门科学程度很高的艺术。

由于一般的自然呼吸在对于肺部进行反作用时,其力量主要来自胸腔的周围,气息的力量不需要非常集中,也不需要有强度,人们说话和正常呼吸是一种处于放松状态下的自然动作,没有下意识的控制行为,所以不必有意识地控制呼吸等气息运动。这样的自然状态的呼吸是不适合丁歌唱的。歌唱的气息控制非常复杂。因为当人们歌唱时,有意识地用口和鼻吸入肺部的气息将肺部周边的呼吸肌体向外扩张,形成一种力量,同时,有效地控制这种力量反作用于肺部,促使气流向外排出,形成声带振动,从而产生歌唱的声音。在数百年的西方美声歌唱艺术发展中,形成了各种不同流派,也因此出现了各类不同歌唱呼吸方法,诸如胸式呼吸(锁骨式呼吸)、腹式呼吸、胸腹式联合呼吸、横隔肌——肋式呼吸等。仅仅掌握呼吸还不能产生优美的歌声,因为,声音的振动需要共鸣体协助才能产生歌唱所需要的声音,所以人体的共鸣腔器官被称为第二发声器官。歌唱时由于声带的振动引起人的身体内各部分振动,特别是胸腔、嗓喉肌体和头部各部分的共振,产生许多大小不同的分音,它们使得声带的声音发生变化。随着共振条件的不同、发声方法的不同、人的声带自身构造的不同,从而形成了不同音色、不同音量、不同音域的歌唱声音。这就如同乐器制造一样,不同发音体、不同发声物质材料、不同的共鸣体,产生的声音全然不一样。由于乐器是人为的"歌唱"器物,人们可以通过对发声体、发声物质材料和共鸣体的选择来制造出不同的乐器。可是,人的生理是既定的,可以说是上天给予的,不能选择。在这样的情况下，歌唱的生理条件更为重要。

歌唱艺术既包括人体生理结构的因素，也涉及众多的音响、振动、共鸣、泛音、音波、音高、音长等物理问题。然而，歌唱中的生理和物理性最终都取决于歌唱者的心理，其心理直觉、心理感受、心理听觉和心理意识等决定了歌唱者表演的水平和质量，因为歌唱是表现人的情感的艺术，所有客观条件都受制于人的主观意识。因此，歌唱艺术中的风格、技巧等美学问题，歌唱中的掌握得失、扬长避短等具体方法，以及实践训练歌唱中的种种注意事项，都是长期以来歌唱家们和理论家们探讨的内容。

2. 声乐的分类（音域）

人声按音域的高低和音色的差异，可以分为女高音、女中音、女低音和男高音、男中音、男低音。每一种人声的音域，大约为二个八度。女高音的音域通常是从中央 c 即小字一组的 c 到小字三组的 c。演唱女高音的歌手，由于音色、音域和演唱技巧的差别，又可以分为抒情、花腔和戏剧三类。抒情女高音的声音宽广而清朗，擅于演唱歌唱性的曲调，抒发富于诗意的和内在的感情，冼星海的《黄河大合唱》中的《黄河怨》就是一首抒情女高音独唱曲。花腔女高音的音域比一般女高音还要高。声音轻巧灵活，色彩丰富，性质与长笛相似，擅于演唱快速的音阶、顿音和装饰性的华丽曲调，表现欢乐的、热烈的情绪或抒发胸中的理想。如意大利作曲家贝内狄克特的声乐变奏曲《威尼斯狂欢节》，就是由花腔女高音独唱。戏剧女高音的声音坚强有力，能够表现强烈的、激动的、复杂的情绪，擅于演唱戏剧性的喧叙调。意大利作曲家威尔第的歌剧《阿伊达》第一幕第一场中的《胜利归来》，就是一首典型的戏剧女高音独唱曲。

女中音的音域和音色都在女高音和女低音之间。音域通常从中央 c 下面小字组的 a 到小字二组的 a。法国作曲家比才的歌剧《卡门》中的女主角卡门是一个放荡、泼辣的吉普赛女郎，运用女中音演唱恰好表现了卡门的野性。

女低音是女声中最低的声部，音域通常从中央 c 下面小字组的 f 到小字二组的 f。音色不如女高音明亮，但比较丰满坚实。俄罗斯作曲家柴可夫斯基的歌剧《叶甫根尼·奥涅金》第一幕第一场的《奥尔伽的叙咏调》，就是由女低音独唱。

男高音是男声的最高声部，音域通常从中央 c 下面小字组的 c 到小字二组的 c。按音色的特点可分为抒情和戏剧二类。抒情男高音也像抒情女高音一样明朗而富于诗意，擅于演唱歌唱性的曲调。戏剧男高音的音色强劲有力，富于英雄气概。擅于表现强烈的感情。柴可夫斯基的歌剧《黑桃皇后》中的男主人公格尔曼，就是典型的戏剧男高音。

男低音是男声的最低音。音域通常从大字组的 E 到小字一组的 e。按音色的特点还可细分为抒情男低音和深厚男低音等。男低音的音色深沉浑厚，擅于表现庄严雄伟和苍劲沉着的感情。马可等作曲的歌剧《白毛女》中的杨白劳就是男低音，浓重的歌声倾诉出心头的满腔悲愤。

男中音的音域和音色介乎男高音和男低音之间，在一定程度上兼有两者的特色。音域一般从大字组的降 A 到小字一组的降 a。冼星海的《黄河大合唱》中的《黄河颂》，就是著名的男中音独唱曲。这首歌以宽厚的曲调，雄浑的气魄，展现了一幅气象万千的黄河的壮丽图景，它象征着我们民族伟大而崇高的精神。

3. 声乐的唱法

（1）美声唱法：美声唱法起源于欧洲，它的产生不仅与欧洲音乐的发展过程有着密切联系，而且作为人类文化意识形态的一部分，它同样也是社会、时代发展的产物。13 世纪前的欧洲音乐均为单声部音乐，其中，古希腊的声乐也以单声部为主，并受到严格的诗歌韵律的支配，主要以独唱、齐唱、领唱、说唱和吟唱为歌唱形式。在这一时期产生了诸如《荷马史诗》、《伊利亚特》、《奥德赛》这样出色的作品。随着美声的成熟,它在声音训练方面的各种技术也日趋规范,主要表现在几个方面:正确的呼吸、准确的起音、声音的连贯性、声音的灵活性、声区与共鸣。

(2)民族唱法:广义地讲可以包括戏曲、曲艺、民歌和带有这三类风格的创作歌曲的唱法。这里所指的民族唱法则是作为狭义地来理解,主要是指演唱民族风格较强的声乐作品时所用的技术方法及一些规律。它们既是从戏曲、曲艺、民歌这些民族传统唱法中提炼和继承下来的,同时又借鉴和吸收了西洋唱法中优秀的结果。研究民族唱法尤其不能离开民族语言,因为歌唱语言是生活语言的艺术加工。我国民族传统唱法上常提到"字是骨头,韵是肉"、"字领腔行",甚至带有艺术夸张地说"千斤白,四两唱",可见对语言因素的强调与重视。因此,语言规律的差别以及对咬字、吐字、语言在演唱上的不同处理与强调程度,是民族唱法和西洋唱法的原则区别。语言既是咬字吐字的依据,也是发声、用气、共鸣等技术手段的依据,又是音乐曲调的依据。而语调、语气、语势则是形成风格的主要因素。

(3)流行唱法:流行唱法(又名通俗唱法)于20世纪30年代在中国得到广泛的流传。开始叫流行歌曲唱法,后来称通俗唱法。为了与国际接轨,现在又改回流行歌曲唱法,简称流行唱法。其特点是声音自然,近似说话,中声区使用真声,高声区一般使用假声。很少使用共鸣,故音量较小。演唱时必须借助电声扩音器,演出形式以独唱为主,常配以舞蹈动作、追求声音自然甜美、感情细腻真实。

流行唱法声音的主要特点是完全用真声唱,接近生活语言,轻柔自然。强调激情和感染力,演唱时有意借助电声的音响制造气氛,所以很注意话筒的使用方法和电声效果。流行唱法以青年为中心,可以说是:写青年,唱青年。青年唱,青年听。古已有之的那种通俗唱法,并非我们目前所指的典型意义的通俗唱法。现代通俗唱法,有两个重要的特性,一是它风格样式国标化,二是它与现代高科技电子技术结合。

(4)原生态唱法:原生态民歌,顾名思义,就是我国各族人民在生产生活实践中创造的、在民间广泛流传的"原汁原味"的民间歌唱音乐形式,它们是中华民族"口头非物质文化遗产"的重要部分。

民歌是各族人民智慧的结晶,是各个历史时期人民生活的生动写照。这些歌曲直接产生于民间,并长期流传在农夫、船夫、赶脚人、牧羊汉以及广大的妇女中间,反映着时代生活的方方面面,可以说是各个历史时期人民生活的生动画卷。这些歌由大众口头创作,并在流传中不断地得到丰富和发展,歌词越加精炼,曲调渐臻完美,具有很高的艺术价值。民歌的语言生动传神,它并不是将简简单单的生活语言直接拿来,而是也讲究韵律、讲究比兴等传统的诗歌手法,源于生活而高于生活,是百姓的杰作,是大众语言的精华。

我国民歌的种类极为丰富,主要有内蒙古的长、短调牧歌,河套及周边地区的漫翰调、爬山调,陕北和山西西北部的山曲、信天游,甘、青、宁地区的花儿,新疆的十二木卡姆,陕南、川北的姐儿歌、茅山歌,江浙一带的吴歌,赣、闽、粤交汇地区的客家山歌,云、贵、川交界的晨歌、大定山歌、弥渡山歌,藏族聚居区的鲁体、谐体民歌,以及其他各民族的山歌等。原生态唱法只是区别于学院派民歌唱法的一种说法,学院派民歌唱法大多吸收了一些西洋唱法,原生态唱法却是一种原始的未加工过的唱法。

（二）视唱

1. 视唱的定义

视唱是学习音乐的基础学科之一，无论声乐何种唱法，首先必须掌握读谱视唱和识谱技能训练，一般是在教师指导下，调动学生独立运用视觉、听觉、感觉进行积极思维活动练习识谱。通过视唱大量的音乐旋律片段或音乐主题旋律，使学生获取大量的音乐养料、积累音乐素材与资料，逐步培养和提高学生独立阅读音乐资料及演唱（奏）水平，增加感受音乐和理解音乐的能力。视唱又是一门音乐基础理论课，是培养学生音乐素养的一门重要课程，凡是想要认真学好音乐或从事音乐行业的人都必须学好它。它并不是单纯的理论课，而是理论和技能相结合的一门课程，它对于提高学生自身音乐素质，加强全面的音乐修养具有非常重要的作用。视唱练耳主要由视唱和听音所组成。

2. 视唱学习的内容

视唱可分为节奏视唱、单声部旋律视唱、多声部旋律视唱及带伴奏的单声部和多声部的旋律视唱等。其中亦可细分。视唱与听音有密切联系，相互统一。音乐学习者可结合自身特点做出有选择的练习。例如，将视唱作为听音的基础，就是先通过视唱来熟悉音乐中的各种关系，包括对音程与和弦的构唱、节奏与旋律的视唱等等，进而促进听音方面的提高。这是由表及里的学习方法。反之亦可，即先通过对各种音乐素材的熟悉，加深理解，从而达到促进视唱方面的要求。

视唱还包括对音乐表情的阐述。除音准、节奏之外，还有一项不可缺少的因素就是音乐表情，即对作品的处理方法，这一点亦是不可或缺的。对于视唱练耳的学习，可以加强音乐学习者对其音乐专业的实践能力，对他们学习其他的基础课程以及自身专业的学习与发展具有重要意义。

3. 如何学好视唱

这是很多学生都感到苦恼的事。单从字面上来理解就是看谱即唱和听觉的训练，但我们不能只从字面上来理解，其实它要从综合性的音乐科目来训练，包括音程、和弦、调式、调性、节奏、节拍、旋律视唱等，同时还包括了对音乐的感知、理解和表达等综合性练习。在视唱练习中必须融入乐理知识。这样，一些枯燥的理论知识在实际学习过程中即被学生接受。因此，在视唱教学中往往和乐理联系在一起。打个比方，要盖一座高楼，必须打好地基，如果地基不牢靠，楼就不可能往高盖，盖起来了也会不稳，因此，基础的东西又是最重要的。学好视唱是学好任何音乐专业必须具备的条件。如果没有对乐音敏锐的感受，没有扎实的训练是不可能成为一名合格的音乐家的。在音乐院校招生、其他院校特长生考试或业余音乐考级等考试中，都对视唱有严格的要求。我们师范类学生学习音乐，也要像对待所学专业一样学好视唱，它能帮助你更好地学习音乐，欣赏音乐，掌握音乐，歌也会唱得更加动听。这也将为成为一名合格的、全面的小学教师打下基础。

二、训练流程

（一）课程安排

大一开设声乐课与视唱课。让学生进行这两门课程的系统化训练。

（二）考试安排

如下表所示。

序号	考核项目	类别	考核方式	考核时间	备注
1	唱歌	必考	面试	第二学期	毕业前可安排补考
2	视唱	必考	面试	第二学期	毕业前可安排补考
免考免试条件	声乐四级以上、四级业余钢琴考级三级以上				

三、考评标准

(一)唱歌

音色甜美,音质纯净,掌握良好的科学发声方法(喉咙松弛,有呼吸支撑),演唱作品选择恰当,吐字清楚,风格把握较为准确,音准节奏正确,有良好的乐感和演唱气质。

(二)视唱

要求音准、节奏准确,注意节拍的强弱关系,视唱时要手击拍子。

试题程度在一个升、降号以内,题中含有变化辅助音。试题由学生抽签决定,试题保密。要求学生视谱2分钟后即唱。

(三)评分办法

唱歌、视唱分别都以百分制计算。评分办法:发声技术、技巧(共鸣位置、呼吸方法、音色、音量、音域、力度等)为50分,音乐表现(对作品风格的理解与把握,音乐线条的运行、音乐语言的表达能力、吐字的清晰准确度、台风等)为40分,音准、节奏为10分。

第二节　声乐视唱训练与指导

一、声乐

(一)声乐发声器官的组成

声音的形成是发声器官协调工作产生的生理现象,这个现象的产生是气息运动和声带振动所形成的物理现象,但歌唱的发声运动又和我们平时说话的发声有所不同,因为歌唱发声又是一个物理的声学、音响学现象。而进行歌唱艺术实践又是一个复杂丰富的心理活动过程,因此我们的歌唱运动可以说是生理、物理、心理"三位一体"的行为。歌唱的发声器官是由呼吸器官、发音器官、共鸣器官和咬字器官四个部分组成,它们是歌唱发声的全部物质基础,是歌唱发声运动中的主要功能系统。

1. 呼吸器官

呼吸器官,即"源"动力,是由口、鼻、咽喉、气管、支气管、肺脏以及胸腔、膈肌(又称横膈膜)、腹肌等组成。气息从鼻、口吸入,经过咽、喉、气管、支气管分布到左右肺叶的肺气泡之中(肺中由两个叶状的海绵组织的风箱构成,它包含了许许多多装气的小气泡);然后经过相反的方向,从肺的出口处分支的气管(支气管)将气息汇集到大气管,最后形成一个气管,再经过咽喉从口、鼻呼出。与呼吸系统相关的各肌肉群,它们的运动也关系到呼吸的能力,是歌唱"源"的动力和能量的保证。我们日常的呼吸比较平静、比较浅,用不着使用全部的肺活量,但歌唱时的呼吸运动就不同了,吸气动作很快,呼气动作很慢。如果遇上较长的乐句,气息就必须坚持住。而一首歌曲的高、低、强、弱、顿挫、抑扬变化,也全靠吸气、呼气肌肉群的坚强和灵活的运动才能完成。

2. 发声器官

发声器官,即发出声音的器官。它包括喉头、声带。喉头是一个精巧的小室,位于颈前正中部,由软骨、韧带等肌肉组成。声带位于喉头的中间,是两片呈水平状左右并列的、对称的又富有弹性的白色韧带,性质非常坚实。声带的中间又称声门,声带是靠喉头内的软骨和肌肉得到调节的。吸气时两声带分离,声门开启,吸入气息;发声时,两声带靠拢闭合发出声音。声带在不发出声音的时候是放松并张开的,以便使气息顺利通过。声带发声,一部分是自身机能,一部分是依靠声带周边的肌肉群协助进行发声运动。

我们在声乐训练的时候,应该充分注意到这些肌肉群的功能作用,合理地运用它们,养成良好的习惯,避免在不正确的发声习惯下唱坏了嗓子。还有喉咙的上部与舌根之间,有一个很重要的软骨,叫会厌。会厌的功能有两个方面,一是起到声门的保护作用,当我们吞咽食物和饮水的时候,它本能地自动盖住气管,让食物通过时避免进入气管,我们往往有时不小心喝水"呛"了气,就是会厌动作不协调所致。第二个作用是歌唱的时候,会厌竖起,形成通道让声音流畅地输出。

3. 共鸣器官

人体的共鸣器官主要有胸腔、口腔和头腔三大共鸣腔体。胸腔包括喉头以下的气管、支气管和整个肺部。口腔包括喉、咽腔及口腔。头腔包括:鼻腔、上颌窦、额窦、蝶窦等。在歌唱中,由于乐感的不同,使用这些共鸣腔的比例是有所不同的。一般来说,唱低音时,胸腔共鸣发挥最大,唱中音时口腔共鸣应用较多,而唱高音时主要是靠头腔鸣发挥作用。如果我们能正确、合理地运用好这些共鸣腔体,并相互协调配合好,就能获得圆润、悦耳、丰满、动听的歌声。

4. 咬字吐字器官

咬字吐字器官(即语言器官)包括唇、舌、牙齿和上腭等。这些器官活动时的位置和不同的着力部位,形成了辅音和元音(即语言)。发声歌唱时,咬字、吐字器官各组成部分的动作比平时说话要更加敏捷而夸张。敏捷是为了使咬字准确清晰,夸张是为了使美化的元音或韵母通畅地引长发挥。所以语言器官是我们在吐字咬字时的物质基础,也是我们学习吐字咬字时出声、引长和归韵的重要器官。声音是歌唱的基础,要训练好声音进行歌唱,首先要了解所参与发声器官的构造和作用。歌唱运动的感觉远不如看得见、摸得着的如钢琴、小提琴训练那样的肌体运动来得容易,这就要求我们每个歌唱者要有敏锐的自我感觉,并在专业声乐教师的指导下反复训练,以形成条件反射去断定自己的声音是否正确,是否符合发声器官运动的基本规律。

其次,还有一点要指出的是,上述各部分器官及它们的运动形式是以歌唱的生理学为基础,而这些器官的协调活动,则是在人体神经系统的调节与支配下完成的。任何身体的运动都受到心理的指挥或暗示,歌唱者的意志、情感、愿望及舞台感觉等等,很大一部分与心理的因素有关,有时候心理的制约因素甚至比发声技术更重要地左右着我们的训练,我们应该充分注意到心理的重要性,当我们在歌唱时,尤其在台上表演时,则需将注意力集中在歌曲的内容与情感上,以情带声,而不要把注意力分散在具体器官的位置和活动状态上。

(二)声乐演唱时的姿势和状态

声乐训练,首先要有正确的歌唱姿势,没有经过专业训练的人往往不够重视姿势,姿势的正确与否是直接关系到发声时各个器官配合的协调姿势,姿势正确了,发声各部分就能正常地工作,而不正确的姿势,则往往带来不正确的声音。这好比我们的跑步运动员,赛跑时如果没有正确的跑步姿势，就会直接影响跑步的速度一样。正确的歌唱姿势是：

（1）身体自然直立，保持自然放松，这里的放松绝不是松垮、瘫痪，它应呈现一种积极向上的状态，也就是精神饱满的状态。

（2）头部保持在眼睛向前平视稍高的位置，胸部自然挺起，两肩略下后一点，小腹收缩，两臂自然垂落，全身有一种积极运动的状态。

（3）两脚一前一后稍分开，前脚着力，身体的重量要平稳，重量落在双脚上。

（4）面部，眼神要自然生动，眉、眼、嘴是五官中的重要部位，眼睛是心灵的窗户，因此在演唱中眼睛切记应当张大一些，不要眯起眼，虚着唱歌。

（5）嘴巴是歌唱的喇叭，应当张得开，放得松，切忌紧咬牙关。

（6）还有歌唱时下颌收回，正确的感觉应该是仿佛由小腹到两眉之间形成一条直线，脖子和后背、腰部连成一线，这样才能使气息畅通无阻。

（7）演唱时可根据歌曲的内在情感赋予适当的动作，但动作要简练大方，切忌矫揉造作，画蛇添足。坐唱的姿势与站立时的要求一样，但要注意腰部挺直而不僵硬，也不要倚在椅背上，注意臀部不要坐满整个凳面，约坐 1/3 的面积，两脚稍分开，自然弯曲，不能跷腿坐，也不能两腿交靠叠起。

（三）声乐演唱时如何运用呼吸

学习正确的歌唱呼吸乃是歌唱艺术最重要和最必要的基础。由呼吸控制的歌声才是声乐，呼吸是歌唱的原动力。声乐界有“谁懂得呼吸，谁就会唱歌”之说，说明呼吸在歌唱中的重要性，它确实是歌唱者首先应该学会的一项基本功。

歌唱时的呼吸与日常生活中说话的呼吸是不大一样的。在日常生活中，人们通过说话交流思想感情，因为一般距离较近时所需音量就较小，气息较浅，不用很大的力度，也不用传得很远，而且我们说话连续用嗓时间长了，嗓音就容易疲劳、嘶哑，这种说话的呼吸若用于唱歌就显得不能胜任了。唱歌是为了抒发情感，是要唱给别人听的。歌唱时面对的往往是大庭广众，须将歌声传至每个角落，因而要求声音既要有一定的音量，又要有一定的力度变化，要有长时间歌唱的能力，并要求根据歌曲的需要，或长、或短、或强、或弱、或高、或低地有控制地输送气息，要做到这些，就不是简单的事了。所以歌唱时的呼吸作为一种艺术手段，有它自身特有的一套规律和方法，它是一项技术性问题，是后天训练出来的。呼吸运动包含着吸气和吐气两个过程。

（1）吸气用口、鼻垂直向下吸气，将气吸到肺的底部，注意不可抬肩，吸入气息时使下肋骨附近扩张起来，腹部方面，横膈膜逐渐扩张，使腹部向前及左右两侧膨胀，小腹则要用力收缩，不扩张。背部要挺立，脊柱几乎是不动的，但它的两侧却是可以动的，而且也是必须向下和向左右扩张的，这时气推向两侧与背后并储在那里，保持住，然后再缓缓将气吐出。

（2）吐气唱歌用气时，仍要保持吸气状态。这点很重要，就好比给自行车打足了气，不能一下子放松，这里还有一个保持呼吸的问题，要保持住气息，就必须在唱的过程中永远保持吸气的状态，控制住气息徐徐吐出，要节省用气，均匀地吐气，这就是所谓气息的对抗。在呼和吸的过程中，要注意呼吸僵硬的感觉，整个身体表情都应该是积极放松的，紧张的部位就是横膈膜、两肋，两肋就像是一只充足气的气球一样，我们要让声音坐在上面，往下拉，不能让气球往上浮起来，也就是说要把气息拉住，不能让它提上来，这就牵涉到一个气息支点的问题。

（3）唱歌时要有气息支持点。支持点也就是声音要有一个立足的地方，这个立足点也就是以横膈膜及下肋两侧做支持点，当我们咳嗽或笑的时候，可以直接感觉到它的支持作用。没有经过呼吸训练的人，常常在唱歌时，脸红脖子粗，青筋直暴，歌声僵直，高音上不去，低音下不来等等，都是与气息支持点没有保持住有关。

反之，我们掌握了呼吸方法，有了支持点的感觉，那么，当我们歌唱发声时，就会感到声音仿佛落在我们所控制的气息上，也就是说，声音是由呼吸来支持了，这种声音不但悦耳响亮，而且能强弱自如地做出各种变化来。

(4)不同的乐句用气是不同的。我们在进行胸腹式呼吸时，呼吸气势的强弱、吐气的方法要根据所唱歌曲(或乐句)来要求。下面我们就介绍几种不同的呼吸练习法：

1)缓吸缓呼：这是我们在训练和歌唱时常常采用的方法。就是胸腔自然挺起，用口、鼻将气息慢慢吸到肺叶下部，横隔膜下降，两肋肌肉向外扩张(也就是腰围扩张)，小腹向内微收。这种吸气要求自然放松，平稳柔和地进行，就像我们去闻花的芳香时的感觉一样，闻花的感觉使我们吸气吸得深，就像做深呼吸运动一样，但吸气时不要用太大的力，只要轻轻地挺住胸廓和上腹部，然后慢慢呼气。呼气时，注意保持吸气状态，控制住两肋和横膈膜，也就是控制住了气息，使之平稳、均匀、持续、连贯地慢慢吐出。有一种感觉可以帮助我们体会呼气时下肋和横隔膜的保持状态，就是在缓吸后做慢慢地吹掉桌上的灰尘的动作，这里需要长长地吹气，也就是在做长音的呼气练习。我们常说就"长音像吹灰，短音像吹蜡"，就是一种吐气的感觉。

2)急吸缓呼：急吸就是在很短的时间内，通过口、鼻迅速把气息急促而深入地吸到肺叶下部，并将气息保持住，然后，按照缓呼的要求而呼出。这是我们在演唱实践中经常要用到的，因为在歌曲的句与句之间、字与字之间的吸气不通，你有很长的停顿时间，往往采用"偷气"的办法来吸入且要吸得不让人发现，这就是急吸缓呼的作用。为了培养呼吸的控制力，我们可以采取一些练习曲及歌曲中的某些乐句做带词的练习，效果较好。卡鲁索说过，歌者能否踏上成功之路，首先要看他对于呼吸器官的操纵和运用是否建立了强固的基础。

(四)声乐演唱时的发声

歌唱时的发声和说话时的发声是不完全一样的，说话式的唱歌或放大了的说话都是不对的，这会没有色彩，不是音乐化了的发声。所以说话的发声是不能适应歌唱的需要的，我们必须讲究发声方法，帮助学唱歌的人把普通的声带磨炼成能发出优美、动听、有持久力的合乎科学方法的、有艺术感染力的声音来。

(1)喉头和声带是歌唱的发声器官，是歌唱的核心部位，是通向整体歌唱的要塞，是打开歌唱艺术宝库的金钥匙。因此，了解和搞清喉头与声带在歌唱时应处的位置和状态是非常必要的。一般来说，歌唱时喉头位置应该比平时说话时偏低一些(就像我们深吸气时的喉头感觉，因为吸气时的喉位比静止时的喉位略低一点)，有很多人把喉头处于吸气时的位置称为"水平位"。在歌唱时字与字、句与句的转换中，喉头要始终处于这一位置，而不应做离开水平位的向上、向下，或向左、向右的移动，当然喉头位置的稳定是在运动中的相对稳定，而不是僵死不动的稳定。就像浮在水面上的皮球永远稳定在水面上的道理一样，若把皮球比做喉头，皮球浮在水面的状态就好像喉头稳定在吸气位的状态一样。所以歌唱时的喉头位置应始终处于低而自如的稳定位置和喉头壁打开的状态。

(2)在歌唱训练中"打开喉咙"是十分重要的中心环节，它直接影响到声音的好坏。"打开喉咙"也就是将喉头稳定在正确的位置上，口盖积极向上收缩成拱形，舌根放松，平放在下牙齿后，牙关打开，下巴放松自然放下而稍后拉，这时候的喉咙是打开的。那么如何才能帮助初学者"打开喉咙"呢？

1)"打哈欠"的状态:"打哈欠"的状态可以让口腔打开自然放松,口盖抬起,口腔内空间增长增大。所以在唱歌时,咽喉不要闭塞,要使咽喉张开,让气息自如地送出来,"哈欠"状态确实是打开喉咙的好办法,也使歌唱者保证了一个很好的演唱状态。在平时练习时,还可以用闭嘴的"打哈欠",闭口打哈欠的时候,里边的状态也是开的、抬的,如果我们在唱歌的时候都能保持这个状态的话,那么你的声音就不会是"白"的、"扁"的了,你的声音就会是"竖的"、"圆的"了。

2)用"微笑"状态来打开喉咙:我们讲的"微笑"不是光笑,而是指把"笑肌"抬起来。"笑肌"抬起是要鼻、咽腔打开,大牙关打开,面部两边的笑肌(颧骨)呈微笑状,这样的微笑状态可以使你的喉咙打开,可以使你获得高位置的声音。"歌唱状态就是里边的哈欠,外面的微笑",这话很精辟。

(3)良好的中声区是唱歌的基础,没有良好的中声区,就谈不到其他的一切。我们应当重视中声区的练习,多在中声区下工夫,不要急于唱很高的音。练习时,应先从中声区以中、小音量练习开始,经过相当一段时间的巩固以后,再慢慢向较高一点或较低一点的音域发展,初学者一定要遵循由易而难的循序渐进的原则,否则一开始就猛练高音,不但不会获得正确的高音,反而会毁坏声带。中声区应该靠前、明亮、轻松流畅、不费力,这样才能往上发展,为演唱高音打开通路。中声区的声音不要强求音量,而是要自然自如,要求音色优美和声音的灵活性。每个声部的重要音区都是中声区。中声区要做到吸气深,呼吸力求自然,有弹性,积极向上、有支持点,喉头稳定松弛,不论唱高、低不同的音,喉头的感觉都在一个位置上,声音要往外送,但又要使声音从头到尾保持在同一音型和位置上。我们常比喻说"声音要像穿珍珠一样,把每个音穿在一条线上"等等,就是说声音要连贯、统一、圆润。

(4)关于换声区,当你从低音往上唱时,唱到一定的地方,就会感到困难,容易卡壳,这就是到了换声区了,这时,你必须运用某种方法才能继续往上唱。歌唱者首先应掌握高声区的唱法,然后因人而异地作具体调整。有几种方法大家可以实践一下:

1)"倒抽一口气"的动作:就是歌者在唱到换声的音时(发元音的同时),做一个倒抽一口气的动作,好像"吓一跳"的生理状态,让喉头稍向下,向后退让,以使口咽腔充分打开,同时将中声区歌唱时向上齿龈背后发送的气息,随着音高逐渐向上挪动,嘴也随着逐渐张开,此时声音感觉更向上,向更远的前方发送,这时声音就自然地进入了换声区。

2)母音转换手法:就是在唱到换声区的时候提前让声音掩盖一点,声音暗一点,出气量小一点,小舌头抬起一点。在碰到换声点时,有一点必须强调指出,就是你感到声音唱上去困难时,甚至声音感到要出现破音时,千万不要变化发声器官的形态,不要乱动,乱使劲,一定要坚持迎着声音唱下去就可以了。其实换声点就是一个"混声"的问题,就是真假声结合的问题。掩盖一些声音就是有了假声的成分,但又不能全假,必须与真声混合在一起,声音的衔接才不会有痕迹,声音才不会虚和空。所以学会换声点的过渡也就学会了假声的唱法,而假声位置对唱歌、解决声音的统一是大有好处的。练发声是基础,每天都要坚持练,但是时间不要太长,注意保护嗓子。基础是关键,气的控制是唱歌最基础的部分之一,要经常练习气息的控制,请注意,歌声是靠气发出的,靠嗓子的那是吼……发气的位置大体位于人体的腹部,就是常说的丹田,而气上升要到额头附近,气要长而匀,经常做深呼吸对这方面也很有帮助,毕竟肺活量是唱歌的重要保障。这些都要经常练习才可以体会得到,并不是一朝一夕能解决的。坚持是提高的关键,很多美声歌手每天都会坚持这样的基础练习,有了好的底子,楼房才能盖得高。了解自己的音域和音色特点,这个要在练习的过程中慢慢体会。不要唱不适合自己的歌曲,当然音域和嗓音也是可以变化的，注意一些小技巧，可以适当模仿一些歌手的技巧来唱。建议用耳机听，可以捕捉到细微的唱法。注意保护嗓子，不要吃过刺激的食物，比如辣的，否则会使你的声音发生改变，对你的声线产生不利影响。

歌唱发声时，由于歌唱器官的调节和运用不恰当，往往产生种种不良的声音。这些不良的发声方法的运用，不仅阻碍了歌唱的发展，也严重影响着歌唱的表现。因此，找出形成种种不良声音的原因加以纠正是十分必要的。

二、视唱

（一）节奏训练是视唱练习的基础

音乐语言最重要的两个要素是旋律与节奏，而节奏可以脱离旋律而单独具有表现力。节奏训练先行，能使视唱教学中的难点得到解决，从而取得事半功倍的效果。

歌曲中的重点乐句可以先放慢速度练习，一拍时值放慢为二拍来练习，三连音可放慢为三拍来进行练习，待练得准确、稳定、巩固后，再恢复到原速进行练习。放慢速度练习，能降低难点，有利于学生从易到难逐渐掌握重点乐句。

（二）音准是视唱练习的核心

离开了准确的音高，音乐就会走样。因此，建立音高概念，训练唱准音，始终是视唱教学的核心问题。不少刚进小学的新生，当我让他们区别老黄牛叫与小鸟鸣、大钟与碰铃的音高时他们往往分不清。他们对声音的高低、长短、大小（音高、音值、音量）混淆不清。

只有听准了才可能唱准。从小帮助学生建立音高概念和培养他们的听觉能力是非常重要的。我让学生听辨大钟和小铃，火车汽笛鸣和汽车喇叭叫等声音的高低。也在钢琴上弹奏单音进行对比，如“1”比“5”高还是低？“5”比“3”低还是高？低年级学生从简单的单音听辨练起，慢慢地发展到听简单的乐句。在听的基础上，培养学生辨别音高的能力，如分辨一些动物的叫声和平时日常生活中所听到的声音。先分辨差别大的，再结合歌曲，分辨歌曲中的不同音高乐句。启发学生用心去听，培养他们对音高的想象力、辨别力，从而唱准曲调。

唱是“听”、“辨”的目的，也是音乐教学效果的再现。在听、辨的基础上进行视唱练习，这时应对音高、时值、速度力求准确。练习时可让学生借助手划拍、击拍，使学生能更快、更好地学会视唱曲调。

三、视唱中的常见问题

在音乐专业教学中，视唱练耳，是一门重要的基础技能理论课。从内容上讲，它主要通过视唱和音乐听记来训练学生的音乐听觉，发展音乐思维能力，培养音乐感受力，积累音乐的感性体验，逐步提高学生对音乐的认知程度，从而更好地为音乐实践服务。同时，在视唱练耳教学中，由于对这门课的不了解，学生们容易产生听觉惰性，因此端正学生的学习态度、培养学生的音乐情感也是不可缺少的重要方面。

（一）对视唱课认知程度不够，学习态度不端正

视唱练耳是各音乐学院、艺术院校、师范院校音乐系各专业入学考试必考的科目之一。它主要通过视唱（看谱即唱）、旋律音程、和声音程及和弦的听辨模唱、节奏模仿、曲调记忆模唱、听写等形式，检查学生的音准感、节奏感、音乐记忆力及识谱能力，以此衡量学生是否具备学习音乐的素质和条件。因此，视唱练耳的学习不仅在考试中而且在实践活动中都有重要作用。但

是由于这门课程具有积累时间长、出成绩效果慢的特点，在实际的学习中，学生们很容易产生学习态度上的不重视，归根结底是对视唱练耳这门课没有全面地了解而造成的。

解决方案：加强对视唱练耳课的全面认识，端正学生的学习态度。视唱练耳课主要包括两个部分：视唱和音乐听记。视唱是借助于视觉进行视谱的，但更重要的是凭借内心听觉将乐谱中的内容通过人声加以实现，而在实际的学习中，学生们往往只是一味的反复模仿，课程的单调性会使他们的学习态度产生改变。音乐听记在视唱练耳中直接担负着音乐听觉的任务，是对学生进行音乐综合能力训练的重要形式。因此，音乐听记与其他音乐理论课有着密切的联系。学生们没有了解视唱练耳课的特殊性和关联性，单纯地认为视唱就是唱谱，听记就是记谱，没有什么难的，临时抱佛脚就行，殊不知视唱练耳就像英语听力一样，是一个逐渐积累的过程，想在短时间内出成绩是不现实的。

（二）对音乐情感的忽视

学生们在实际视唱时总是特别注意音准、节奏节拍等基本要素，而忽视了对音乐情感的表现。视唱练耳教学的最终目的是提高学生从事音乐实践活动的能力，为音乐实践服务。而音乐情感是音乐实践活动的重要灵魂，将音乐情感的培养与视唱练耳的教学相联系，能够取到良好的效果，有利于提高学生的音乐综合能力。视唱练耳课虽是一门以技术训练为主的课程，但它并不是单纯的技术重复，而是艺术化的教学活动。但这一艺术目的在学生中并没有引起重视。

解决方案：教师应该进行艺术化的视唱练耳教学，全面分析和深刻认识音乐情感在教学中的发展和特征，让音乐情感贯穿教学全过程。换句话说，就是要注重对学生乐感的培养。所谓乐感，是指人在音乐实践活动中所表现出的对音乐情感的感受和体验，对这些感受要启发学生有一种表现的欲望，这是音乐情感培养的基础。因此，视唱练耳教学中培养学生的乐感是非常重要的。

第三节　声乐视唱考训素材

一、声乐推荐歌曲目录

（一）初级

(1)问…………………………………………………… 易韦斋词　萧友梅曲
(2)叫我如何不想他…………………………………… 刘半农词　赵元任曲
(3)卖布谣……………………………………………… 刘大白词　赵元任曲
(4)大江东去…………………………………………… (宋)苏轼词　青主曲
(5)踏雪寻梅…………………………………………… 刘雪庵词　黄自曲
(6)玫瑰三愿…………………………………………… 龙七词　黄自曲
(7)思乡………………………………………………… 韦瀚章词　黄自曲
(8)渔父………………………………………………… (宋)苏轼词　应尚能曲
(9)红豆词……………………………………………… (清)曹雪芹　刘雪庵曲
(10)长城谣……………………………………………潘孑农词　刘雪奄曲
(11)故乡………………………………………………张帆词　陆华柏曲
(12)铁蹄下的歌女(电影《风云儿女》插曲)……　许幸之词　聂耳曲

(13)二月里来……………………………………………塞克词　冼星海曲
(14)黄水谣………………………………………………光未然词　冼星海曲
(15)渔光曲………………………………………………安娥词　任光曲
(16)日落西山……………………………………………田汉词　张曙曲
(17)松花江上……………………………………………张寒晖词曲
(18)南泥湾………………………………………………贺敬之词　马可曲
(19)北风吹(歌剧《白毛女》选曲)…………………… 贺敬之词　马可张鲁曲
(20)杨白劳(歌剧《白毛女》选曲)…………………… 贺敬之词　马可张鲁曲
(21)延水谣………………………………………………熊复词　郑律成曲
(22)一道道水来一道道山(歌剧《刘胡兰》选曲)　海啸词　陈紫曲
(23)牧羊姑娘……………………………………………获帆词　金砂曲
(24)在那遥远的地方……………………………………哈萨克民歌
(25)跑马溜溜的山上……………………………………四川民歌
(26)绣金匾………………………………………………陕北民歌
(27)绣荷包………………………………………………山西民歌
(28)茉莉花………………………………………………江苏民歌
(29)页里麦………………………………………………新疆民歌
(30)浏阳河………………………………………………徐叔华词　唐壁光曲
(31)四季歌………………………………………………青海民歌
(32)小河淌水……………………………………………云南民歌
(33)满江红………………………………………………(宋)岳飞词

(二)中级

(1)唱支山歌给党听…………………………………… 蕉萍词　践耳等曲
(2)毛主席永远和我们在一起………………………… 藏族民谣
(3)草原上升起不落的太阳…………………………… 美丽其格词曲
(4)高高太子山………………………………………… 赵大纲词　克义曲
(5)天下黄河十八湾…………………………………… 了正词　桑桐曲
(6)姑娘生来爱唱歌…………………………………… 金重词　朱里千曲
(7)我骑着马儿过草原………………………………… 马寒冰词　李巨川曲
(8)我为祖国献石油…………………………………… 薛柱国词　秦咏诚曲
(9)谁不说俺家乡好(电影《红日》插曲)…………… 吕其明　肖培珩词曲
(10)茶山新歌……………………………………………梁上泉词　铁珊曲
(11)牧马之歌……………………………………………石夫词曲
(12)乌苏里船歌…………………………………………郭颂　胡小石词　汪云才　郭颂曲
(13)草原之夜……………………………………………张加毅词　田歌曲
(14)蝶恋花·答李淑一…………………………………毛泽东词　瞿希贤曲
(15)摇篮曲………………………………………………陶正词　莎光曲
(16)一个黑人姑娘在歌唱………………………………艾青词　杜鸣心曲
(17)好久没到这方来……………………………………王积福词　茅地曲

(18)槐花几时开……………………………………四川民歌
(19)太阳出来喜洋洋……………………………四川民歌
(20)绣荷包…………………………………………云南民歌
(21)想亲娘…………………………………………云南民歌
(22)摇篮曲…………………………………………东北民歌
(23)嘎达梅林………………………………………蒙古族民歌
(24)牧歌……………………………………………蒙古族民歌
(25)送我一支玫瑰花………………………………新疆民歌
(26)曲蔓地…………………………………………新疆民歌
(27)可爱的一朵玫瑰花……………………………哈萨克民歌
(28)嘎哦丽春泰……………………………………新疆民歌
(29)燕子……………………………………………哈萨克民歌
(30)手挽手…………………………………………哈萨克民歌
(31)玛依拉…………………………………………玛依拉词曲　王洛宾配唱
(32)在那银色的月光下……………………………塔塔尔民歌
(33)柯山顶上飘白云(歌剧《柯山红日》选曲)…　陈其通词　庄映　陆明曲
(34)洪湖水浪打浪(歌剧《洪湖赤卫队》选曲)…　张敬安　欧阳谦叔曲
(35)没有眼泪,没有悲伤(歌剧《洪湖赤卫队》选曲)张敬安　欧阳谦叔曲
(36)红梅赞(歌剧《江姐》选曲)……………………　阎肃词　羊鸣　姜春阳　金砂曲
(37)辽阔的草原(歌剧《阿依古曲》选曲)…………　海啸词　石夫　乌斯满江曲

(三)高级

(1)中国,中国,鲜红的太阳永不落…………………　贺东久　任红举词　朱南溪曲
(2)我爱你,中国……………………………………瞿琮词　郑秋枫曲
(3)祖国,慈祥的母亲………………………………张鸿西词　陆在易曲
(4)我的祖国妈妈…………………………………　梁上泉词　施光南曲
(5)但愿不再是梦里………………………………　刘志文词　黄武殿曲
(6)月之故乡………………………………………　[台湾]彭邦桢词　刘庄延生曲
(7)半屏山…………………………………………　于礼厚　魏梦君词　魏立　王碧云曲
(8)党啊,亲爱的妈妈………………………………　龚爱书　余致迪词　马殿银　周右曲
(10)清晰的记忆……………………………………　田农词　践耳曲
(10)妈妈教我一支歌………………………………　杨涌词　刘虹曲
(11)祝酒歌…………………………………………　韩伟词　施光南曲
(12)毛主席的恩情比山高比水长…………………　唐青林词　韩夏曲
(13)送上我心头的思念……………………………　柯岩诗　施万春曲
(14)雪花……………………………………………　于福源词　冰河曲
(15)我爱梅园梅……………………………………　瞿琮词　郑秋枫曲
(16)春天来了(电影《海外赤子》插曲)……………　于惠罗词　郑秋枫曲
(17)在那桃花盛开的地方…………………………邬大为　魏宝贵词　铁源曲
(18)打起手鼓唱起歌………………………………韩伟词　施光南曲

(19)我爱你,塞北的雪…………………………… 王德词　刘锡津曲
(20)思乡曲(电影《海外赤子》插曲)……………… 瞿琮词　郑秋枫曲
(21)春天与秋天……………………………………梁志伟词　施光南曲
(22)三月茶歌………………………………………党永庵词　施光南曲
(23)走向绿洲………………………………………任志萍　瞿琮词　瞿希贤曲
(24)塔里木河………………………………………陈克正词　克里木曲
(25)驼铃……………………………………………任志萍词　马骏英曲
(26)吐鲁番的葡萄熟了……………………………瞿琮词　施光南曲
(27)边疆的泉水清又纯(电影《黑三角》插曲)… 凯传词　王酩曲
(28)海上女民兵……………………………………巍石词　魏群　傅晶曲
(29)摇篮曲…………………………………………付林词　施光南曲
(30)啊！樱花………………………………………金波词　唐晔曲
(31)忆江南…………………………………………[唐]白居易　常肖梅曲
(32)(忆秦娥)娄山关………………………………毛泽东词　陆祖龙曲
(33)梅岭三章………………………………………陈毅诗　施万春曲
(34)风萧瑟(歌剧《伤逝》选曲)……………………王泉　韩伟词　施光南曲
(35)冬天来了(歌剧《伤逝》选曲)…………………王泉　韩伟词　施光南曲
(36)金色的秋光(歌剧《伤逝》选曲)………………王泉　韩伟词　施光南曲

二、视唱推荐目录

第一课
节拍—节奏　四分音符、二分音符及其休止符
2/4 拍子
音程—和弦　大、小二度旋律音程
旋律—调式　音名、音组、音级、音阶
C 自然大调式读谱与分析
第二课
节拍—节奏　八分音符及其休止符、全音符
4/4 拍子
音程—和弦　大、小二度和声音程
旋律—调式　C 自然大调式读谱与分析
第三课
节拍—节奏　附点二分音符
3/4 拍子
音程—和弦　大、小三度旋律音程
第四课
节拍—节奏　附点四分音符
音程—和弦　大、小三度和声音程
第五课
节拍—节奏　附点四分音符与八分音符组合

听辨 2/4 拍子、3/4 拍子与 4/4 拍子
音程一和弦 纯四、纯五度旋律音程
第六课
节拍一节奏 十六分音符
音程一和弦 纯四、纯五度和声音程
第七课
节拍一节奏 切分音、切分节奏
音程一和弦 大、小三和弦(分解型)
第八课
节拍一节奏 含休止符的切分节奏
音程一和弦 大、小三和弦
第九课
节拍一节奏 十六分休止符组合的简单节奏型
音程一和弦 大、小度旋律音程
第十课
节拍一节奏 节奏综合练习
音程一和弦 大、小六度和声音程
第十一课
节拍一节奏 附点八分音符
音程一和弦 大、小六和弦(分解型)
第十二课
节拍一节奏 附点的切分节奏
音程一和弦 大、小六和弦

第十三章

琴　法

第一节　琴法概述

一、基本知识

(一)钢琴的简介

钢琴(Piano)是一种键盘乐器,源自西洋古典音乐,普遍用于独奏、重奏、伴奏等演出,用于作曲和排练音乐十分方便。其演奏原理是弹奏者通过按下键盘上的琴键,牵动钢琴里面包着绒毡的小木槌,继而敲击钢丝弦发出声音。

钢琴被人们称为乐器之王。在世界各国的成千上万种古今乐器当中,现代钢琴被众多的音乐家们誉为“乐器之王”。这不仅是由于它的体积最大、内部结构最复杂,更主要的还是由于它优良全面的性能和广泛的用途都是其他任何乐器(除为数不多的教堂、音乐厅中的管风琴外)无法与之相比拟的。

在欧洲,大约14－18世纪之间,曾流行过两种键盘乐器,一种叫击弦键琴,一种叫拨弦键琴(又称大键琴、羽管键琴)。这两种乐器都因被认为是钢琴的前身而被我们称为古钢琴。两种古钢琴的发音原理互不相同,但有一个共同的弱点,就是:完全不能或几乎不能随手指触键的不同力度弹出强弱不同的音来。虽然有这样的弱点,但古钢琴作为键盘乐器,已经具备了将不同的音、不同的曲调同时结合起来的功能。当不同的音、不同的曲调同时(不是先后)结合起来时,音乐就变成多声的、复合的、立体的了,从音乐知识中理解即混声、和声等,这无疑是人类音乐思维的深化。键盘乐器的优点就在于能够适应这种深化的需要。同时也反过来为多声部音乐的发展创造了最重要的直观听觉条件。

在音乐发展史中,欧洲音乐恰好是复调音乐迅速演进的时代。相应地,古钢琴也盛行了几百年,许多作曲家都为古钢琴作曲,例如巴赫、亨德尔和斯卡拉蒂的钢琴曲,都是为古钢琴创作的作品;海顿、莫扎特的大量作品和贝多芬的一些作品,也都是为古钢琴创作的。另外,古钢琴还有它特有的纤巧的音色,所以在古钢琴普遍被现代钢琴取代之后,到了19、20世纪之交,甚至在当代又有少数钢琴家重新提倡使用古钢琴。许多型号的电子琴也都设置古钢琴的音色(Harpsichord),就是这个缘故。

乐器的演进，是伴随着音乐创作的深化而变化的。而音乐创作的深化，就在于更细腻、生动地表现出人们内心对无限丰富的大自然和社会生活的感受，以及由此而来的无限丰富的感情色调及其变化。这时，缺少力度变化和对比的古钢琴，就不能完全满足音乐艺术发展的需要了，新的钢琴就是在这样的背景下出现的。

第一台钢琴的诞生是由意大利人克里斯托弗里（B. Cristofori）于 1710 年前后在佛罗伦萨制造出来的，当时取名为“弱和强”（Piano e forte）。后来，几乎所有语种都称钢琴为 Piano，就是 Piano e forte 的简称。中文称 Piano 为钢琴，这倒是中国化了的名称。

仅从“弱和强”这一点已经说明，钢琴演奏者能随心所欲地弹出弱、强、渐弱、渐强、突弱、突强等等力度变化、对比，这是钢琴的发音原理与古钢琴的根本不同之处。正因为这一点的不同，对钢琴演奏艺术的发展，对钢琴曲创作的推动，都有重大意义，这已被后来的钢琴音乐史所验证。克里斯托弗里的巨大贡献，就在于此。万事开头难，尽管他制造的那台钢琴与我们今天常见的三角钢琴（即平台式钢琴）和立式钢琴相比，还是大不相同的，但毕竟 Piano 是在克里斯托弗里手里诞生的。后来的几百年间，又经各国无数的能工巧匠，从型制、结构、材料、音域、音色、音量等等方面不断予以改进，才成为今天的样子。

（二）课程的性质

专科层次小学教师培养《琴法》课程的内容，与同时开设的乐理视唱、声乐与合唱指挥、中外声乐作品欣赏等其他音乐科目相衔接，是面向全体学生的必修课程，其内容应与中学阶段的艺术课程相衔接。

《钢琴琴法》是专科层次小学教师培养课程的技能必修基础课。师范教育阶段的课程既是义务教育阶段课程的延续，又是其课程的深化与提高，还要结合小学课程的实际，充分利用现代化教育教学手段，将所学知识运用到今后的教育教学实践。

1. 基础性

《钢琴琴法》要面向全体学生，立足基础审美教育，使学生体验音乐的魅力，丰富文化生活，培养审美能力，弘扬人文精神，提高生活品质。

2. 延续性

《钢琴琴法》课程标准是建立在义务教育阶段课程体系的基础上，课程内容知识点必须保持其延续性，在义务教育阶段课程基础上拓展延伸。必要地复习义务教育阶段已涉及的课程内容，为知识的深化与专业化做好铺垫。

3. 师范性

《钢琴琴法》课程要区别于初等教育专业课程与义务教育课程，也要区别于高中音乐课程与音乐专业院校课程。专科层次小学教师培养《钢琴琴法》课程以面向小学为指导，以服务小学为目的，以实践操作为导向。

4. 科学性

培养全科型小学教师的《钢琴琴法》课程是一门针对性很强的学科。专科层次小学教师培养《钢琴琴法》课程，有别于专业性很强的师范本科音乐课程。科学编排专科层次小学教师培养《钢琴琴法》课程，使其适用与实用，显得尤为重要。

5. 时代性

专科层次小学教师培养音乐课程，结合时代特征，利用现代化教育资源，为学生提供不同的音乐基础知识与技能，培养合格的现代音乐教育教学人才。

(三)课程的基本概念

1. 着重培养兴趣,强调实用性

兴趣是钢琴琴法学习音乐的基本动力,是学生与音乐保持密切联系、感受音乐、用音乐美化和丰富人生的前提。钢琴琴法课和音乐学科其他相关内容一样,应充分发挥键盘音乐特有的艺术魅力,根据高中、初中起点学生身心发展规律和审美心理特征,在掌握一定音乐基础理论知识的前提下,以丰富多彩的儿歌改编钢琴曲和中外优秀钢琴小品为教学内容和生动活泼的教学形式,培养学生对音乐艺术持久而稳定的兴趣和爱好。

以由浅入深、循序渐进的教学原则下实施教学,培养学生弹奏表演兴趣,不断提高演奏水平为基本理念,将音乐基础知识和演奏中的基本技能的训练有机渗透,贯穿整个琴法教学的全过程,在潜移默化中培育学生。琴法教学应该是师生共同感受、表现和享受音乐美的过程。在教学中,要强调每首练习曲目的技能技巧和音乐情感的关系,根据作品艺术表现特征,引导学生整体把握钢琴作品表现形式和情感内涵,领会音乐要素在音乐表现中的作用。

2. 面向全体学生,注重个性发展

师范类专业《琴法》课的基本任务是培养学生钢琴弹奏技法,提高每个学生的演奏水平,使学生通过弹奏练习,由活动双手促进音乐潜能得到开发。琴法课的教学活动应面向全体学生,以学生为主体,将学生对钢琴音乐的学习感受和作品表现,以及基本专业知识和基本技能培养放在重要的位置。

琴法课程在让全体学生普遍了解钢琴弹奏常识的同时,要注重学生的个性发展,为具有一定弹奏基础、对钢琴演奏有特殊爱好的学生提供发展个性的可能和空间,重点系统地更进一步全面学习,提高音乐知识和音乐表演技能水平,满足不同学生的发展需要。因此,师范类专业琴法课的内容应该体现多样化及可选择性的特点,应把全体学生的普遍参与和发展不同个性的因材施教有机结合起来。

3. 重视音乐实践,增强音乐表现意识

在实施师范类专业音乐课的教学过程中重视音乐实践,增强音乐表现意识十分重要。因此,无论是在指导学生弹奏练习曲还是指导学生演奏有代表性的中外钢琴作品时,都应激发学生参与的积极性和音乐表现意识,重视艺术实践,将其作为学生获得音乐知识与技能的基本途径。通过演奏艺术实践,增强学生音乐表现的自信心,培养良好的音乐表现意识。

4. 弘扬民族音乐,理解多元文化

《琴法》课程除指导学生循序渐进地演奏一些我国各民族优秀的传统音乐和反映近现代与当代中国社会生活的优秀音乐作品改编的钢琴曲作为重要的教学内容的同时,还应学习了解一些不同时期、不同风格的外国优秀钢琴作品,使学生通过琴法课的学习,了解和热爱祖国的音乐文化,增强民族意识,培养爱国主义情感,在强调弘扬民族音乐文化的同时,还应以开阔的视野,体验、学习、理解和尊重世界其他国家和民族的音乐文化。通过《琴法》教学中对不同时期不同国家和地区音乐作品的学习,使学生树立平等的多元文化价值观,珍视人类文化遗产,以利于我们共享人类文明的一切优秀成果。

(四)琴法的训练目的

以初高中毕业为起点,大学专科毕业程度的音乐课程性质定位。通过教学及学生的不断练习,培养学生爱好键盘乐器的情趣,使学生具备一定的演奏表演技能、音乐鉴赏能力、表现能力和创作能力，逐步培养学生丰富的情感体验，提高其音乐文化素养，使学生充分认识小学音乐教育的重要意义，了解小学音乐的教学目的及内容、要求，掌握小学琴法教学的基本方法，培养优良的思想品德和为小学教育事业献身的精神。

(1)琴法的教学，首先要通过对教材的讲解和准确的弹奏示范，让学生初步了解正确的演奏姿势、基本的演奏方法、键盘的音高位置、音乐风格处理与演奏技巧之间的关系等基本知识，从而使学生对所学的琴法课程的内容和学习方法有一定的感知和理性的认识和理解。其次是通过分析比较钢琴曲不同的表现形式、表现手法、表现的情感等，培养学生分析音乐的初步能力。使其能较好地把握弹奏方法要领，较准确地表现作品的内容和情感。

(2)琴法教学中指导学生运用科学的练习方法进行练习十分重要，教学中应有讲有范、讲练结合地指导学生有方法有步骤地做好练习曲目中的重点难点弹奏技术练习，以保证学生弹奏的流畅和完整性，逐步提高演奏水平。

(3)指导学生“读谱”理解乐曲，把握弹奏作品的准确性。通过读谱，指导学生运用所学乐理知识，了解弹奏曲目中的力度、速度、节奏、旋律、音色、肢体等表现要素以及作品的曲式结构等，初步把握演奏技能和演奏风格，设计合理的指法，以保证弹奏练习的流畅与准确性。

(4)在整个琴法课程中，通过由浅入深、循序渐进选学部分钢琴练习曲和相关程度的中外钢琴作品的弹奏表演，使学生充分体验键盘音乐的美和蕴涵于其中的丰富情感，为钢琴音乐所表达的意境所吸引、所陶醉，进而产生强烈的情绪反应和情感体验。激活学生的练习兴趣，使学生在不断弹奏学习中展现他们的个性和表演才能。使学生的弹奏技能得到不断发展提高。

教学中，启发学生分析弹奏钢琴作品的表现内容和表现手法，使学生在学习演奏中把握好弹奏作品情感表现的准确性，达到演奏中自然、有表情地处理好钢琴曲情感表现的目的，并且能在学习中灵活运用所学音乐基础知识和弹奏技能准确表现好作品。

(5)积极开发与利用校外各种音乐课程资源。应重视社会音乐环境对学生音乐爱好、审美情趣的影响，并予以积极的引导；在教学中要善于运用本地区的民族民间音乐资源，使学生受到民族音乐文化的熏陶；可采取走出去或请进来的方式开发课程资源，如：组织学生听音乐会、采访民间艺人，或请专业音乐家到校表演、举办音乐讲座等。

还可以让学生多参加钢琴汇报与比赛，举行一些“钢琴讲座”、“钢琴作品评论”等活动，尽可能多欣赏中外钢琴作品和中外钢琴家的演奏会。拓宽学生的视野，提高他们的音乐感受力。

(6)通过由浅入深、循序渐进的中外钢琴作品的弹奏学习，结合对相关钢琴作品的情绪、音乐形象等的体验，使学生感受到音乐的美，让其情感世界受到感染和熏陶，在潜移默化中受到教育，建立起对人类、对一切美好事物的挚爱之情，进而养成对生活的积极乐观态度和对美好未来的向往与追求，思考并规划人生，树立终身学习的愿望。

通过对我国优秀钢琴作品的学习了解，增进学生对祖国音乐艺术的热爱，培养学生的社会责任感、民族精神和爱国主义情怀；学习了解不同国家的音乐传统及优秀的音乐作品，理解和尊重文化的多样性，使学生初步具有国际视野和参与各个不同层次音乐文化交流活动的能力。

上述教学目标之间有着密切的联系，是一个不可分割的有机整体。在实际操作中，应有机结合，通过理论联系实际、相互关联地实施教学，达到既学好弹奏技能，又准确表现好音乐的目的。

二、训练流程

课程安排：

大一开设琴法基础课程,下学期以弹唱为主,并同时开设声乐与视唱。让学生进行这两门课程的系统化训练。从而提高琴法中的实践能力,让学生得以正确的运用。

琴法考评以弹唱为主,总分100分。基本功掌握为60分,唱为40分。具体评分要求:手型、(音准、音色、节奏、力度等)音乐表现(对作品风格的理解与把握,音乐线条的运行、音乐语言的表达能力、演奏姿势等)。各校可根据情况选考。

第二节 琴法训练与指导

一、内容结构

根据教育的培养目标及课程的性质,为体现课程内容应具有时代性、基础性和选择性的总要求,全面实现琴法课的课程目标,满足学生对音乐的不同兴趣爱好和特长需求,师范类专业《琴法》课程的内容结构由五个模块组成,供学生学习。这五个模块是:钢琴弹奏常识、基本弹奏技术的逐步练习、中外优秀儿歌为主改编的钢琴曲和"弹唱合一"练习、钢琴简易即兴伴奏、中小型中外优秀钢琴名曲选练。此外还有一定的移调练习和简单的键盘和声知识,能更好地胜任小学的音乐教学。

1. 钢琴弹奏常识及演奏提示

在第二学年开始,了解钢琴的基本构造、性能和保养常识,学习弹奏钢琴的正确姿势和手型,基本熟悉键盘。简单介绍每首练习曲目的背景知识及演奏的重点提示。

2. 基本弹奏技术的练习

了解顺指、穿指与跨指、扩指与缩指等基本方法。学会非连音、连音、跳音的弹奏方法,能用正确的方法弹奏无升降号调和一个升降号调音阶、琶音、简单和弦伴奏形式,循序渐进地逐步学习中等程度的练习曲选、结合简单的钢琴小曲练习。

3. 中外儿歌为主改编的钢琴曲弹唱合一练习

有意识地选择一些在弹奏技术上不同、有代表性的中外不同风格特点儿歌改编的钢琴曲,让学生做自弹自唱的练习,享受音乐表现的乐趣,陶冶情操,提高音乐表现能力,培养其自弹自唱的能力。自弹自唱的能力是小学音乐教师必须掌握的弹唱技能和音乐兴趣。

4. 为歌曲编配简易钢琴伴奏

选择一些在弹奏技术上不同、有代表性的中外不同风格特点的歌曲(特别是儿歌)改编的钢琴曲,让学生运用所学的音乐基础知识和弹奏技法为歌曲编配简易钢琴即兴伴奏并练习演奏,为今后从事小学课堂音乐教学和组织开展课外音乐活动打好基础。

5. 中小型中外钢琴名曲选练习

在前几个模块实施教学基础上,逐步指导学生弹奏一些有代表性的不同风格特点的中小型中外钢琴名曲,扩展所学钢琴作品曲目,选用一定的双钢琴小作品和四手连弹作品,丰富和提高弹奏技术和音乐表现。

二、教学建议

1. 遵循《琴法》教学的规律,突出技能学科的教学特点

师范类专业《琴法》课的教学,是指导学生钢琴弹奏练习的技能教学,由浅入深地指导学生弹好每首练习曲,让学生感受、体验练习方法,提高演奏技能,运用所学音乐理论基础知识分析

理解、表现好每一首作品，应贯穿于教学的全过程。

以培养对音乐的兴趣和爱好，提高演奏、视谱技能技巧，表现音乐作品的音乐形象为核心的基本理念，应渗透在不同的模块中。通过教学活动，培养并发展学生的音乐感知、音乐理解、音乐表现、音乐想象、音乐评价等能力，丰富学生的情感、陶冶学生的情操，提高音乐视谱、演奏能力。

教师应坚持以音乐为本的教学原则，引导学生充分练习、理解每个音乐作品，积极参与艺术表演实践，培养并发展学生的音乐兴趣，深入地感受和理解音乐，充分挖掘作品所蕴涵的音乐美。教师要精心创设艺术化的教学氛围，用自己对音乐的感悟激起学生的情感共鸣，与学生共同探索音乐美的内涵；教师要善于发挥自己的专业特长，不断提高教学技能，以自己对音乐作品的深入理解，并通过富有感染力的琴声、语言、动作，运用丰富多样的多媒体音乐课件生动活泼的教学形式，使学生获得演奏技能和边弹边唱的方法，让学生获得审美的愉悦，做到以美感人、以美育人。

2. 面向全体学生，注意因材施教

师范类的学生具有较强的求知欲和较广的知识面，在必修内容方面，应首先确保高质量地展示给全体学生音乐基础知识和技能练习的内容，与此同时，还应大力开发课程资源，以保证学生能根据自己的兴趣爱好和意愿自主地选择相关的学习内容，力求使每个学生获得普遍的关怀和鼓励，使他们充满自信地、富有乐趣地对不同国家、不同地区、不同时期、不同体裁、不同题材和不同风格的钢琴作品主动地学习。教师对具有较突出弹奏基础的学生应给予相应的指导，提供进一步发展才能的机会，鼓励和引导他们在集体学习演奏的过程中发挥更加积极的作用。

3. 建立平等互动的师生关系

教师既是教学的组织者和引导者，又是沟通学生与音乐之桥的建设者。教学中应突出学生的主体地位，提倡学生自主学习和探究式学习方式，充分发掘学生的演奏弹奏技能和音乐表现潜能。教师要爱护和尊重学生，在教学过程中建立民主、平等、交流互动的师生关系。

4. 运用现代教育技术手段

电脑和网络使音乐的传播和复制打破了时间和空间的制约，极大地丰富了音乐教育的资源，对音乐教育的方法和观念产生了重要影响。应充分认识以电脑多媒体和网络为代表的现代信息技术对音乐教育的重大作用。教师要经常关注现代信息技术的新发展，充分利用学校、家庭和社会的电脑和网络资源，不断更新教学手段，引导学生有效地进行学习。

三、评价建议

1. 导向性原则

《琴法》课程评价应有利于学生了解自己的进步，发现和发展自己的音乐潜能，建立自信，促进音乐感知、表现和创造等能力的发展，为进一步提高其文化素质及价值判断能力，树立社会责任感，培养人生规划意识等提供有益的参照；有利于教师总结经验，提高教育教学水平；有利于学校加强、改进、提高音乐学科教学工作，促进课程改革朝着全面推进素质教育的方向发展。

2. 科学性原则

评价指标的确定和评价方法的选择，应以《琴法》学科的特点和不同教学模块的内容标准为依据，体现师范类专业《琴法》课程的性质，符合大专学生身心发展的特点及音乐审美教育的客观规律。

3. 整体性原则

无论是评价学生、教师，还是学校音乐教育工作，都应从整体着眼，涵盖课程目标的各个层面和教学的各项内容。对学生、教师、学校的评价，要用科学的态度、发展的眼光，从不同阶段的回顾和对比中，肯定其进步与发展，指明其努力方向，使评价起到激励和促进作用。

4. 可操作性原则

评价的指标和方法要简便、明晰、易于操作和推广。根据《琴法》教学的特点，应将定性评价与定量评价、形成性评价与终结性评价相结合，把评价融进教学的全过程。

总的来说，通过一年的琴法基础训练，学生应该掌握简单的弹奏方法，能够进行简单的自弹自唱，还有一定的讲解示范水平，达到这些要求，就可以评价为合格。

第三节　琴法考训素材

琴法考试要求：

钢琴的基本常识

非连音弹奏的方法与要求

连音弹奏的方法与要求

跳音弹奏的方法与要求

C 大调柱式和弦的弹奏方法与要求

八分音符的弹奏练习

一个八度内 C 大调练习

一个八度内 G 大调练习

附点四分音符弹奏练习

一个八度内 F 大调练习

十六分音符弹奏练习

两个八度内 C 大调练习

分解和弦的弹奏练习

两个八度内 G 大调练习

半分解和弦的弹奏练习

6/8 拍子的弹奏练习

两个八度内 F 大调练习

简单的大调即兴伴奏练习

两个八度内 a 小调练习

两个八度内 e 小调练习

带切分节奏的弹奏练习

两个八度内 d 小调练习

首调基本练习

小学音乐课本的歌曲

自弹自唱小学音乐教材歌曲

自编儿歌的伴奏和弦

第十四章
素 描

第一节 素描概述

一、素描基础知识

素描可以说是一门独立的艺术，具有独立的地位和价值；素描是其他艺术的必然基础，尤其是水彩、油画、版画、雕刻（浮雕），另外对平面设计也是画草图的必要基础；素描是一种正式的艺术创作，以单色线条来表现直观世界中的事物，亦可以表达思想、概念、态度、感情、幻想、象征甚至抽象形式，它不像带色彩的绘画那样重视总体和彩色，而是着重结构和形式。

（一）素描的概念

素描是绘画的一种造型手段和形式，是以单一色彩的线和块、面准确地描绘客观物象特征的一种绘画形式，它具有独立审美艺术价值。中国传统的白描和水墨画也可以称之为素描。通常意义上的基础素描是指用铅笔或炭笔描绘的作品。素描是研究绘画艺术所必须经过的一个阶段。

基础素描是对客观物象的结构、形体、比例、明暗、质感、空间感等诸种造型因素和造型规律的研究，可培养、提高对描绘物象的敏锐的观察能力，深刻地理解认识能力和准确地表现创造能力。也就是说通过素描练习，把视觉感受到的东西，经过研究、分析、理解、认识，能够得心应手地准确、生动、具体表现出客观物象的形态特征，从而逐步掌握造型能力。

（二）素描基本特征

各种物体都具有各自不同的特点，我们之所以能够认识不同物象的形态特征，主要是来自以下构成物象形态特征的各种因素。

1. 结构

结构是指决定物象外在形态的内部结构，各个部位之间的组合构成关系以及构成基本形的几何结构。在素描练习中只要认识、了解物象的形体结构特点、结构关系及组合规律，并能自觉地从内在本质上表现形态特征，就会画得深入、画得准确。

2. 形体

形体是指物体的形状和体积，是物体存在于空间的外在形式，是体现物体高、宽、深立体性质的造型因素,形体也是素描造型的依据。

3. 比例

比例是指物体的形体结构的尺度关系,形体结构的造型因素体现在外形上必然同一定的尺度相关联,在素描造型中比例尺度是否准确直接关系到物体形体结构的准确性。在素描起稿时至关重要的问题,就是找准比例关系。

4. 明暗

明暗是在素描过程中表现形体结构空间透视、光影变化的一种造型手段。使所表现的物象更有体积的真实感。明暗是物体在光的照射下,物体的各个不同朝向的面,由于所受的光量不同,而产生深浅不同的色调变化,所以明暗调多或少是由物体的形体结构所决定的,而物体的形状和体积又是在明暗变化中显现的。随着光线照射的角度变化,明暗调子的形态也随之变化。

5. 空间

空间是表现物体处在特定空间中的一种形态,由于光线受到大气层中各种微粒的影响,物体的明暗对比也随物体本身的前后空间距离不同而形成强弱变化,因此产生一定的空间效果。明暗对比在素描中是表现空间距离感的一种手段。明暗对比强的则感觉近,形象清晰;对比弱的则感觉远,形象模糊。物体的空间距离感是在微妙的明暗色调变化中显现的。

(三)素描的分类

素描的分类方式多种多样,主要有以下几种分类方式:

(1)素描是造型艺术的一种,属于绘画的范畴,泛指单色绘画。

(2)素描从目的和功能上说,一般可分为创作素描和习作素描两大类。

(3)写生素描在表现内容上分为静物、动物、风景、人像及人体素描等。

(4)素描从使用工具上分为铅笔、炭笔、钢笔、毛笔、水墨、粉笔或两种工具穿插使用的素描等等。

(5)素描从作画时间概念上说,素描可分为长期素描、慢写、速写等。

(6)素描从绘画传统的角度说,素描又可分为中国写意传统的素描(一般称之为"白描")和西方写实传统的素描两种。

(四)常用的素描用语

(1)明度:色相明亮或沉暗的程度。各种物体在光的照射下所形成的明暗、层次变化可以概括为五个基本调子和物体投影,如图 14 - 1 所示。

1)亮面:受光直接面,亮度强;

2)中间色面(灰调子或灰面):侧光照射的面;

3)明暗交界线:受光面和背光面的交界处,也是转折处;

4)暗面:背光面色调弱于明暗交界面;

5)反光:背光面受周围反射光的交界面。

(2)比例:一物体跟另一物体或整体在大小、高低等方面的关系。

(3)构图:按一致的比例把各物体之间进行穿插、叠遮等方式安排空间位置,达到谐调的画面。

(4)轮廓线:即物体的外形边缘线。

(5)透视:物体的近大远小、立面与平面等的关系。

(6)结构:见"素描基本特征"。

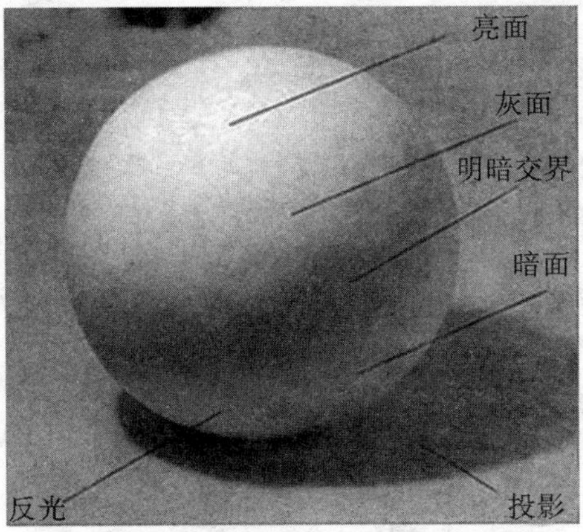

图 14 - 1　物体的五个基本调子和物体投影

(五)素描中的"线"

(1)素描的要素是线,但是线在实质上却是不存在的,它只代表物体、颜色和平面的边界,用来作为物体的幻觉表现。直到近代,线才被人们认为是形式的自发要素,并且独立于被描绘的物体之外。

(2)素描是用线条来组成物体的形象,并且描绘于平面之上,借由线条形式引起观者的联想。例如,两条线相交所构成的角形,可以被认为是某平面的边界,另外加上第三条线可以在画面上造成立体感。弧形的线条可以象征拱顶,交会聚集的线条可表现深度。人们可以从线条的变化当中,得到可以领会的形象。因此透过线条的手段,单纯的轮廓勾勒可以发展成精致的素描。

(3)在素描中可以用线条区分立体与平面,至于色彩明暗是为了加强和厘清整体与部分的关系。我们可以运用线条的开始、消失和中断来画出边界,并且形成平面,也可使色彩至边界面上。线条的粗细能表现物体的变化,甚至光和影也可用线条的笔触变化表现出来。

(4)素描的线条技法还需要平面技法的辅助。平面技法在使用炭粉笔时,在明暗对照上可用擦笔法。而更重要的是使用毛笔画法,因为毛笔能发挥笔触的宽度和笔调的强度,并且能增加空间感和立体感。素描也可用多色画笔作为基本材料,用来加强素描效果以及素描的艺术性。

(六)素描表现方式

线条、明暗、结构、形体、空间、构图等是素描表现的诸要素。素描表现方法归纳起来可分为三种:

(1)用线条的表现方法:(结构素描)线是素描的一种重要的造型手段,也是中国绘画的一种表现形式和基本练习手段。线条在表现形体结构、体面转折立体空间方面,具有很强的艺术表现力,线条在绘画造型中有着很高的审美价值。在素描训练中,线条的运用要依据物象的结构特点和形象的需要,选择富有表现力的线条塑造形象,用线十分讲究,注意线条的刚柔、虚实、疏密、宽窄、长短、浓淡、曲直、主次等等,使线条富于变化、生动感人。

线是缩小的面,要从面的概念出发运用简练、明确、清晰概括的线条表现物象形态特征,如图 14 - 2 所示。

图 14－2

（2）用明暗光影的表现方法：（光影素描）这种方法是基础素描训练的基本造型手段，明暗光影的运用，要建立在对物体的体积结构充分认识、理解的基础上，以丰富的明暗色调，深入表现物体形态特征的诸种造型因素，塑造整体感、真实感强的行动形象。如图 14－3 所示。

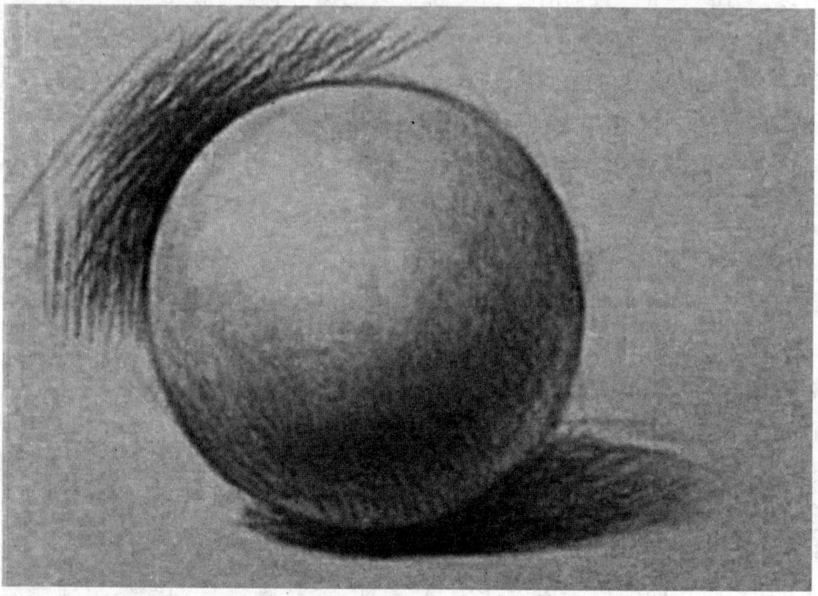

图 14－3

（3）用线和面结合的表现方法：这种方法要充分发挥线与面独具表现力，以灵活多样的手法，将线和面溶铸于素描造型之中，准确、精练、概括地表现物象。如图 14－4 所示。

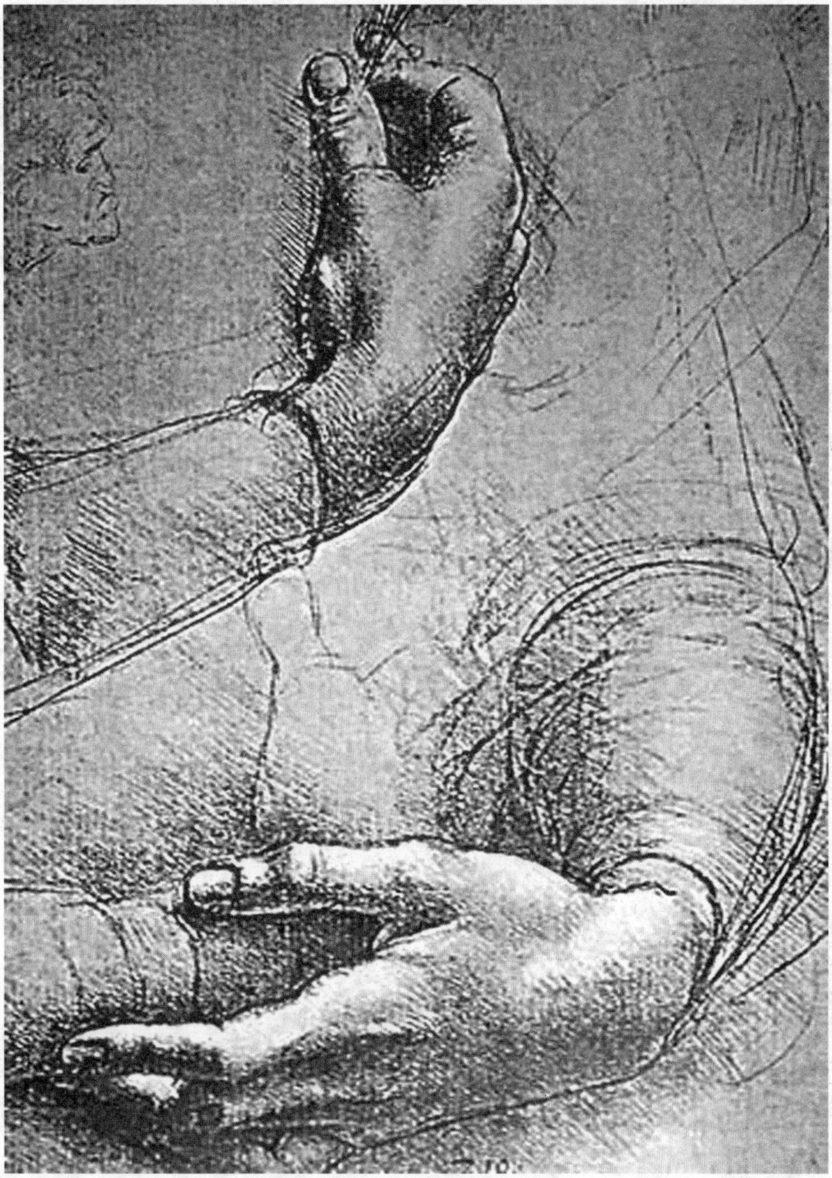

图 14－4

（七）素描的工具

素描的工具种类很多，如石笔、炭笔、铁笔、粉笔、毛笔、铅笔和钢笔等，也有用钻子和金钢石作画的。工具的不同关系着素描的性质和构图，工具也能影响画家的情绪和技巧。

工具的选用取决于画家所想要达到的艺术效果。一般认为，干笔适宜作清晰的线条，水笔宜于表现平面；精美的笔触可用毛笔挥洒，而广阔的田野则可用铅笔或粉笔去勾勒。炭笔是两者都可兼用的。以作品尺寸而言，大幅素描作品适宜用木炭来画，对于轮廓、照应等可经长久的时间细细研究、分析。至于铅笔适合较小尺寸，很少大张的铅笔画，而钢笔画就更小了，往往在插画上用得较多。一副素描上可以用到多种工具，一般叫做综合素描。

基础素描使用的工具主要有以下几种：

(1)铅笔:铅笔分硬铅(H 型)、中性铅笔(HB 型)、软铅(B 型)。一般可备置 2H 至 6B 几种软硬不同的铅笔,这是最简单而方便的工具。初学素描常从铅笔开始,主要原因是铅笔在用线造型中可以十分精确而肯定,能较随意地修改,又能较为深入细致地刻画细部,有助于严谨的形体要求和深入反复地研究。同时铅笔的种类较多,有硬有软,有深有浅,可以画出较多的调子,铅笔的色泽又便于表现调子中的许多银灰色层次,对于石膏等基础训练作业效果较好,初学者比较容易把握,因此,较适合于基础训练开始时使用。

(2)炭笔:炭笔以不脆不硬为度,炭条以烧透、松软笔黑色为佳,炭精棒以软而无沙称上品。

(3)纸:素描纸要质地坚实、纸面略粗,宜着色,耐橡皮擦拭,可显示深浅色调。

(4)画板:以光滑无缝的椴木板为最好。如果站着画,还要备一个画架。

(5)橡皮:以平、软的方形橡皮为好,或用素描专用橡皮,容易擦净。

(6)削笔刀、图钉、擦布等工具,备用。

二、训练与考试时间安排

(一)训练时间

大一上学期开课,进行系统训练。

(二)考试时间

大一上学期期末阶段进行,需要补考者,大二上学期组织一次补考。毕业时安排积欠补考。

三、考评方式

(1)用抽签方法从规定 10 组考试教材中确定一组。

(2)在 8 开纸上进行考试,考生工具为铅笔,时间为 3 小时。

(3)考试采用写生或默写方式。

(4)评委由三人组成,三人所评平均分为考生最后得分。

四、考评标准

(一)评分标准

(1)构图好,为 20 分。

(2)物体主次分明,大小造型准确,物体和布纹的表达形象生动,为 20 分。

(3)线条的疏密、粗细、轻重得当和排列流畅,为 20 分。

(4)虚实得当,整体效果好,为 40 分。

(二)等级标准

(1)90~100 分为优秀。

(2)80~89 分为良好。

(3)70~79 分为合格。

(4)60~69 分为基本合格。

(5)60 分以下为不合格。

第二节 训练技巧与方法指导

一、基础理论训练

(一)认识素描造型基本因素

我们所描绘的物体都是立体的,而最基本的形体是立方体、球形、柱体与椎体。素描写生可从这四类形体出发,去研究主体构成的基本因素与形体塑造的关系。

1. 点

点表示位置,是形体塑造的标记,对于造型有着特定的数量意义。先看位置点,找出它的基点与顶点、右点、左点、近点和远点,这些点规定着物体的整体范围和个面之间的大小比例关系。再看转折点,这些点如同交通枢纽,联系着形体中的线与面。

2. 线

线由点的定向运动产生。线条是点运动的延续,连接起点和终点的是线,任何一幅素描都是由无数的线组合而成。线是形体塑造的中坚,线有着无穷的魅力。

(1)辅助线:是指在形体塑造的过程中所借助的假设线。这些线,有助于我们把握形体的动势和形体的整体特征,有利于我们表现形体时能做到从整体到局部有序的进行。

(2)轮廓线:轮廓线反映的是形体转折部分。在绘画过程中,轮廓线的表现要求由直线到曲线,有外轮廓到内轮廓,从而形成物体的立体框架。

3. 面

无数点的组合或无数线排列后的效果,在视觉上形成了面,而面运动产生了体。在造型过程中,面可分为两类,即直面与曲面。

(1)直面:立方体在画面上一般是以正面、侧面、顶(底)三个面呈现。

(2)曲面:球体借助于光线,在画面上一般是以亮面、暗面、明暗交界线(面)、反光面和投影组合而成。

任何一种复杂的形体,都可以由立方体、球体体面关系去理解和分析。

(二)认识素描中的明暗

1. 明暗产生的原因

有光源(不论是自然光源还是人工光源)照射,才会产生明暗;没有光,我们的眼睛将看不到任何东西。

2. 明暗的基本法则

光源直射处(向光)是明亮部光,光源照射不到之处(背光)是黑暗部,反射光所形成的是中间灰色部分。

3. 利用铅笔表现明暗的方法

铅笔直立地以尖端来画时,画出来的线较明了而坚实;铅笔斜侧起来以尖端的腹部来画时,笔触及线条都比较模糊而柔弱;笔触的方向要整理才不致混乱。

4. 铅笔画使用橡皮擦注意事项

初学时往往总觉得画一笔不满意时,就马上用橡皮擦去了,第二次画得不对时又再擦去,这是最不好的习惯。一则容易伤害画纸使纸张留下疤痕,再则使画时就越画越无把握了,所以应极力避免。

当第一笔画不对时，可再画上第二笔，如此画时就有一个标准，容易改正，等浓淡明暗一切都画好之后，再把不用之处的铅笔线用橡皮轻轻擦去，这样整幅画面就清楚可爱多了。

其实画面上许多无用的线痕通常到最后都会被暗的部分遮没了，我们只需把露出的部分擦去，这样也较为省力。同时不用的线痕，往往无形中成为主体的衬托物，所以不但不擦去无害于画面，有时反而会收到无形的效果，这是我们不可不注意的地方。

5. 画面宾主表现

前面的、较近的东西，都应表现得强烈而明确；后面的、较远的东西，都应表现得柔弱而模糊；主体应表现得明确显著，从属的客物则应以衬托主物为目的。

（三）了解素描中的透视

一切物象占有一定的空间，物与物之间也存在着一定的空间距离。如画者与写生物的空间距离，被画物体之间的空间距离，被画物本身前后的空间距离，被画主体与背景的空间距离。在素描中，利用物体的透视变化产生距离感，表现空间的技法，其中最基本的方法是透视原理的运用。

1. 平行透视

当立方体的六个面中有一个面与画者的位置呈平行状态时，画者所看到的是它面产生的透视变化。

2. 成角透视

当立方体的一个角正对画者时，立方体所有的面都产生透视变化。几何透视法包括四个要素：一是视平线，一般是指画者平视时与眼睛高度平行的假设线。二是视平线它决定被画物的透视斜度，被画物高于视平线时，透视线向下斜，被画物低于视平线时，透视线向上斜。三是心点，是指视觉中心，它位于画者的核心部位，在平行透视中，一切透视线引向心点。四是距点，视点至心点的距离叫距点，如果把视距移至视平线上心点的两侧，所得的点为距点。见图 14 – 5。

二、基础实践训练

练习的内容主要以石膏几何体和简单静物写生。

（一）握笔和线的练习

1. 握笔

练素描握笔的手要内空而松，方法有两种：一是用横握住笔的方法，这样手腕动起来画的范围会很大，有利于最大限度地调动指、腕、肘、肩的活动范围；二是描绘细微的地方可以按写字的方式握笔。掌握轻松自如的握笔方法，才能保证画素描时运笔流畅，速度平稳、轻重自如，也是画好素描的关键。见图 14 – 6。

2. 线条的练习

（1）直线的练习。用笔的侧锋、平锋、或中锋，画均匀等距的直线、斜线、横线、长线、短线、粗线、细线、上轻下重的直线、上重下轻的等直线。线条从密集到稀疏排列，从清淡到浓重排列。（需注意手指和手腕用力要均匀，摆动要轻松灵活、中速或快速而稳定。排线的方向通常采用单向排列，从左到右，从上到下。）当这些线条排列练习熟练之后，再作一些同向交叉重叠排列的直线练习，忌往返排列，往返排列用笔往往会使线条的两头产生黑点，重叠多了就会出现黑斑而影响画面效果。

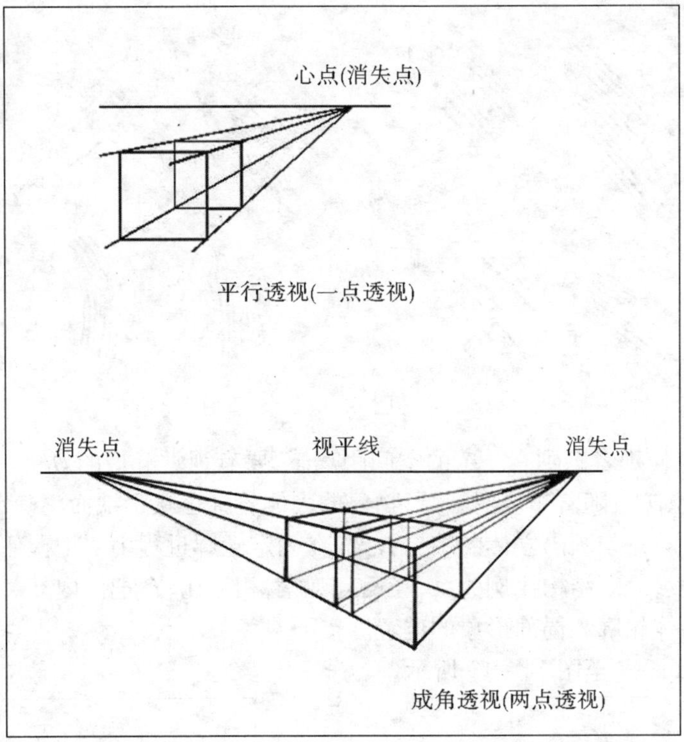

图 14－5

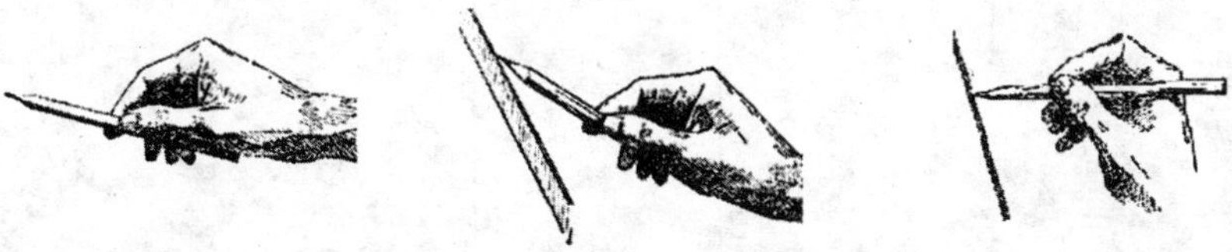

图 14－6

(2)曲线和弧线的练习。曲线的练习比直线的练习复杂而重要。用线条塑造不同弧度的形体,都可以用不同的曲线画出的结构面的感觉和立体感。我们在作曲线练习时要注意单向运笔,用力有轻有重,此起彼伏。或两头轻中间重,下笔呈抛物状,有打圈圈的感觉。这样用笔可以使线条在交接和重叠时有条有绪,不脏不乱,线条感觉柔和而有弹性。曲线是塑造有弧度物体必不可少的一种线形,我们应常常作曲线排列练习。

线的画法是落笔轻,中间重,收笔轻,整个动作一气呵成,形成两头虚中间实的线。见图 14－7。

(二)素描写生的方法与步骤

1. 经营构图,确定轮廓

构图和轮廓是素描习作深入刻画的基础,也是取得画面效果完整的关键,构图是指画面的布局定位,它关系着画面的美感,也体现着作画的意图。

因此在描绘时要注意如下几点:

(1)选择富有表现力的角度作出最佳的画面安排;

(2)画面的上下左右要留出适当的空间,切忌过满没有空间余地;

(3)布局要注意均衡、稳定,朝向一方可多留出空间,给人一种开阔感,忌过偏。否则会显

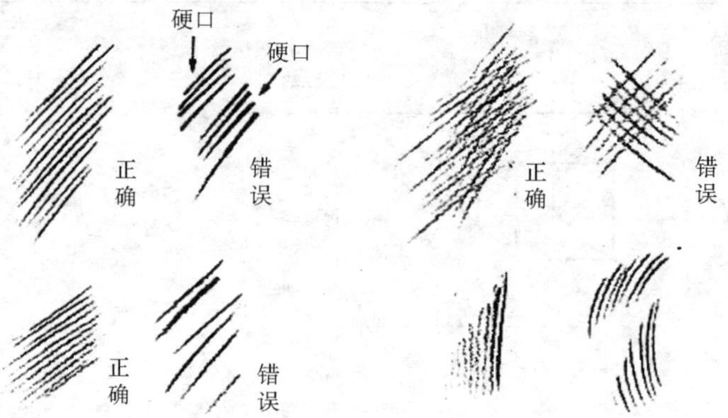

图 14－7

得不稳定。

(4)画面构图应使观者感到有一定的空间距离感,要有视觉舒适的效果。

画得过小显得空旷。随着布局的开始,物象的大体轮廓也跃于纸面。确定轮廓也就是准确地画出物象的大基本形:勾画出立体的结构骨架,在确定轮廓过程中要把握住物象的形体特点,从立体空间概念出发,表现结构比例关系,经反复观察,相互比较,把握内外关系,以直线勾画的方法,确定物象的整体轮廓和局部形象的位置。

错误构图如图 14－8 至图 14－12 所示。

图 14－8　构图太靠右

图 14－9　构图太靠左

图 14－10　构图太靠上

图 14－11　构图太大

图 14－12　构图太小

正确构图如图 14－13 所示。

图 14－13　构图饱满 布局稳定

2. 深入刻画、塑造形象

深入刻画是在已确定大的形体轮廓的基础上运用光影（或结构）画法表现物象的形体结构、起伏转折及立体空间效果，在以明暗层次色调塑造形体结构时，要着重表现物象的形态特征的凹凸转折部位和体面的明暗对比，从明暗交界线入手分清受光面和背光面两大明暗关系，深入刻画暗面与反光部分，再与亮面交替刻画，随着明暗调的逐渐丰富，形体结构特征也就更趋具体和完整。在整体结构、形体、色调、空间表现的基础上，要有取舍地对各个局部、形体结构、明暗调子、立体空间作深入细致的刻画，完美地塑造好形象。在深入刻画，塑造完整形象的进程中，始终把握住整体与局部的关系。在具体描绘局部的细节时，要注意服从整体、保持整体效果，见图 14－2。

3. 调整统一，完美画面

在深入刻画临近结束时，要在整体的角度上感受一下画面的总体效果，看一下形体结构是否准确，比例关系是否匀称、明暗对比是否分明，立体空间是否很强，整体与局部关系是否统一，主次、重点是否突出，形象刻画是否生动等等。

另外，素描临摹的范本和自己所用纸张的大小最好为 1∶1；尽可能地按照范本中的构图安排自己画面上的构图，不可轻易放大或缩小范本中的单个物体，一般应整体缩放及减少或添加物体等。

素描训练要目标明确，循序渐进；要有反复巩固，有的放矢；结合自己水平定出实效的训练计划，由浅到深，不可急于求成。

三、素描写生中常见的问题

1. 画面太“空”或太“满”

这是由于构图不当造成的错误。物体太小太集中，就会造成画面的“空”；而物体太大太散，画面就会“满”，甚至有时画面会“盛不开”物体。解决的办法是：在一开始就要把整个物体的组合外形找准，按照构图的要求做好定位辅助线，在进一步深入的时候，不要轻易改动构图的定位线，否则，就会破坏构图的初衷。

2. 形体画得“歪”

这是由于起草不严格造成的错误。静物素描中物体的特点就是要“静”。每一个物体都有自己的位置和重心、对称物体的重心，在它的中心垂直线位置，垂直线画不垂直，就会使物体重心不稳，产生“歪”的错误。画“歪”的错误还有另一个原因：对称物体画得不对称。解决的办法是：起草时，左右两边要同时起草，不要等到起完一边。

3. 轮廓线过“虚”

这是因为画者错误地认为：越是立体的物体，它的轮廓越虚；越是后面的物体，它的形体越虚。解决的办法是：依靠观察，依靠感受，了解视觉的“双眼视差”现象，学习造型的“线面”转换关系，不受“主观”影响，客观地表现对象。

4. 轮廓线太“粗”

这是因为画者还没有树立起“体面”观念，不懂得物体的轮廓是由“面”的转折形成的，不懂得形体是用明暗对比出来的。解决的办法是：加强观察感受，排除非素描习惯的干扰，将“粗线”的一侧向暗部或背景过渡。

5. 透视面过“大”

初学者常常把物体的侧面画大，这是因为他们对视觉透视缩变现象理解得少，主观地认为，原来“那个面”没有那么小，没有完全按照客观观察的结果去画。这说明，生活中的习惯还影响着画者。解决的办法是：认真学习透视规律，严格掌握比例关系，客观地表现对象。

6. 画面太“灰”

灰的直接原因是，物体亮部画重了，这是由于明暗对比观察不足造成的，应该在调整时加重明暗交界线，提高亮部的明度。

7. 画面太“碎”、太“平”、太“板”

造成这三种错误的主要原因是，表现物体主次不清。其中“碎”的原因是，物体刻画的部分太多、太强。“平”的原因是，物体刻画不充分。“板”的原因是，物体刻画缺少变化。以上这些错误的主要原因是，没有整体观察，整体表现，主次技术掌握不够。解决的办法是：在素描步骤的熟悉造型阶段，就应该综合整理出静物的整体印象，找到静物的主次部分，在刻画中严格按整体和主次的要求进行，并及时作出调整。

基础（静物）素描是素描学习的一个很重要的阶段。静物素描作画对象的多样性、复杂性，决定了静物素描是一个全面学习和发挥素描基础技术、提高认识、总结经验的阶段。认真学好基础素描及技能训练，是进一步学习更难的素描内容的基础。

四、考核注意事项

“从整体出发”是整个素描练习中必须遵循的一个准则。所谓整体，就是指画面形象的和谐统一的整体关系。在观察和表现时，要树立牢固的整体观念。初学者不要被局部吸引，不要看到什么画什么，看一点画一点。不要只注意局部。要遵循“从整体出发—到局部—再回到整体”的观察和表现原则。

在考试（写生或默写）时应注意以下几点：

（1）需要注意空间、比例、透视等视觉造型因素的要求。

（2）素描画表现物体有空间、形体、体积、结构、光影等内容。

（3）用简单几何形体去分析复杂形体规律，从而正确表现物象的结构。

（4）分清轮廓线与结构线；当我们在某一角度观察形体时，该形体的外缘由于透视的原因，缩减而成为较细的边缘线，这就是轮廓线；在两个面之间转折的交界处我们可以看到明显的隐晦线，这是结构线。

（5）用好辅助线，在作画过程中把形体各部分在空间位置上相关的各点联系起来，用假定性的线条引导各部分的结构关系，强化空间感。

（6）适当地运用主观用线，从对形象的主观感受和表现意图出发，在作画中采用意象的强调的或表现性的线条。

第三节　素描考训素材

（1）几何体 1 个，水果若干，陶罐 1 个；

（2）几何体 1 个，水果若干，书包 1 个；

（3）几何体 1 个，水果若干，瓷盘 1 个；

（4）几何体 1 个，水果若干，花瓶 1 个；

（5）几何体 1 个，水果若干，高脚杯 1 个；

（6）几何体 1 个，水果若干，金属物体 1 个；

（7）几何体 1 个，蔬菜若干（2 种）；

（8）几何体 1 个，纸杯 1 个，可乐瓶 1 个；

（9）几何体 1 个，酒杯和酒瓶各 1 个；

（10）几何体 1 个，杂志书本若干（16K 和 32K）。

第十五章
简 笔 画

第一节 简笔画概述

一、基本知识

简笔画首先是因其“简”,是对物象描绘的概括和简练;其次是易学、好记、实用方便;又因其“虽简而像”,因此还具有生动、形象的特点。高质量的简笔画同样也能达到对物象描绘的形神兼备、惟妙惟肖、出神入化的美妙境界。

在教学中,简笔画是一种实用、简便、容易掌握的教学辅助工具,是教师教学的常用教学手段。因其不受物质条件限制,能弥补电化教学设备的不足,同时,画一幅简笔画时间非常短,十分容易被小学生接受,并能刺激学生的学习兴趣和吸引学生的注意力。

小学生认识理解事物是从表象开始的,由易到难、由具象到抽象的,学习主要是靠形象思维和形象记忆。简笔画教学用尽可能少的线条塑造出简洁、生动、易懂的形象,并与教学内容有机结合起来,是适应儿童的心理特征和审美情趣、备受少年儿童欢迎的教学手段。

(一)简笔画的概念和特点

简笔画是通过最简单的点、线、面等绘画要素以简洁洗练的笔法提取物体最典型、最突出的主要特点,以平面化、程式化的形式表现出既有概括性又有可识性和示意性的物象基本特征的绘画形式。

简笔画的主要特点是形象夸张,笔法简练,特征突出,造型生动,富有装饰性;用笔粗放、概括、精简,构图简约且内蕴十足,作画快速、夸张且形象生动,表现力极强;制作要求不在于机械地临摹仿写,而是注重通过目识、心记、手写等活动抓住物象基本特征进行概括提炼,从而达到对物象的写意和传神。

(二)简笔画的作用和意义

简笔画的运用范围较广,在教学上的应用尤为明显,原因就是简笔画的经济、实用和表现力强。教师针对教学需要,结合教学内容,运用简笔画的形式将所需要的教学内容形象地表达出来,丰富课堂教学内容,激发学生的形象思维和想象力,能够让学生直观地理解教学内容,拓展学生的想象空间和增强形象记忆,活跃课堂气氛,使教师与学生在丰富多彩的教学情境中完成教学任务,提高课堂教学效率。

简笔画在教师教学中运用十分便捷,把教学简笔画作为学生教学基本技能训练是必要的,也是切实可行的。

1. 可行性强

简笔画对工具要求简单,操作简便,简洁的几笔便可清晰地勾画出一幅能生动地表达某个明确物象图或抽象性较强的示意图,易学好记,每个师范生都能学会,每位教师都应该掌握。

2. 直观性强

简笔画具有实物、图片、幻灯的直观特点,能将抽象的语言知识具体化、形象化。语言知识与事物、情景紧密结合,有利于教师化解教学难点,有利于学生的记忆和具象思维的发展,尤其是小学生(学生思维能力的发展一般经过三个阶段,即形象思维、逻辑思维和创造性思维)。在缺乏电教设备的广大山区、农村学校,它能起到不可替代的作用,可使教学锦上添花。

3. 趣味性强

大量的教学实践证明,简笔画教学既可创造一个轻松娱乐的语言环境,又使课堂氛围活跃有序。当板书和简笔画呈现在黑板上时,能够快速传递教学知识,妙趣横生,增加学生想动手去模仿的兴趣。这样,学生在获得知识的同时,发现美、创造美,不断地培养审美鉴赏和绘画能力,既陶冶了情操,提高了兴趣,又增强了学习的活力。

4. 启发性强

简笔画创设的语言情景与所教的词、句、对话等有着直接的联系。通过画中事物或情景的启示,能激起学生学习的内在动机,调动学生学习的主动性,促进他们积极思维,自己动脑、动口、动手去获取知识,强化学生对所学语言知识的感知,加速学生的理解过程,起到表情达意之功。学生触景生情,更易于理解教师的意图,有利于语言训练的顺利进行。

5. 灵活性强

简笔画简便易画,可边讲边画,根据教学需要,逐步逐个呈现,也可整体呈现。无论音标、字母、词汇、句型、对话、课文,均可随时灵活运用,不受任何限制。

简笔画在中、小学的各科教学中能够形象化地表达出抽象化的语言及物象,是使教学更加直观化的较佳教学手段。系统地掌握简笔画的知识与技能,是每个师范生及中、小学教师必备的教学基本功

(三)简笔画的分类

静物简笔画:指以家用器皿、花草、瓜果、蔬菜、标本、小型物体等为描绘对象。

风景简笔画:指以自然景象和人类改造大自然面貌景象为描绘对象。

人物简笔画:指以描绘人物形象的简笔画;在简笔画中的人物以动态为主,头部和四肢一般处于次要地位。

动物简笔画:指以描绘动物形象的简笔画,动物与人一样,千变万化,描绘时需仔细观察分析动物特点,找出规律。

(四)简笔画的造型规律

1. 概括与简化

抓住物体最显著的基本形状和特点,用简练、流畅的线条概括出来,从而把复杂的物体简化成由各种形态的点、线、面组合而成的虽简约却神似的物体形象。

2. 比较和鉴别

通过比较和鉴别，找出同类物体之间的差异和不同类物体的各自特征，再选择一个可以准确识别物体标志的角度，来表现这个物体的个体特征。如画动物类时，画大象，要选好角度突出大象的长鼻子；画骆驼，则要用适当的角度突出骆驼的驼峰。

3. 提炼与夸张

任何一个物体，都是一个极其复杂的有机组合体。用简笔画表现时，必须对这个复杂的物体从外形轮廓到各个部位进行提炼、概括，再抓住特点做适当的夸张、强化，使其成为既简约又富有个性特征的物象，达到一眼可以认出"这是画的什么物象"、"那又是画的什么物象"的程度。

（五）简笔画常用表现技法

1. 线描法

单纯以简洁的线去描绘；直线挺拔，曲线流畅，粗线浑厚，细线轻盈；不同的线表现出的视觉效果不同，给受众的心理感受不同，如图 15－1 所示。

图 15－1　线描法

骨线式：用单线勾勒出物象的骨架和动态特征，如图 15－2 所示。

图 15－2　骨线式

轮廓式:用单线勾勒出物象的外形,如图 15-3 所示。

图 15-3 轮廓式

一笔式:根据物象的结构等特征,一笔勾勒出物象的形体特征,如图 15-4 所示。

图 15-4 一笔式

2. 水墨法

水墨简笔画既运用中国画的笔墨技巧,表现出干湿和浓淡的墨色变化,使其具有水墨韵味,如图 15-5 所示。

图 15-5 水墨法

3. 设色法

先用单线勾勒出物象的轮廓，再用有彩工具做简单的平涂设色，如图 15－6 所示。

图 15－6　设色法

（六）简笔画常用工具

（1）笔：钢笔、铅笔、记号笔、水笔（黑、灰、彩色均可）、蜡笔、粉笔等。

（2）纸：白纸、新闻纸、打印纸、宣纸等。

初学者一般先选用铅笔开始练习，熟练后再改其他笔练习；纸张一般选用白纸、打印纸和新闻纸；需表现特别效果时，应考虑用哪种笔和纸，如用毛笔在宣纸上画出的简笔画会产生中国画中的笔墨韵味。

二、训练与考试时间安排

（一）训练时间

大一上学期开课，进行系统训练。

（二）考试时间

大一上学期期末阶段进行，需要补考者，大二上学期组织一次补考，毕业时安排积欠补考。

三、考评方式

（1）用抽签方法从规定 10 组试题库中确定一组。

（2）在 8K 纸上进行考试，考生工具为铅笔、钢笔等，时间为 45 分钟。

（3）考试采用默写方式，分 2 部分，即单个和组图简笔画，单个简笔画大小为 64K 与 32K 之间；组图简笔画大小为 16K 左右。

（4）评委由三人组成，三人所给的平均分为考生最后得分。

四、考评标准

（一）评分标准

（1）物象基本形运用得当，为 20 分。

（2）运用艺术手法（夸张、变形等）得当，物象特征表现较佳，为 30 分。

(3)线条流畅,穿插精准,另组图中各物象主次明确,整体效果好,为50分。

(二)等级标准

(1)90~100分为优秀。
(2)80~89分为良好。
(3)70~79分为合格。
(4)60~69分为基本合格。
(5)60分以下为不合格。

第二节 训练技巧与方法指导

一、训练方法

(一)基本元素练习

简笔画最基本的元素就是点、线、面。点的画法掌握比较容易,但线和面的表现技法较多,需要平时的积累和练习。

线的练习:如图15-7所示。

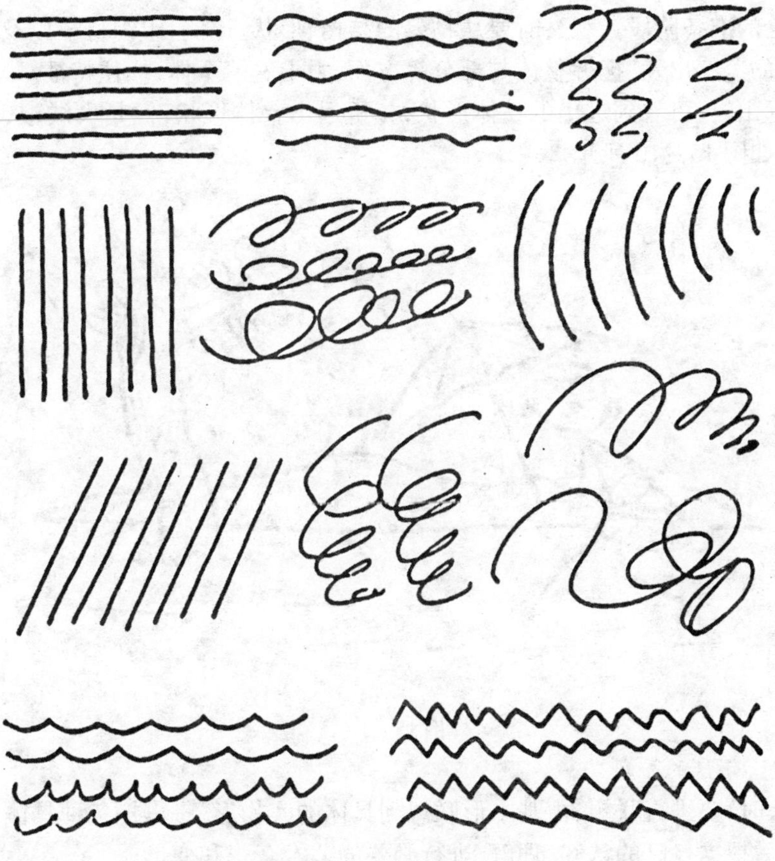

图15-7 线的练习

面的练习：如图 15－8 所示。

图 15－8　面的练习

点线面结合的练习：如图 15－9 所示。

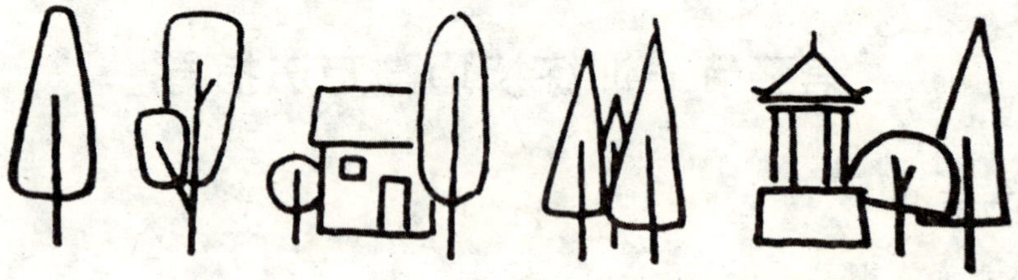

图 15－9　点线面练习

（二）表现方法训练

1. 观察分析物象

观察是描绘的准备阶段。观察时要从物象的结构、形状、比例、组织特征以及姿态、表情、线条、色彩等形色的美感出发，把握整体与部分等方面，力求看清全体，抓住特征。

如在观察远山时，可看到远山的整体形状，分析远山整体形状，像是大波浪，可用抽象的大波浪去概括它，如图 15－10 所示。

图 15－10

2. 运用联想、夸张的手段

在描绘物象时，要进行联想，由基本形联想到具体的实物形象，再把各种具体的实物用基本形概括起来，然后根据自己的认知、理解，进行必要的艺术夸张和变形。

如人的哭、笑、愁、怒等表情，如图 15－11 所示。

图 15－11 人的各种表情

3. 用基本形概括物象

为了概括地用简练的线条把物象描绘出来，一般采用以下方法：

(1)运用基本形把物象做整体概括。

(2)运用骨干线概括出物体的主要结构，如图 15－12 所示。

(3)运用基本形和骨干线的结合。

图 15－12 用骨干线概括人体结构

4. 抓特征

客观世界中很多物象相似，要区别物象的各种类型、属性，必须对物象进行仔细分析和比较。

(1)大体相似但有不同特点：

①外形相似或相同，内部不同，如图 15－13 所示。

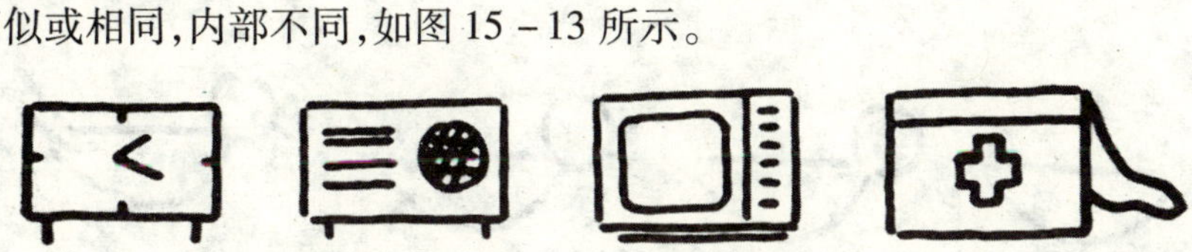

图 15－13 外部相似、内部不同

②外形相似或相同，内部相同，如图 15－14 所示。

图 15－14　外部相似、内部相同

（2）两物象完全相同或相似：

如乒乓球、篮球、排球等都是圆形，这类形体一般借助其他物象来区别，如图 15－15 所示。

图 15－15　蛋和球的组合

5. 基本型组合的方法和步骤

（1）用基本形组合成各种物象：

①线与圆的组合：如图 15－16 所示。

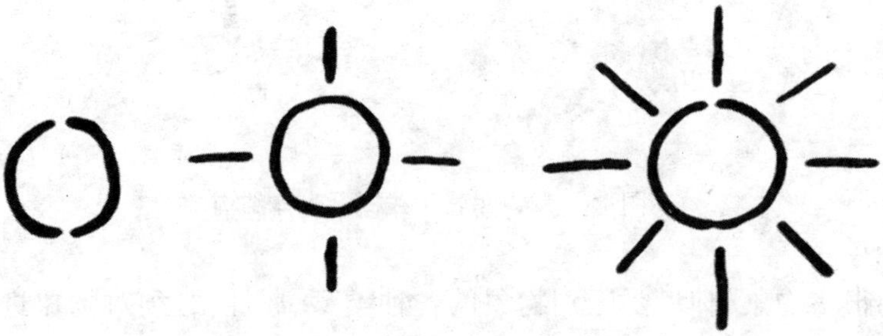

图 15－16　线与圆的组合

②半圆与圆形的组合，如图 15－17 所示。

图 15－17　半圆与圆形的组合

③半圆与方形的结合:如图 15－18 所示。

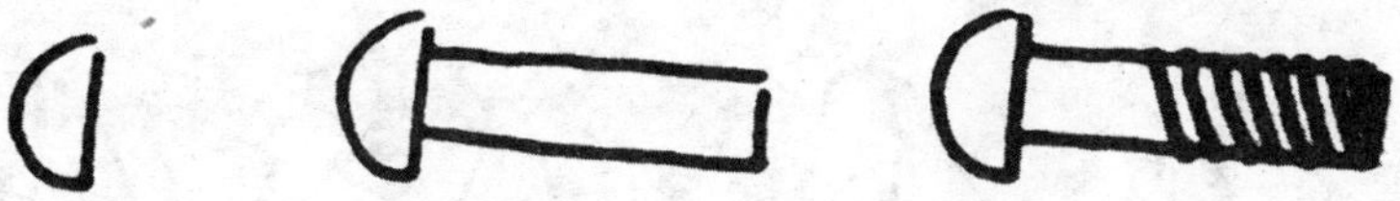

图 15－18　半圆与方形的结合

④圆形与梯形的结合:如图 15－19 所示。

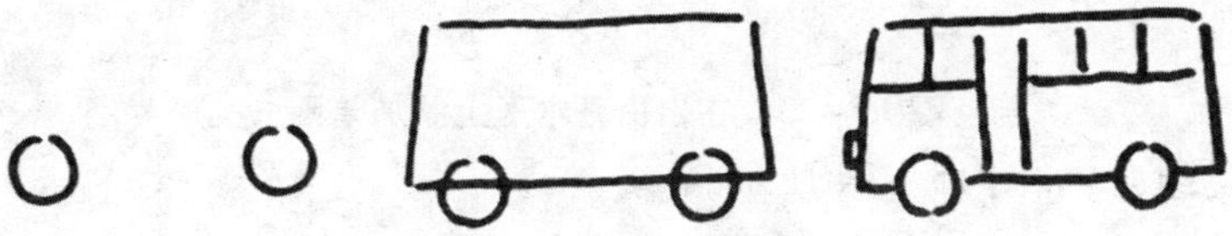

图 15－19　圆形与梯形的结合

⑤椭圆形与三角形的结合:如图 15－20 所示。

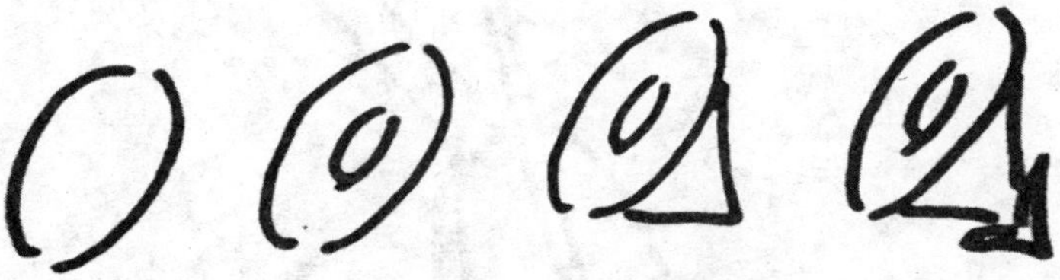

图 15－20　椭圆形与三角形的结合

⑥由点、线、面组成的形体:如图 15－21 所示。

图 15－21　由点线面组成的形体

(2)通过基本形变化组合成各种物象。

①圆形大小和位置变化相结合:如图 15－22 所示。

图 15－22　圆形大小和位置变化相结合

②在自由基本形上添加笔画，可以画出更多不同特点的物象，如图 15 – 23 所示。

图 15 – 23　在自由基本形上添加笔画

③综合形体的组合：如图 15 – 24 所示。

图 15 – 24　综合形体的组合

6. 把握概括物体的基本结构

掌握了以上方法后，还要在造型能力上狠下工夫。这也如同学写字，不仅要写好基本笔画，还要掌握好间架结构一样。

“对一个非常熟悉的物体却画不像或画不准”，这是初学简笔画阶段经常遇到的情况。造成这种情况的原因是多方面的，其中一个重要的原因是对物体结构缺乏正确、清晰的认识。因此，在练习画某一个物体之前，要认真观察这一物体各部分的组合关系。如：位置、长短、大小、粗细的比例，相互结合的特点等，观察细致，判断正确，达到“胸有成竹”的地步，才有可能做到心明手到，画得像，比如人物体态结构特征（如图 15 – 25 所示）。

对画不准的地方，可在原画上修改几笔，看是否能收到满意效果。如果画准了，把这个图形反复多画几次就能提高很快。

（三）突出简笔画的简化技巧

简笔画不是写实性绘画，而是一种符号式绘画。因此，要把一个复杂的物体用简笔画表现出来，关键是要建立起符号意识：用符号概括出大千世界。有了这个思路，具体作画时可按以下程序进行：先明确什么是物象的主要特征（如松鼠的大尾巴，熊猫的黑眼圈）；然后想一想用什么符号把它画出来；再适当增加一些必要的细节；最后编排一下运笔的先后顺序，能用一笔画出

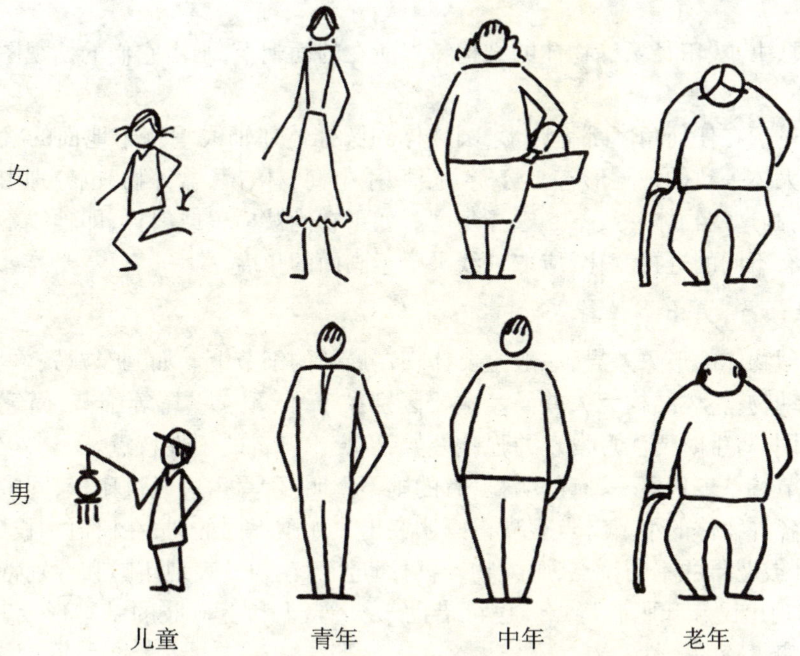

图 15－25　人物体态结构特征

时就不用两笔。

简笔画的符号语言是有限的。用有限的符号去表现无限丰富的大千世界,能否简化得恰到好处,关键是抓住最能表现这一物象的特征。不同类的物象即使画得不大像也容易区分开,如动物与植物,植物与人物。同类的物象区分清楚就不那么容易了。这就需要精细的观察、比较和正确的判断。如:同是大小、形状一样的饭锅中,电饭锅的特征不在外型,而是在相接的电线和插头。世上没有相同的两片树叶,只要细心观察、比较,总会找出它们之间的差异,抓住差异加以夸张强化,正是简笔画的精髓所在。

当你练到笔笔线条自然流畅,富有神韵,表现物象达到得心应手的地步时,简笔画才有希望收到较高的艺术效果和审美境界。

二、考核注意事项

(一)选择角度、显示结构特点

1. 正视图

电视机的荧光屏、收录机的录放音座和按键、照相机的镜头、书橱、冰箱的门框,这些体现结构特点的构成因素都安置在简笔画体的正面。房屋除屋顶外,体现不同建筑风格的柱、廊、门窗及其他饰物也大都在正面。这些物体的正视图能显示它的不同观点的结构特点。

2. 侧视图

脊椎动物主要由脊椎连接头尾,横贯胸廓和骨盆、四肢分别与肩带和骨盆衔接支撑全身,各种动物因不同的生存方式和运动方式而形成的结构比例与形态的差异。从侧面看十分明显,同样,各种车辆的外部结构特点,主要体现在车头、车厢和车轮,画出其横式侧视图,能全面显示各部分的结构特点。

3. 俯视图

炉灶、餐具、书本、田径场等物体的结构特点所在的面朝上,画出它们的俯视图易于辨识。

4. 周视图

球体的外轮廓在任何角度都呈圆形,圆柱体和圆椎体在轴线垂直于地面的状态中,各种角度也会呈现出大体一致的视觉形态。灯笼、笔筒、手电筒、杯、碗、盆等物,也分别由球体、圆柱体和圆椎体构成,画这些物体一般不必选择角度。如果它们被横置或斜置,即轴线不垂直于地面,则不同角度会有不同的透视变化,应取轴线平行于画面的角度。

(二)抓住细节,突出个性特点

同类或类似物体的形象差异,一般主要体现在局部的细节上。如:驴与马、羊与鹿、猪与象、鹅与鸭等类似动物,整体结构无大差异。主要区别在于耳、颈、头、尾等细节,简笔画的大小、粗细与长短的不同,写生时要注意发现并强化差异,以突出各自的个性特点。

物体的细节特点表现不一,有的明显,有的则不太明显,写生应通过比较,同中求异,并运用夸张的方法把各种物体的细节特点表现得鲜明突出。如画不同的树,在树冠和枝干相似的情况下,可突出树叶或花果的不同特点,画人物,既可通过五官、须发表现年龄和性别特点,也可利用“穿衣戴帽”表现出民族和职业特点。也可借助于头、驱干和上下肢的基本形及其他比例的变化表现高矮胖瘦年龄的个性特点。

(三)运用骨线,把握动态特点

人物和动物经常处在活动中,各种动态,瞬息变异。简笔动态写生,虽可通过敏锐的观察直接捕捉各种动态,但在很大程度上则是在分析、理解运动规律的基础上,把握关节点和运动线,运用记忆。如我们人,人体由头、胸廓、骨盆和四肢构成。上肢分上臂、前臂和手,下肢有大腿、小腿和脚,每一部分的骨骼既各自独立又上下连接,每个连接点形成一个关节,关节是人体运动的枢纽,做着屈伸、内收外展和回旋等运动。各种运动并不改变头、胸廓、骨盆和四肢的局部结构,变化的只是它们之间以关节为转折点的转折关系及其整体状态。因此,以变化的关节为点,以不变的骨骼为线,以点带线、以线连点,是表现各种动态简便可行的方法。运用骨线表现人物动态,要掌握重心的变化规律,重心垂直于支撑面;人体能保持平衡,走跑时重心超出支撑面,跳跃时的重心倾向人体运动的前方。

体育运动简笔画动物的运动规律与人物基本相似。兽类的四肢在走、跑、跳运动中交替活动,互相配合,头和驱干同时因颈、腰、尾的扭动发生相应变化。一般禽鸟的主要运动形成是飞翔,飞翔时双翅张开,上下扇动,鸟的脚活动相对少些,颈部的灵活性却很大,作禽鸟简笔画写生,可先用画蛋法画出体腔和头部,再用骨线画颈和脚,最后添上主要细节。

总之,简笔画是通过目识、心记、手写等活动,提取客观形象最典型、最突出的主要特点,以平面化、程式化的形式和简洁洗练的笔法,表现出既有概括性又有可识性和示意性的绘画。绘画方法可分为正视图、俯视图、侧视图、周视图四种。

第三节　简笔画考训素材

(1)球形静物简笔画 4 个,动物场景组图简笔画 1 副;

(2)运动人物简笔画 4 个,体育竞赛组图简笔画 1 副;

(3)家禽动物简笔画 4 个,家禽场景组图简笔画 1 副;
(4)昆虫类简笔画 4 个,静物简笔画 4 个,家禽场景组图简笔画 1 副;
(5)猫科动物类简笔画 4 个,动物场景组图简笔画 1 副;
(6)鱼类简笔画 4 个,海洋(需有海鱼)场景组图简笔画 1 副;
(7)体育用品类简笔画 4 个,体育用品商场组图简笔画 1 副;
(8)厨房用具类简笔画 4 个,厨房场景组图简笔画 1 副;
(9)现代交通工具类简笔画 4 个,交通场景组图简笔画 1 副;
(10)方形静物简笔画 4 个,自然风景组图简笔画 1 副。

第十六章

板报设计

第一节 板报概述

一、基本知识

黑板报是基层单位广泛使用的一种宣传媒体,在校园及教室布置中有着非常广泛的应用。它是用墙壁、黑板、粉笔作为工具和材料来制作刊出的一种出版物,是属于“报”的范畴,具有“报”的特点和形式。

黑板报主要是以手工形式制作刊出的,出版制作人也主要是以本单位的宣传骨干为主,因此,黑板报的出版形式因人而异,其版面设计丰富多彩,别有洞天。制作技法也各不相同,各有特点。但是,万变不离其宗,黑板报的“本质”是不变的,即“报”的特征是改变不了的。无论它的刊出形式怎样变化,其主要指导思想就是要达到宣传目的和传递信息。这就是我们所说的黑板报。

(一)概念与特征

黑板报就是黑板上的报导消息。当今社会,黑板不仅仅是指挂在墙壁上的黑板、白板,在网络中,黑板还指所有可用以共同分享、自由涂鸦的领域,如 Google 黑板报、CaberCookie 黑板报、优点黑板报、帮帮黑板报等。由于各个学校教育资源各不相同,师资、学生专业背景的相同,因此各个学校黑板报表现的风格也不尽相同,但黑板报仍然是学校和班级对外宣传的重要窗口,是学校教育和培养学生成才的重要途径。

(二)基本要素

黑板报是由“文”、“图”、“色”、“距”四个基本要素构成。

第一个要素“文”指的是两个方面:一是由文字形成的信息内容,即文章(稿件)、各种标题和其他文字所组成的黑板报总体内容。它构成了黑板报宣传中心思想,形成了黑板报的主体和核心。二是文字本身,即标题美术字、板书字,以及其他文字所具有的可视的艺术形象和色彩。它是构成版面视觉艺术的一个组成部分。

第二个要素“图”则是指报头(刊头画)、插图、题花、尾花、花边、框线所构成的版面形式、结构、色彩效果等视觉艺术的组成部分。它是黑板报的客体,是围绕宣传中心思想,反映主体、强调主体、服务主体的。

第三个要素“色”则自然地融入并反映在黑板报各个组成部分之中，它使各构成部分具有鲜明、绚丽和五彩斑斓的个性色彩，达到突出主题、点缀和烘托版面气氛。

第四个要素“距”指的是构成黑板报视觉部分的间隙，也就是间隔距离。它是将其他要素所构成的版面布局进行区分、隔离，使之达到版面层次分明，张弛有序。

（三）黑板报的构成

其构成要素包括：报头（刊头画）、标题、文章、插图、花边、尾花等。在这当中它涉及绘画、书法、写作、色彩、设计、视觉、美学、信息传播等方面的知识，是多种学科的综合反映体。

1. 报头

板报的报头就像书籍的封面一样，首先映入读者眼中，是与板报中文章的主题相配合的题头画，它是由报头画、报头字组成的，两者交织在一起，相辅相成，起图文并茂作用。报头既能突出板报内容的主题思想，又能美化板报的版面。

报头标题字，一般占整个报头的1/3左右。可以加在报头画面的上方、下方或者左方、右方，也可以写在中间或者偏向一角。报头标题字的字体需考虑到与报头画面整体统一，协调一致，不能彼此孤立。报头画为突出报头字服务，注意图不可压字，而字可压图，尽量使报头字醒目。

报头画是结合文章的内容和标题来画，要求形象概括，主题突出，使画面有动有静，有虚有实，整体感强。

报头常用的构图形式有对称式和均衡式两种。画对称式构图或均衡式构图时，可根据画面需要，用不同的几何形作外形，以辅助报头，使构图更加严谨、完整。常见的报头外形多为长方形、椭圆形、圆形、菱形等。

2. 标题

黑板报的标题，有通栏标题和文章标题。通栏标题大多数是为了概括突出版面的主要内容和中心思想，使人一目了然。而文章标题，则是一篇文章的题目或者内容的概括。标题如果运用得当，能起到“画龙点睛”的作用。

（1）标题的形式标题与报头标题字是有区别的。报头标题字是写在报头画之内的字，是构成报头内容的一个组成部分。而标题则不在报头画之内，它是写在整个版面上方或者文章前面的。标题可分为庄重严肃性标题和活泼性标题。庄重严肃性标题如“建军节”、“植树节”、“祖国在我心中”等。活泼性标题如“庆祝新年”、“庆祝六一”、“迎新春”等。

（2）标题的字体可以根据文章的内容而定。内容庄重严肃的标题，多用黑体、宋体等字体，给人以醒目、美观、大方之感。内容活泼的标题，可用变体、行书等字体，使人感到生动活泼。标题的字体结构要均匀，笔画要清晰。要注意通栏标题的字体需大些，文章标题的字体适当小一些。两种标题的字体大小，要根据版面来设计、书写，版面大的字体大些，版面小的字体小些。

（3）标题字的写法，首先需要计算。写标题字之前，要看字的总数占黑板总版面的大小（长、高），并在纸上计算出每个字的大小（长、高）、字与字的间距，做到心中有数。其次是画格。当标题字算好以后，开始在黑板上画格。最后是书写，标题字可以根据文章主题性质决定用哪种美术字字体。

3. 文章

黑板报的文章内容，占版面的绝大部分面积。如何将不同内容的文章组织安排好，使版面编排得既整体统一,又美观大方,就必须认真分析研究所有文章的内容和文字的长短。

(1)分类:为了编排好版面,就要对文章加以分类,把同类内容的文章归纳在一起编排。对内容重要的文章如"国内新闻"、"改革之路"、"学校新风"、"连队新事"等,要安排在版面的明显位置,以便引起读者的注意。对其他文章如"周末文艺"、"六一歌声"、"知识天地"等,也尽可能集中安排在一起。对文章分类,要做到主次分明,中心突出。

(2)编排:文章分好类以后,还要计算出每篇文章的字数,然后统一编排出每篇文章的位置。文字安排大多为横排方式,为了活跃版面,也可以适当地安排一些竖排字。由于人的阅读习惯是自左至右,横向观看,所以竖排字要少。在文字安排时,还要注意每行字数不宜过多。过多,一则版面不活,二则读者读起来费力,眼睛容易产生疲劳感。因每期文章内容各不相同,版面编排也要有所变化。要多动脑筋,多分析,认真研究,力求每期版面编排都具新意。

4. 插图

插图在黑板报中称黑板画,用粉笔在黑板上描绘出的图画,也叫粉笔画。插图是用简练的形象来强化宣传内容的,不但能引起读者的兴趣,还能活跃、美化版面,起到图文并茂的作用。运用图画表现的形象,本着审美与实用相统一的原则,尽量使线条,形态清晰明快,制作方便。插图是世界通用的艺术语言,其设计内容在商业应用上通常分为人物、动物、商品形象。

5. 尾花、花边

尾花和花边都是为了协调版面或突出文章而设计添加的装饰性花纹图样,它能起烘托主题、美化版面的作用。

(1)尾花:尾花是一个单独的花纹图样,内容可画花卉、风景、建筑等。尾花要求结构简练、装饰性强,其幅面大小不能超过报头、插图。在抄写文章时版面会多出少许空间,为充实版面的这些空间就需要一些尾花。尾花可以结合文字,也可以不拘文字内容而灵活安排。

(2)花边:花边通常画成长带状,花边上的花纹图样要工整、简练。花边多用在文章之间,起间隔区别作用。有时为了突出某篇文章内容,也用花边装饰一下。

(四)黑板报常用工具及材料

(1)直尺:作用是度量尺寸,画直线、边框等,是板报的编排设计和美化不可缺少的工具。

(2)粉笔:分彩色和白色粉笔,是黑板报最常用最经济的材料,但用于绘画效果不是十分理想,有一种专业绘画用彩色粉笔可代替,但价格较贵。

(3)广告色:是黑板报的常用材料,特点是颜色鲜艳、表现力强,整体效果好,保持时间长。

(4)水粉笔:或油画笔,主要是用于广告色制作黑板报时绘画和写标题字使用。

(5)底纹笔:4~6寸底纹笔,用于在黑板上涂刷较大面积的图案及底色等,还可用来稀释糨糊,往黑板上裱纸用。

(6)毛笔:1~2支小楷笔,用于抄写文章。

(7)3~4寸油漆刷(板刷)整修加工和油漆黑板。

(8)炭画铅笔、炭精条、黑板油、墨汁和漆刷等,主要起辅助修饰等作用,使用率低。

二、训练与考试时间安排

(一)训练时间

大一下学期开课,进行系统训练。

（二）考试时间

大一下学期期末阶段进行，需要补考者，大二上学期组织一次补考。毕业时安排积欠补考。

三、考评方式

（1）用抽签方法从规定20组试题库中确定一组。

（2）在4K纸上进行考试，要求用水粉颜料，其他工具考生自备。

（3）考试采用开卷，时间不限（在规定上交前做好就可以），另发现50%的版面或内容等为抄袭时，以作弊处理。

（4）评委由三人组成，三人所评平均分为考生最后得分。

四、考评标准

（一）评分标准

（1）版面设计好，为20分。

（2）插图、尾花和花边表现力强等，为20分。

（3）板书工整，字体优美等，为20分。

（4）色彩配置和整体效果好，为40分。

（二）等级标准

（1）90~100分为优秀。

（2）80~89分为良好。

（3）70~79分为合格。

（4）60~69分为基本合格。

（5）60分以下为不及格。

第二节　训练技巧与方法指导

一、黑板报构成元素训练

（一）报头训练

1. 报头的画法

报头的画法要视文章内容和标题而定，可简可繁。庄重严肃的内容和标题，可以结合人物、建筑物或纪念标志来画。活泼的内容和标题，则可以结合动物、花卉、风景或日用品来画。

报头画要整体布局，合理设计好字、画的位置和比例关系。一般是先画好几何外形，然后再添加画面形象和标题字。有些报头画也可不用几何形作外形，先画好画面形象，然后再写标题字（如图16－1和图16－2所示）。

2. 报头的色彩

报头是黑板报版面比较突出、醒目的部分。报头的色彩直接影响到报头的效果，因此，画报头时要搭配好色彩。

（1）注意整个报头画的色彩应该有主调，不宜太复杂，要简练明快，突出主题。否则，画面就会凌乱，整体感不强。

图 16－1　报头画整体布局(一)

图 16－2　报头画整体布局(二)

(2)注意报头画的色彩有新鲜感,运用冷暖对比和深浅对比,使画面引人注目。

(3)注意报头画中的形象和标题字的颜色有鲜明的对比,使字和画互相衬托,交相辉映。如图 16－3 和图 16－4 所示。

图 16－3　报头画形象、字体颜色对比(一)

图 16－4　报头画形象、字体、颜色对比(二)

(二)美术字训练

1. 结构严谨

汉字属于象形字,俗称方块字,多数是由两个或两个以上部分组成,字的结构掌握得好坏与否是写好美术字的关键。书写美术字时应掌握字结构的主次有序、重心稳定、上紧下松、穿插避让、实缩虚延等方法去解决部位间比例、结构严密和笔画安排等问题。

2. 布局饱满

常用美术字(黑体、宋体)的主要书写特点要求字体大小一致和整齐划一。所以在书写美术字时先要画好大小一样的格子,要使格子起到作用书写时就必须做到字的笔画四边顶格。当然由于汉字结构的特殊性(全包围、半包围、左右上下笔画数量的不均衡等),需根据字体的结构灵活调整掌握。如一个字的四边笔画是饱满的(国字)要做到横竖莫靠边,少笔画,要出格,如“人”字;多笔画应细,如“量”字;少笔画宜粗,如“三”,做到“穿插避让、实缩虚延”。

3. 笔画统一

掌握好汉字结构严谨和布局饱满之外,还应注意不同美术字的不同笔画标准,做到笔画统一。常用美术字(黑体、宋体)有其自身严格的笔画标准(造型美),须遵守,不能张冠李戴、笔画混淆,如图 16－5 至图 16－8 所示。

图 14－5　美术字结构失衡　　图 14－6　美术字结构过于平均　　图 14－7　美术字笔画不统一　　图 14－8　美术字结构均衡笔划统一

（三）插图、尾花、花边训练

1. 插图的画法

（1）单线画法：单线画法，就是用单线条把形象的主要特征，简练概括地画出来．单线画法要求线条清晰，构图明确。画法步骤是：先画主线（即形体大轮廓线），然后再画副线（即形体结构线），最后用肯定清晰的线条勾画完成，如图 16－9 所示。

图 16－9　插图单线画法步骤

（2）色块画法：色块画法，就是用不同的粉笔色块来表现形象，也叫色面画法。色块画法要求色彩有深浅对比、冷暖变化。画法步骤是：先用单线画出形象的轮廓和结构，然后根据形象用不同的色块平涂各部位，如图 16－10 所示。

图 16－10　色块画法步骤

（3）单线平涂法：单线平涂法，就是用单线条与平涂的色块结合在一起表现形象，也称线面画法。这种画法比单线表现的形象更为丰富。单线平涂法要求有线有面，色彩有深浅、冷暖对比。画法步骤是：先用单线画出形象结构，然后根据不同需要，将某些部位平涂色块，最后用清晰的线条将没涂色块的部位重新勾画一下，如图 16－11 所示。

黑板画，无论采用哪种画法，线条都要简练明确，色块要有对比，形象要概括，特征要突出，画面要整洁美观。

图 16－11　单线平涂法

2. 尾花的画法

(1) 规则形尾花：规则形尾花是用几何形（如圆形、椭圆形、方形等）组合在一起表现的花纹图样。画法步骤是：先用几何形轻轻画出尾花的形体结构，然后根据不同需要涂色，最后用清晰的线条勾画整体轮廓，如图 16－12 所示。

(2) 不规则形尾花：不规则形尾花是用单线及色块直接画出的花纹图样。这种花纹图样不一定用几何形表现，可以随意而画，但形象结构也要简练。画法步骤是：先用单线轻轻画出尾花的形体结构，然后对某些部位平涂颜色，最后用线条勾画轮廓。如图 16－13 所示。

图 16－12　不规则形尾花

图 16－13　不规则形尾花

3. 花边的画法

花边也叫二方连续纹样，是用一个基本纹样，向左右或上下两个方向重复排列，延长成连续纹样。形式有直立式、水平式、散点式、斜列式、波浪式等。画法步骤是：先画出两条左右或上下方向的平行线（线的宽窄要适宜），然后在线内设计一个基本纹样，最后按这个纹样向左右或上下方向延续画下去即可，如图 16－14 和图 16－15 所示。

二、版面设计训练

（一）设计基本内容

黑板报的版面包括文字、报头、标题等内容。不同的主题，都要事先考虑一下布局，根据内容来统一设计安排。做到重点文字内容突出，标题生动活泼，报头画美观大方，起到应有的宣传作用。

1. 文字

在版面设计时，首先要对文字稿件的内容作一全面了解。看一共有几篇文章，每篇文章有

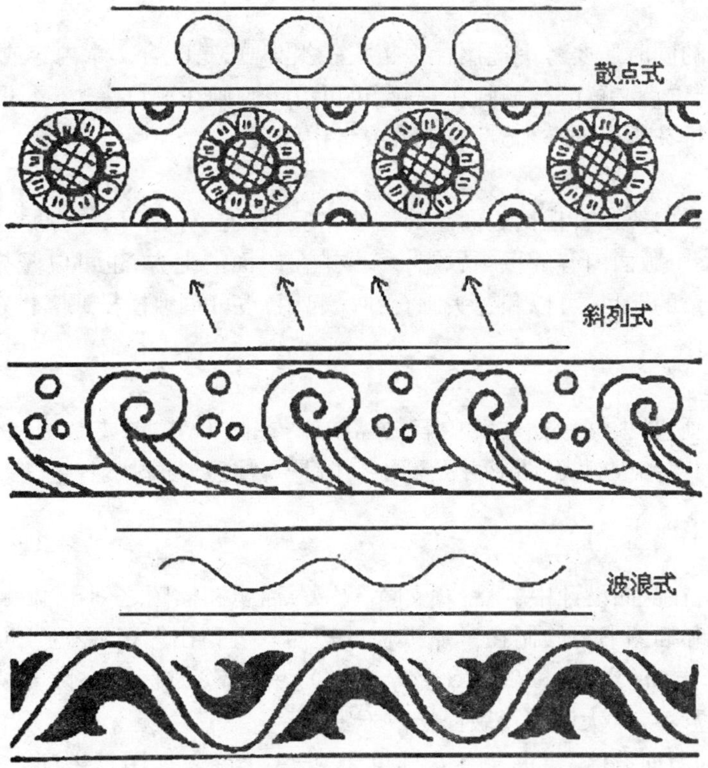

图 16－14 花边画法(一)

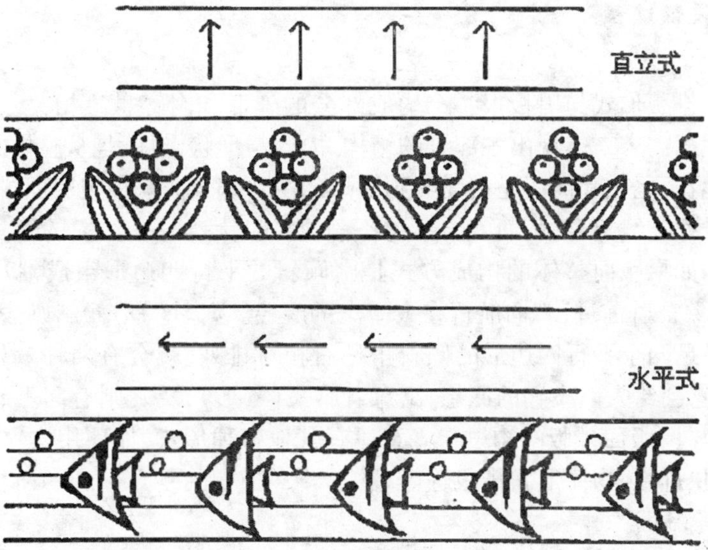

图 16－15 花边画法(二)

多少字,占版面多大位置。然后整体规划,统一布局,合理安排文字稿的位置。要注意把重要的文章放在突出醒目的位置,其他文章如长篇和短篇的可穿插安排。文字稿多采用横排方式,也可以根据文字的内容采用少量竖排方式,但是竖排文章要短小精悍。

2. 报头

在安排文字稿的同时还要考虑选用什么报头。报头画,是配合文章内容或者根据版面需要而设计的,可以结合重点文章的标题画在一起,也可以单独画在题目旁边,还可以画在文章的中间。报头画通常安排在版面的左上方、右上方或者中间。

3. 标题

标题是配合文章内容或者根据版面总的需要来安排的。标题可分为通栏标题和文章标题两种,通栏标题是整个版面内容的主题思想,多横排在版面的上方,也可以竖排在版面的左边。文章标题是每篇文章的题目,可以和题头画合在一起用,也可单独横排或竖排在文章的上方、左方或中间。

4. 插图

插图也称黑板画,是根据版面文章内容的需要来安排的。插图要紧密配合文章的中心思想,可以画在文字的一旁或额头,图形可大可小。但是要注意,插图不宜过多,以免造成版面拥挤。

5. 空隙

所谓空隙,是指在版面设计中,要注意文章、报头、标题和插图之间留出一定的空间。不能将文字、报头、标题和插图书写绘制在紧靠黑板的边沿。要留出"天"、"地"和左、右空隙,四周边沿至少要留出一个字的空间(一般为 5 厘米左右)。各部分之间的空隙要视需要而定,太小显得版面拥挤"不透气",太大则显得版面松散不紧凑。

总之,黑板报的版面设计,要求文字安排得当,报头、标题、插图等搭配合适。做到整体布局、穿插灵活、主次分明、条理清楚,使版面美观大方、生动活泼、图文并茂,达到好的宣传效果

(二)黑板报设计过程

1. 构思与立意

黑板报的版面排版形式与黑板报各个构成部分的外形和内容息息相关。各个组成部分是根据主体和宣传理念需求来体现出各部分的结构、内容与形状,也就是从整体布局到局部体现。在这当中,报头、题花、尾花和插图是占无规则图形的主要部分。黑板报版面排版形式是由大小一样的矩形结构对称连续组合,版面就会显得平静、稳定、无动感。给人的感觉和寓意是规矩、严肃、沉稳、庄重。如果版面整体的构成方式是由倾斜的平行四边形组成,版面就会有动的感觉,向前(左)倾斜象征着前进,就向航行在大海里的舰船。向后(右)倾斜则表示速度就如同飞驰的动车组。如果是两个平行四边形的倾斜角左右相对排列,就会有两种效果,一种是两个倾斜角相对的形状,它会给人以飞翔的遐想,寓意着腾飞(V 形),反之则有向上、稳定和鼎力的象征(A 形)。除此以外,版面排版的构思与立意还有其他各种形式,如使用文字结构进行版面排版、数字及字母形状排版、物体形状排版等等。

2. 组稿和撰写稿件

3. 设定好主标题内容

4. 设计版面

(1)确定标题美术字的字体和表现形式。

(2)构思报头。

(3)查找画图资料。

(4)绘制排版小样(草稿):即构图安排,根据文稿主次进行版面分割布局。一般常用两种

布局方式，即对称式布局和均衡式布局。

(5)修改稿件：根据版面小样稿调整文章篇幅或文章字数。

(6)确定版面的各种装饰。

(7)最终确定排版设计稿。

(8)画报头，写标题，抄写文章，画插图、尾花和花边。

(9)整体协调：根据整体效果，适当画尾花花边，检查板报各个方面，做到深入细微的调整。

(三)黑板报设计要求

(1)主体明确：使人一望便知中心内容，重要文章安排在版面最醒目的位置。

(2)版面醒目：远看成块，近看成行，图文并茂，色彩明朗，抄写整齐，具有整体效果。

(3)编排形式：横排、竖排、横竖结合三种形式。

(4)编排骨式：连环式、十字式、条幅式、阶梯式、菱形式等。

(四)优秀板报参考及欣赏

如图16-16至图16-22所示。

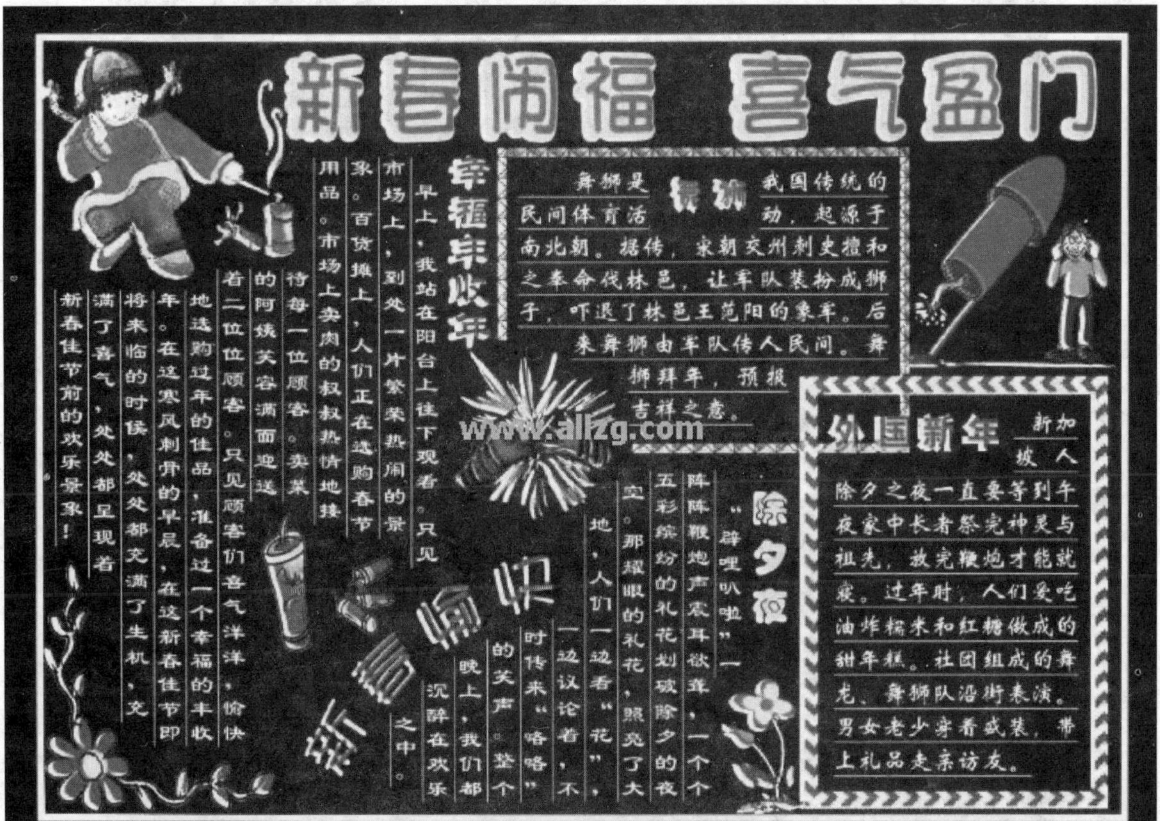

图16-16 优秀板报(一)

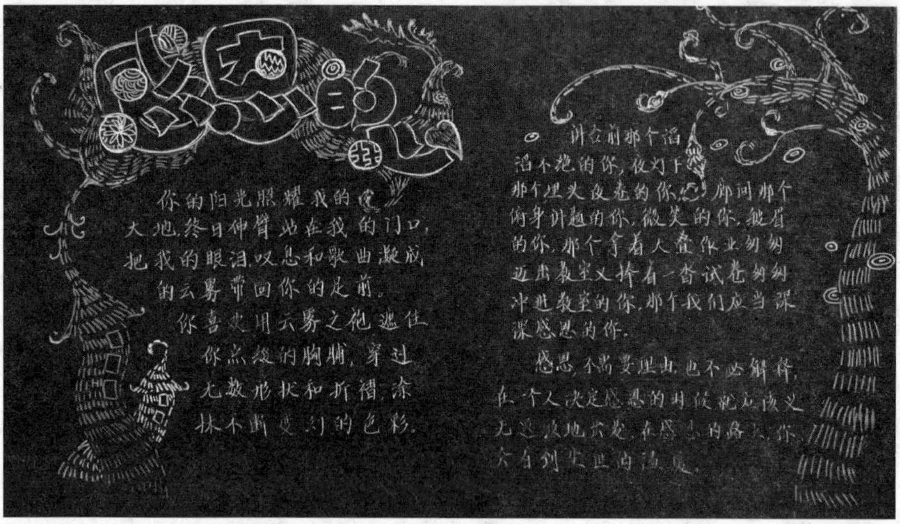

图 16－17　优秀板报(二)

图 16－18　优秀板报(三)

图 16－19　优秀板报(四)

图 16－20　优秀板报(五)

图 16－21　优秀板报(六)

图 16－22　优秀板报(七)

三、考核注意事项

(1)版面设计分布合理、有主有次、标题醒目。

(2)色彩配置需做到明快、和谐及层次丰富,忌色彩灰暗和颜色过多等。

(3)插图形体美观、技法熟练、与内容相符;忌与主题无关等的插图。

(4)板书字体优美,且工整;忌排列杂乱、有错别字等。

第三节 板报考训素材

(1)元旦
(2)春节
(3)元宵节
(4)清明节
(5)端午节
(6)儿童节
(7)建军节
(8)教师节
(9)中秋节
(10)国庆节
(11)校园生活
(12)联欢会
(13)团日活动
(14)安全教育
(15)网络文化
(16)寝室文化
(17)迎新生
(18)学习
(19)运动会
(20)社会实践

第五篇

体育基本知识与技能

第十七章

队列队形与徒手操

第一节　队列队形与徒手操概述

一、基本知识

(一)队列队形

在师范类专业中,队列队形训练是体育教学和其他集体活动必不可少的。任何一节体育课或体育比赛以及任何大型集体活动,都不能缺少使学生按照统一口令的协调一致的动作。队列队形是指全体学生按照统一的口令、一定的队形,从事协同一致的动作。队形是根据学生的特点,在队列的基础上,所做的各种队形和图形的变化。

通过队列队形的教学,使学生养成良好的站立行走姿势和习惯。培养学生的正确姿势,并具有英姿焕发的神态。使其在集体行动中,动作迅速、整齐,服从组织、遵守纪律。结合教学,教育学生向中国人民解放军学习,继承和发扬我军的优良传统。

在体育教学中,每节课都离不开队列或体操队形的练习,为了让中小学生能熟练地学会教材中规定的动作,首先让学生明确知道队列的基本概念,使学生听到教师的口令立刻就能行动。队列和体操队形的基本术语简述如下:

队形——学生共同动作时,按教材规定排成的队伍叫队形。

列——学生左右并列成一线叫列。

路——学生前后重叠成一行叫路。

翼——队形的左右端叫翼。右端叫右翼,左端叫左翼。

正面——队列里学生所面向的一面叫正面。

后面——与正面相反的一面叫后面。

间隔——学生(单个的或成队的)彼此之间左右相隔的间隙叫间隔。

距离——学生(包括成队的)彼此之间前后相距的间隙叫距离。

队形宽度——两翼之间的横宽叫队形宽度。

队形纵深——从第一个(或第一列)学生到最后一个(或一列)学生的距离叫队形纵深。

纵队——学生(包括成队的)前后并列组成的队形叫纵队。在纵队中,队形的宽度大于队形的纵深或相等。纵队有一、二、三、四……路纵队。

横队——学生(包括成对的)左右并列组成的队形叫横队。在横队中队形的宽度大于队形的纵深或相等。横队有一、二、三、四……列横队。

伍——二列或二列以上的横队中前后重叠以上的学生叫一伍。

排头——位于纵队之首,或横队右翼的学生(一个或几个)叫排头。

排尾——位于纵队之尾或横队左翼的的学生(一个或几个)叫排尾。

基准学生——按教师所指定的,作为学生做动作时的目标学生叫做基准学生。如"以 XXX 学生为基准!"以右翼或左翼为基准等等。

预令、动令——口令分预令和动令,口令的前部分,使听口令者注意并准备做动作。口令的后部分,使听口令者立即做动作。预令与动令之间一般都有一定的时间间隔。

(二)徒手操

徒手操是体育锻炼的最基本的内容之一,它是学校体育教学的基础项目。徒手操的特点是内容丰富,动作简便易行,不受场地、季节、性别、年龄的限制。徒手操练习,可以有目的、有计划地全面锻炼身体,发展学生的速度、力量、灵敏、柔韧、耐力等身体素质。

徒手操是中小学体育教学中十分重要的教材。师范专业的体育课,不仅用徒手操锻炼学生的身体,而且要他们动作做得准确、优美,会做示范,懂得教法,会编简单的徒手操。

徒手操是不利用任何器械,只通过身体的头颈、上肢、下肢、躯干等部位动作的配合,有目的、有节奏地进行各种举、摆、振、转、屈伸、绕环等单一或组合动作的练习。广播体操是徒手操的一种。其内容丰富多样,动作简便易行。因此,徒手操在体育教学中,不仅是准备活动的主要内容,也是重要的基本教材之一。

徒手操和其他教材的配合,对促进学生的身体正常发育,培养正确的身体姿态,提高动作的节奏和韵律感,都会收到良好的效果。由于徒手操在学校的体育教学中一般都是集体进行练习,因而对增强学生的组织纪律性,培养他们的集体观念,都具有良好的教育效果。

徒手操基本动作分类见下表:

动作部位	运动类别	动作的形式与方向
头颈运动	屈	前屈(低头)、后屈(抬头)、测屈(左、右屈)
	转	向左、右转头
	绕环	向左、右绕环
上肢运动	臂、举、摆、振	前举、摆、振。后举、摆、振(结合其他动作)。上举、摆、振。侧举、摆、振。斜上举、摆、振。同侧举、摆、振
	臂屈伸	屈臂—前伸、屈臂—侧伸、屈臂—上伸、屈臂—斜上伸
	臂绕环	前绕环、后绕环、内绕环、外绕环、同侧绕环、"∞"字绕环、前臂绕环、小绕环、轮流绕环
	臂侧开	前举侧开、前平屈侧开、前举交叉侧开

续上表

动作部位	运动类别	动作的形式与方向
下肢运动	腿举、摆	前举、摆。后举、摆。侧举、摆。异侧举、摆。屈膝举、摆。踢腿（高摆腿）
	腿屈伸	起踵、半蹲起、深蹲起、单腿蹲起，前压腿、后压腿、侧压腿、半劈腿、劈腿（纵、横）
	腿绕环	前绕环、后绕环、内、外大绕环
	腿移动	前点地、后点地、侧点地、前后开立、左右开立、前弓步、侧弓步、后弓步、协弓步
跳跃运动	单脚跳	交换跳、点地跳、摆腿跳、转身跳、移动跳
	双脚跳	前后开合跳、左右开合跳、前后交换跳、左右交叉跳（分开、交叉）、转身跳、移动跳、向上跳（高跳）、蹲跳
躯干运动	体屈伸	前屈、后屈、侧屈、斜前屈、俯卧体前屈、俯卧体后屈、仰卧举腿、仰卧起坐、仰卧起坐同时举腿
	体转	左右转、髋左右转、仰卧举腿腿侧倒转体
	体绕环	体左右绕环、髋左右绕环
	体倾倒	前倒、后倒、侧倒、俯撑、仰撑、侧撑、并腿坐体斜后倒、直角坐平衡、俯平衡、侧平衡
组合与变化	各运动部分的结合，各类动作的结合，各种方向的结合。动作的节拍、速度、次数，开始姿势以及人数、队形的变化	

二、训练流程

（一）达标时间

队列考核在大一下学期进行，徒手操考核在大二第四学期6月份进行。需要补考者安排在第五学期进行。

（二）考评方式

1. 考评内容

详见考训素材。徒手操考生需自己创编徒手操一套（提供书面材料），用抽签方式确定考训素材中的广播体操或考生自己创编的徒手操。

2. 考评方式

队列队形和徒手操都由考生自己边喊口令边做动作，徒手操用抽签方式确定考训素材中的广播体操或考生自己创编的徒手操，可先准备3～5分钟。评委由1～3名教师组成，取平均分为最后成绩。

三、考评标准

（1）优秀：姿态优美，动作准确、迅速，口令与动作协调一致；口令清晰准确，声音洪亮。

（2）良好：姿态较好，动作准确，口令与动作一致；口令准确，声音较大。

（3）合格：姿态一般，动作基本准确，口令与动作基本一致；口令较准确，声音较小。

(4)不合格:姿态较差,动作不准确,口令与动作不一致;口令不准确,声音小。

第二节 队列队形徒手操训练与指导

一、基本要求

在队列队形和徒手操的训练过程中,要注意以下几个方面的要求:

(1)要注意掌握动作要领,建立清晰动作概念。

(2)其次要注意在动作过程中的姿态与节奏,精神要饱满。

(3)在初学阶段,要多运用分解练习来掌握动作,再通过意念练习、重复练习等方法,不断熟练掌握动作。

(4)在练习过程中,要注意口令的叫法,注意预令与动令的区别,这样才能更好地掌握动作。

二、技能要领

(一)队列队形教学注意事项

(1)在队列和体操队形的教学中要使学生了解学习这些动作的必要性和重要意义。使学生懂得几十人,甚至几百人的集体,要有组织、迅速从事某种紧急活动,或从这一地点调动到另一地点,或把这些人分做几部分各自去执行某些任务,以及在体育教学的分组等活动中都需要掌握队列的基本动作,听懂口令才能统一行动,有条不紊。

(2)中小学的队列队形教学的重点,是培养身体的正确姿势,促进身体的正常发育,培养学生的组织纪律性和朝气蓬勃的精神,做到"令行禁止"。

(3)教学时,应把动作讲清楚,示范要正确,较复杂的动作要分解教。例如向后转,可分为两动来教,先教转体,再练习并腿,然后做完整的动作。

(4)教师口令要正确,力求做到规范化。口令要清楚,洪亮;预令要拉长(有的预令可以不拉长),使学生能了解教师将教他们做什么动作;动令要短促,洪亮(有的动令也可以拉长);预令的长短和洪亮的程度要看队伍的大小。在预令下达后,学生必须停止任何活动,准备做动作,动令发出立即做动作。但是有的口令只有动令而没有预令。例如立正、稍息、集合、解散、坐下、起立等。遇到这种情况,学生的注意力应集中在教师身上。还可以事先提醒一下,如大家注意等。在行进间下达口令时,除向左转走,一般都是落于右脚上。

(5)队列队形的教学可安排在每节课的准备部分专门用一部分时间来练习,但是队列应在全课贯彻始终,如果有意让学生放松,或不需要做出队列动作,教师应明确指出。不能在教队列时按队列要求,教完队列开始做其他动作就随随便便。队列队形是主要的教材之一,不是可有可无,教学时必须予以足够的重视。

(6)在队列和体操队形的教学中,教师应该站在适当的位置,以便指挥。学生排成横队时,教师应该站在正面的中点,与两翼成一等腰三角形。站队时,不要让学生迎风和面向阳光。

(二)创编徒手操的注意事项

明确了徒手操的分类,掌握其规律性,我们就可以按照徒手操基本动作的分类,根据不同的对象和所要解决的具体任务,积极创编适合学生特点、形式多样的徒手操进行教学。在创编徒手操的过程中，要注意下列几个方面：

1. 目的要明确

编排一套完整的徒手操，首先要根据目的、任务来选择内容。为体育课做准备活动的徒手操，选择的动作除了要全面地锻炼身体，充分活动各部肌肉和关节外，还要考虑体育课基本部分的内容，以便更好地配合。有的内容是为进入课的基本部分做好身体准备；有的是补充基本部分的不足，重点加强身体的某一方面或部位的活动。如果是为了矫正中、小学学生脊柱弯曲，就应根据学生的具体需要，选择具有矫正作用的徒手操，来培养学生正确的体态。

2. 针对性要强

徒手操的编排，一定要针对学生的年龄、性别、健康状况、气候条件等实际情况来选择内容，努力做到因人而异。低年级的徒手操，可适当选择活泼轻快、规律性较强、节奏清晰的动作；高年级则应选择刚健有力、幅度较大、积极快速的动作；女生应安排些柔和、优美、韵律性较强的动作。创编徒手操时，还应考虑气候条件，比如，天气太冷，就应选择活动较大些的动作或增加重复次数，使身体能够得到充分的活动，达到应有的效果。

3. 要有一定的科学性

一套徒手操的编排，必须遵循体育锻炼的科学性原则。动作难度应由浅入深，速度由慢到快，运动量由小到大、由弱到强。

在一般情况下，徒手操都是从运动量较小的伸展运动开始的，经过肢体的伸展，拉长肌肉、舒展脊柱等各部位的关节，改善呼吸和血液循环，使身体机能由原来的安静状态尽快转入兴奋。这样，伸展运动的动作要求柔和、伸展、速度缓慢并加以深呼吸；中间运用胸部、体侧、体转和腹背等动作逐渐加大动作的幅度和运动量，以增强上体肌肉的力量和脊椎各关节的灵活性，进而改善内脏器官的功能。这部分的内容应由上体的前屈、后屈、侧屈、转体和体绕环等运动构成；然后进入以下肢为主的全身运动和跳跃动作，这是全套徒手操运动量最大、活动最剧烈的部分。因此，编排这部分徒手操时，应使全身各主要部位都能参加活动，尽量采用难度和起伏较大的全身运动或跳跃动作，但要注意调节呼吸；最后，以柔和、缓慢的整理和放松动作作为一套徒手体操的结束，以便调整呼吸器官和循环系统的活动（准备活动的徒手体操，可不作整理和放松的练习）。总之，一套徒手体操编排应以全面锻炼身体为原则，要根据人体解剖部位来选编发展上下肢、头颈和躯干等各部位的肌肉力量和关节的灵活性的动作。因此，不论是哪一部位的运动，都应是不同方向的交替活动。特别是躯干部位的肌肉起着维持身体正常姿态、支持内脏器官，调节腹内压的作用，所以，腹背、体侧、体转和体绕环等动作，一定要合理编排，切不可偏重某一侧。

4. 要有一定的创造性

徒手操的动作种类很多，我们应根据不同的目的和要求进行创造性的编选。可以通过改变动作的姿态、方向、幅度和路线等方法，创编出切合实际并具有锻炼实效的动作，进行合理的组织和编排，以提高学生的兴趣和练习效果。

三、常见失误

（一）队列队形训练中常出现的问题

（1）集合整队时，指挥位置不当，不能通视全体学生。

（2）口令声音不够洪亮，不够准确清晰，缺乏节奏感。

（3）口令的动令和预令区分不明显。

(4)动作不够迅速、准确,不能与口令协调一致。

(二)徒手操训练中常出现的问题

(1)动作不够准确,不能与口令协调一致。

(2)动作姿态不够优美,节奏感不好。

第三节　队列队形与徒手操考训素材

一、队列队形

(一)集合、整队

1. 集合

口令:“面向我,成×列(路)横(纵)队——集合。”

要领:集合时,教师在下达口令后,站在预定队形的中央前方位置,面向预定队形成立正姿势。学生听到口令后,跑步面向教师指定的集合位置,基准学生首先跑到教师左前方适当的位置成立正姿势,其他学生随基准学生依次向左侧排列(或向后排列),成指定的队形。自行对正、看齐,成立正姿势。

2. 解散

口令:“解散。”

要领:听到口令后,学生迅速离开原位置。

3. 立正

口令:“立正!”

要领:听到口令后,两脚跟靠拢并齐,两脚尖向外分开约60°,两腿挺直,小腹微收,自然挺胸,上体正直,微向前倾,两肩要平,稍向后张,两臂自然下垂,手指并拢自然微屈,中指贴于裤缝,头要正,颈要直,口要闭,下颌微收,两眼向前平视。

4. 稍息

口令:“稍息。”

要领:听到口令后,左脚顺脚尖方向伸出大半脚,两脚自然伸直,上体保持立正姿势,重心大部分落于右脚,稍息过久,可经立正姿势自行换脚成稍息姿势。

(二)看齐、报数

1. 向右(左)看齐

口令:“向右(左)看——齐。”

要领:听到口令后,基准学生不动,其余学生向右(左)转头,眼睛看右(左)邻同学腮部,并通视全线,后列学生对正、看齐。

2. 向中看齐

口令:“以××为基准,向中看——齐。”

要领:听到预令后,基准学生左手握拳高举,听到动令后,基准学生将手放下,其他学生按照向右(左)看齐的要领实施。

3. 向前看齐

口令:“向前看——齐。”

要领:听到口令后,排头学生不动,其余学生都逐次看前面学生的后颈。

4. 向前看

口令:“向前——看。”

要领:听到口令后,基准学生不动,其余学生立即收头转正,恢复立正姿势。

5. 报数

口令:“报数!”

要领:横队从右至左(纵队由前向后)依次以短促洪亮的声音向左转头报数,最后一名不转头。多列横队时,最后一列的最后一名报“满伍”或“缺伍”。常见报数方法有:集体报数、前排报数、1 -2 报数、1 -3 报数等。

(三)原地转法

1. 向右(左)转

口令:“向右(左)——转。”

要领:以右(左)脚跟为轴,右(左)脚跟和左(右)脚前脚掌同时用力,使身体和脚一起向右(左)转 90°,重心在右(左)脚上,左(右)脚迅速靠拢右(左)脚,成立正姿势。转动和靠脚时,两腿挺直,上体保持立正姿势。

2. 向后转

口令:“向后——转。”

要领:按向右转的要领向后转 180°。

(四)行进间队列动作

1. 齐步走——立定

口令:“齐步——走。”“立定。”。

要领:左脚向正前方迈出约 75 厘米着地,体重前移,右脚照此法动作;上体保持正直微向前倾;手指轻轻握拢,拇指贴于食指第二节;两臂自然摆动,向前摆臂时,肘部弯曲,小臂自然向里合,手心向内稍向下,拇指根部对正衣扣线,并与第五衣扣同高,行进速度每分钟约 116 步。听到立定口令后,左脚向前大半步,右脚靠拢左脚,同时将手放下,成立正姿势。

2. 跑步走——立定

口令:“跑步——走。”“立定。”

要领:听到预令后,两手迅速握拳提到腰际,拳心向内,肘部稍向里合。听到动令后,上体微向前倾,两腿微屈,同时左脚利用右脚掌的弹力跃出约 80 厘米,前脚掌先着地,重心前移,右脚照此法动作;两臂自然摆动,向前摆时不露肘,小臂略平,稍向里合,两拳不得超过衣扣线;向后摆时不露手。行进速度每分钟约 170 -180 步。听到立定口令后,继续向前跑三步,最后一步向前大半步,右脚靠拢左脚,同时将手放下,成立正姿势。

二、徒手操

【范例 1】第二套全国小学生系列广播体操:《雏鹰起飞》

预备节(2 个八拍)

预备　(一)1-2　3-4　5-6　7-8　(二)1-2　3-4　5-6　7-8

预备姿势:直立。

第一个八拍:

1-2:右脚向后一步,前脚掌着地,一拍到位。同时,两臂侧下举抬头。3-4:全蹲,一拍到位,同时,手指触地,低头。5-6:全蹲,一拍到位,手指触地,抬头。7-8:低头,一拍到位,同时,两臂收至体侧。

第二个八拍:

1:起立,两臂侧下举,同时掌心向内。2:两臂还原,屈碗掌心向下。3:两臂侧举,屈碗、掌心向内。4:同2拍。5-6:两臂上举,屈碗相触,掌心向外,一拍到位。7-8还原成直立。

第一节:伸展运动(8拍×4)

预备　1-2　3-4　5-6　7-8

预备姿势:直立。

第一个八拍:

1-2:左脚向侧前一步,重心移至左脚,同时两臂侧前上举,掌心向下,抬头挺胸。3-4:两臂交叉胸前平屈,手拍上臂两次,同时,头向右转,一拍到位。5-6:左脚并右脚成半蹲,同时,两臂经前伸后,摆至侧后举掌心向上,上体前屈,头向左转。7-8:还原成直立。

第二个八拍:同一个八拍,但方向相反。

第三、四个八拍:同第一、二个八拍。

第二节:肩胸运动(8拍×4)

预备　1　----　4　5-6　7-8

预备姿势:直立。

第一个八拍:

1-2:左脚开始向侧前跑跳两步,右脚并左脚,同时,两臂屈肘,依次向前绕环。五指分开,掌心向内。头向右转。3-4:同1-2拍,但脚的方向相反,头向左转,最后一拍还原成预备姿势。5-6:左脚向前成弓步,同时,两臂经交叉前举向侧后振。7-8:左脚还原成并立,同时两臂前举还原至体侧。

第二个八拍:同第一个八拍,但方向相反。

第三、四个八拍:同第一、二个八拍。

第三节:体侧运动(8拍×4)

预备　1　2　3　4　5-6　7-8

预备姿势:直立。

第一个八拍:

1:左脚向侧一步,同时,两臂经胸前屈至前举,握拳、拇指向上。2:右脚并左脚,同时,两臂胸前平屈,拳心向后,拇指向上。3:半蹲。4:还原成直立。5-6:左脚向侧一步,重心在两脚之间,同时,左手叉腰,右臂经侧至上举,上体向左侧屈。7-8:还原成直立。

第二个八拍:同第一个八拍,但方向相反。

第三、四个八拍:同第一、二个八拍。

第四节:体转运动(8拍×4)

预备　(一)1-2　3-4　5-6　7-8　(三)1-2　3　4　5-6　7-8

预备姿势:直立。

第一个八拍:

1-2:左脚开始高抬腿踏两步,大腿与地面平行绷脚尖,同时,两臂胸前平屈重叠,小臂重叠,依次向前绕环,握拳,拳心向下。3-4:左脚向侧一步,同时,两手叉腰。5-6:向左转体,一拍到位,同时右臂经下摆至胸前上屈,握拳似吹号,拳心向内,抬头、挺胸。7-8:还原成直立。

第二个八拍:同第一个八拍,但方向相反。

第三个八拍:

1-2:左脚开始向前高抬腿踏两步,右脚并左脚,同时,两臂胸前平屈重叠,小臂重叠,依次向前绕环,握拳,拳心向下。3:并脚向后跳回原位,同时,两手叉腰。4:跳成开立,同时,两臂肩侧屈,手触肩。5-6:向左转体,一拍到位,同时,两臂伸直侧上举。7-8:还原成直立。

第四个八拍:同第三个八拍,但方向相反。

第五节:腹背运动(8拍×4)

预备 1 2 ---- 4 5-6 7 8

预备姿势:直立。

第一个八拍:

1:左脚向侧一步,同时,两手胸前击掌,立掌稍低头。2-4:两手掌跟相触,向上依次在眼前、额前、头上直臂击掌,同时眼看手。5-6:体前屈,同时,两臂经侧至体前交叉,掌心向后。7:左脚并右脚,半蹲,同时,上体前倾左转,两臂经侧摆至左手叉腰,右臂肩侧上屈,掌心向前,五指分开,指尖向头侧。8:还原成直立。

第二个八拍:同第一个八拍,但方向相反。

第三、四个八拍:同第一、二个八拍。

第六节:全身运动(8拍×8)

预备一 1 2 3 4 8 (二)1 2 5-6 7 8

预备姿势:直立。

第一个八拍:

1:左脚向侧前一步,同时两臂前举握拳,拳心向下。2:右脚屈膝上提,同时两臂后摆,拳心向上。3:右腿还原成直立后开立,同时两臂胸前上屈,肘外展,五指分开,掌心向前。4:还原成直立。5-7:同一至三,但方向相反。8:还原成并立,同时两手叉腰。

第二个八拍:

1:左腿侧踢,绷脚尖,脚面向前,同时右腿屈膝,重心移至右脚,上体稍向后侧倾,头向左传,眼看左脚。2:腿还原并直立。3:同1,但方向相反。4:还原成直立。5-6:全蹲,同时两手扶膝,指尖相对。7:跳成开立,同时两臂侧举。8:跳成直立。

第三、四个八拍:同第一、二个八拍,但方向相反。

第五、六、七、八个八拍:同第一、二、三、四个八拍。

第七节:跳跃运动(8拍×4)

预备 1 2 3 4 5 6 7 8

预备姿势:直立。

第一个八拍:

1:跳成开立,同时,两手胸前击掌,立掌。2:跳成直立。3-4:同1-2拍。5-7:左脚开始,原地跑跳三次,同时,两臂依次经体前交叉,低头,上体交叉,头还原至侧举五指分开,手腕向外转动。8:跳成直立。

第二、三、四个八拍:同第一个八拍。

第八节:整理运动(8拍×8+3拍)

预备　(一)1 --- 4　5 ---- 8　(五) 1-2　3-4　5-6　7-8

(七)1-4　5-8　(八)1-4　5-8

预备姿势:直立。

第一个八拍:

1-4:左脚开始踏步,同时,两臂屈肘向上,经胸前、头前、头上伸着上举,两手拇指相交,并直摆动,似雏鹰展翅,掌心向后,眼看手。5-8:踏步向左转体,一拍到位。同时,两手分开,掌心向前,两臂经侧摆置体侧,掌心向外。

第二、三、四个八拍:同第一个八拍。

第五个八拍:

1-2:踏步,同时右臂前摆,掌心向上至胸前屈,手扶左肩。3-4:踏步,同时左臂前摆,掌心向上,成两臂交叉,胸前屈,手扶右肩。5-6:踏步,同时两臂摆至体侧举,头左转。7-8:踏步,同时两臂还原至体侧,头还原。

第六个八拍:同第五个八拍,但5-6头右转。

第七个八拍:

1-4:踏步,同时两臂摆至体侧举。5-8:两臂还原至体侧。

第八个八拍加3拍:1-6:踏步,两臂经体侧摆置上举,两手屈碗相触,掌心向外。7-8+3:还原成直立。

【范例2】第二套全国小学生系列广播体操:《初升的太阳》

预备节(8拍×2)

预备姿势:直立。

第一个八拍:保持直立。

第二个八拍:

1-2:头向右转(一拍到位)。3-4:头还原(一拍到位)。5-8:双脚起落踵弹动4次。

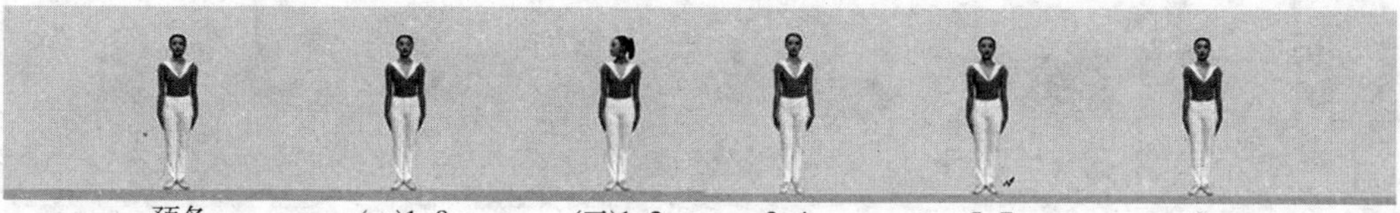

预备 (一)1-8 (二)1-2 3-4 5-7 8

第一节:踏步运动(8 拍 ×4)

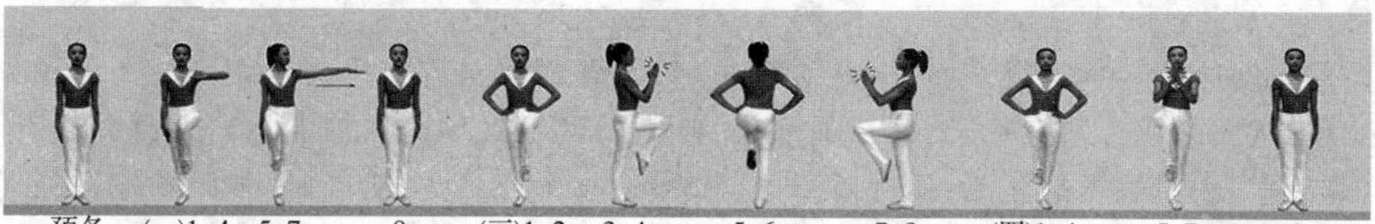

预备 (一)1-4 5-7 8 (三)1-2 3-4 5-6 7-8 (四)1-4 5-7 8

预备姿势:直立。

第一个八拍:

1－4:高抬腿踏步(大腿与地面平行,绷脚尖),同时左臂胸前平屈(一拍到位)。5－7:高抬腿踏步,同时左臂伸至体侧举(一拍到位),头向左转(一拍到位)。8:高抬腿踏步,同时左臂还至体侧,头还原。

第二个八拍:同第一个八拍,但方向相反。

第三个八拍:

1－2:高抬腿踏步,同时两手叉腰。3－4:高抬腿踏步向左转,同时,两手胸前击掌 2 次(立掌)。5－6:高抬腿踏步向左转,同时两手叉腰。7－8:同 3－4。

第四个八拍:

1－4:高抬腿踏步向左转(一拍到位),同时两手叉腰。5－7:高抬腿踏步。同时两手胸前击掌 3 次。8:还原成直立。

第二节:上肢运动(8 拍 ×4)

预备 (一)1 2 3 4 5 6 7 8

预备姿势:直立。

第一个八拍:

1:双脚起落踵弹动 1 次,同时两臂侧举。2:双脚起落踵弹动 1 次,同时左臂肩侧上屈(手指触肩),头向右屈。3:双脚起落踵弹动 1 次,同时左臂伸至侧举,右臂侧肩上屈(手指触肩),头向左屈。4:还原成直立。5:半蹲,同时两臂前举。6:起立。同时左臂外摆至侧举,右臂胸前平屈,头向左转。7:半蹲,同时左臂上举,右臂还原至体侧,头还原。8:起立,同时左臂经肩侧还原至体侧。

第二个八拍:同第一个八拍,但方向相反。

第三、四个八拍:同第一、二个八拍。

第三节:扩胸运动(8 拍 ×4)

预备姿势:直立。

第一个八拍:

1:左腿侧伸(脚尖内侧点地),同时右腿屈膝,两臂经前至胸前平屈后振。2:两腿还原,同时两臂伸至前举(掌心向下)。3:左腿屈膝,同时,右腿侧伸(脚尖内侧点地),两臂外摆至侧举后振(掌心向上)。4:两腿还原,同时两臂摆置前举(击掌)。5:左腿前伸(脚跟触地),同时,两腿微屈,左臂下摆后振(掌心向后),右臂上举后振(掌心向前)。6:两腿还原,同时,左臂前摆,右臂下摆。7:同5,但方向相反。8:两腿还原,同时两臂摆至前举(掌心向下)。

第二、三、四个八拍:同第一个八拍,但第四个八拍之8还原成直立。

第四节:体侧运动(8拍×4)

预备姿势:直立。

第一个八拍:

1:半蹲,同时,左手叉腰,右臂前举(掌心向下)。2:起立,同时右臂外摆至侧举,头向右转。3–4:左脚向侧一步(重心移至左脚,右脚尖点地),同时右臂肩侧上屈(手扶头后),身体向左倾,头还原。5–6:左臂经侧至上举,同时右臂经上伸向外绕至体后左下举(掌心向内),上体向右屈(重心仍在左脚)。7–8:还原成直立。

第二个八拍:同第一个八拍,但方向相反。

第三、四个八拍:同第一、二个八拍。

第五节:全身运动(8拍×8)

预备姿势:直立。

第一个八拍:

1:左脚向前一步(重心移至左脚,右脚尖点地),同时两臂侧举。2:右腿屈膝上提(右脚贴左膝内侧),同时两臂肩侧上屈(手指触肩),上体向右转。3:右腿后伸(前脚掌着地),同时,上体还原。4:还原成直立。5–8:同1–4,但方向相反。

第二个八拍:

1–2:跳成开立,同时两臂经侧至上举(击掌)。3:体前屈,同时两臂经向外绕至体前交叉(左臂在前),两手触膝,低头。4:上体稍抬起,同时两臂分至体前下垂。5–6:体前屈,同时左手触左脚，右手触右脚。7－8：跳起还原成直立。

第三、四个八拍：同第一、二个八拍。

第五至第八个八拍：同第一个至第四个八拍。

第六节：跳跃运动（8拍×10）

预备 (一)1–8 (二)1–2 (三)1 2 3 4 5 (四)1 2 3 4

预备姿势：直立。

第一个八拍：

1－8：高抬腿踏步，同时两臂前后摆动（前摆至胸前平屈，大、小臂夹角90°，拳心向下，后摆臂伸直，拳心向内）。

第二个八拍：

1－2：跑跳步向左转，同时两臂屈肘体侧自然摆动。3－4、5－6、7－8：同1－2。

第三个八拍：

1：左腿提膝跳（大腿与地面平行，小腿与地面垂直，绷脚尖），同时左臂经前至侧举，右臂经前至胸前平屈。2：左腿还原，同时左臂内摆、右臂前伸成前举（掌心向下）。3：右腿提膝跳，同时，左臂胸前平屈，右臂外摆至侧举。4：右腿还原，同时，两手叉腰。5：左腿前踢跳（腿至少与地面平行，绷脚尖），同时，挺胸立腰。6：左腿还原。7－8：同5－6，但方向相反。

第四个八拍：

1：分腿跳。2：并腿跳。3：左腿向侧前踢跳（脚至少与地面平行，绷脚尖），同时挺胸立腰，头向左转45°。4：左腿落下，同时头还原。5－6：同1－2。7－8：同3－4，但方向相反。

第五、六个八拍：同三、四个八拍，但第六个八拍之8：还原成直立。

第七个八拍：

1：左腿前伸跳（脚跟触地），同时右脚稍屈，两臂前举（握拳，拳心向下）。2：还原跳成直立（拳心向内）。3：右腿前伸跳（脚跟触地），同时，左腿稍屈，两臂侧举（拳心向下）。4：同2。5：并腿跳，同时两臂屈肘胸前交叉后还原成胸前屈（五指分开，掌心向后）。6：同5，但后半拍两臂伸肘向下绕。7：跳开成立，同时两臂向外绕至侧上举（五指并拢，掌心向外）。8：还原跳成直立。

第八个八拍：同第七个八拍。

第九个八拍：

1：分腿跳，同时左臂侧举，头向左转。2：并腿跳，同时左臂胸前平屈，头还原。3：分腿跳，同时两臂落肘成胸前屈（掌心相对）。4：并腿跳，同时右臂胸前平屈，头还原。5：分腿跳，同时两臂落肘成胸前屈（掌心相对）。6：并腿跳，同时两臂提肘成胸前平屈。7：分腿跳，同时，两臂伸至上举（掌心向前）。8：分腿跳，同时两臂经侧还原至体侧。

第十个八拍：同第九个八拍。

第七节：整理运动（8拍×11＋3拍）

预备 (一)1 2 3 4 (四)1-7 8 (五)1 2 3 4

(七)1 2 3 —5— 7 (九)1 2 3 4 5 6 7

(九)1-2 3-4 5-6 7-8 (十一)1-2 3-4 5-6 7-8 (加)1-3

预备姿势:直立。

第一个八拍:

1-2:左脚起步向左做后交叉步走,同时两臂经前下举向后摆(掌心相对)。3:左脚向侧一步踏跳,同时两臂屈肘。4:右腿并向左腿后双脚落地,同时两手左胸前击掌。5-8:同1-4,但方向相反,5-6:两臂经前下伸向后摆(分掌)。

第二、三个八拍:同第一个八拍,但1-2:同5-6。

第四个八拍:

1-7:原地踏步,同时两臂伸直体侧自然摆动。8:还原成直立。

第五个八拍:

1:左腿提起向前下方踹踢(稍勾脚,脚跟稍用力),同时两手叉腰。2:左腿提起向侧下方踹踢。3:左脚落地交换脚跳。4:左脚落地。5-8:同1-4,但方向相反。

第六、七个八拍:同第五个八拍。

第八个八拍:同第四个八拍。

第九个八拍:

1-2:提踵:同时左臂胸前平屈。3-4:落踵半蹲,同时左臂还原至体侧。5-6:起立,同时左臂侧举,头转向左。7-8:还原成直立。

第十个八拍:同第九个八拍,但方向相反。

第十一个八拍:

1-2:提踵,同时两臂胸前平屈。3-4 落踵半蹲,同时两臂还原至体侧。5-6:起立,同时两臂侧举。7-8:还原成直立。

加三拍:1-3:双脚起落踵弹动3次。

【范例3】简单创编操一

第一节:伸展运动(二个八拍)

预备姿势:立正。

(1)两臂侧平举。

(2)两臂肩侧屈,五指并拢触肩。
(3)两臂斜上举(掌心相对),同时起踵、挺胸、稍抬头。
(4)两臂经体侧放下还原成立正。
5、6、7、8同1、2、3、4。
第二节:下蹲运动(四个八拍)
预备姿势:立正。
(1)两臂经侧前至斜上举(掌心相对)。
(2)全蹲,两手扶膝(指尖相对,两膝并拢),眼看前下方。
(3)起立,同时两臂斜上举左腿后出一小步,前脚掌点地。
(4)还原成立正。
5、6、7、8同1、2、3、4,但第七拍换右脚做。
第三节:踢腿运动(四个八拍)
预备姿势:立正。
(1)两臂侧平举,同时左脚前出一步,右脚起踵,重心移至左脚。
(2)两手叉腰,同时右腿向前上踢起(膝关节、脚背伸直)。
(3)还原成1的姿势。
(4)还原成立正。
5、6、7、8同1、2、3、4,但出右脚,踢左腿。
第四节:体侧运动(四个八拍)
预备姿势:立正。
(1)两臂经体侧至两手扶头后(指尖相对,两肘与身体在同一平面),同时左腿侧出一步(与肩同宽),脚尖点地,重心在右脚上。
(2)上体向左侧屈(两膝不弯曲)。
(3)上体回到直立位置,同时两臂摆至侧平举。
(4)还原成立正。
5、6、7、8同1、2、3、4,但向右侧做。
第五节:体转运动(四个八拍)
预备姿势:立正。
(1)左手叉腰,右手腹前平屈(掌心向上),上体自然向左转体45°,同时左腿向左侧出一步(与肩同宽)。
(2)右臂经体前伸直,向右摆至侧平举部位,同时向右转体135°(侧对正后方)眼看右手。
(3)还原成1的姿势。
(4)还原成立正。
5、6、7、8同1、2、3、4,但出右腿向左转体。
第六节:腹背运动(四个八拍)
预备姿势:立正。
(1)左腿向左侧出一步,同时两臂经体前至上举部位(掌心向前),上体后屈、挺胸、抬头。
(2)上体前屈,两手触地(两膝不弯曲)。
(3)上体还原成1的姿势。

(4)左腿收回,两臂自然后摆。

5、6、7、8同1、2、3、4,但右腿向右侧出一步做。最后一拍还原成立正。

第七节:全身运动(四个八拍)

预备姿势:立正。

(1)左腿顺脚尖方向迈出成弓步,同时两臂经体前斜上举(掌心相对),挺胸抬头。

(2)上体前屈,同时两臂经体前向后上摆(掌心向上)。

(3)两臂由下经前绕成左臂斜上举,右臂右后斜下举(掌心都向下),同时上体抬起,眼看左手。

(4)还原成立正。

5、6、7、8同1、2、3、4,但动作方向左右相反。

第八节:跳跃运动(二个八拍)

预备姿势:立正。

(1)跳起两脚左右开立,同时两手叉腰。

(2)跳成并腿。

(3)跳起两腿开立,同时两臂经体侧上摆在头上击掌一次。

(4)跳起,还原成立正。

5、6、7、8同1、2、3、4。

【范例4】简单创编操二

第一节:头部运动

预备姿势:立正。

两手叉腰(拇指在后),同时抬头(眼看后上方)。

两手叉腰(拇指在后),同时头还原(眼看前方)。

同1。

同2。

半蹲(两膝并拢),同时左臂侧平举(掌心向下),右手仍叉腰,头向左转90°(眼看左手)。

两腿伸直,左手叉腰(右手仍叉腰),同时头转正,眼看前方。

半蹲(两膝并拢),同时右臂侧平举(掌心向下),左手仍叉腰,头向右转90°(眼看右手)。

两腿伸直,右手叉腰(左手仍叉腰),同时头转正,眼看前方。第二个八拍的最后一拍还原成立正。

要求:抬头时,头尽量后仰;转头时,头做垂直转动,转足90°。

第二节:伸展运动

预备姿势:立正。

提踵,两臂前平举,同时五指由伸直至拳一次(眼看前方,拳眼相对)。

落踵,两臂放下至体侧,同时五指由伸直至握拳一次(拳眼向前)。

提踵,两臂侧平举,同时五旨由伸直至握拳一次(拳眼向前)。

落踵,两臂放下至体侧,同时五指由伸直至握拳一次(拳眼向前)。

提踵,同时两臂经侧至上举,腕部相触(掌心向外),稍抬头。

落踵,同时两臂经侧放下。

同5。

同6。

要求:两臂上举时尽量伸展,腕部相触时五指自然分开;握拳时要用力;提踵时脚跟并拢,尽量上提。

第三节:下蹲运动

预备姿势:立正。

1-2. 全蹲一次,同时两手扶膝(五指相对),眼看前下方;经半蹲再全蹲一次。

3. 起立,左腿后伸,脚尖点地,同时两臂侧平举,挺胸(眼看前方)。

4. 左脚收回,同时两臂放下成立正。

5-8 同1-4,但7的动作换右腿做。

要求:两次全蹲要做得连贯,有弹性;半蹲时大腿与地面平行;全蹲时脚跟不离地,两膝并拢团身。

第四节:踢腿运动

预备姿势:立正。

左腿后伸,脚尖点地,同时两臂侧平举(掌心向下),挺胸,眼看前方。

左腿前踢,同时两臂微屈,两手(掌心向下、五指相对)放在左大腿上。

还原成1的姿势。

左腿收回,同时两臂放下成立正。

5-8 同1-4,但换右腿做。

要求:踢腿时,脚面绷直,两膝都不得弯曲,上体保持正直。

第五节:体侧运动

预备姿势:立正。

左脚向左出一步(两脚距离与肩同宽),同时两臂侧平举(掌心向下)。

右手扶头后(臂外展),左臂屈肘,手背贴于腰后,同时上体向左侧屈。

还原成1的姿势。

左脚收回,同时两臂放下成立正。

5-8 同1-4,但动作方向相反。

要求:身体侧屈时,肘与身体在同一平面上,上体不要扭转或前屈,也不要低头。

第六节:体转运动

预备姿势:立正。

1. 左脚向左出一步(两脚距离与肩同宽),同时两臂胸前交叉屈肘(左臂在上),两手分别触异侧上臂(掌心向下),臂与身体成直角。

2. 上体向左转90°,同时左臂侧平举手振(掌心向下),眼看左手。

3. 还原成1的姿势。

4. 左脚收回,同时两臂放下成立正。

5-8 同1-4,但动作方向相反。

要求:转体时,两脚不得移动。

第七节:全身运动

预备姿势:立正。

1. 两臂经侧至上举击掌,稍抬头,挺胸。
2. 半蹲(两膝并拢),同时上体前倾,两臂经前、下摆至后上方(掌心相对,眼看前下方)。
3. 两腿伸直,同时上体向后伸展,两臂经前至斜上举(掌心相对),抬头,挺胸。
4,两臂经侧放下成立正。
5-8 同 1-4。
要求:半蹲时,脚跟不离地;两臂经侧放下时,先翻掌,后放下;上体向后伸展时幅度要大。

第八节:跳跃运动

预备姿势:立正。
1. 左脚踏地,右腿跳起前踢,同时两手叉腰(拇指在后)。
2. 左腿跳起前踢,右脚踏地,两手仍叉腰。
3. 同 1。
4. 同 2。
5. 右腿跳起屈膝后踢,左脚踏地,同时两手于胸前击掌。
6. 左腿跳起屈膝后踢,右脚踏地,同时两手于胸前击掌。
7. 同 5。
8. 同 6。
要求:向前踢腿跳时,膝和脚面绷直;向后屈膝跳时,脚尽量向臀部方向踢。

【范例 5】简单创编操三

第一节:上肢运动

预备姿势:立正。
1. 两臂前平举(掌心向下),提踵。
2. 还原成立正。
3. 两臂侧平举,提踵。
4. 还原成立正。
5、6、7、8 同 1、2、3、4。

第二节:下蹲运动

预备姿势:立正。
1. 两手叉腰,提踵。
2. 屈膝半蹲。
3. 同 1。
4. 还原成立正。
5、6、7、8 同 1、2、3、4。
2-8 同 1-8。

第三节:体前屈运动

预备姿势:立正。
1. 两臂上举(掌心向前)。
2. 体前屈,两臂下垂。
3. 同 2 反弹一次(手指触地)。

4. 还原成立正。

5、6、7、8 同 1、2、3、4。

第四节:体侧屈运动

预备姿势:立正。

1. 两手叉腰,左脚侧出一步。

2. 上体左侧屈,右臂经侧举至上举(掌心向内)。

3. 同 1。

4. 还原成立正。

5、6、7、8 同 1、2、3、4,但方向相反。

第五节:体转运动

预备姿势:立正。

1. 两手叉腰,同时左脚侧出一步。

2 上体左转,两脚原地不动,左臂由侧平举部位向后振(掌心向上)。

3. 同 1。

4. 还原成立正。

5、6、7、8 同 1、2、3、4,但方向相反。

第六节:全身运动

预备姿势:立正。

1. 两臂上举掌心相对,上体后屈。

2. 两臂经体侧,抱小腿全蹲,稍低头。

3. 两臂经体前上举掌心相对,同时左腿前出一步成弓步。

4. 还原成立正。

5、6、7、8 同 1、2、3、4,换右弓步。

第七节:跳跃运动

预备姿势:立正。

1. 并脚跳一次,体前击掌一次。

2. 并脚跳一次,体后击掌一次。

3. 同 1。

4. 同 2。

5、6、7、8 同 1、2、3、4。

2-8 原地踏步八拍。

【范例 6】简单创编操四

第一节:伸展运动

预备姿势:立正。

1. 两臂屈臂侧举,两手扶头后,同时左脚侧出一步。

2. 两臂斜上举,挺胸抬头。

3. 同 1。

4. 还原成立正。

5、6、7、8 同 1、2、3、4,换出右脚。

第二节:下蹲运动

预备姿势:立正。

1. 两臂侧平举,提踵。

2. 两臂体前交叉,同时半蹲。

3. 同 1。

4. 还原成立正。

5、6、7、8 同 1、2、3、4。

第三节:踢腿运动

预备姿势:立正。

1. 两手叉腰,左腿向右前上方踢,脚面绷直。

2. 左腿收回。

3. 同 1,换右腿。

4. 右腿收回。

5、6、7、8 同 1、2、3、4。

第四节:体转运动

预备姿势:立正。

1. 上体向左转,左臂向左斜上振,右臂胸前屈肘(掌心均向上),同时左脚侧出一步,重心移至左腿,右脚尖点地。

2. 还原成立正。

3. 同 1,但方向相反。

4. 同 2。

5、6、7、8 同 1、2、3、4。

第五节:体侧屈运动

预备姿势:立正。

1. 两臂侧平举,同时左脚侧出一步。

2. 上体左侧屈,左手叉腰,右臂向左上振重心移至右腿。

3. 同 2 再振一次。

4. 两臂放下。

5、6、7、8 同 1、2、3、4。

2 - 8 同 1 - 8,唯最后一拍还原成立正。

第六节:体前屈运动

预备姿势:立正。

1. 两臂肩侧屈,同时左脚侧出一步。

2. 体前屈,同时两臂下伸。

3. 同 1。

4. 还原成立正。

5、6、7、8 同 1、2、3、4,换出右脚。

第七节:全身运动

预备姿势:立正。

1. 左脚向左斜前方出一步成弓步,两臂肩侧屈。

2. 左臂前斜上举,右臂后斜下举(掌心均向下),两腿保持弓步。

3. 同1。

4. 还原成立正。

5、6、7、8 同 1、2、3、4,换出右脚。

第八节:跳跃运动

预备姿势:立正。

1、2、3、4 原地并脚跳四次,两手叉腰。

5. 两脚左右跳开。

6. 两脚跳合。

7. 同5。

8. 同6。

2-8 同 1-8,但最后一拍还原成立正。

【范例7】简单创编操五

第一节:伸展运动

预备姿势:立正。

1. 两臂侧平举,同时左脚侧出一步。

2. 提踵两臂上举,击掌一次。

3. 还原成1的姿势。

4. 还原成立正。

5、6、7、8 同 1、2、3、4,换右脚侧出。

第二节:下蹲运动

预备姿势:立正。

1. 两臂侧平举。

2. 两臂前平举击掌一次,同时提踵半蹲。

3. 还原成1的姿势。

4. 还原成立正。

5、6、7、8 同 1、2、3、4,唯换右腿。

第三节:体侧屈运动

预备姿势:立正。

1. 两臂侧平举,同时左脚侧出一步。

2. 上体左侧屈,两臂上举击掌一次。

3. 还原成1的姿势。

4. 还原成立正。

5、6、7、8 同 1、2、3、4,换右脚侧出。

第四节:体前屈运动

预备姿势:立正。

1. 左脚侧出一步，上体稍后屈，同时两臂经侧上举击掌一次。
2. 体前屈，两臂经侧平举在体前下方击掌一次。
3. 半蹲，两臂前平举，击掌一次。
4. 还原成立正。

5、6、7、8 同 1、2、3、4，换侧出右脚。

第五节：全身运动

预备姿势：立正。

1. 两臂前平举，左脚侧出一步，掌心向下。
2. 上体向左前下屈，两手在左小腿后击掌一次。
3. 还原成 1 的姿势。
4. 还原成立正。

5、6、7、8 同 1、2、3、4，换侧出右脚。

第六节：跳跃运动

预备姿势：立正。

1. 两臂侧平举，同时跳成左右开立。
2. 两臂上举击掌一次，同时跳成并立。
3. 同 1 的姿势。
4. 跳成立正。

5、6、7、8 同 1、2、3、4。

【范例 8】 简单创编操六

第一节：伸展运动

预备姿势：立正。

1. 两臂经体侧摆至前，平举击掌一次。
2. 两臂向外经体侧向后下摆在体后，击掌一次。
3. 两臂向外经体侧上举，在头上击掌一次，同时提踵。
4. 还原成立正。

5、6、7、8 同 1、2、3、4。

第二节：下蹲运动

预备姿势：立正。

1. 两臂经体侧上举，在头上击掌一次，同时抬头。
2. 两臂经体侧下绕至两侧下举（掌心向下），同时全蹲、低头。

3、5、7 同 1，4、6 同 2。

8. 还原成预备姿势。

第三节：踢腿运动

预备姿势：立正。

1. 左腿向前迈一步，同时两臂侧平举。
2. 右腿向前上踢（脚面绷直），同时在右腿下击掌一次。
3. 还原成 1 的姿势。

4. 还原成立正。

5、6、7、8 同 1、2、3、4，换右腿向前迈出。

第四节：体转运动

预备姿势：立正。

1. 两臂侧平举，同时左腿侧出一步。

2. 上体向左转，同时右掌击左掌一次。

3. 还原成 1 的姿势。

4. 还原成立正。

5、6、7、8 同 1、2、3、4，换右腿侧出一步，动作方向相反。

第五节：体前、后屈运动

预备姿势：立正。

1. 两臂上举（掌心向前），左腿侧出一步，同时上体向后屈（用力挺胸、抬头）。

2. 上体向左前下屈，同时在左小腿后击掌一次（左腿绷直）。

3. 上体向左前下屈，同时在右小腿后击掌一次（右腿绷直）。

4. 还原成立正。

5、6、7、8 同 1、2、3、4，换右腿侧出一步。

第六节：全身运动

预备姿势：立正。

1. 两臂斜上举（掌心相对），同时左腿沿脚尖方向（向左前方）迈出一大步，成左弓步，抬头、挺胸。

2. 体前屈，两手在左腿下击掌一次。

3. 还原成 1 的姿势。

4. 还原成立正。

5、6、7、8 同 1、2、3、4，换右弓步。

第七节：跳跃运动

预备姿势：立正。

1. 两手叉腰，同时并脚跳起一次。

2. 两臂肩侧屈，五指并拢触肩，同时并脚跳起一次。

3. 两臂上举（掌心相对），同时并脚跳起一次。

4. 5 两手在头上击掌二次同时并脚跳起一次。

6 同 2，7 同 1。

8. 还原成立正。

第十八章

球 类 运 动

第一节　球类运动概述

一、基本知识

（一）足球

1. 足球运动的比赛方法

足球运动是一项以脚为主支配球，两队相互对抗，以射球入门多少判定胜负的球类运动。足球是我国开展体育运动的重点项目，也是世界上开展最为广泛、影响最大的体育运动项目，被誉为“世界第一运动”。

足球正式比赛每队上场11人。比赛在长方形平坦的场地上进行，场地两端各设有一球门。比赛时，除守门员可以在本方罚球区内用手触球外，其他队员均不能用手及臂部触球，只准用身体其他部位控制球和支配球。比赛中，双方通过传球、跑位、运球、射门和抢截、保护、补位、守门等技术、战术方法，组成各种攻守战术配合，不断互换攻守。攻方队员尽力把球引近对方球门，争取射球入门；守方队员努力抢截对方的球，阻扰对方接近自己的球门，并防止对方射球入门。比赛以射球入门的多少判定胜负。

当队员向前踢球时，例如同队队员在球的前面，又处于对方半场内，而且在他与对方端线之间，对方少于两人时，若有接球意图或干扰比赛就可判为越位。由对方队员在越位地点踢间接任意球。

比赛中，队员犯规要根据不同情况判罚直接任意球或间接任意球。间接任意球和罚球区以外的直接任意球，一般由对方在犯规地点罚球。当在本方罚球区内犯规，被判罚直接任意球时，则由对方在罚球点处罚点球。罚点球时，除主罚队员和守门员外，其他队员均应站在罚球区以外，并至少距罚球点9.15米。

队员把球踢（碰）出界外，若从边线出界，由对方在球出界处向场内掷界外球恢复比赛；若从本方端线出界，则由对方在离球出界处较近角球区内踢角球恢复比赛；若从对方端线出界，则由对方在离球出界处较近的半边球门区内踢球门球，将球直接踢出罚球区恢复比赛。

全场比赛时间为90分钟，分上下两半时（各45分钟）。除经裁判员同意外，上下半场的休息时间不得超过15分钟，下半时开始前双方应互换场地。比赛上下半时开始及进球后，要在中圈开球，此时对方队员应站在本方半场内。比赛若踢成平局，而竞赛规程规定该场比赛一定要决出胜负时，则要进行30分钟的决胜期比赛。决胜期比赛也分上下两半时(各15分钟)。上半时结束，双方交换场地，不再休息。若比赛仍成平局，则以踢点球的方法来决定胜负。

2. 足球运动的特点

(1)参加比赛的人数多、集体性强。足球比赛由两队共22人参加，每队各11名队员。在攻守活动中要求队员不但要相互默契配合，而且要各有特点，这样才能充分发挥集体的力量，取得比赛的胜利。

在100多年的足球运动发展进程中，由于阵形和战术打法的变革，促进足球技术不断发展，阵形与战术打法不断完善，越来越体现了足球运动的集体性的特点，使足球运动更加精彩夺目，引人入胜。

(2)争夺激烈、对抗性强。足球比赛规则规定，双方队员在争夺球时可以进行合理冲撞。这就决定了足球比赛的激烈对抗性。

双方队员在规定的比赛时间内，相互不停地争抢球，进行合理冲撞，尤其在双方罚球区，队员几乎每个有球和无球技术动作，都要克服对手的争抢或阻截才能完成。特别是近年来，在防守中广泛采用了紧逼盯人、铲球和围抢等技术和战术配合，使之攻与守的争夺突破射门与拼抢阻截更为惊险、激烈。

(3)比赛场地大、时间长、运动负荷大。足球比赛是在长90~120米、宽45~90米的场地上进行。90分钟内队员在激烈的争抢中，完成技术动作及频繁地进行攻守战术配合。据有关资料记载，在一场比赛中，世界一些优秀运动员的跑动距离可高达10000米以上，其中冲刺跑为200次左右，距离2000米左右。90分钟比赛队员的平均心率为172次/分钟(标准差10.4)。最高可达200次以上/分钟。这就要求运动员要有强壮的体魄和长时间快速奔跑的能力，以及勇敢顽强的意志品质。

(4)技术复杂、战术多样、难度大。因足球主要是用脚来完成控制球，传接球和射门等技术动作就其技术动作本身来讲，掌握起来要比其他类项目困难得多。况且又要在激烈的争夺中完成各种战术配合，这就更增加了运用技术、战术的难度。足球技术、动作大多数是在单脚支撑的情况下完成的，这就要求队员在完成技术动作的一刹那，必须有迅速调整和保持身体相对平衡的能力，才能在复杂的情况下完成技术，战术行动。从足球技、战术本身的动作方法上来看，种类繁多、复杂，例如踢球技术动作方法，按脚的部位分有脚内侧、脚背内侧、脚背正面、脚背外侧、脚尖和脚跟等脚法；按其运用方法，又分为摆踢、搓踢、抽踢、蹭踢和踊踢等动作。而且还要能直接踢、间接踢、反弹踢和踢出短中、长距离的球，以及直线和各种弧线球等。运动员不但要掌握多种多样的技术动作，而且还要在对手的直接干扰、限制和对抗条件下，依据临场情况灵活地加以运用。同时，参加的人数多，场地大，要求运动员必须具有很强的战术意识和熟练、多变的战术配合。

(5)趣味浓厚、容易开展。虽然足球比赛规则规定了正规的比赛场地和器材。但进行一般的比赛或足球活动则有较大的灵活性，如场地与球门可大可小，比赛人数可多可少。只要有空地，如沙滩、弄堂、马路等，均可以进行练习和比赛。尤其是儿童和青少年更是随心所欲，随地布阵，随意进行。而且足球规则简单易懂，比赛中又不受规则、气候变化的影响，所以容易开展。

在比赛中，相互争抢、互有攻守，既有集体的默契配合，又能施展个人技能。为此，能提高参加足球运动者的兴趣和积极性。

（二）篮球

1. 篮球运动的比赛方法

篮球运动是一项用手支配球，两队相互对抗，以投篮得分多少判定胜负的球类运动。篮球是我国开展体育运动的重点项目。也是世界上开展最为广泛、影响最大的体育运动项目之一。

篮球正式比赛每队上场5人。比赛在长方形平坦的场地上进行，场地两端各设有一篮架、篮板和篮筐。比赛时，双方队员通过传球、跑位、运球、掩护、挡拆和抢截、防守、篮板球等技术、战术方法，组成各种攻守战术配合，不断互换攻守。攻方队员尽力把球投进对方防守的篮筐，争取投篮得分；守方队员努力抢截对方的球，阻扰对方投篮得分。比赛以各队投篮得分的多少判定胜负。

比赛中，队员犯规和违例要根据不同情况判罚球或掷界外球。队员把球碰出界外，由对方在球出界处向场内掷界外球恢复比赛。

全场比赛时间为40分钟，分4节（每节各10分钟）。每场比赛必须决出胜负，当比赛成平局时，进行决胜期比赛（每一决胜期为5分钟）。

2. 篮球运动的特点

（1）参加比赛的人数多、集体性强。篮球比赛由两队共10人参加，每队各5名队员上场比赛。攻防转换速度快，在攻守活动中要求队员不但要相互默契配合，而且要充分发挥各人的特点，这样才能充分发挥集体的力量，取得比赛的胜利。

在篮球运动发展进程中，由于队员技、战术水平不断提高，教练员指挥才能日趋成熟，战术打法不断完善，越来越体现了篮球运动集体性的特点。现代篮球比赛，速度之快、强度之大、对抗之激烈使篮球运动更加精彩。

（2）对抗性强、攻守转换快。篮球比赛攻守对抗是在一块狭小的场地内快速、凶悍贴身进行的，身体对抗较多，控制与反控制球，限制与反限制，不仅需要斗智，还需要充沛的体能和顽强的意志。它具有高强度的对抗性。

攻守快速转换是现代篮球比赛的重要特点。攻后必守，守后必攻，攻守不断转换，转换发生在一瞬之间，瞬间变化无常，使比赛始终在快节奏情况下进行，这也是篮球比赛的魅力所在。

（3）增强人的社会适应性。经常参加篮球运动能增加人与人之间的接触和交往，使参与者能够尽快地适应周围的各种人和各种变化，尽快地被其他人所接受、所理解。篮球作为健身、娱乐、结交朋友、提高生活质量、丰富业余生活的手段，越来越被更多的人们所接受和欢迎，人们通过篮球运动增进了解和友谊，适应社会和环境。

（三）排球

1. 排球运动的比赛方法

排球运动是集娱乐和竞技于一体的球类游戏活动。排球运动场地设备简单，比赛形式多样，适合不同性别、年龄和身体条件的人群进行活动。现代排球运动为了人们健康和休闲的需要，又衍生出多种多样的形式，如沙滩排球、雪地排球、泥地排球、软式排球等。

现代排球的正式比赛，是由人数相等的两队，在长18米、宽9米，由一定高度球网隔开的两个均等场区内进行的集体攻防对抗的运动。基本方法是由一名队员在发球区内，用一只手或手臂击球，使球从球网两端竖立的两标志杆（即过网区）内的球网上空过网，比赛即开始。每方最多触球三次(拦网除外)使球过网,一名队员不能连续击球两次,并不得持球。比赛应不间断地进行,直至球落地或触及障碍物或某队犯规。

发球必须按登记的发球顺序进行。发球队胜一球后,该队同一名队员继续发球。接发球队胜一球并取得发球权,由该队队员应按顺时针方向轮转一个位置,换由轮转到1号位的队员发球。

比赛采用每球得分制,一个队至少赢得25分并同时超出对方两分时才胜一局。一个队在五局中先胜三胜才算取得一场比赛胜利。决胜局先赢得15分,并超出对方两分的队获胜。

2. 排球运动的特点

(1)激烈的对抗性。在排球比赛的过程中,进攻与防守都是在激烈的对抗中进行的。对抗的焦点,主要集中在扣球与拦网上。随着现代竞技排球运动的不断发展,攻防技术日趋全面,对抗性除表现在扣球与拦网上以外,跳发球技术已成为得分或争取主动的亮点,同时也带动了一传技术的提高。后排进攻战术的广泛运用,对防守也提出了新的要求。因此,攻防对抗十分激烈。

(2)技术的全面性。排球比赛要进行位置轮转,这就要求每个队员必须全面地掌握各项排球技术:既能到前排扣球、拦网,又能到后排防守、接应,在各个位置上发挥个人技术,形成集体战术。

(3)严密的集体性。排球比赛很讲究集体配合,一环接一环串连进行。只要某一环节配合不当,战术意图就无法实现。无论是接发球进攻中的一传、二传、扣球的配合,还是接扣球的拦网防守、二传、扣球都是如此。缺乏严密的集体配合,在比赛中是难以取胜的。

二、训练流程

(一)达标时间

考核安排在大三第五学期11月份进行。需要补考者安排在毕业时进行。有能力的学生可以要求提前进行考核。

(二)考评方式

1. 考评内容

足球:脚颠球、25米踢准、20米运球绕杆射门。

篮球:往返运球投篮、罚球线投篮、双手胸前传接球。

排球:双手正面垫球、双手正面上手传球、正面下手发球。

2. 考评方式

本章内容,教师可根据学生的实际情况,灵活机动决定考核时间、方式和标准。也可在课外活动时间或院系部组织的学生活动中进行比赛。

三、考评标准

详见考训素材中各项目的具体要求。

第二节　球类运动训练与指导

一、基本要求

(一)训练目的

随着中小学新课改的推行,中小学教师的能力和素质要求不断提高。中小学校园文化丰富多彩,素质教育日益重要,球类运动是组成校园文化的重要内容之一,同时又深受中小学生的喜爱。师范类专业的学生今后到中小学去任教,球类运动项目将是今后教学的重要内容。因此,本章将重点介绍足、篮、排球的一些基本技术要领和练习方法,以便广大师范生将来更好地教学。

(二)训练内容

由于篇幅所限,本书主要介绍足球的踢球、停球、运球、射门,篮球的运球、传接球、投篮,排球的垫球、传球、发球等基本技术。对于技术基础比较好的学生,本书可以作为今后教学和基本功训练的参考,如需进一步提高技术,则请参阅其他更加详尽的专业书籍。

二、技能要领

(一)足球

足球运动是世界上开展最广泛的运动之一,影响人群非常多,素有“世界第一运动”之称。足球运动具有场地大、比赛时间长、参加人数多、对抗性强等特点。足球基本技术是指运动员在比赛中,采用身体合理部位和动作方法的总称。它包括踢球、停球、运球、头顶球、射门、抢截球、掷界外球和守门员技术等等。在这里,我们为了师范生今后教学的需要,主要介绍足球技术中的踢球、运球、停球、射门等的一些基本技术要领和练习方法。

1. 踢球

(1)技术要领:

①脚内侧踢球:脚内侧踢球触球面积大,触球平稳准确,但出球的力量较小,故常用于短传、射门及二过一得战术配合。正确的踢球方法是:支撑脚踏在球的侧后方,膝关节微屈;踢球脚稍向后提起,膝关节外传,脚尖勾起;前摆时小腿加速,脚掌与地面平行,脚腕用力;用脚内侧部位踢球的后中部如下图所示:

②脚背正面踢球:脚背正面踢球脚与球接触面积大,踢出的球准确有力,常用于中、远距离传球、射门等。踢球腿以髋关节为轴,大腿带动小腿加速前摆;踢球脚触球一刹那,脚背绷直,脚趾扣紧;以脚背正面击球的中部,如下图所示:

⑦ ⑥ ⑤

① ③ ② ①

③脚背内侧踢定位球：踢定位球时助跑方向与出球方向成45°角；支撑脚以脚掌外沿积极着地，踏在球的侧后方，屈膝，脚尖指向出球方向，身体稍向支撑脚一侧倾斜；支撑脚着地的同时，踢球腿以髋关节为轴，大腿带动小腿由后向前摆，用脚背内侧踢球的后中部；踢球腿随球继续前摆，如下图所示：

① ② ③ ④ ⑤ ⑥

（2）练习方法：

①两人一组，一人踩住球，另一人做踢球的模仿练习。

②对墙踢球练习。

③两人一组，踢定位球练习。

④定位球或运球射门练习。

⑤各种颠球练习。

2. 停球

（1）技术要领：

①脚内侧停地滚球：支撑脚正对来球，膝关节微屈；停球腿屈膝外转并前迎，脚尖稍翘起；当脚与球接触前的刹那开始后撤，并用脚内侧接触球，如下图所示：

① ② ③ ④ ⑤ ⑥ ⑦

②脚内侧停反弹球：支撑脚踏在球落点的侧前方，膝关节弯曲，上体稍前倾并转向停球方向，同时停球脚提起，用脚内侧对准球的反弹路线；当球落地反弹刚离地时，用脚内侧推压球的中上部。

③脚背正面停球：便于在快速奔跑中停球，同时也便于连接下一个动作，在停高空下落球时多采用。脚背正面停球时，面对来球，支撑脚利于停球点侧后方，膝关节微屈；停球脚小腿前伸，以脚背对准正在下落即将触地的球，使球落在放松的脚面上，如下图所示：

①　②　③　④

④大腿停球：用大腿触球，面积大，停球稳准，动作简单，容易掌握，多运用于停空中下落的球。大腿停球时，面对来球，停球腿大腿抬起，以大腿中部对准下落的球；在大腿触球前的刹那，大腿迅速撤引挡球，使球落于衔接下一个动作需要的位置上，如下图所示：

①　②　③　④　⑤　⑥

⑤胸部停球：用胸大肌之间的部位触球，触球面积大，位置高，停球稳，用途广。

胸部停球时，正对来球，收下颚，两臂自然张开，两脚前后开立，身体重心放在两脚之间，两膝微屈；当球与胸部接触前的刹那，两脚蹬地稍上挺，同时收腹，上体稍后仰用挺胸动作使球弹起，把球停在体前，如下图所示：

①　②　③

(2)练习方法：

①两人一组，互相踢、停迎面地滚球。

②自己向上抛球，练习停反弹球。

③两人一组，互相踢或抛高球，练习停空中球。

3. 运球

(1)技术要领：

①脚背外侧运球：用脚背外侧运球，便于快速奔跑和改变方向。脚背外侧运球时，身体自然放松，运球时，脚跟提起，足尖稍内转；在迈步前伸着地前，用脚背外侧推拨球。

②脚内侧运球：脚内侧运球时，支撑脚在球的前侧方落地，膝微屈，身体重心随着向前移动；运球脚提起，用脚内侧推拨球的后中部。

(2)练习方法：

①在走或慢跑中，练习运球，熟练后，头部抬起观察场上情况。

②速度逐渐加快，可进行各种运球比赛。

③可进行运球绕杆射门练习。

4. 射门

(1)技术要领:

①摆踢:是一种脚背大力踢球射门的方法。支撑脚以脚掌外沿积极着地,踏在球的侧后方,屈膝,脚尖指向出球方向,身体稍向支撑脚一侧倾斜;支撑脚着地的同时,踢球腿以髋关节为轴,大腿带动小腿由后向前摆,用脚背内侧踢球的后中部。

②抽踢:用正脚背踢球的方法踢球,但击球点偏低。当脚背触球时,腿急速向上提,使球产生向前下方的旋转,沿大弧度飞进。

③弹踢:以踢球腿的膝关节为轴,利用小腿的快速前摆踢球射门,动作小,起脚快,具有突然性,有一定力量。

(2)练习方法:

①对足球墙进行各种脚法的射门练习。

②绕杆射门练习。

③两人一组传球射门练习。

(二)篮球

篮球运动是一项由跑、跳、投等技术和战术组合而成的综合性运动项目,技术主要分为无球技术和有球技术。在这里,我们为了师范生今后教学的需要,主要介绍篮球技术中的运球、传接球、投篮的一些基本技术要领和练习方法。

1. 运球

(1)技术要领:

①原地运球:运球时两腿弯曲,重心下降,保持抬头向前看的姿势。运球手的五指自然张开,用手指和指根部位触及球。原地运球时,用屈、伸臂和手腕、手指下压、上引的动作,连续按拍球的正上方;另一只手在胸前屈臂架起,用肩、臂、腿来保护球。

②行进间高运球:是指球弹起的高度在胸腹间,便于在快速运球中组织进攻和突破上篮。跑动重心高,上体略前倾,推按球的后上方,向前推按力量较大,反弹距离较远,运球节奏和步法要协调。

③变向运球:是指运球过程中,通过改变方向摆脱防守。以由右方运球向左方运球变向为例,运球时在与防守者一步左右距离时,右手向左下方横向推送球时,同时蹬右腿向左前方迈出,肩部左转前倾,用上体挡住对手护住球,球反弹起后,立即用左手运球向前推进。

(2)练习方法:

①原地做垂直运球、左右手横运球、前后推拉运球。

②沿球场线做变向换手运球练习。

③绕障碍物做变向运球练习。

2. 传接球

(1)技术要领:

①双手胸前传球:是篮球比赛中运用最多的一种传球方法。是一种动作比较简单,传球准确性较高的传球方法。原地传球时,两脚前后开立,两膝微屈,上体稍前倾,两手手指自然分开,大拇指相对成八字形,用指根以上部位持球,掌心空出。传球时,身体随重心前移,两臂用力前伸,手腕向上翻转,最后用食、中指拨球,将球传出,使球体向后旋转。

②双手接球:接球技术非常重要,它是篮球技、战术的基础。接球时,两臂自然伸出迎球,两

手手指自然分开，大拇指相对成八字形，两手构成半球形。当接触球时，两臂随球后引缓冲来球力量，两手持握球于胸腹间。

(2)练习方法：

①2 人一组，面对面做各种原地传接球练习，距离可调。

②全场 2 ~ 3 人一组行进间传接球。

③三角形传接球游戏。

3. 投篮

(1)技术要领：

①原地单手肩上投篮：是进行间跳起投篮的基础投篮方法。多用于罚球和中、远距离投篮。以右手投篮为例，两脚开立，两膝微屈，重心在两脚掌上。右手五指自然张开手心空出，翻腕持球于肩上，球的重心落在中、食指之间，左手扶在球的侧下方。投篮时，随两腿的蹬伸，右臂向前上方伸展，手腕向前扣压，食、中指用力拨球，使球向后旋转飞向球篮。投篮时，一般采用中弧度，如下图所示：

②跳起单手肩上投篮：是跳起后空中完成投篮动作的方法。具有动作快，突然性强，出球点高，不易防守等特点。适用于近、中、远不同距离的投篮。以右手投篮为例。两脚开立，两膝微屈，重心在两脚上，两手持球于胸前。起跳时，两脚用力蹬地，头、身协调上提，两手迅速举球于肩上，右手持球，左手扶球。起跳后当身体到最高点时将球投出。出手动作同原地投篮。

③进行间单手肩上投篮：是跑动中投篮的方法。多用于快攻和运球突破上篮。以右手投篮为例。在跑动中向前跨右脚的同时接球，接着左脚跨出一步用力向上跳起。起跳时，右腿屈膝上摆，双手持球于肩上，当身体到最高点时，右手持球向上伸展，接着手腕下压，手指柔和拨球击板入篮。

④行进间单手低手投篮：是在快速跑动中超越对手后投篮的方法。具有速度快，伸展距离远的特点。多用于快攻上篮。以右手投篮为例，跑动步法与行进间单手肩上投篮相同。区别是起跳方向略向前，身体向球篮方向伸展，右臂向前上方伸展，掌心向上托球，用手腕、手指上挑的动作，使球向前滚动入篮，如下页图所示：

(2)练习方法：

①2 人一组 1 球，面对面站立，做投篮模仿练习。

②近篮点定位投篮练习。

③做规定次数、规定时间的投篮练习。

④近篮点运球急停跳投练习。

⑤接正面或侧面传球的投篮练习。

⑥行进间运球投篮或行进间接传球投篮练习。

（三）排球

排球运动是一项由垫、传、扣、发球等技术和战术组合而成的综合性运动项目，场地和规则简单，技术相对较容易掌握，深受广大学生喜爱的一项运动。在这里，我们为了师范生今后教学的需要，主要介绍排球技术中的垫球、传球、发球的一些基本技术要领和练习方法。

1. 垫球

（1）技术要领：

正面双手垫球：身体正对来球，成半蹲姿势站立。当球来时，两掌根靠紧，两手手指重叠合掌互握，手腕下压，两臂外翻成一平面。两臂伸直插到球下，借助两脚蹬地，两臂夹紧，用两前臂的平面击球，击球同时提肩送臂，使身体重心随球向前，如下图所示：

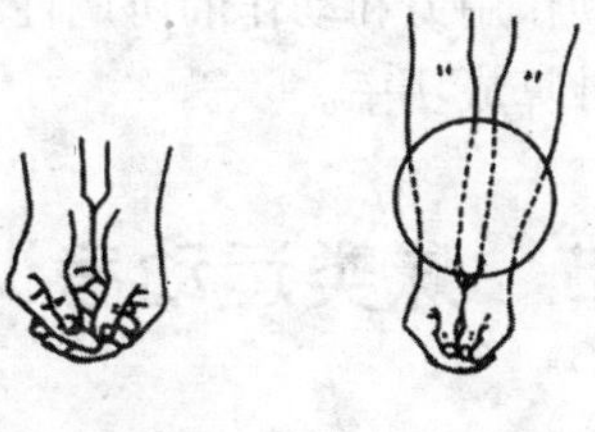

（2）练习方法：

①2 人一组对面站立，徒手模仿垫球动作。

②2 人一组对面站立，一人抛球至对方腹前，另一人垫球，体会动作。

③2 人对垫。

④3 人成三角形，练习垫球。

2. 传球

（1）技术要领：

①双手正面传球：两脚左右开立成稍蹲姿势，正面对准来球方向，五指自然分开，手腕稍后仰，手指微屈成半球状。传球时，利用蹬地伸膝和伸臂动作，协调用力，如下图所示：

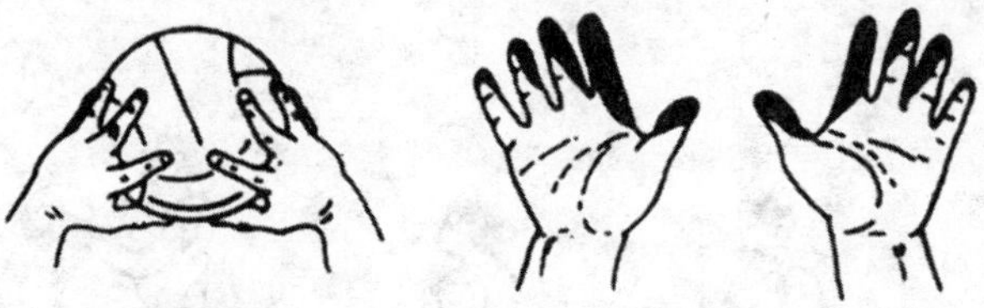

(2)练习方法:

①两排同学对面站立,徒手模仿传球动作。

②2 人一组对面站立,一人抛球,另一人传球,体会传球动作。

③一人一球自抛自传。

④3 人成三角形,练习不同方向传球。

3. 发球

(1)技术要领:

正面下手发球:如下图所示(以右手为例),面对球网,两脚前后开立,左脚在前,重心落在两脚之间。将球抛至右肩的前下方,右臂伸直后摆,右手向前摆动,用掌根或虎口击球后下方。

(2)练习方法:

①徒手练习,体会协调用力及挥臂动作。

②对网或对墙发球,体会击球动作用力和动作的协调性和连贯性。

③在排球场内练习发球过网,计算成功率。

第三节　球类运动考训素材

一、足球

(一)脚颠球

1. 测试方法

脚向前上方摆动,用脚背击球,击球时踝关节固定,击球的下部。两脚可交替击球,也可一只脚支撑,另一只脚连续击球。击球时用力均匀,使球始终控制在身体周围。使球不落至地面。每人测两次,取最好一次成绩。

2. 评分标准

优秀:连续颠球 30 个以上;

良好:连续颠球 20 个以上;

合格:连续颠球 10 个以上;

不合格:连续颠球低于 10 个。

(二)25米踢准(女生选考)

1. 场地设置

在一块平整的场地中央,画一个半径为3米的圆圈,距圆心25米处画一条直线作为踢球点,在圆心处树立一明显标杆,标杆固定垂直插在地面上,插入地下深度不限,如下图所示:

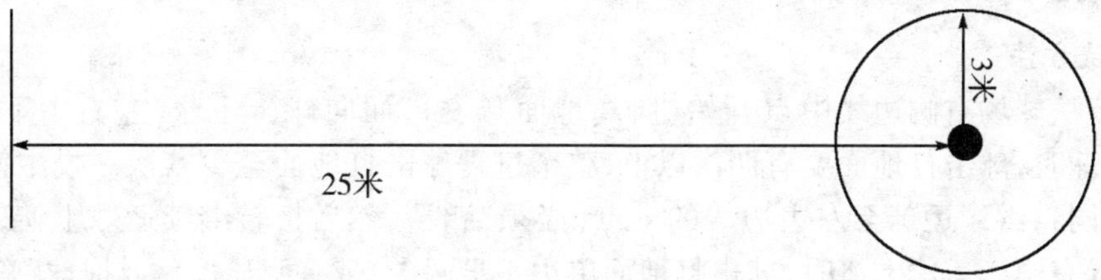

2. 测试方法

受试者将球放置线上,用任一脚脚背内侧向圆圈内传球,球落在圈内和圈线上均为有效。每人测两次,取最好一次成绩。每次每人踢5球。

3. 评分标准:

优秀:踢中4球或5球;

良好:踢中3球;

合格:踢中2球;

不合格:踢中2球以下。

(三)20米运球绕杆射门

1. 场地设置

在罚球区线中点处,画一条20米长的垂线,距罚球区线之远端为起点,距罚球区线2米处起,沿20米垂线插置标杆8根,杆间距为2米。第8根标杆距起点4米。标杆固定垂直插在地面上,插入地下深度不限,以受试者碰不倒为宜。杆高至少1.5米,如下图所示:

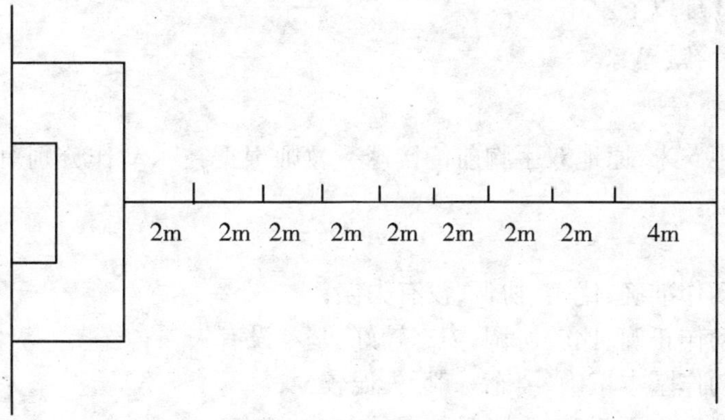

2. 测试方法

受试者从起点处开始运球,球中间部分过起点开表,运球逐个绕过标杆后射门,球越过球门线停表。运球漏杆或射门不中无成绩,射中球门立柱重试。每人测两次,取最好一次成绩。

3. 评分标准

优秀:男子8″9以上,女子9″9以上;

良好:男子 9″9 ~ 9″,女子 10″9 ~ 10″;

合格:男子 12″ ~ 10″,女子 13″ ~ 10″;

不合格:男子 12″以下,女子 13″以下。

二、篮球

(一)往返运球投篮

1. 测试方法

受试者从球场右侧边线中点开始(脚离地面开表),面向球篮运球(左右手不限,下同)上篮,单边运球时,球击打地面要有两次以上,整个过程球击打地面至少八次。投中篮后(投篮方法不限,下同),继续运球至左边边线的中点(必须踏线),然后折转继续运球上篮,投中后运球回到原起点完毕。运球上篮时,球击打地面单边不足两次,带有明显抛球或抱球跑等违规动作,每次违纪时加 0.5 秒。每人测两次,取最好一次成绩。

2. 评分标准

优秀:男子 18″3 以上,女子 22″8 以上;

良好:男子 20″ ~ 18″4,女子 24″5 ~ 22″9;

合格:男子 28″ ~ 19″9,女子 30″ ~ 24″4;

不合格:男子 28″以下,女子 30″以下。

(二)罚球线投篮

1. 测试方法

受试者站在罚球线处用任一投篮方法投篮,每人投 5 次。

2. 评分标准

优秀:投中 4 球或 5 球;

良好:投中 3 球;

合格:投中 2 球;

不合格:投中 2 球以下。

(三)双手胸前传、接球

1. 测试方法

两人一组,相距 5 米,原地双手胸前传接球。教师根据技术动作分别对每个学生进行技术评定,每人一次机会。

2. 评分标准

优秀:传接球动作准确、优美、协调,没有失误;

良好:传接球动作正确、比较协调,姿态较好,基本没有失误;

合格:传接球动作基本正确、姿态一般,失误较少;

不合格:传接球动作不正确、手指手腕僵硬,失误较多。

三、排球

(一)双手正面垫球

1. 测试方法

受试者将球向前上方抛起,然后运用双手正面垫球技术将球连续垫击,使球始终控制在身体周围。使球不落至地面。每人测两次,取最好一次成绩。

2. 评分标准:

优秀:连续垫球60个以上;

良好:连续垫球40~59个;

合格:连续垫球30~9个;

不合格:连续垫球低于30个。

（二）双手正面上手传球

1. 测试方法

受试者将球向前上方抛起,正面对准来球,然后运用双手正面上手传球技术将球连续传出,击球点在额前方一球距离。使球始终控制在身体周围。使球不落至地面。每人测两次,取最好一次成绩。

2. 评分标准

优秀:连续传球60个以上;

良好:连续传球40~59个;

合格:连续传球30~39个;

不合格:连续传球低于30个。

（三）正面下手发球

1. 测试方法

受试者面对球网,将球抛至右肩的前下方,用右手的掌根或虎口将球击过网,落到对方场地内。每人每次测试发5球。

2. 评分标准

优秀:发球成功4球或5球;

良好:发球成功3球;

合格:发球成功2球;

不合格:发球成功2球以下。

第十九章

学校体育赛事组织

第一节　基本理论知识概述

大学生是校园中最活跃的群体,大学校园中各种活动精彩纷呈,校园文化呈多元化趋势。大学校园内体育竞赛活动非常活跃和频繁。体育赛事的组织、编排方法显得日益重要,大学生特别是师范专业的学生更应该学习和掌握它,这也将为今后的教师工作打下良好的基础。大学校园内的体育赛事主要分为田径运动会、各种球类比赛,以及其他各种各样的体育竞赛。在这里我们主要介绍田径运动会和球类竞赛的组织方法。

一、田径运动会

田径运动竞赛是普及田径运动和提高田径运动成绩的重要形式。通过竞赛可以检验教学、训练的质量,交流和总结教学、训练经验,进一步促进田径运动的普及和提高。同时,可以培养运动员的道德意志品质,发扬社会主义新风尚。

田径运动竞赛形式很多,根据不同的目的和任务,可以组织各种不同的田径运动竞赛活动,如规模较大的国际性、全国性和省、市级的田径运动会,规模较小的基层单位田径运动会,以及教学训练检查性的竞赛测验、登记测验赛、选拔赛、观摩表演赛、通讯比赛、对抗赛等。

竞赛计划应包括竞赛名称、日期、地点、竞赛内容、参加竞赛运动员的登记要求等内容。各基层单位应根据上次的竞赛计划制定本单位的竞赛计划,从而使教练员和运动员有目的地进行教学训练工作。

二、球类竞赛

竞赛是球类运动的特点,球类运动的对抗性本身就带有竞赛的性质。球类运动也是深受广大学生喜爱的运动项目之一。在校园内举办各种球类竞赛,可以有效地宣传我国的教育和体育方针,丰富校园文化和业余生活,从而提高学生积极参加体育锻炼的自觉性,推动学校体育活动的广泛开展,促进球类运动技术水平的不断提高。

球类竞赛的种类可根据举办竞赛的目的、任务或组别性质来区分。根据目的任务,一般可分为锦标赛、友谊赛、表演赛、对抗赛、选拔赛等。

1. 锦标赛

争夺预定的某种锦标或名次的比赛。冠军赛和杯赛都属于锦标赛性质。例如,定期举行的"校园杯"足球赛、"和谐杯"篮球赛等都属于锦标赛。这种比赛参加的人数多,比赛的规模大,赛程较长。

2. 友谊赛

为了相互学习,增进友谊和团结而举行的比赛。如班级之间、学习之间、师生之间的不定期的、临时进行的比赛均为友谊赛。

3. 表演赛

是为了表演和宣传而组织的比赛。如在学校运动会的开、闭幕式上进行的足球比赛,或节日活动时举行的各种球类比赛。

4. 选拔赛

为了选拔优秀队员组成代表队而举行的比赛,这种竞赛的目的是为了选出优秀队员组成代表队。

第二节　学校体育赛事组织指导

一、田径运动会的筹备组织工作

首先要成立筹备组,规模较大的运动会,应先成立组织委员会或筹备委员会,讨论决定运动会的组织方案、竞赛规程、组织机构以及主要工作计划等问题。

(一)组织方案

组织方案是大会一切工作的依据。包括下列内容:

1. 运动会的名称和目的任务

根据体育运动的方针和任务、性质和其他特殊要求等来确定。

2. 运动会的规模

根据运动会的目的任务确定,要包括主办单位、参加单位、参加人数(运动员、裁判原、工作人员)、竞赛组别和项目,以及运动会的地址和日期等。

3. 运动会的组织机构

根据工作需要确定,包括组织形式、工作人员名额、组织委员会下设的主要工作部门及其负责人名单等内容。

4. 运动会的经费预算

本着勤俭节约的精神,根据实际需要做出计划。一般包括会场布置、场地修建、器材、奖品、交通、饮食、住宿、招待、邮电、医药、印刷、文具费用等。

5. 工作步骤

主要是说明大会筹备工作分为几个阶段进行,各阶段主要工作的安排。

(二)竞赛规程

竞赛规程是进行竞赛工作的依据。主要内容包括以下几个方面:

(1)根据组织方案拟定运动会的名称、目的要求,主办单位、比赛日期及地点、参加单位及组别等。

(2)比赛项目:根据运动会的性质、规模、参加组别运动员的水平等实际情况设置。

(3)参加比赛办法:包括每个单位可参加多少人(男女),每人可报几项,每项报几人,以及参加者的资格规定等内容。

(4)报名办法:说明报名表格填写方法,规定报名开始和截止日期,报名条件和检查规定等。

(5)计分及奖励办法:说明各项录取的名额、单项和集体项目、全能和破纪录以及团体总分的计算与奖励办法等。

(6)比赛规则:采用国家体育总局审定的某年田径规则和补充规定。

(7)参加竞赛单位应注意事项,包括对各单位的要求及报到日期等内容。

(三)组织机构

田径运动会的组织与进行,是复杂而细致的工作。为了统一领导,便于工作,必须建立一定的组织机构。机构的形式和规模根据实际需要决定。

组织机构如下图所示:

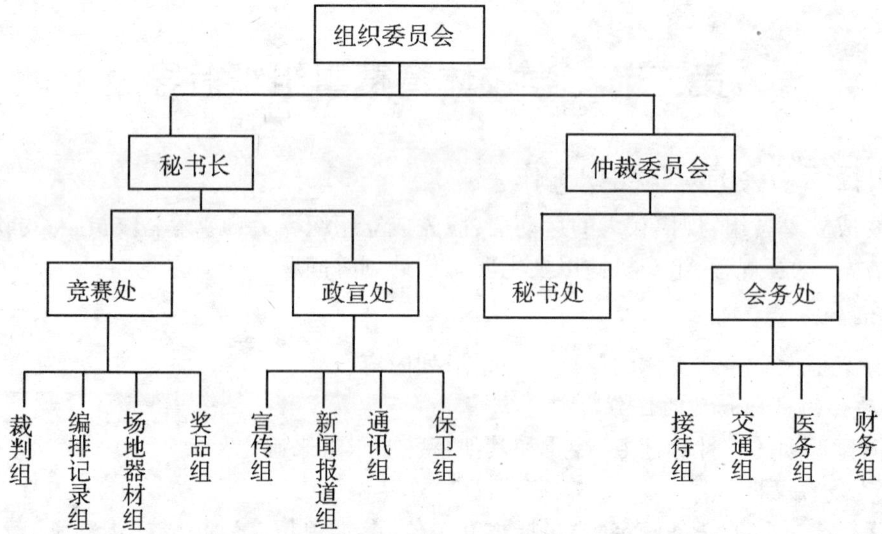

注:根据运动会的规模,组织机构可适当修改和调整。

(四)工作计划

组织委员会应根据运动会的组织方案、竞赛规程等拟定运动会主要日程、工作计划草案和各部门的具体工作计划以及分工,保证运动会按计划有条不紊的进行。田径运动会的主要工作有以下几个方面:

(1)思想动员:向全体人员明确运动会的目的、任务和要求,动员全体人员全力以赴投入工作,保证运动会顺利进行。

(2)裁判工作:组织裁判员讨论研究规程和裁判方法,进行裁判实习,做好赛前的一切准备。

(3)会场及场地布置与竞赛器材的准备工作。

(4)编印竞赛秩序册及各种比赛表格。

(5)召开领队、教练员会议,研究比赛有关问题。

(6)竞赛的进行、入场式、开幕式、闭幕式以及参观学习等。

(7)组织观众,宣传教育和评选工作。

(8)组织经验交流,赛前训练。

(9)编造经费预算。

(10)大会总结工作。

二、球类竞赛规则、编排与计算成绩

竞赛制度分淘汰制、循环制和混合制三种竞赛制度,是确定比赛场次、程序和决定胜负方法所遵循的文件。

(一)淘汰制

淘汰制就是失败一次或两次后的球队,不再参加比赛,获胜的球队再继续比赛,直到最后确定优胜队或排定名次为止。失败一次即失去比赛机会的为单淘汰制;失败两次才失去比赛机会的为双淘汰制。在参加比赛班级或队数较多的情况下,可采用淘汰制方法进行比赛。

淘汰制竞赛编排时,首先要根据参加比赛队的多少编制比赛程序表,然后由参加队抽签,确定各队在比赛中的位置。为使强队之间不过早相遇,经常采用"种子队"的排表方法。

参加比赛的对数恰好是2的乘方数时,则第一轮比赛所有队都进行比赛。如参加比赛的对数不是2的乘方数,则第一轮比赛就会出现有的队轮空。轮空的队数等于略大于参加队数的2的乘方数减去参加队数。例如,10个队参加比赛,略大于10个队的2的乘方数为16,那么16－10＝6,即6个队轮空。编排时,轮空只许在第一轮出现。

单淘汰比赛场数与轮数的计算:场数等于参加队数减1。例如,10个队参加比赛,总场数为10－1＝9。轮数等于队数相应的2的乘方数。例如8个队参加比赛,8相应的2的乘方数为3,则比赛为3轮。当队数在2的两个乘方数之间时,则选较大的一个乘方数为轮数,例如,10个队参加比赛,10在2的3与4乘方数之间,则选较大的一个乘方数为4,所以,比赛应为四轮。

淘汰制各轮比赛的名称又分成预赛、半复赛、复赛、半决赛和决赛。如轮数较少,可只分预赛、复赛和决赛。

(二)循环制

循环制有单循环、双循环和分组循环三种。单循环就是所有参加比赛的队,在比赛中都要相遇一次,最后按各队在单循环比赛中的全部成绩排定名次。

双循环就是所有参加的队在比赛中都要相遇两次,即进行两次单循环,最后按各队在双循环的全部比赛成绩排定名次。

分组循环就是将参加的队分成若干个小组,各组先进行单循环,排出小组名次后,再按竞赛规程规定的方法进行第二阶段的比赛,最后排定名次。

循环制比赛各队相遇的机会多,因此,有利于相互学习,排定的名次也比较合理。如果参加队较多,又受时间的限制时,可采用分组循环。参加的队不多,而时间又允许时,可采用单循环或双循环。

循环制比赛的常数与轮数的计算:比赛的总场数等于参加队数减1,乘以参加队数除以2。如6个队参加比赛,比赛的总场数则为(6－1)×6/2＝15。若参加比赛的队数是单数,则比赛的轮数就等于参加比赛的队数。如5个队参加比赛,则比赛的轮数就等于5轮。若参加比赛的队数是双数,则参加的轮数就等于比赛队数减1。例如,6个队参加比赛,比赛轮数为6－1＝5(轮)。

编排循环制比赛程序表时,不论参加队数是双数还是单数,一律按双数排表。如果参加队数是单数,可以加零,遇上零的队为轮空。编排时可以将参加的队平均分为两半,前一半号数自上而下地写在左边,后一半号数自下而上地写在右边。然后把相对应的号数之间用横线连起来,就是第一轮的比赛。1 号位置不变,其余的号数按逆时针方向移动位置,再用横线把相对的号数连起来,这就是第二轮的比赛。照此类推,排出各轮比赛(见表 20 - 1 和表 20 - 2)。

轮次表排完后,再进行抽签,各队将抽到的号填到轮次表中,即为各队比赛的程序。

表 20 - 1　六个队参加

第一轮	第二轮	第三轮	第四轮	第五轮
1——6	1——5	1——4	1——3	1——2
2——5	6——4	5——3	4——2	3——6
3——4	2——3	6——2	5——6	4——5

表 20 - 2　五个队参加

第一轮	第二轮	第三轮	第四轮	第五轮
1——0	1——5	1——4	1——3	1——2
2——5	0——4	5——3	4——2	3——0
3——4	2——3	0——2	5——0	4——5

分组循环制时,为了不使强队第一阶段就相遇,应先将种子队抽签分至各组。

循环制竞赛的计分方法,必须在竞赛规程中明确规定。足球竞赛循环制一般计分规定是胜一场得 3 分,平一场得 1 分,负一场得 0 分;篮球比赛一般计分规定是胜一场得 2 分,负一场得 1 分,积分多者名次列前。两队或两队以上积分相等时,可选择净胜球数、胜球数、负球数、胜负场数。按两队间的胜负关系来决定名次,或最后仍相等,则由抽签决定名次。

循环制竞赛成绩计算时,可划一个登记表(如表 20 - 3)。

表 20 - 3　足球比赛成绩登记表

队名	一队	二队	三队	四队	五队	六队	积分	进球数	负球数	净胜球	名次
一队		$\frac{5:2}{3}$	$\frac{1:0}{3}$	$\frac{2:0}{3}$	$\frac{2:2}{1}$	$\frac{0:0}{1}$	11	10	4	6	1
二队	$\frac{2:5}{0}$		$\frac{1:3}{0}$	$\frac{0:1}{0}$	$\frac{1:1}{1}$	$\frac{0:1}{0}$	1	4	10	-6	6
三队	$\frac{0:1}{0}$	$\frac{3:1}{3}$		$\frac{2:1}{3}$	$\frac{0:2}{0}$	$\frac{3:3}{1}$	7	8	8	0	3
四队	$\frac{0:2}{0}$	$\frac{1:0}{3}$	$\frac{1:2}{0}$		$\frac{2:0}{3}$	$\frac{1:4}{0}$	6	5	8	-3	4
五队	$\frac{2:2}{1}$	$\frac{1:1}{1}$	$\frac{2:0}{3}$	$\frac{0:2}{0}$		$\frac{0:1}{0}$	5	5	6	-1	5
六队	$\frac{0:0}{1}$	$\frac{1:0}{3}$	$\frac{3:3}{1}$	$\frac{4:1}{3}$	$\frac{1:0}{3}$		11	9	4	5	2

（三）混合制

混合制就是把一次竞赛分为两个阶段，前一阶段采用循环制，后一阶段采用淘汰制；或者前一阶段采用淘汰制，后一阶段采用循环制。经常采用的是先循环后淘汰的混合制。下面介绍这种比赛的方法：

交叉赛：例如，第一阶段分A、B两组进行单循环赛，排出各组名次。第二阶段采用淘汰赛时，两组的第一、二名进行交叉赛，即A组的第一名与B组的第二名、B组的第一名与A组的第二名进行比赛。然后两组的胜队再进行比赛，胜者为冠军，负者为亚军。若需排出其他队的名次时，两组的负队进行附加赛，胜者为第三名，负者为第四名。用与上述相同的办法各组的第三名和第四名决出5～8名，各组的第五名和第六名决出9～12名如下图所示：

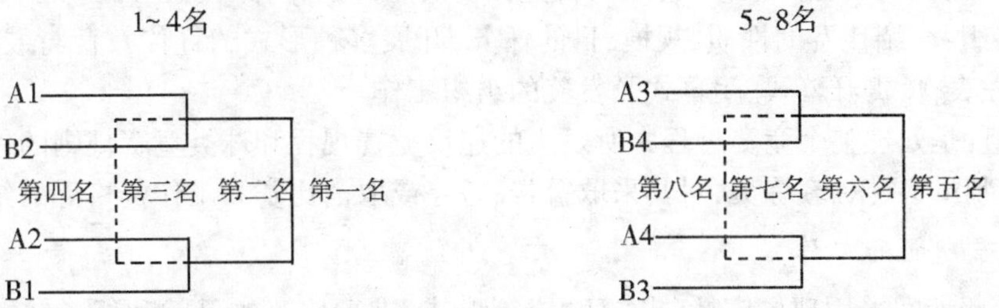

三、球类竞赛的组织工作

球类竞赛的组织工作是一项复杂而又细致的工作，它直接影响着竞赛任务的完成。

竞赛的组织工作可分为竞赛前的筹备、竞赛期间和竞赛后的工作三个阶段。

（一）竞赛前的筹备工作

1. 成立竞赛的筹备组

讨论决定竞赛的组织方案、竞赛规程、组织机构以及竞赛的工作计划等问题。

2. 讨论与决定竞赛的组织方案

其具体内容是：竞赛的名称、目的、任务；竞赛的规模——主办单位，参加单位，参加人数，竞赛日期与地址等；竞赛的组织机构——竞赛委员会的组织形式、成员名单；明确各机构的任务及职责；审定经费预算。

3. 制定竞赛规程

其具体内容有：竞赛的名称；竞赛的目的、任务，主办单位，竞赛日期、地点，参加单位及各单位人数，运动员参加资格，报名、报道日期，竞赛办法，竞赛规则，决定名次的办法，奖励办法，抽签日期、地点，注意事项，未尽事宜另行通知。

4. 建立组织委员会

比赛期间的一切工作都在组织委员会的具体领导下进行。一般校、区、市级组织委员会组织形式如下图所示：

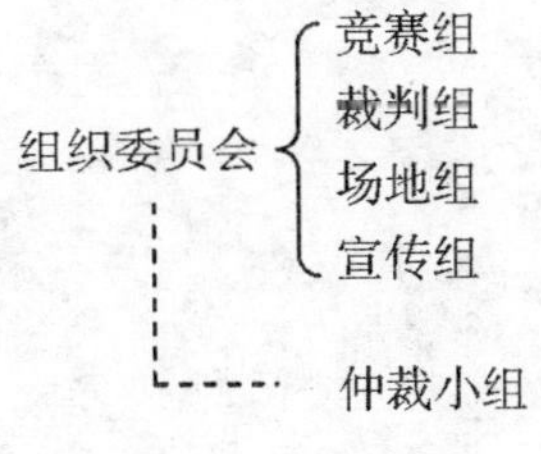

组织委员会设主任 1 人,副主任、委员若干人。主任由主办单位出人担任,各组主要负责人原则上是由委员,各队领队参加组委会,这样组委会所讨论决定的一些事项可以迅速得到贯彻,下属机构在实际工作中遇到有什么问题又可直接在组委会会议上提出,形成上下及时沟通,有利于提高工作效率。

下属各组的主要职责是:

(1)竞赛组:指定竞赛规程,编排竞赛程序,落实竞赛秩序册,审查参加者的资格,召开领队、教练员、裁判员联席会议。

(2)裁判组:裁判长负责分工;组织裁判员学习,统一判罚尺度;裁判实习;检查比赛的场地器材设备;落实裁判员的用具及裁判工作的各种表格。

(3)场地组:负责场地的维修与保养,备齐比赛所用的器材与设备,负责赛前画好场地。

(4)宣传组:介绍比赛的性质、规模、目的任务,开展多种形式的宣传教育与鼓励工作,制定大会活动日程表,负责开幕式、闭幕式及发奖的组织工作。

仲裁小组:是处理整个竞赛过程中所发生的违反竞赛规程和球类竞赛规则的代表队及个别的运动员、裁判员、领队、教练员,对其采取警告、暂停或取消比赛和工作资格等的纪律措施。

(二)竞赛期间的工作

(1)在竞赛期间采用现场广播、出“简报”等形式,进行比赛的目的和任务,端正比赛态度,正确对待胜负重视精神文明的教育。

(2)努力提高裁判水平,比赛一场,小结一场,赛后成绩应及时报竞赛组予以公布。

(3)搞好场地管理工作,保证比赛顺利进行。如因故要更改比赛时间和场地时,应由竞赛组及时通知有关部门和比赛队。

(4)定期召开领队、教练员、裁判长联席会议,及时听取意见,改进工作。凡比赛中发生的重大事端,应及时召开仲裁小组会,迅速处理。

(5)搞好医务和保卫工作。

(三)竞赛的结束工作

(1)各部门认真总结大会期间的工作;

(2)需要时可举行闭幕式,进行总结与发奖;

(3)妥善安排与处理各队离会事宜;

(4)处理与归还所用器材及其他物品;

(5)组委会总结,并向上级汇报工作情况。

附录一

高等师范学校学生的教师职业技能训练大纲(试行)

(国家教育委员会制订)

第一部分　讲普通话和口语表达技能训练

说　明

考核办法:按《普通话水平测试标准》普遍进行测试,合格者发给证书。口语表达的考核由任课教师或校内专门机构负责,主要考核朗读和讲演(或讲课)两项,但不得用教育实习替代。成绩分为优秀、良好、及格、不及格四等。

一、讲普通话技能的训练

(一)训练目的

对高等师范学生的普通话训练,一般应当达到国家主管部门制定的《普通话水平测试标准》的二级,即能用比较标准的普通话进行朗读、讲课和交谈。对中文专业学生的要求:北方方言区一般应达到一级,南方方言区达到二级中等。

(二)训练内容

(1)树立或加强推普意识:了解普通话的形成,了解推普的重要意义,了解国家推普的方针、政策和任务。

(2)了解发音器官、发音部位和发音方法;掌握好《汉语拼音方案》;掌握普通话的声母、韵母、声调,掌握变调、轻声、儿化等。

(3)熟练掌握现代汉语3500常用字所组词语的标准读音,学习《汉语拼音正词法基本规则》,能直呼音节,正确拼写汉语词语。

(4)用普通话朗读、对话。

(5)了解本地方言语音与普通话语音的主要差别和对应规律,能进行方音辨正。

(6)了解本地方言的词汇、语法与普通话的主要区别,能进行本地方言词汇、语法辨正。

(三)训练建议

(1)要给学生准备学习普通话的材料,准备学习普通话的音像资料,供学生上课或自学使用。建立普通话学习中心,学生在这里可以看到资料,得到指导。

(2)创造条件开设国家教委要求开设的"教师口语"课程。

(3)按国家主管部门制定的《普通话水平测试标准》对新生普遍进行测试,达到二级者发给证书,不达标者参加学习班学习和训练。学校主要是办"普通话二级达标班",也可办提高班。

(4)"普通话二级达标班"每个系根据需要开设若干班。每班学生人数以十几个为宜,以便教师指导练习。

(5)"普通话二级达标班"的教师(专职或兼职)如人手不够,可由中文系高年级学生经过培训后承担。

二、口语表达技能训练

(一)训练目的

对高等师范学校学生口语表达技能训练的目的是:有较强的朗读、讲演和讲话能力,口语表达做到清晰、正确、得体,掌握教学、教育、交谈的口语特点,力求做到科学、简明、生动,具有启发性。

(二)训练内容

1. 朗读

(1)朗读是口语训练的重要途径。

(2)朗读的要求:正确、清楚、流畅;恰当而充分地表达思想感情。

(3)朗读的准备:熟悉内容,明确目的,了解对象。

(4)朗读的技能:吐字归音、重音、停连、语调、节奏等,朗读与朗诵的区别与联系。

(5)要求熟读诗2~3篇,基本达到朗读的各项要求。

2. 讲演

(1)讲演的特点和作用。

(2)讲演的要求。

(3)讲演的准备;选好讲演内容——自己熟悉,听者关注;了解听众,加强针对性。写好讲稿——观点明确,材料丰富,逻辑严密,语言准确、生动;进行充分的练习、准备,增强自信心。

(4)讲演的技能:开头与结尾,突出重点,显示条理,临场应变,适当的手势、表情、姿态。

(5)做讲演2~3次,基本达到讲演的各项要求。

3. 交谈

(1)交谈的特点与要求。

(2)交谈的种类(偶然性的或约会性的,拜访性的或采访性的,电话或其他)及其技能。

4. 教学口语

(1)教学口语的特点与要求。

(2)教学口语的种类(复述、描述、概述、评述、解说等)及其技能。

5. 教育口语

(1)教育口语的特点与要求。

(2)教育口语的种类(说服、评论、指导等)及其技能。

(三)训练建议

(1)创造条件,开设国家教委要求开设的“教师口语”课程。

(2)购置或制作朗读、讲演、交谈、教学口语、教育口语等的音像资料,供教学使用。

(3)由学生会、共青团或其他社团经常组织学生进行朗诵比赛、讲演比赛,各班级也要经常组织。对朗诵和讲演好的优秀学生要给予奖励。还可以组织讲演团、朗诵团、话剧团等,学校要给予支持。

(4)各专业的教学法课要讲授教学、教育语言的运用问题。

(5)教育实习期间,指导教师要注意培养和考查实习生的口语表达能力。

第二部分　书写规范汉字和书面表达技能的训练

考核办法:与其他课程一样,按学籍管理办法的有关条文进行。评定成绩分为优良、良好、及格、不及格四等。也可组织全校语言文字基本功考核。

一、掌握规范汉字的训练

(一)训练目的

教育高等师范学校学生树立用字要规范的意识,训练他们写字规范正确,笔画清楚,要掌握好3500常用字,自觉纠正错别字。

(二)训练内容

1. 了解国家语言文字工作的方针、政策;掌握汉字的规范标准

(1)巩固汉字简化成果,坚持汉字简化方向。

(2)汉字规范的重要意义。什么是规范汉字,什么是不规范汉字。

(3)教师把汉字写得规范正确的重要意义。

2. 掌握好现代汉语常用字

(1)掌握常用字的笔画、笔顺和字形结构。

(2)掌握《简化字总表》中的简化字。

(3)会读、会写、会用《现代汉语常用字表》中所收的3500字。

(4)自觉纠正错别字。掌握容易读错的字、容易写错的字、容易写别的字、多音多义字。

(三)训练建议

(1)给学生提供规范汉字的学习、练习资料,有关的音像资料。

(2)学校内要创造使用规范汉字的环境和氛围,学校教师要以身作则,各科教师要齐抓共管,如各科教师对学生作业、论文、实习教案中的错别字和不规范字都要给予纠正。

二、书写技能的训练

(一)训练目的

对高师学生加强书写技能的训练,主要是进一步培养良好的书写习惯,纠正已经形成的不良书写习惯。这是一个相当繁难的任务。考虑到现实情况,训练目的定为:以提高硬笔楷书的书写技能为主,兼顾行书;提倡写好毛笔字。这里所指书写技能,不是书法艺术。

(二)训练内容

(1)教师掌握书写技能的重要性。

(2)对教师书写技能的要求:笔画清楚,正确规范,熟练有力,匀称美观。

(3)掌握执笔、运笔的方法,纠正不正确动作和姿势。

(4)汉字笔画的书写,间架结构的安排。纠正有关的书写毛病。

(5)掌握书写款式:卷面干净,留有天地,布局恰当,行款整齐。

(6)掌握选帖、读帖和临摹的基本知识和要领,培养对书法作品的鉴赏能力。

(三)训练建议

(1)给学生提供书法学习的练习资料和有关音像资料。

(2)举办多种多样的有关书法的课外活动,如观摩、展览、比赛等等,鼓励学生把字写好。

三、常用文体写作技能的训练

(一)训练目的

训练高等师范学校学生掌握教师常用文体的写作技能,所写文章内容符合文体要求,语言得体,语句通顺,标点符号正确无误。

(二)训练内容

(1)掌握工作计划、工作总结、申请报告、调查报告、各类信函等常用文体的写作知识(包括行款格式)和技能。

(2)学习范文,并习作若干篇。

(3)掌握常见语病的类型和改正方法。

(4)进一步掌握标点符号用法,纠正容易出现的错误。

(三)训练建议

(1)给学生提供有关常用文体写作技能的学习、练习资料(包括范文和误例)。

(2)各科教师对学生的书面表达要齐抓共管,对学生作业、论文、实习教案等都严格要求,发现问题要给予指正,要讲评,要作为评分的标准之一。

第三部分　教学工作技能训练

一、教学设计技能的训练

(一)训练目的

理解教学设计的概念,了解教学设计的方法,通过训练掌握制定教学目标、分析和处理教材、了解学生、制定教学策略、制订教学计划和编写教案的方法。能结合学科特点设计和批改学生作业,课后能评价自己和别人的教学。

(二)训练内容

(1)概念:教师在备课过程中,用系统的方法把各种教学资源有机地组织起来,对教学过程中相互联系的各个部分的安排做出整体计划,建立一个分析和研究的方法,制定解决问题的步骤。对预期的结果进行分析。

(2)制定教学目标:了解教学目标的类别,掌握制定教学目标的方法和要求,重点掌握制定课堂教学目标的方法。

(3)分析和处理教材:通过训练初步学会分析教材的方法,能围绕教学目标组织和处理教材。

(4)了解学生:了解学生学习的特点,掌握分析学生学习的方法。

(5)制订教学策略:能根据教学目标、教学内容和学生实际选择教学媒体,其中包括:教学内容与媒体选择;学生特点与媒体选择;媒体的教学特性与选择,媒体的价值与选择。将各种媒体有机地结合,设计课堂教学活动。

(6)制订教学计划和编写教案:了解教学计划和教案的结构和要求,掌握制订教学计划和编写教案的方法,通过训练能写出合乎要求的教学计划和教案。

(7)作业的类型和设计:了解本学科学生作业的类型及设计的方法,能根据教学的需要选择和设计作业的内容。

(8)学习评价:了解学习评价的依据和标准,通过训练掌握学习评价的方法。

(三)训练建议

(1)如果在教材教法等课程中已有此内容,可结合教材教法课进行训练。2、3、5、7的内容可作为训练的重点。

(2)可选择中学某节教材的教学内容训练学生制订教学目标、分析处理教材和编写教案,并分组讨论相互交流。

(3)设计和批改作业的训练,可选择中学教材的某节内容让学生设计练习题,并可组织学生分析教材上的习题,搜集其他练习题,通过讨论和研究建立小题库。

二、使用教学媒体技能的训练

(一)训练目的

使学生了解教学媒体的种类和功能,掌握现代教学媒体的使用方法及常用软件编制的方法。能根据教学内容和学生的特点选择、使用教学媒体,设计制作教学所需的教学软件及简易教具。

(二)训练内容

(1)概念:教师在进行教学设计和课堂教学中,根据教学内容和学生的特点设计、选择、使用教学媒体的行为方式。

(2)教学媒体及其教学特性:

1)常规教学媒体及其教学特性:图书、实物、标本、模型、图画、挂图。

2)现代教学媒体及其教学特性:投影、幻灯、录音、电视与录像、计算机。

(3)简易教具的制作方法。

(4)教学软件的编制与使用:投影片的种类和制作,录音教材制作;幻灯、电视录像教材和计算机辅助教学软件的应用。

(5)将各种媒体有机组合。

(三)训练建议

(1)在训练内容中常规媒体与现代教学媒体并重。

(2)教学软件的编制以投影片的制作为主。

(3)在现代教学媒体的使用、制作训练中可请电教教师协助教学。

三、课堂教学技能的训练

(一)训练目的

使学生了解课堂教学中基本教学技能的类型,理解各项基本教学技能的概念。掌握各项教学技能的执行程序和要求,通过训练能根据教学任务和中学生的特点把教学技能应用于教学实践。

(二)训练内容

1. 导入技能

(1)概念:导入是在新的教学内容或活动开始时,教师引导学生进入学习的行为方式。

(2)导入的类型:直接导入;旧知识导入;生动实例导入;直观教具导入;故事导入;问题导入;实验导入等。

(3)导入的程序:集中注意——引起兴趣激发思维——明确目的——进入学习课题。

(4)导入的要求:针对教学内容和学生的特点,导入目的明确;能引起学生的兴趣,有启发性;导入与新知识联系紧密,进入课题自然合理。

2. 板书板画技能

(1)概念:是教师利用黑板以凝炼的文字语言和图表等形式,传递教学信息的行为方式。

(2)板书板画的类型:提纲式;语词式;表格式;线索式;图示式;示意图;简笔画等。

(3)板书板画的要求:书写规范迅速,示范性强;条理清晰,布局合理;形式多样,启发思维;文字、图表科学准确;板画简单明了,形象生动。

3. 演示技能

(1)概念:教师根据教学内容特点和学生学习的需要,运用各种教学媒体把事物的形态、结构或变化过程等内容展示出来,指导学生理解和掌握知识、传递教学信息的行为方式。

(2)演示的类型:实物、标本、模型的演示;挂图的演示,幻灯、投影的演示;电视的演示和课堂实验的演示。

(3)演示的程序:心理准备——出示演示物——对演示物说明——讲解——总结——核查学生理解。

(4)演示的要求:对演示物精心选择;演示前提出问题和观察重点;演示时要指导学生观察,充分感知;多种媒体相互配合,综合利用;演示后及时总结,明确观察结果。

4. 讲解技能

(1)概念:教师利用语言及各种教学媒体引导学生理解重要事实,形成概念、原理、规律、法则等行为方式。

(2)讲解的类型:事实性知识的讲解,抽象性知识的讲解。

(3)讲解的程序:

1)事实性知识的讲解:提出问题叙述事实……提示要点核查理解。

2)抽象性知识的讲解:

①归纳法:提供感性材料……指导分析……综合概括巩固深化。

②演绎法:提出概念……阐明术语……举出实例(正、反例)……巩固深化。

(4)讲解的要求:明确目标、重点突出;运用丰富的实例(正、反例),联系已学过的知识,引导学生分析概括,培养学习方法;及时巩固、应用,理论联系实际。

5. 提问技能

(1)概念:教师以提出问题的形式,通过师生的相互作用,检查学习、促进思维、巩固知识、运用知识、促进学生学习的行为方式。

(2)提问的类型:回忆提问;理解提问;运用提问;分析提问;综合提问;评价提问。

(3)提问的程序:引入阶段——陈述阶段——介入阶段——评价阶段。

(4)提问的要求:设计多种水平的问题;问题重点突出,简明易懂,把握提问时机,给予启发和引导;给予分析和评价。

6. 反馈和强化技能

(1)概念:反馈是教师传出教学信息后,从学生那里取得对有关信息反应的行为方式。强化则是教师通过各种方法促进和增强学生的某一行为变化朝更好方向发展的行为方式。

(2)反馈的类型:课堂观察;课堂提问;课堂考查;实践操作。

(3)强化的类型:语言强化;符号(标志)强化;动作强化;活动强化。

(4)反馈和强化的要求:反馈及时准确,强化恰到好处;反馈形式灵活多样,强化方式适合学生特点,发现学生的微小进步,强化以表扬为主。

7. 结束技能

(1)概念:是在完成一个教学内容或活动时,教师对知识进行归纳总结,使学生所学知识形成系统．转化升华的行为方式。

(2)结束的类型:归纳式;比较式;活动式;练习式;拓展延伸式。

(3)结束的程序:简单回忆提示要点……巩固练习或拓展延伸。

(4)结束的要求:明确教学重点,提示知识要点;形成知识系统,使学生理解升华;及时巩固,强化学习;结束形式多样,增强学生兴趣。

8. 组织教学技能

(1)概念:是在课堂教学中教师不断组织学生的注意,管理纪律,引导学习,建立和谐的教学环境,指导学生进行学习的行为方式。

(2)组织的类型:管理性组织;指导性组织;诱导性组织。

(3)组织的要求:明确目的,教书育人;了解学生,尊重学生;重视集体,形成风气;灵活应变,因势利导。

9. 变化技能

(1)概念:是教师利用表情、动作等身态语,辅助口头语言传递教学信息和表达情感的行为方式。

(2)变化的类型:动作变化;表情变化;眼神变化;声调变化。

(3)变化的要求:根据教学内容和学生的特点确定变化的类型;每一种类型的应用要有助于组织学生的注意和传递教学信息;变化技能的应用要合理适度。

10. 教学技能综合训练

综合运用以上几种教学技能进行训练。

(三)训练建议

(1)训练的方法主要采用微型教学的方法。注意提供必要的示范,有条件的学校要应用现代教学手段提供声像反馈,以获得更好的训练效果。

(2)根据学生情况,训练要有重点,技能的分别训练与综合实践相结合。

四、组织和指导学科课外活动技能的训练

(一)训练目的

使学生了解学科课外活动的特点、方法、组织形式及活动方案的设计,能组织和指导与本学科教学有关的课外活动。

(二)训练内容

(1)概念:是教师根据学生的特点及培养学生能力的要求,组织、指导学生开展有关学科课外活动的教学行为方式。

(2)学科课外活动的类型:课外兴趣小组;科技知识竞赛,读书报告会;小论文和小制作比赛;参观;调查等。

(3)学科课外活动常用的方法:观察和调查;实验和实践;讨论和评议;制作和创作。

(4)学科课外活动方案的设计:了解活动方案的构成和活动方案设计的方法。

(5)学科课外活动内容选择的要求:活动目的明确,有利于人才培养;活动内容的选择要适合青少年的特点:课内课外知识有机结合;教师具有辅导能力。

(三)训练建议

组织学生开展学科课外活动,由学生自己设计方案。执行方案,从而得到训练。训练活动也可结合教育实习进行。

五、教学研究技能的训练

(一)训练目的

使学生了解教学研究的方法,能初步运用本专业知识的教育学、心理学原理进行教学研究,探索教学改革,提高教学质量。

(二)训练内容

(1)概念:是初步运用教学理论进行教学研究设计、资料搜集与统计处理、撰写论文的行为方式。

(2)教学研究课题的选择:了解教学研究课题;课题选择的方法及如何制订研究计划。

(3)教学研究的方法:调查研究;观察研究;实验研究;比较研究。

(4)研究资料的统计和分析:掌握统计描述的基本方法,了解统计检验的适用范围。

(5)研究论文撰写的方法:了解科研论文的结构和撰写科研论文的要求。

(三)训练建议

(1)此项教学技能训练可结合教学提出研究课题,在教师的指导下由学生自己设计研究方案、搜集资料、统计分析、写出研究报告。

(2)结合教育实习中的教育调查或毕业论文进行训练。

附录二

教师职业技能考核项目及时间安排

序号	考核项目	类别	考核方式	考核时间	备注
1	写字	必考	笔试	大一下	
2	朗诵	必考	面试	大二上	
3	课堂教学	必考	面试	大三上	技能训练月(12月)
4	说课	必考	面试	大三上	技能训练月(12月)
5	计算机办公应用	必考	上机	大一下	
6	多媒体课件制作	必考	上机	大二下	
7	唱歌	必考	面试	大一下	
8	视唱	必考	面试	大一下	
9	简笔画	必考	笔试	大一上	
10	板报	必考	笔试	大一下	
11	队列队形	必考	面试	大一下	
12	徒手操	必考	面试	大二下	自编徒手操(书面)
13	普通话	必考	国测	大二上	
14	演讲	选考	面试	大二下	
15	主题班会策划书	选考	笔试	大三上	
16	网络应用基础	选考	上机	大三上	
免考免试条件	1. 通过国家、省级项目考试者可免考相关项目,成绩可以记为“优秀”。 2. 在校级相关项目竞赛中获得个人优秀奖以上等次,可以免考相应项目,成绩可以记为“优秀”。 3. 在院级相关项目竞赛中获得个人优秀奖及团体三等奖以上等次,可免考相应项目,成绩可以记为“良好”以上。				

主要参考文献

1. 国家教委师范教育司组编. 教师口语. 北京:语文出版社,1996 年
2. 教育部师范司编. 教师口语教程. 北京:高等教育出版社,2004 年
3. 国家语言文字工作委员会普通话培训测试中心编制. 普通话水平测试实施纲要. 北京:商务印书馆,2004 年
4. 刘伯奎、王燕、段汴霞编著. 教师口语训练教程. 北京:中国人民大学出版社,2000 年
5. 宋欣桥编著. 普通话语音训练教程. 长春:吉林人民出版社,1993 年
6. 宋欣桥著. 普通话测试员实用手册. 北京:商务印书馆,2000 年
7. 张颂著. 朗读学. 北京:北京广播学院出版社,1999 年
8. 邵守义、谢盛圻、高振远主编. 演讲学教程. 北京:高等教育出版社,1993 年
9. 金学智著. 中国书法美学. 南京:江苏文艺出版社,1994 年
10. 邹静波著. 实用书法——三笔字训练. 成都:西南财经大学出版社,2008 年
11. 万应均主编. 大学书法教程. 长沙:湖南教育出版社,2006 年
12. 徐武生主编. 教育实习指导. 南昌:江西科学技术出版社,2009 年
13. 黄明峰主编. 教育实习新指导. 南宁:广西人民出版社,2007 年
14. 顾敦沂主编. 教育实习指导书. 北京:人民教育出版社,2006 年
15. 江立员主编. 教师基本功训练与考核教程. 南昌:江西科学技术出版社,2009 年
16. 铁龙海、谢苏宁主编. 体育教程. 南京:河海大学出版社,2009 年
17. 丁兆雄主编. 体育与健康. 南京:河海大学出版社,2006 年
18. 王家宏主编. 球类运动——篮球. 北京:高等教育出版社,2005 年
19. 孙民治主编. 球类运动——足球. 北京:高等教育出版社,1988 年